Andrea Umbreit

Kurs Nord

Seereisen im Nordmeer

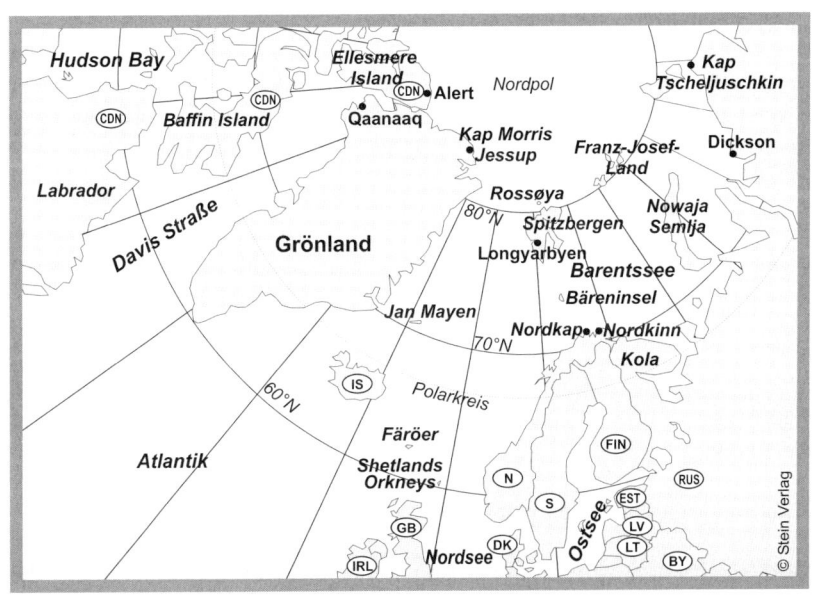

REISE HANDBUCH

Kurs Nord - Seereisen im Nordmeer

© Copyright Conrad Stein Verlag, Kronshagen   1. Auflage 1997

Dieses ReiseHandbuch wurde konzipiert und redaktionell erstellt vom
Conrad Stein Verlag, Eichkoppelweg 51, 24119 Kronshagen,
☎ 0431/545-8888, FAX 0431/545-8800, ⌨ e-mail: SteinVerlag@t-online.de,
🖳 internet: http://home.t-online.de/home/SteinVerlag,
für die ReiseHandbuch Stein KG, Kronshagen.

Auslieferung für den Buchhandel: Ⓓ Rotation, Berlin, und alle Barsortimente,
ⒸⒽ AVA-buch 2000, Affoltern, Ⓐ Freytag & Berndt, Wien

Text	Andreas Umbreit
Beiträge von	Hans-Joachim Zeigert, Bodil Bluhm, Hans Peter Richter, Gabriela Schröder, Andreas Spaeth
Fotografen	Seite 6
Titelfoto	Andreas Spaeth
Lektorat	Gunna Westphal
Karten und Pläne	Franny Petersen-Storck, Carsten Tolkmit, Thorbjörn Gill
Gesamtherstellung	Druckwerk Norderstedt

Das Titelfoto zeigt den Hafen von Hammerfest

Von Andreas Umbreit ist im Conrad Stein Verlag ebenfalls erschienen: ReiseHandbuch *Spitzbergen*.

Dieses ReiseHandbuch hat 302 Seiten mit 69 farbigen Abbildungen sowie 34 Karten und Plänen und 7 Skizzen. Es wurde auf chlorfrei gebleichtem Papier gedruckt.

ISBN 3-89392-224-5   004980

Inhalt

Legende	6
Vorwort	7
Naturraum Nordmeer	9
Naturphänomene der Polargebiete	9
Die Entstehung des Nordatlantiks	30
Topographie des Nordatlantiks und seiner Randmeere	32
Strömungen: die Bedeutung des Golfstroms für die europäischen hohen Breiten	33
Von den Eiszeiten geprägt	34
Lebensraum Nordmeer	44
Voraussetzungen für das biologische Wachstum	44
Plankton: pflanzliche und tierische Organismen im Wasser	47
Leben im Meereis	53
Benthos: das Leben auf dem Meeresboden	55
Tiere in polaren Regionen	58
Nordatlantische Fische	58
Wale und Delphine	59
Robben	63
Eisbären	65
Seevögel	68
Umweltbelastungen und Umweltschutz	74
Bedrohungen für das Ökosystem Meer	74
Seereisen und Umweltschutz	78
Tips für den umweltbewußten Seereisenden	82
Geschichte	86
Atlantische Seefahrt: vom trennenden Meer zum verbindenden Element	86
Entdeckung des Nordmeeres als Verbindungsweg	88
Erkundung seefahrerisch schwieriger Regionen	97
Vorbereitung von Nordmeerseereisen	102
Die Qual der Wahl	102
Seereisen auf Frachtschiffen	104
Seereisen auf Linienschiffen	108
Routen	111
Klassische Nordlandkreuzfahrten	119
Studien-Seereisen (Expeditionskreuzfahrten)	124
Küstenschiffstouren	126
Eisbrecherfahrten	128
Segeltörns	131
Informationsquellen	133
Buchung	134
Ausrüstung	136
An- und Rückreise	143
Jetzt geht es an Bord	145
Seekrankheit	147
Wissenswertes über Seefahrt und Sicherheit	149
Schiffahrt im Wandel der Zeit	149
Seezeichen, Leuchttürme und Feuerschiffe	151
Kommunikationselektronik	153
Schiffssicherheit	154
Unterwegs auf Nordmeerseereisen	157
Deutschland:	
Ausgangs- und Endhäfen	157
Bremerhaven	157
Cuxhaven	159
Hamburg	161
Kiel	164
Lübeck/Travemünde	166
Norwegen: Land und Leute	169
Topographie	169
Klima	171
Geschichte	172
Wirtschaft	173
Soziales und Politik	174

Norwegen: Reise-Infos	176		Rørvik	206
			Brønnøysund	206
Norwegen:	178		Sandnessjøen	206
Regionen und Seereisenhafenorte			Nesna	207
Oslo	179		Ørnes	207
Tønsberg	183		Bodø	207
Südnorwegen	184		Lofoten und Vesterålen	209
Arendal	185		Gravdal (Lofoten)	210
Kristiansand	185		Stamsund (Lofoten)	210
Mandal	187		Svolvær (Lofoten)	211
Westnorwegen	188		Risøyhamn (Vesterålen)	212
Stavanger	188		Stokmarknes (Vesterålen)	212
Lysebotn	190		Sortland (Vesterålen)	213
Sand	190		Nördliches Nordnorwegen	213
Sauda	191		Troms	213
Rosendal	191		Harstad	213
Jondal	192		Finnsnes	214
Ulvik	192		Tromsø	214
Eidfjord	193		Skjervøy	217
Bergen	193		Finnmark	217
Vik	196		Øksfjord	218
Balestrand	196		Alta	218
Fjærland	196		Hammerfest	219
Gudvangen	197		Havøysund	220
Flåm	197		Skarsvåg	220
Lærdal	197		Honningsvåg	221
Årdal	198		Kjøllefjord	222
Florø	198		Mehamn und Gamvik	222
Måløy	198		Berlevåg	223
Nordfjordeid	199		Båtsfjord	224
Sandane	199		Vardø	224
Stryn	199		Vadsø	224
Olden	199		Kirkenes	225
Torvik	200			
Ålesund	200		Spitzbergen und Bäreninsel:	226
Hellesylt	201		Land und Leute	
Geiranger/Maråk	202		Geographie und Klima	227
Molde	202		Flora und Fauna	228
Åndalsnes	203		Geschichte und Wirtschaft	228
Kristiansund	203		Spitzbergen: Reise-Infos	230
Trøndelag und südliches	204			
Nordnorwegen			Spitzbergen: Landeplätze	232
Trøndelag und Nordland	204		Isfjord	233
Trondheim	205		Longyearbyen	233

Barentsburg	235	Färöer-Inseln: Reise-Infos	269
Ny Ålesund	236	Färöer: Seereisenhafenort	269
Krossfjord	237	Tórshavn	269
Gravneset	238		
Trinityhafen	238	Schottland mit Orkneys und Shetlands:	
		Land und Leute	271
Jan Mayen	239	Geographie	272
		Klima	272
Island: Land und Leute	240	Geschichte	273
Geographie	240	Politik	275
Klima	243	Schottland mit Orkneys und Shetlands:	
Flora und Fauna	243	Reise-Infos	276
Geschichte	244	Schottland:	
Politik und Wirtschaft	245	Seereisenhafenorte im Nordosten	277
Island: Reise-Infos	246	Leith	277
		Edinburgh	277
Island: Seereisenhafenorte	248	Aberdeen	279
Akureyri	248	Inverness	281
Höfn	252	Invergordon	281
Ísafjörður	253	Orkneys	282
Ólafsvík	254	Kirkwall	283
Reykjavík	255	Shetlands	285
Þingvellir Nationalpark	263	Lerwick	286
Seyðisfjörður	265		
Westmänner-Inseln	265	**Literatur**	**289**
		Bücher	289
		Zeitschriften	289
Färöer-Inseln: Land und Leute	267	Karten	290
Geographie und Klima	267		
Flora und Fauna	267	**Maritimes Glossar**	**291**
Geschichte	268		
Politik und Wirtschaft	268	**Index**	**299**

☺ Aktualisierungen zu diesem ReiseHandbuch und anderen Büchern finden Sie in der Homepage des Conrad Stein Verlags im Internet:

🖳 http://home.t-online.de/home/SteinVerlag

5

Legende

✋	Achtung, Vorsicht	✞	Kirche
🎣	Angelmöglichkeit	⚖	Laden, Markt
℞	Apotheke	⌘	Museum
ℭ	Aquarium	❀	Nationalparkinformation
🏠	Aussicht	⏱	Öffnungszeiten
🏊	Bademöglichkeit	🅿	Parkplatz
BANK	Bank	★	Polizei
⚑	Bar	💮	Post
❀	Botanischer Garten, Park	✗	Restaurant
📖	Buchtip	✈	Rundflüge
☕	Café	🚠	Seilbahn
♜	Castle	🎭	Theater
🛒	Einkaufsmöglichkeit	☺	Tip
📷	Fototip	🎓	Universität
⇔	hin und zurück		
✚	Hospital	🚗🚌🚐🚋🏊🚢	Verkehrsmittel
🛏	Hotel, Kabine	🐬	Vogelreservat
ℹ	Information	🐋	Walbeobachtung
🏠	Jugendherberge	🚶	Wandern

Fotografen

Harald Benke	66
Bodil Bluhm	66, 3x71, 219, 222, 247, 250
Frank Brodrecht	3x71
Fjord Norway AS	183, 2x187, 2x190, 191, 218, 219
Florian Gloza	4x71
Rolf Gradinger	74
Willi Hagen, Nicolai Mumm	74
Kurverwaltung Cuxhaven	178
Dieter Müller	182, 211, 218
Hans Peter Richter	2x250, 2x251
Meike Scheidat	66
Andreas Spaeth	178, 2x210, 211, 214, 218, 219, 222, 2x223
Conrad Stein, Marie-Luise Tolkmit	2x254, 255
Andreas Umbreit	67, 71, 2x70, 2x75, 79, 179, 214, 215, 2x242, 243, 246, 247
Iris Werner	74
Hans-Joachim Zeigert	2x78, 215, 243, 243, 255
Eckart Zöllner	66, 3x71

Es zieht Sie nach Norden und Sie interessieren sich für Seereisen? Sie suchen Informationen über Möglichkeiten, den Norden per Schiff zu entdecken?

Die Lesergruppe, für die *Kurs Nord* geschrieben wurde, ist klar umrissen: All jene, die sich für **mehrtägige Seereisen** auf einem **allgemein buchbaren Passagierschiff** in die Gewässer der **nördlichen Nordsee und des Nordatlantiks** mit den **angrenzenden Küsten Norwegens** (einschließlich **Spitzbergen, Bäreninsel, Jan Mayen**), des **nordöstlichen Schottlands** (mit **Orkneys** und **Shetlands**), **Islands** und der **Färöer** interessieren - ob nun per **klassischer Nordlandkreuzfahrt**, auf einer **Studien-Seereise**, einem **Eisbrecher**, **Segelschiff**, einer Fahrt mit einem **Linienschiff** oder mit kleineren **Küstenschiffen**.

Sie sehen bereits, das Spektrum ist größer, als vielleicht vermutet. Natürlich bietet *Kurs Nord* auch nebenbei etliche nützliche Informationen für jene, die mit einem Segelboot oder einer Motoryacht in den genannten Gewässern unterwegs sind. Und: *Kurs Nord* ist vor allem praktisch orientiert, keine Fortsetzung der Kataloglyrik, keine Jubelhymne für eine bestimmte Region oder Reiseform, sondern ein möglichst neutraler Ratgeber.

Im Buchhandel gibt es unzählige Reiseführer - aber muß man zehn Bücher kaufen, bloß weil Ihre Schiffsroute mehrere Länder berührt? In *Kurs Nord* finden Sie:

✳ Tips zur Auswahl der für Sie richtigen Art der Seereise, Vorbereitung und Anreise.

✳ Beschreibungen zu den wichtigsten Ausgangs- und Endhäfen.

✳ Beschreibungen von rund 80 Hafenorten an den besuchten Küsten mit Tips speziell für Seereisende.

✳ Hintergrundinformationen zu den einzelnen Ländern und Regionen, aber auch die sonst fehlenden übergreifenden Aspekte des Nordmeeres als Kultur- und Wirtschaftsraum.

✳ Sehr ausführliche, leicht verständliche Kapitel zur interessanten naturgeschichtlichen Entwicklung des Raumes Nordmeer und Einblicke in das Nordmeer selbst: seinen Aufbau, seine faszinierende Lebewelt.

✳ Wissenswertes für die Zeit an Bord: Schiffssicherheit, Seezeichen, Seevögel und Meeressäuger des Nordatlantiks.

Wir, die Autoren, glauben, daß viele Seereisende (und solche, die es werden wollen) schon lange nach einem ausführlichen Buch wie *Kurs Nord* gesucht haben, das endlich einmal dieser länderverbindenden Form des Reisens gerecht wird und auch all jene für Seereisende interessanten Aspekte behandelt, die in üblichen Reiseführern kaum oder gar nicht behandelt werden.

Weil keiner von uns sich für allwissend hält, haben wir uns für dieses Buch zu sechst zusammengefunden, jeder mit seinem Spezialgebiet, um Ihnen so ein möglichst breites Informationsspektrum bieten zu können:

Andreas Umbreit ist neben seiner Autorentätigkeit auch Koordinator des Autorenteams, 1959 in München geboren und in den Allgäuer Alpen aufgewachsen. 1980 durch sein Studium nach Kiel verschlagen, hat er seit 1986 seine Firma als Spitzbergen-Spezialveranstalter aufgebaut, so daß Sie ihm bei einer Seereise eventuell sogar in Longyearbyen begegnen.

Von ihm wurde das als ein Standardwerk anerkannte *Spitzbergen-Handbuch* (mit Franz-Joseph-Land und Jan Mayen) geschrieben, erschienen im Conrad Stein Verlag. Zusätzlich betreibt er seit einigen Jahren von Kiel aus eine Spezialagentur für Polarreisen. Er ist in *Kurs Nord* für einen Teil der Naturkunde, die allgemeinen einleitenden Kapitel (Vorbereitung, Angebotsübersicht etc.) sowie für den größten Teil der geographischen Kapitel zuständig.

Hans-Joachim Zeigert, geboren 1945, fuhr als Funkoffizier mehrere Jahre zur See, zuletzt auf einem deutschen Kreuzfahrtschiff, bis er sich entschloß, vom Funkgerät an den Computer zu wechseln und seine maritimen Kenntnisse schreibend einem größeren Publikum zu vermitteln. Als Profi aus der Passagierschiffahrt stammen in *Kurs Nord* die seemännisch orientierten Kapitel sowie die aufs Leben an Bord bezogenen Textteile aus seiner Feder, ebenso etliche der Bilder. Dies ist im übrigen nicht sein erstes Werk über Seereisen - neben zahlreichen Artikeln in Zeitschriften und Zeitungen verfaßte er maßgeblich die Texte des *terra-magica*-Bildbandes "Traumkreuzfahrt in den Hohen Norden".

Bodil Bluhm, Jahrgang 1970, stammt aus Hamburg und lebt in Kiel. Hier studierte sie Biologie und spezialisierte sich an den Instituten für Meereskunde und Polarökologie auf Meeresbiologie, speziell in den nördlichen Regionen, die Sie auf mehreren Forschungsfahrten zu See und auf Landexkursionen (Färöer, Island, Skandinavien, Spitzbergen, Irland, Schottland) bereiste. Neben ihrer wissenschaftlichen Arbeit findet sie es wichtig, daß die Ergebnisse der Forschung auch einer breiteren Öffentlichkeit zugänglich und damit nutzbar werden. Ihr verdankt das Buch die informativen Kapitel, die die komplexen Zusammenhänge von Meer, Klima und Lebewelt anschaulich und gut verständlich darstellen.

Hans Peter Richter, Fachhochschuldozent in Kiel, zählt zu den "produktivsten" Autoren des Conrad Stein Verlages. In *Kurs Nord* ist er für die geographischen Kapitel über Island und die Färöer zuständig - Regionen, die ihm durch zahlreiche Reisen und die Arbeit an mehreren Auflagen seines *Island*-ReiseHandbuches (mit Färöern) bestens vertraut sind.

Von ihm sind außerdem die Conrad-Stein-Reiseführer *Alaska*, *Kanada-Alaska Highways*, *USA - Nordwesten* und *USA - Südwesten*.

Gabriela Schröder ist gebürtige Hamburgerin und studiert Geologie an der Universität Hamburg. Schon als Teil ihrer Ausbildung war sie in Island unterwegs, hat privat Skandinavien in Sommer und Winter bereist und in Spitzbergen als Betreuerin von Wander- und Trekkingtouren gearbeitet. In *Kurs Nord* hat sie das geologische Kapitel über die Entstehung des Nordatlantiks verfaßt.

Andreas Spaeth, in Hamburg geboren und aufgewachsen, ist freier Journalist mit den Schwerpunkten Luftfahrt und Reisen, wobei es ihn für seine Reportagen immer wieder auch nach Norden zieht - bis hin zur Silvesterreise ganz hinauf nach Spitzbergen in die Polarnacht. Er gehört zu den Initiatoren von *Kurs Nord* und hat in Norwegen für den geographischen Teil des Buches recherchiert und fotografiert. Unter anderem stammt von ihm das Titelbild.

Autorenteam und Verlag hoffen, daß das Buch zum Gelingen Ihrer künftigen Seereisen beiträgt und wünschen: **Gute Fahrt und immer eine Handbreit Wasser unter dem Kiel!**

Naturphänomene der Polargebiete

An den Anfang unserer gedanklichen See-reisen dieses Buches durch den hohen Norden sei die Frage gestellt: Was sind überhaupt die Polargebiete? Was ist Arktis? Worin unterscheiden sich diese Regionen mehr oder weniger deutlich von unserer mitteleuropäischen Heimat?

Die Natur der Meere als unser Reise-element wird in den folgenden Texten noch gebührend behandelt. Doch die Natur unseres Reisegebietes beschränkt sich nicht allein auf die Meere, sondern beinhaltet auch andere Phänomene: an Land, in der Atmosphäre oder astronomischer Art. Auf sie sei hier einleitend eingegangen:

Astronomisch bedingte Phänomene: Mitternachtssonne, Polartag, Polarnacht, Polarkreise und Polargebiete

Mitternachtssonne sei ihnen im Prospekt versprochen worden, empörte sich der Passagier beim Landgang in Longyear-byen, und nun wären sie zwei Tage lang an Spitzbergens Küsten unterwegs gewesen, hätten zwar durchgehend schönes Wetter gehabt - aber ohne die angekündigte Mitternachtssonne. Auf die vorsichtige Frage, was er sich denn darunter vorstelle, kam die prompte Antwort: "Na, tiefschwarze Nacht, und mittendrin der glühende Sonnenball!" Leider hatte sich die arktische Natur nicht nach den Vorstellungen dieses Gastes gerichtet, und so hatte er dank des sonnigen Wetters mehrere Nächte mit herrlicher Mitternachtssonne erlebt, ohne es zu bemerken.

Gerade in solch hoch polaren Regionen wie Spitzbergen bleibt die Sonne im Hochsommer rund um die Uhr, selbst um Mitternacht, so weit über dem Horizont, daß es taghell ist. Der Kinderreim über die Himmelsrichtungen und den Lauf der Sonne, der mit "... im Norden ist sie nie zu seh'n!" endet, stimmt hier nicht, denn hier beschreibt die Sonne um den hochsommerlichen Besucher einen vollen Kreis über alle vier Himmelsrichtungen!

Wer die Mitternachtssonne zu ihrem wirklich tiefsten Stand während ihrer täglichen Runde, also zur astronomischen Mitternacht (Sonnenzeit), sehen möchte, darf allerdings nicht nur auf die Uhr schauen, denn unsere Uhrzeiten sind eine künstlich eingeführte Definition, die nur zufällig mit der Natur übereinstimmt.

Gerade in Polnähe, wo die Längengrade zunehmend dichter zusammenrücken, spielt die Position eine wesentliche Rolle - 15 Längengrade sind der 24. Teil des Kreises (360°), entsprechen also einer Stunde, da sich die Erde einmal in 24 Stunden vollständig dreht. Ein Längengrad entspricht folglich vier Zeitminuten in der Erddrehung. Bewege ich mich nach Osten, der Sonne entgegen, ohne die Uhr zu verstellen, so wird sie früher auf- und untergehen, bei einer Reise nach Westen hingegen später. Vielen ist dies unter anderem als "jet lag" von Fernreisen bekannt, wo sich der Körper erst an die Verschiebung der Uhrzeiten gewöhnen muß.

Während man in gemäßigteren Breiten schon ins Flugzeug steigen muß, um diese Erfahrung deutlich zu machen, laufen in den Polen alle Längengrade (Meridiane) zusammen - in Polnähe kann man daher sogar zu Fuß einmal um den Pol laufen und dabei sämtliche Zeitzonen durchqueren (was allerdings wahrscheinlich im Sommer stattfände - und da fällt das angesichts hochstehender Mitternachtssonne nicht so auf).

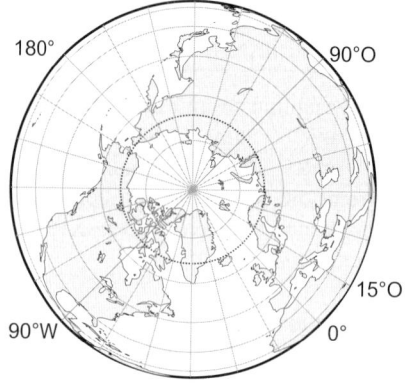

Die Längengrade laufen von Pol zu Pol, teilen
also die Erde in 360 "Apfelsinenscheiben". Am
Äquator sind zwei Längengrade ca. 112 km
voneinander entfernt, während sie sich am
Nord- und Südpol treffen. Der 0. Längengrad
ist durch das englische Greenwich definiert,
von dort zählt man bis zu 180° nach Osten
(östliche Länge) bzw. nach Westen (westliche
Länge), um die Position eines Punktes in Ost-
West-Richtung zu bestimmen.

Der **Nullmeridian** (0. Längengrad)
verläuft bekanntlich durch das südenglische
Greenwich und dort ist nach dortiger
Greenwich Mean Time (GMT) dann auch
um Mitternacht laut Uhr angenähert wirkliche Mitternacht. Bei mitteleuropäischer
Zeit MEZ (der GMT um eine Stunde
voraus, gilt in der gesamten EU plus
Schweiz und Norwegen, jedoch ohne
Island, Großbritannien, Irland und Portugal (GMT)) fällt die Sonnenmitternacht mit
24:00 nur auf dem 15. Längengrad Ost
einigermaßen genau zusammen.

Im Bereich dieses Längengrades liegen
beispielsweise im Norden Bodø und Svolvær (Lofoten) sowie Longyearbyen (Spitzbergen), in Deutschland Görlitz und in
Österreich Leoben - in diesen Orten ist um
Mitternacht tatsächlich einigermaßen genau
"echte" Mitternacht (d.h. die Sonne steht
am tiefsten unter dem Horizont), sofern
nicht zusätzlich noch eine Sommerzeit die

Sache verkompliziert. In der gesamten
Schweiz, fast in ganz Deutschland und
großen Teilen Österreichs ist die eigentliche Mitternacht jedenfalls erst nach 24:00,
da diese Gebiete westlich des 15. östlichen
Längengrades liegen.

Um nun den Sonnenstand zur "echten"
Mitternacht zu beobachten, ist zunächst
von einer eventuell geltenden Sommerzeit
auf die Normalzeit der jeweiligen Zeitzone
zurückzurechnen. Bei mitteleuropäischer
Sommerzeit (MESZ) wurden die Uhren im
Frühjahr eine Stunde vorgestellt - die für
unsere Rechnung wichtige "richtige" MEZ
läuft also um eine Stunde hinterher,
1:00 MESZ entspricht 24:00 MEZ und
folglich ist Mitternacht nach Sonnenzeit in
der Nähe von Bodø, Svolvær oder Longyearbyen erst gegen 1:00 Sommerzeit früh-
morgens. Für eine Berechnung benötigen
wir aus einer Landkarte die geographische
Länge des Beobachtungsortes.

Bei einigen Zielen im Nordmeer ist zu
beachten, daß sie in anderen **Zeitzonen**
liegen: Island, Färöer und Großbritannien
folgen der GMT (eine Stunde früher, zusätzlich eventuell Sommerzeit), Westgrönland ist der MEZ in seiner Zeitzone um
drei Stunden hinterher und in Ostkanada ist
es um bis zu fünf Stunden früher, da diese
Regionen westlicher liegen, während es in
den baltischen Staaten, Finnland und der
russischen Arktis gegenüber der MEZ
mindestens eine Stunde später ist, in der
Beringstraße sogar 11 Stunden (Nordost-
Passage-Fahrer aufgepaßt!).

Sofern man weiß, auf welchen westlichen oder östlichen Längengrad sich die
jeweilige Zonenzeit bezieht, kann man die
tatsächliche Sonnenzeit auch in bezug auf
die jeweilige Zonenzeit genau wie in den
vorangegangenen Beispielen berechnen,
indem man statt von 15° Ost vom jeweils
aktuellen Bezugs-Längengrad der Zeitzone
ausgeht.

Schuld am Phänomen **Mitternachts-sonne** ist die Neigung der Drehachse der Erde gegenüber der Sonne. Bekanntlich kreist die Erde in einem Jahr einmal um die Sonne und dreht sich zusätzlich gleichzeitig um sich selbst, woraus sich in den niedrigeren Breitengraden der Tag-Nacht-Rhythmus von 24 Stunden ergibt. Diese Drehachse der Erde um sich selbst steht allerdings nicht senkrecht, sondern ist gegenüber der Erdbahn um die Sonne um ca. 23,5° aus der Senkrechten gekippt. Stünde sie genau senkrecht, so gäbe es im Verlaufe des Jahres nirgendwo auf der Erde unterschiedlich lange Tageszeiten und die Pole, durch die die Drehachse der Erde läuft, würden ganzjährig gerade eben noch von den Sonnenstrahlen erreicht.

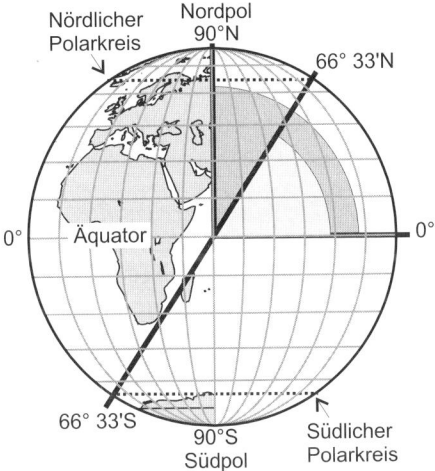

Die Breitengrade geben den Abstand vom Äquator (0°) nach Norden bzw. Süden als Winkel vom Erdmittelpunkt aus an. Alle Punkte mit gleichem Abstand vom Äquator liegen auf eine Kreislinie um die Erde, z.B. auf dem nördlichen Polarkreis (66° 33'N) bzw. dem südlichen Polarkreis (66° 33'S). Die Pole stehen senkrecht über dem Erdmittelpunkt und der Äquatorebene. Skizze ist nicht winkelgetreu.

Durch die Neigung der Erdachse zeigt nun aber statt dessen im Nordpolarsommer der oberste Teil der Erde etwas in Richtung Sonne, so daß deren Strahlen über den Pol hinweg auch den obersten Teil der sonnenabgewandten (= während der täglichen Erdumdrehung nächtlichen) Erdseite erreichen - aus deren Sicht steht die Sonne also bei ihrem tiefsten Stand im Norden. Der Südpol zeigt zur gleichen Jahreszeit von der Sonne weg, so daß die Sonnenstrahlen ihn und seine Umgebung selbst mittags nicht erreichen können, und in äquatornäheren Gebieten der Südhalbkugel geht in dieser Jahreszeit die Sonne während des Tages später auf und früher unter - während unseres Nordsommers ist also südlich des Äquators Winter.

Während die Erde die Sonne einmal im Jahr umkreist, behält die Neigung der Drehachse der Erde nicht nur in etwa denselben Winkel, sondern auch dieselbe Neigungsrichtung (nach Norden: derzeit Richtung Polarstern, im Süden: Richtung Kreuz des Südens). Im Frühling und Herbst steht die Erde auf ihrem Weg um die Sonne so, daß das Sonnenlicht die Erde senkrecht zur Erdachse erreicht, weil deren Neigungswinkel dann nicht zur Sonne (bzw. von ihr weg), sondern an ihr vorbei (tangential zur Erdbahn) zeigt. Daher sind am Frühlings- und Herbstpunkt der Erdbahn die Tage und Nächte gleich lang und das Licht erreicht gerade eben beide Pole.

Drei Monate später, zur nördlichen Wintersonnenwende, neigt sich die Erdachse im Norden von der Sonne am meisten weg (entsprechend erreicht kein Sonnenlicht die polnächsten Regionen und in den äquatornäheren Gebieten der Nordhalbkugel ist der kürzeste Tag des Jahres) und im Süden der Sonne am stärksten zu (südliche Sommersonnenwende, längster Tag, Mitternachtssonne in südpolnahen Regionen), also genau umgekehrt wie während des nördlichen Sommers.

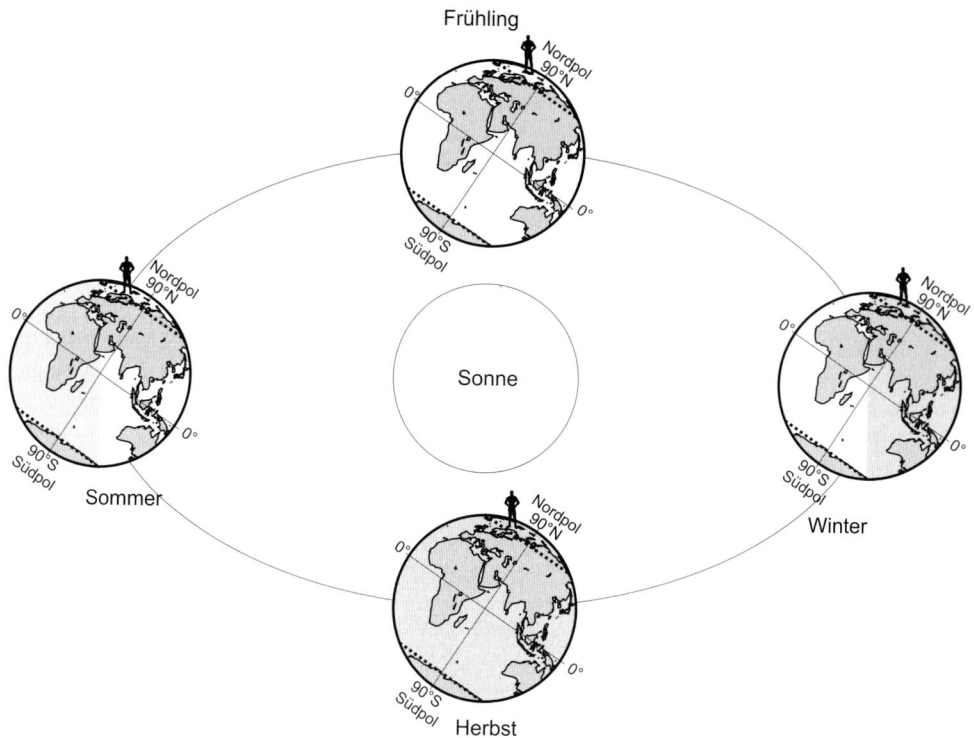

*Die Jahreszeiten entstehen durch die gekippte Erdachse: Im Winter erreicht das Sonnen-
licht die Regionen oberhalb des Äquators (0°) nur flach und kurz. Nördlich des Polarkreises bleibt es für unseren Beobachter dunkel, obwohl er auf der sonnenzugewandten Seite
(= Tagseite) des Nordpols steht ☞ Polarnacht. Im Sommer dagegen bleibt es bei ihm
hell, selbst wenn er auf der sonnenfernen Seite (= Nachtseite) des Nordpols steht. Im
Frühling und Herbst hat die Neigung der Erdachse keine Wirkung, in diesen Zeiten gibt es
daher auch jenseits der Polarkreise innerhalb 24 Stunden Tag und Nacht. Skizze nicht
winkelgetreu.*

Wenn die Sonne auch um Mitternacht noch über dem Horizont zu sehen ist (im Norden ohne sichtbegrenzende Erhebungen (Berge, Gebäude, Pflanzen), am besten also an Küsten mit freier Sicht) und damit mindestens einmal im Jahr das Tageslicht mehr als 24 Stunden anhält, so nennt man dieses Phänomen des mehr als 24stündigen Tageslichtes **Polartag**. Er dauert im Norden am Nordpol am längsten.

Vom 21. März bis 23. September, also den gesamten Frühling und Sommer geht hier die Sonne nicht unter, wobei sich ein paar Tage mehr als ein halbes Jahr durch die Umlenkung des Sonnenlichtes in der Atmosphäre ergeben: Wenn die Sonne eigentlich schon hinter dem Horizont verschwunden ist, sehen wir sie trotzdem noch etwas länger, weil ihre Strahlen um die Erdkrümmung herum in der Atmosphäre abgelenkt werden.

Am Südpol dauert der Polartag entsprechend den gesamten Herbst und Winter (aus südlicher Sicht sind dies dort der südliche Frühling und der südliche Sommer!).

Das Gegenteil des Polartages ist die **Polarnacht**: dann kommt die Sonne selbst mittags nicht über den Horizont empor. So wie nach Ende des Polartages die Dämmerung von Nacht zu Nacht länger und stärker wird, so ist es auch in der Polarnacht meist nicht rund um die Uhr völlig finster - gerade an ihrem Beginn und Ende gibt es um die Mittagszeit herum immer längere und hellere Dämmerungsperioden. Um rund um die Uhr wirkliche Nacht zu erleben, muß man die Zeit der Wintersonnwende, also um den 21. Dezember wählen und mindestens bis Spitzbergen reisen, ansonsten ist bei klarem Himmel auch in der tiefsten Polarnacht mittags im Süden immer noch ein leichter Dämmerungsschein zu sehen.

Auch ansonsten ist die Polarnacht nicht ganz so finster, wie mancher sich gruselnd fürchten mag: Der Mond ist in Polnähe relativ lange Zeiten über dem Horizont und spendet dank der extrem klaren Luft des hohen Nordens zusammen mit einem entsprechend phantastischen Sternenhimmel ein oft erstaunlich helles Licht, das auf dem reflektierenden Schnee und Eis zudem wirksamer ist, als auf dunklem Boden - soweit der Himmel frei ist. Bei dichter Bewölkung oder gar Schneesturm ist allerdings auch manchmal tagelang ohne künstliches Licht die berühmte Hand vor den Augen nicht erkennbar. Sicherlich eignet sich die Polarnacht nicht für jedermann. Aber viele Einheimische des hohen Nordens lieben sie wegen ihrer besonderen Atmosphäre und Klarheit.

📖 *Eine Frau erlebt die Polarnacht*, Christiane Ritter.

Mittlerweile gibt es für überzeugte Nordlandfreunde und Reisende mit besonderem Sinn für intensive Naturerlebnisse bereits Reiseangebote in die Polarnacht, selbst nach Spitzbergen. Unter den Seereisen bietet sich zum Kennenlernen der Polarnacht vor allem eine Hurtigrutenfahrt an (☞ Seereisen auf Linienschiffen), wobei die Polarnacht selbst im höchsten Norden des norwegischen Festlandes gegen 12:00 mittags natürlich längst nicht so dunkel ist (deutliche Dämmerung), wie im bis zu 1.000 km nördlicheren Spitzbergen, wo die Sonne selbst mittags entsprechend tiefer unter dem Horizont bleibt.

Wegen der bereits erwähnten leichten Ablenkung der Sonnenstrahlen in der Atmosphäre um die Erdkrümmung herum ist die Polarnacht etwas kürzer als der Polartag.

Die Größe der Gebiete, in denen Polartag und Polarnacht auftreten, ist in erster Linie von der Neigung der Erdachse und der Erdrotation abhängig - letztere sorgt dafür, daß es sich um zwei kreisförmig begrenzte Regionen mit den geographischen Polen als Mittelpunkte handelt. Das **Nordpolargebiet** um den Nordpol ist in erster Linie das überwiegend von Eis bedeckte **Nördliche Eismeer** und der **Nordatlantik** mit seinen Randmeeren sowie die nördliche **Beringsee**, außerdem die an diese Meere angrenzenden Landmassen und die in ihnen liegenden Inseln - im Nordpolargebiet dominiert also das Meer. Im **Südpolargebiet** ist es genau umgekehrt - diese Region wird fast völlig vom **antarktischen Kontinent** eingenommen, um den innerhalb der Grenze des Südpolargebietes außerdem noch einige angrenzende Meeresteile des Pazifischen, Atlantischen und Indischen Ozeans liegen.

Die Grenze der Polargebiete bilden die beiden **Polarkreise**, die bei der heutigen Neigung der Erdachse von 23° 27' gegenüber der Bahnebene der Erde um die

Sonne bei **66° 33'** (90° minus 23° 27') nördlicher Breite (**Nördlicher Polarkreis**) bzw. südlicher Breite (**Südlicher Polarkreis**) liegen. Nördlich des nördlichen Polarkreises und südlich des südlichen Polarkreises geht die Sonne mindestens eine Nacht im Jahr nicht unter (im Norden: Mittsommernacht/Sommersonnwende, 21./22. Juni; im Süden: 21./22. Dezember (unsere Wintersonnwende, dort Sommersonnwende)) bzw. ein halbes Jahr später mindestens einen Tag nicht auf (gleiche Termine, vertauscht).

Die Dauer der Perioden von **Polartag** bzw. **Polarnacht** nehmen zu, je näher man den Polen kommt: 2 Tage am Polarkreis, ein halbes Jahr am Pol. Die Dauer nimmt mit wachsender Polnähe nicht gleichmäßig zu, so daß man sie nur mit komplizierten Rechnereien kalkulieren kann. Statt hochmathematischer Formeln daher einige Beispiele mit den jeweiligen Breitengraden, aus denen Sie auf andere Punkte ähnlicher Breite schließen können (am selben Ort können sich die Termine von einem Jahr zum nächsten um einen Tag ändern):

Polarkreis	66° 33'	Mitternachtssonne	22. Juni	- 23. Juni	(2 Tage)
Tromsø	69° 40'	Mitternachtssonne	21. Mai	- 23. Juli	(64 Tage)
Nordkapp	71° 10'	Mitternachtssonne	14. Mai	- 30. Juli	(78 Tage)
Nordküste Bäreninsel	74° 30'	Mitternachtssonne	30. April	- 13. August	(106 Tage)
Longyearbyen	78° 13'	Mitternachtssonne	20. April	- 21. August	(124 Tage)

Entsprechend verteilt sich auf der jeweiligen geographischen Breite auch die Polarnacht - geringfügig kürzer - um den 21. Dezember bzw. auf der Südhalbkugel die Polarnacht um den 21. Juni und der Polartag um den 21. Dezember, wobei es im Südpolarmeer wegen des antarktischen Kontinentes und seiner Schelfeisgebiete allerdings per Schiff kaum möglich ist, deutlich über den südlichen Polarkreis vorzudringen, ohne schon bald auf Land oder auch auf per Eisbrecher undurchdringliches Eis zu stoßen.

Atmosphäre: Nordlicht, Ozonloch und Gewitter

Verlassen wir die astronomischen Regionen und nähern wir uns der guten alten Erde zusammen mit der Strahlung der Sonne, so stoßen wir in ein paar hundert Kilometern Höhe auf die äußersten dünnen Bereiche der Atmosphäre. Die Sonne stößt pausenlos und in alle Richtungen verschiedene Teilchen aus - von den superschnellen und praktisch masselosen Lichtteilchen (Photonen) bis hin zu relativ schweren

Atomteilchen - Elektronen und Protonen, die als **Sonnenwind** bezeichnet werden.

Aufgrund der ihnen innewohnenden Bewegungsenergie (die Durchschnittsgeschwindigkeit beträgt 1.000 km/sec, also ca. 360.000 km/h!) und ihrer Zahl ist trotz der Winzigkeit dieser Partikel der Vergleich mit einem Wind sogar recht anschaulich, denn wie Wind kann dieser Teilchenstrom Druck auf Flächen (z.B. von Satelliten) ausüben und so wie das Segel eines Schiffes den Kurs beeinflussen.

Protonen und Elektronen sind elektrisch geladene Teilchen. Bewegen sich solche, so bilden sie Magnetfelder. Die Erde hat ebenfalls ein kräftiges **Magnetfeld**, das weit ins Weltall hinaus wirkt und die sich der Erde rasant nähernden geladenen Teilchen so in ihren Bahnen beeinflußt, daß sie überwiegend in Polnähe in die Atmosphäre einschlagen, dabei Moleküle der Atmosphärengase treffen und diese stark in Bewegung versetzen, was sie zum Leuchten bringt - damit haben wir das berühmte **Nordlicht**. Je nach Höhe und Art der getroffenen Moleküle ergeben sich unterschiedliche Farben: Sauerstoff leuchtet je nach Höhe grün oder in sehr großen Höhen (über 250 km) auch rot, Stickstoff in verschiedenen Tönen zwischen blau und rot. Natürlich können sich diese Leuchterscheinungen auch überlagern, wodurch Mischfarben und bunte Nordlichter entstehen können.

Nordlichter sind also durch Teilchenstrahlung der Sonne in der hohen Atmosphäre (80 km und mehr über dem Boden) ausgelöste Leuchterscheinungen, die **sehr unterschiedliche Farben und auch Formen** annehmen können - von diffuser Helligkeit oder verwaschener Wolkenform über wallende Vorhänge mit oft scharfer Unterkante über den Himmel wehende Lichter bis hin zu rasant Richtung Erde schießende Strahlenbündel. Gerade diese unberechenbare Vielfalt macht das Nordlicht zu einem der eindrucksvollsten Phänomene des winterlichen hohen Nordens.

Um das Nordlicht zu sehen, muß es allerdings dunkle Nacht sein - es ist zwar im Prinzip auch tagsüber bei Helligkeit vorhanden, doch sein Leuchten ist viel zu schwach, um gegen Sonnenlicht und selbst kräftiges Mondlicht anzukommen. Der Seereisende muß sich daher jahreszeitlich entscheiden: Mitternachtssonne oder Nordlicht! Vielleicht ein Grund, nach einer sommerlichen Nordlandreise den hohen Norden auch einmal im Winter zu besuchen!

Wie bereits erwähnt, ist das Nordlicht vor allem in Polnähe beobachtbar, wobei es hier um das **Erdmagnetfeld** und folglich auch nicht nur um den geographischen Nordpol (90° Nord), sondern auch um den **magnetischen Nordpol** geht. Das Magnetfeld der Erde wird maßgeblich im flüssigen Erdinneren durch dortige Strömungen verursacht, die sich im Laufe der Zeit langsam ändern - entsprechend verlagert sich auch das Magnetfeld und mit ihm die magnetischen Pole. Der magnetische Nordpol liegt zur Zeit in der nordkanadischen arktischen Inselwelt nahe Grönland.

Ebenfalls Folge dieser Veränderungen des Magnetfeldes ist die **Mißweisung magnetischer Kompasse**, die nicht nur je nach Region unterschiedlich ist, sondern sich auch im Laufe der Zeit am gleichen Ort verändert. Da die geladenen Sonnenteilchen durch das Erdmagnetfeld Richtung Pole abgelenkt werden, liegen die besten und häufigsten Nordlichter in ovalen Gürteln um den magnetischen und geographischen Nord- bzw. Südpol.

Im europäischen Bereich findet sich die **höchste Nordlichtintensität um ca. 70° Nord**, also etwa auf der nördlichen Breite von Tromsø. Noch weiter nach Norden Richtung Pol nimmt das Nordlicht wieder ab, dafür verbessern sich allerdings im höchsten Norden die winterlichen Beobachtungsmöglichkeiten, weil die Polarnacht um so länger und tiefer wird, je weiter man sich nach Norden bewegt. Deshalb befinden sich die nördlichsten Nordlicht-Forschungsstationen in Longyearbyen und Ny Ålesund auf Spitzbergen um 78° Nord.

Jenseits von 80° Nord bzw. südlich von 60° Nord (Mittelnorwegen) nimmt die Häufigkeit von Nordlichtern im europäischen Raum stark ab - in Oslo (59° 55' Nord) sind es durchschnittlich und theoretisch (gutes Wetter erforderlich!) noch 40 Nächte pro Jahr mit Nordlicht, in Mitteleuropa fünf Nächte pro Jahr.

Außerhalb der Polargebiete schwindet nicht nur die Häufigkeit und Intensität der Nordlichter, sondern ihre Beobachtung wird auch durch **stärkere Trübung der Luft** (Verschmutzung) und **Streulicht** von künstlichen Lichtquellen stark beeinträchtigt - man denke etwa an die Lichtreflexion am Himmel über einer Großstadt, sowie auch nur eine leichte Dunstschicht in der Luft hängt. Häufig wird ein Nordlicht in

Mitteleuropa, selbst wenn es einmal deutlich sichtbar ist, daher gar nicht als solches erkannt, sondern für den üblichen Widerschein der Lichter von Siedlungen gehalten.

Vor ca. 800 Jahren lag ganz Norwegen außerhalb der typischen Nordlichtzone, bedingt durch die damalige noch fernere Position des magnetischen Nordpols.

Entsprechend verteilen sich auch die Beobachtungsstationen der internationalen westlichen Nordlichtforschung über die Nordhalbkugel - von Alaska über Kanada bis Tromsø und Spitzbergen.

☺ In Tromsø können Sie übrigens auch im Sommer trotz Mitternachtssonne einen ansatzweisen Eindruck vom Nordlicht erhalten - bei den Light-Shows in der Kuppel des **Tromsøer Planetariums**.

Dem **Nordlicht**, auf lateinisch *Aurora borealis* (wörtlich: "nördliche Morgenröte") genannt, entspricht im Südpolargebiet das weit weniger bekannte **Südlicht** oder *Aurora australis*, das nach allen bisherigen Beobachtungen mit seinem nördlichen Gegenstück vergleichbar ist - nur gibt es im Süden kaum Beobachter, da die besiedelten Landflächen im Süden nur bis ca. 55° Süd (Kap Hoorn auf Feuerland) hinabreichen - die Hauptzone des Südlichts sind die menschenleeren Weiten der Antarktis und ihrer Randmeere. Zusammenfassend kann man beide Erscheinungen als **Polarlichter** bezeichnen.

Die **Polarlichtintensität** unterliegt mehrjährigen rhythmischen Schwankungen, die denen der Sonnenaktivität entsprechen. Die Sonne hält sich aus unbekannten Gründen an einen ca. elfjährigen Abstand zwischen ihren **Aktivitätsmaxima**, so daß ca. alle 11 Jahre mit besonders starkem Nordlicht gerechnet werden kann. Diese Maxima können wiederum unterschiedlich

ausfallen - in besonders extremen Fällen konnten sehr intensive Nordlichter bis in den Mittelmeerraum beobachtet werden und sind als außergewöhnliche, die damaligen Menschen beunruhigende und unbegreifliche Phänomene schon in frühesten schriftlichen Aufzeichnungen zu finden - in Griechenland seit ca. 2.400 Jahren, in China sogar schon seit 4.000 Jahren. Die Interpretationen reichten von über den Himmel jagenden Geistern und Göttern bis zu Vorboten kommender Katastrophen.

📷 Das Nordlicht ist zwar am nächtlichen Himmel möglicherweise wunderbar zu sehen, aber seine tatsächliche Lichtstärke ist so gering, daß man schon eine Minute oder länger belichten sollte, um hinterher tatsächlich etwas auf den Bildern davon zu sehen. Letztlich aber entzieht sich das Nordlicht den Versuchen, es mit der Kamera abzubilden, denn die langen erforderlichen Belichtungszeiten führen zwangsläufig zu Unschärfe in den Abbildungen des meist in Bewegung befindlichen Lichtphänomens und die Bewegung selbst läßt sich noch weniger realistisch in statischen Bildern einfangen.

Ich finde es schön, daß es Dinge gibt, die man nicht auf Bildern konservieren kann, sondern die man nur direkt und persönlich in ihrer Großartigkeit erleben darf - vor Ort, hoch oben im winterlichen Norden, und aufbewahrt nur in der eigenen Erinnerung.

Ebenfalls bedingt durch die auf die Erdatmosphäre prallende Strahlung der Sonne, in diesem Fall das **ultraviolette Licht**, aber auch **ionisierende Strahlung**, ist die in den letzten Jahren häufiger erwähnte **Ozonschicht**. Die Sonnenstrahlung liefert vor allem in der **Stratosphäre** überall auf der Erde die Energie, die für die Bildung der Ozon-Moleküle erforderlich ist. Ozon ist ein energiereiches und daher instabiles Molekül, das relativ leicht wieder zerfällt, insbesondere indem es gern mit verschiedensten anderen Stoffen reagiert, dabei stark oxidierend wirkt und im übrigen relativ giftig ist - es macht sich schon in geringer Konzentration durch einen stechenden Geruch bemerkbar.

In der Stratosphäre, viele Kilometer oberhalb der höchsten Berge, spielt seine Giftigkeit für uns keine Rolle - sehr wohl hingegen die Fähigkeit des Ozons, die für Lebewesen gefährliche UV-Strahlung der Sonne teils zu binden und teils in langwelligere, unschädliche Wärmestrahlung umzuwandeln.

Im polaren Winter fällt zwar mit dem Sonnenlicht die UV-Strahlung weg, ionisierende Sonnenstrahlung bleibt den Polargebieten aber erhalten durch die bereits erwähnte Umlenkung elektrisch geladenen Sonnenwindes im Erdmagnetfeld.

Der Schwund an Ozon, wie er vor allem in der Antarktis gemeldet wird, beruht weniger auf zu geringer Neubildung von Ozon, als vielmehr auf seinem im Winter dort wesentlich stärkeren Abbau durch Reaktion mit anderen Stoffen in der Atmosphäre.

Diese Reaktionen werden stärker, wenn sich die Atmosphäre irgendwo stark abkühlen kann: unterhalb von ca. -80 °C bilden sich in der Stratosphäre aus vorher gasförmig verteilten Molekülen feine Tröpfchen von Salpeter- und Schwefelsäure und dieses aggressive Gebräu reagiert mit den ebenfalls reaktionsfreudigen Ozon-Molekülen, wodurch große Mengen von ihnen rasch zerstört werden.

Diese Reaktionen laufen noch wesentlich stärker ab, wenn daran FCKW und ähnliche vom Menschen in die oberen Atmosphärenschichten entlassene Chemikalien beteiligt sind, wobei Verbindungen aus Halogenen und Kohlenwasserstoffen teilweise auch natürlich entstehen können - derzeit wird die mögliche Bedeutung von

durch bestimmte Algen erzeugte Bromverbindungen auf den Ozonabbau in der polaren Atmosphäre untersucht. Einleuchtend ist jedoch, daß zusätzlich vom Menschen freigesetzte derartige Verbindungen diese Abbauprozesse über das natürliche Maß hinaus verstärken.

Der Ozonabbau findet vor allem im polaren Frühling statt, wenn zuvor durch starke Abkühlung das erforderliche Gemisch aus feinen Säuretröpfchen, Ozon und den Halogen-Verbindungen entstanden ist, das dann durch die ersten Sonnenstrahlen sozusagen "gezündet" wird, ohne daß diese Sonnenenergiezufuhr anfangs ausreicht, die Lufttemperatur vorher in unkritische Werte anzuheben.

Daß dies in der Antarktis intensiver passiert als in der Arktis, liegt daran, daß sich die Luft über der Antarktis im Südpolarwinter weitgehend stabil von den wärmeren Luftmassen äquatornäherer Regionen abisoliert und mangels Vermischung die Stratosphäre stark auskühlen kann, bis unter die kritischen -80 °C.

Über der Arktis bildet sich im Nordpolarwinter zwar ebenfalls ein **Polarer Wirbel**, der die polnahen Luftmassen von südlicheren wärmeren Luftmassen scheidet und damit die Auskühlung der polnahen Luft fördert. Aufgrund der komplizierteren Verzahnung von Land und Meer, kalten und warmen Meeresströmungen in der Arktis kommt es im Nordpolarwinter jedoch eher zu Störungen, die den Polaren Wirbel zeitweise aufbrechen und das Eindringen wärmerer südlicher Luftmassen erlauben. Entsprechend seltener sind in der Arktis in der Stratosphäre und Troposphäre die für den raschen Ozonabbau erforderlichen Tiefsttemperaturen anzutreffen.

Unmöglich sind sie allerdings keineswegs - aus Ny Ålesund meldete die dortige Station des Alfred-Wegener-Institutes bereits Höhenmessungen (per Forschungs-Ballonsonde etc.) bis hinab zu -94 °C in

23 km Höhe - und mittlerweile konnte auch in der Arktis in manchen Frühjahren eine deutliche Ozonverminderung festgestellt werden, die allerdings im Sommer wieder ausgeglichen wird. Das **Ozonloch** existiert im hohen Norden also auch, allerdings längst nicht so ausgeprägt und "zuverlässig" wie in der Nähe des Südpolargebietes.

Entsprechend ist auch das Risiko von **Hautschädigungen** - Sonnenbrand, Hautkrebs - durch UV-Strahlung in Nordpolnähe geringer als in hohen südlichen Breitengraden oder gar in heißen Zonen. Neben dem Ozonloch (das am ehesten im Frühjahr auftritt und sich bis zur sommerlichen Reisezeit schon wieder weitgehend aufgelöst hat) tauchen gelegentlich besorgte Fragen zur Schädigung der Haut aufgrund geringerer **Atmosphärendicke** auf.

Tatsächlich ist die Erdatmosphäre in Äquatornähe etwas dicker als an den Polen. Dieser Effekt ist allerdings relativ gering und wird wohl mehr als ausgeglichen durch den tiefen Sonnenstand: selbst mittags im Hochsommer steht die Sonne in polnahen Regionen weitaus niedriger als in Mitteleuropa. Entsprechend schräg - und daher weiter - müssen die Sonnenstrahlen die Erdatmosphäre durchdringen, wobei ein großer Teil der UV-Strahlung ausgefiltert wird.

Ich möchte mich hier mit einer sehr praxisbezogenen und unwissenschaftlichen Antwort begnügen: Als Blonder muß ich mich erfahrungsgemäß spätestens am Mittelmeer sorgfältig mit höherem Lichtschutzfaktor eincremen und auch sonst vorsichtig sein, um Verbrennungen zu vermeiden. In Spitzbergen hingegen habe ich mich fast noch nie mit Sonnencreme eingerieben und trotz Sonne rund um die Uhr dort noch nie Arme oder Gesicht verbrannt.

Lediglich wer dort ohne Vorbräune gleich längere Zeit bei sonnigem Wetter größere Touren in eis- und schneebedeckten Gebieten mit entsprechend besonders starker Reflexion macht, sollte sich vorbeugend eincremen, aber selbst dort ist das Verbrennungsrisiko wohl deutlich geringer als z.B. bei Hochtouren in den Alpen oder in den westnorwegischen oder isländischen Gletschergebieten.

Eine letzte Besonderheit der hohen Breiten: die geringere Aufheizung der Atmosphäre aufgrund der schräger stehenden Sonne und des kühlenden Meerwassers und Eises verhindert das Entstehen großer örtlicher Temperaturunterschiede in der Luft und damit das Entstehen von Gewittern. Je näher wir dem Nordpol kommen, desto ungewöhnlicher werden Blitz und Donner als Ausdruck atmosphärischer Aufladung. In meinen zahlreichen Sommern im hochpolaren Spitzbergen habe ich beispielsweise noch kein einziges **Gewitter** erlebt.

An Land: Dauerfrostboden, Gletscher, Inlandeis, Moränen, Fjorde, Kältewüste

Unser Reisegebiet umfaßt eine weite Spanne unterschiedlicher Klimazonen und Naturräume, beginnend in der Nordsee mit Verhältnissen, die sich nicht wesentlich von Mitteleuropa unterscheiden. In diesem Kapitel geht es daher speziell um die Natur der nördlicheren bzw. extremeren Regionen unseres Fahrgebietes, nicht um seinen südlicheren, gemäßigten Teil.

Dauerfrostboden (Permafrost) ist eine Besonderheit überwiegend polarer Natur. Er findet sich zwar auch in Hochlagen südlicherer Gebirge, etwa den Alpen, ist dort jedoch auf Lagen begrenzt, in denen vor allem Felsen und Schutt vorherrschen und entwickelte Böden nur ausnahmsweise zu finden sind, so daß der hochalpine

Permafrost nicht nur sehr räumlich begrenzt, sondern auch weniger deutlich an seinen Phänomenen zu erkennen ist. Der Begriff "Dauerfrostboden" bezeichnet ganzjährig gefrorenen Boden - ob nun Erde, Fels, Moor, Gesteinsschutt, Sand oder wie auch immer zusammengesetzt.

Permafrost tritt überall dort auf, wo die sommerliche Wärme nicht ausreicht, den durch die winterliche Kälte gefrorenen Boden vollständig wieder aufzutauen. Sein Vorhandensein ist keineswegs immer leicht zu erkennen, denn da fast überall auch in den polnähesten Landregionen die oberste Bodenschicht - sofern sie nicht dauerhaft von Eis oder Schnee abgedeckt ist - während des Sommers auftaut, können in dieser im Sommer frostfreien obersten Erdschicht (von wenigen Zentimetern bis mehreren Metern Dicke) höhere Pflanzen wurzeln und gedeihen, für deren Lebenszyklus einzig der warme Sommer und der Zugang zu flüssigem Wasser und in ihm gelösten Nährstoffen aus dem Boden wichtig ist.

Daß diese sommerlich frostfreie oberste Schicht über die langen Wintermonate ebenfalls steinhart durchfriert, spielt für die Vegetation keine Rolle, da diese für die kalten Jahreszeiten ihre Lebensaktivitäten stillegt (genau wie viele unserer heimischen flach wurzelnden Pflanzen, die im Winter ebenfalls von Frost umgeben sind). Permafrostregionen können daher ohne weiteres von einer dichten Vegetation, auch Wäldern, bedeckt sein, denn der Teil des Bodens, der ununterbrochen gefroren bleibt, liegt in der Tiefe, wohin die sommerliche Wärme während ihrer kurzen Monate nicht mehr vordringt.

Sieht man von den Hochgebirgen ab, so findet sich großflächiger Permafrost in den hoch polaren Regionen. Da der Golfstrom die Gewässer vor den meisten europäischen Küsten soweit warm hält, daß sie im Winter kaum zufrieren, gibt das Meer hier auch im tiefsten Winter noch etwas Wärme an die darüberziehenden Luftmassen ab und verhindert so lange extreme Frostperioden in den Regionen nahe der europäischen Westküsten. Erst dort, wo dieser Golfstromeinfluß nicht mehr ausreicht und das Meer im Winter deshalb zeitweise von Eis - geschlossen oder aufgebrochen - stärker abgedeckt und damit abisoliert ist, funktioniert diese Luftheizung nicht mehr ausreichend, so daß hier auch an den Küsten längerer starker Frost auftritt, der das Entstehen von Permafrost bis an die Ufer erlaubt.

In Europa ist dies nur in Spitzbergen einschließlich der Bäreninsel und in den nordrussischen Inselgruppen und Festlandsküstenregionen (ausgenommen die inneren Teile des Weißen Meeres) der Fall - bis hin zur Umgebung des nordnorwegischen Vardø. Dort, wo das Nordmeer nicht über eine wärmende Strömung aus dem Süden verfügt, sondern wo kalte Strömungen südwärts vorstoßen (z.B. Ostküste Grönlands), reicht die winterliche oder ganzjährige Eisbedeckung wesentlich weiter nach Süden und ebenso in den angrenzenden Küstengebieten der Permafrost, außerhalb Europas in jedem Fall bis südlich des Polarkreises.

Wesentlich extremer wird es im Inland, vor allem auf den Kontinenten, fern der Küsten. Hier kann sich die Luft im kurzen Sommer über dem Land zwar erheblich aufheizen, umgekehrt kühlt die trockene und daher extrem klare Landluft über die langen Wintermonate aber extrem aus, indem die Restwärme, von keiner Wolkendecke zurückgehalten, in den Weltraum abstrahlt. Die extremsten Werte finden sich in Jakutien in Sibirien, wo im Sommer öfter +30 °C überschritten, im Winter jedoch auch Temperaturen bis im Extremfall unter -70 °C auftreten können, so daß sich über das Jahr Temperaturunterschiede bis über 100 °C ergeben können. Aufgrund der extremen Winterkälte reicht der Permafrost in Sibirien teilweise über 1.000 m in die Tiefe des Bodens hinab und erstreckt sich sowohl in Rußland als auch in Kanada in einigen Gegenden bis jenseits des 55. Breitengrades nach Süden.

Die unmittelbarste Auswirkung von Permafrost auf den Besucher ist die **Nässe des Bodens**. Obwohl die Niederschläge in vielen polaren Regionen gering sind, kann Schmelz- und Regenwasser wegen der tieferliegenden gefrorenen Bodenschichten nicht versickern und folglich verwandeln sich flache Geländeteile gern in Morast, soweit das Wasser nicht oberflächlich abläuft oder verdunstet.

☺ Falls auf Ihrer Seereise in diese Regionen auch Landungen außerhalb von Siedlungen vorgesehen sind, sind **Gummistiefel** mit warmen Socken für solche Landeplätze das vielseitigste Schuhwerk!

Es sind eine Reihe besonderer **Naturphänomene** in Permafrostgebieten zu finden. Zum einen sind dies Erscheinungen, die mit den erhöhten Angriffsmöglichkeiten des Frostes zu tun haben: Er wirkt in diesen Regionen ja nicht nur von oben, sondern auch von unten auf die dünne, sommerlich aufgetaute Bodenschicht ein und schafft so besondere Muster im und auf dem Boden, die mit Frostbewegungen und Sortierprozessen sowie örtlicher Bildung reinen Eises im Boden zu tun haben.

Auffällig sind beispielsweise die **Steinkreise**, die - unterschiedlich deutlich - wie ein Wabenmuster steinreiche flache Böden überziehen können und wirken, als ob hier jemand in mühevoller Kleinarbeit eine Vielzahl kleiner Beete (von unter einem bis ein paar Meter Größe) von Steinen befreit

und diese als kleine Wälle zwischen den Beeten gesammelt hätte. In Wirklichkeit wurde diese Sortierarbeit ausschließlich durch Frostbewegungen im Boden geleistet, die wir in weitaus schwächerer Form durchaus auch aus Mitteleuropa kennen, wo im Winter in Äckern und Beeten zum Ärger von Bauern und Gärtnern Steine vom Frost aus der Tiefe an die Oberfläche gedrückt werden können.

Großräumige **Eiskeilnetze**, die dem Boden durch kleine, oberflächlich eingesunkene Gräben ein wie von einem großmaschigen Netz überzogenes Aussehen geben, beruhen auf durch Frost entstandenen langen Bodenrissen, in denen sich reines Wassereis keilartig anreichert. Von oben im Sommer antauend, sinkt die Bodenoberfläche über diesen Eiskeilen ein, wodurch die Gräben entstehen.

Eislinsen können im Laufe von ein paar Jahren im Boden entstehen, die Oberfläche zu einem kleinen Hügel (z.B. ein Meter hoch und mehrere Meter Durchmesser) aufwölben und vergehen dann wieder, wenn die Hügeldecke während des Hochwölbens aufreißt und so die warme Sommerluft das darunterliegende reine Eis erreicht und rasch abschmilzt, so daß der Hügel wieder zusammenfällt.

Weitaus größer sind **Pingos**: diese Hügel können bis gut 30 m hoch aufwachsen. Es handelt sich dabei gewissermaßen um "Eisvulkane", bei denen unter Druck geratenes eiskaltes Bodenwasser durch eine Schwachstelle im oberflächennahen Permafrost bricht und, dabei unter anderem aufgrund des schlagartig sinkenden Druckes gefrierend, eine Eiskuppe im Boden aufwölbt, die dessen Oberfläche zu einem Hügel anhebt. Ein Pingo benötigt zum Wachsen üblicherweise viele Jahre und zum Abtauen ebenfalls Jahrzehnte.

Typischerweise treten Pingos entweder in den Betten von Flüssen und Seen auf, die aus irgendwelchen Gründen kein Wasser mehr führen (z.B. weil ein Fluß seinen Lauf verlagert hat), wo in der Tiefe aber noch riesige Wassermengen im Schlamm und Kies stecken. Derartige Wasserlinsen geraten durch den von allen Seiten vorrückenden Permafrost (auch von oben, da dort kein Wasser mehr fließt) unter zunehmenden Druck, denn gefrierendes Wasser (Eis) benötigt mehr Platz, bis es irgendwo nach oben durchbricht, einen Pingo aufwölbend. Oder es dringt weiter oben in den Bergen, z.B. unter Gletschern, wo das oberflächlich isolierende Eis das Entstehen von Permafrost verhindert, flüssiges Wasser in tiefere Bodenschichten ein und fließt dort unterirdisch in der Tiefe des Bodens talwärts und unter den dortigen Dauerfrostboden, wobei sich aufgrund des Gefälles ebenfalls ein erheblicher Wasserdruck unter den gefrorenen Bodenschichten aufbauen kann, bis dieser irgendwo eine Schwachstelle - meist wiederum in Flußbetten - nutzt und zur Oberfläche durchbricht, dabei die Eiskuppe im Inneren eines Pingos bildend.

Unterirdischer Wasserdruck als Entstehungsgrund für Pingos zeigt sich auch daran, daß aus vielen von ihnen oberflächlich Wasser austritt - weit über der Bodenoberfläche des Landes rund um den Pingo, im Winter eventuell zu Eiskaskaden gefrierend, die wie Lava an einem solchen "Eisvulkan" herunterlaufen. Bei abschmelzenden Pingos sorgt der schrumpfende verborgene Eiskern oft für die Entstehung eines "Kratersees" oben auf dem Hügel.

Ebenfalls durch den unterirdischen Permafrost bedingt ist das **Bodenfließen (Solifluktion)** an vielen, selbst nur ganz schwach geneigten Hängen. Da Schmelz- und Regenwasser nicht in die Tiefe wegsickern können, ist die oberste Boden-schicht häufig stark mit Wasser gesättigt und gleitet daher als zähe elastische Masse unsichtbar langsam auf den tieferen gefrorenen Schichten talwärts - nicht als abrupte Mure oder Lawine, sondern in einer kontinuierlichen Fließbewegung mit typischerweise wenigen Zentimetern pro Jahr. Sichtbar wird dies an den Strukturen der Frostsortierung des Bodens, die an Hängen durch diese Fließbewegung von den Kreisen des Flachlandes zu Streifen verzerrt wird.

Gelegentlich bilden sich sogar "Brecher", wenn die Fließbewegung durch irgend etwas behindert wird und daher die oberste Schicht des langsam gleitenden Bodens die unteren Schichten "überholt", eine brecherartige Welle aufwölbend (typischerweise 10 bis 50 cm hoch, kann im Extremfall tatsächlich wie ein erstarrter Brecher aussehen), die die davorliegende Bodenoberfläche überrollt, wofür sie allerdings mehrere Jahre benötigt. In den Dauerfrostboden gebohrte Fundamentpfähle von Gebäuden oder Rohrleitungen am Hang werden durch die gegen ihren obersten Teil drückende und an ihnen vorbeifließende Bodenoberfläche mit der Zeit hangabwärts geneigt.

Sofern Sie derartige Besonderheiten polarer Natur selbst sehen und erleben möchten, ist eine klassische Nordlandkreuzfahrt eher weniger geeignet, da deren kürzere und meist auf Siedlungen begrenzte Landgänge nur ausnahmsweise zu derartigen gut sichtbaren Permafroststrukturen führen und im Exkursionsprogramm kaum enthalten sind. Bei derartigen naturkundlichen Interessen sollten Sie daher entweder eine der anderen Seereiseformen wählen oder im Rahmen einer klassischen Nordlandkreuzfahrt für eine entsprechende Exkursion bei einem geeigneten Landgang ein geführtes Sonderarrangement organisieren. Dies ist z.B. für Longyearbyen in

Spitzbergen eine realistische Möglichkeit - sofern Sie dort mehrere Stunden Aufenthalt haben.

Gletscher gehören natürlich zu den Hauptattraktionen einer Nordlandseereise - ob nun von Ferne herüberblinkend, vor ihrer Abbruchfront im Fjord kreuzend oder gar in ihrer Nähe für eine Annäherung oder Begehung landend. Erinnern wir uns zurück an den Erdkunde-Unterricht in der Schule: Ein Gletscher bildet sich dort, wo Jahr für Jahr sich mehr Schnee ansammelt (durch direkten Schneefall, oft aber auch durch sich im Tal oder unter einer Bergwand sammelnde und herabstürzende Schnee- und Eislawinen), als dort Jahr für Jahr wegtaut.

Indem die verbliebenen Schneereste der Vorjahre durch immer neuen Schnee überdeckt werden, steigt in der Tiefe dieser Schneemassen der Druck, der Schnee wird immer stärker zusammen- und restliche Luft herausgepreßt, bis in der Tiefe der Schnee letztlich zu Eis umgewandelt ist, dessen Entstehung aus Schnee immer noch an kleinen, in ihm eingeschlossenen und unter Druck stehenden **Luftbläschen** erkennbar ist.

Diese beim Tauen mit leichtem Knall platzenden Luftbläschen geben einem Whiskey "on the rocks" mit Gletschereis seine exklusive Note durch ihr Knistern, verraten aber auch Forschern sehr viel über die Luftzusammensetzung vergangener Jahrhunderte und Jahrtausende, wenn sie Eiskerne aus den Tiefen dicker Eisansammlungen etwa in Grönland oder der Antarktis herausbohren und die darin seit dem Schneefall eingeschlossene Luft auffangen und analysieren.

Die **Farbe des Eises** wird insbesondere von ihrem Luftgehalt stark mitbestimmt: Eis mit vielen Luftbläschen ist eher **milchig-weiß**, während sich mit sin-

kendem Volumenanteil an eingeschlossener Luft zunehmend **Blautöne** einstellen, die durch die Bewegung und Umformung des Eises im Laufe seiner Entwicklung und Wanderung, durch dazwischen in Spalten gefrierendes reines Wassereis und Einschlüsse festen Materials eine reizvolle Vielfalt an Strukturen und Farbenspielen ergeben.

Gletschereis ist nur in den allerseltensten Fällen wirklich einigermaßen reines gefrorenes Wasser, denn neben der eingeschlossenen Luft enthält es auch vom Wind auf den Schnee geblasenen Staub, von Berghängen heruntergestürzte Steine und von Schmelzwasser eingetragene Festkörper unterschiedlichster Größe (Staub bis Felsbrocken).

Oftmals ergeben sich durch teilweises sommerliches Abschmelzen (= Konzentration der zurückbleibenden Festkörper) und winterlichen Schneezuwachs sogar "Jahresringe" im Eis wie an Bäumen.

Bis zu einer Dicke von etwa 20 m bleibt das Eis am Entstehungsort liegen. Wächst es weiter, so beginnt es zu **fließen** - entweder einem vorhandenen Geländegefälle folgend oder aber in ebenem Gelände (z.B. auf einer Hochfläche) wie ein dicker Teig aufgrund des inneren Drucks nach allen Seiten auseinanderfließend. Eis erweist sich hierbei als ein sehr vielseitiger Stoff, denn es kann bis zu einem gewissen Grad elastisch fließen oder als Festkörper über den Untergrund gleiten und sich in aufgebrochenen und später wieder zusammenfrierenden Stücken seinem Bett anpassen. Als elastische, plastische Masse verhält es sich vor allem unter höherem Druck. In dicken und gleichzeitig langsam fließenden Gletschern gibt es daher normalerweise "nur" bis zu ca. 30 m tiefe Spalten - in größeren Eistiefen ist der Druck so groß, daß sich Spalten noch während des Entstehens durch elastisch nachdrückendes Eis in der Tiefe wieder schließen.

Steigender Druck verhindert auch eine unbegrenzte Dicke des Eises: selbst dort, wo weniger Eis abfließen kann, als sich bildet - z.B. in großräumigen Mulden oder auf riesigen Plateaus, wo entsprechend mächtige Eisschilde als **Inlandeis** anwachsen können -, treten keine Mächtigkeiten von mehr als ca. **4.000 m** auf, denn dann ist der Druck so groß, daß die durch ihn bedingte Erwärmung das Eis auf der Unterseite zum Schmelzen bringt. Derselbe Druck der darüberliegenden Eismassen sorgt auch dafür, daß das entstehende Schmelzwasser abfließt - selbst bergauf aus Senken hinaus, die durch die gigantische Eislast in das darunterliegende Land gedrückt wurden.

Die beiden großen Inlandeismassen der Erde - an erster Stelle die **Antarktis** (Eisdecke bis 4.000 m stark, ungefähr 13.500.000 km² vereiste Fläche einschließlich Schelfeis), mit erheblichem Abstand folgt **Grönland** (Eismächtigkeit bis ca. 3.400 m, ca. 1.834.000 km² vereiste Fläche) - haben den sie tragenden Grund durch ihr Gewicht jeweils um mehrere hundert Meter nach unten gedrückt und dieser würde sich bei einem Abschmelzen der Eismassen entsprechend wieder heben (die Meere durch das frei werdende Wasser allerdings auch um bis 70 m steigen). Entsprechende Vorgänge hat es im Wechsel von Eiszeiten und dazwischen liegenden Warmzeiten in noch größerem Ausmaß bereits mehrfach gegeben, da in den Eiszeiten noch weitaus größere Wassermassen den Meeren entzogen und als Eis an Land aufgetürmt wurden, das gerade die unser Reisegebiet umgebenden Länder stark absenkte (☞ Von den Eiszeiten geprägt).

Doch zurück zu unseren Gletschern, die ab einer Stärke von ca. 20 m mit einer Fließbewegung beginnen. Sofern das Ge-lände ein Gefälle aufweist, wird das fließende Eis diesem folgen und seinen Entstehungsbereich, das sogenannte **Nährgebiet (Akkumulationszone)**, verlassen. Weiter unten erreicht es eine Zone, in der weniger Schnee auf die Eisoberfläche gelangt (Schneefall, Lawinen), als innerhalb eines Jahres wieder forttaut (wäre dies nicht so, hätte sich auch hier bereits Eis im Laufe der Jahre aufgebaut).

Der Gletscher dringt aus höheren Regionen als Fremdkörper mit seiner **Gletscherzunge** in diese tieferen Bereiche vor, verliert hier jedoch an Masse - entweder durch geringeren Schneefall (Verluste werden nicht ersetzt) oder durch stärkeres Tauen (wärmeres Klima, auch Regen!) oder auch beides zusammen. Daher bezeichnet man diesen Bereich als **Zehrgebiet (Ablationszone)**. Hier kann sich der Gletscher nur halten oder gar weiter vorstoßen, solange ausreichend neues Eis von hinten nachfließt, das die vorderen Verluste ersetzt.

Bei einem stabilen Klima und einem ungehinderten Abfluß des Eises wird sich irgendwo letztlich ein Gleichgewichtspunkt einstellen, an dem sich der Nachschub von hinten und die Verluste vorn genau ausgleichen, so daß der Gletscher über diesen Punkt hinaus nicht weiter vorstößt, sondern mit seiner **Gletscherfront** stabil auf einer Stelle verharrt.

Produktive Gletscher können sich weit in völlig andersartige Klimazonen vorschieben, in denen ihre Eismassen recht exotisch wirken - man denke etwa an einen warmen sommerlichen Bergwald, durch den plötzlich das Eis einer bis hier hinabreichenden Gletscherzunge blinkt. Derartige starke Kontraste in der Natur gehören zu den besonderen Reizen gerade Westnorwegens, wo der Nigards-Gletscher oder Brikdals-Gletscher deshalb beliebte Exkursionsziele sind - auch für Seereisende auf einem Landgang.

Ein weiterer spektakulärer Anblick ergibt sich, wenn eine Gletscherzunge aus ihrem Nährgebiet so weit vorstößt, daß sie nicht irgendwo an Land endet, sondern bis auf Meeresniveau herabkommt und ihre Front sogar ins Meer hinausschiebt. Sofern das Wasser tief genug ist, wird das Gletscherende dann irgendwann zu schwimmen beginnen, wobei allerdings zu berücksichtigen ist, daß bei schwimmendem Eis nur $1/9$ bis $1/7$ (je nach Gehalt an Luft bzw. festen Teilchen) aus dem Wasser ragt. Um einen in eine Meeresbucht oder einen Fjord vordringenden Gletscher aufschwimmen zu lassen, ist also eine erhebliche Wassertiefe erforderlich, wenn gleichzeitig noch eine imposante Eisfront über die Wasseroberfläche hinausragt.

Spätestens wenn es dem Gletscherende gelingt zu schwimmen, werden von der Front häufiger größere Eisteile abbrechen - **kalben** (man spricht von der **Kalbungsfront** bei einem ins Meer mündenden Gletscher), die dann je nach Größe als **Growler** oder - noch größer - als **Eisberge** bezeichnet werden. Für Kalbungen ist allerdings ein Aufschwimmen der Gletscherfront nicht notwendig, denn Wellenschlag, Salzwasser und eventuell auch die Wassertemperatur nagen an und unter der Wasserlinie an der Eisfront, auch wenn diese noch auf dem Meeresboden aufsitzt, und sorgen so dafür, unterstützt von Spannungen im Eis durch die Gezeiten, daß in jedem Falle immer wieder einmal neue Eisbrocken mit einem scharfen Knall oder dumpfem Grollen - die Schallwellen sind oft sogar spürbar, ein beeindruckendes Erlebnis - von der Eiskante abkalben.

Die Geburt eines Eisberges löst stets auch eine kräftige, in Kalbungsnähe mit Eistrümmern durchmischte **Flutwelle** aus, die sich rasch ausbreitet und sich in flachem Wasser zu beträchtlicher Höhe auftürmen und weit auf den Strand hinauf-

reichen kann. Etliche Paddler haben bereits ihre gesamte Ausrüstung verloren, weil sie diese in der Nähe einer Gletscherfront "nur" 10 m den Strand hinaufgezogen hatten, und auch kleinen Booten ist wegen plötzlicher Flutwellen respektvoller Abstand von Gletscherfronten anzuraten, an denen es jederzeit zu Kalbungen kommen kann - in Frontnähe ist die Welle natürlich kräftiger, als wenn sie sich bereits ausbreiten konnte.

Eisberge und Growler sind also vom Lande stammendes Gletschereis und damit **Süßwassereis**, während Packeis, durch Übereinanderschieben, Antauen und Zusammenfrieren durchaus teilweise bizarr geformt, letztlich aus gefrorenem **Meerwasser** entstanden ist. Im Europäischen Nordmeer herrschen bei den Eisbergen überwiegend bizarre Formen vor, die durch die eigentliche Kalbung, vor allem aber durch anschließendes Antauen im Meerwasser und mehrfaches Drehen des Eises entstehen, das durch ungleichmäßiges Antauen (unter Wasser, Wasserlinie, über Wasser) immer wieder aus dem Gleichgewicht gerät. Respektvoller Abstand ist daher unbedingt zu empfehlen - wie erwähnt befindet sich fast alles Eis, eventuell weit auslaufend, unter der Wasseroberfläche und kann bei einer plötzlichen Wende an die Oberfläche geraten.

Die überwiegend noch größeren **Tafeleisberge** sind in der Arktis seltener, denn Voraussetzung für ihre Entstehung sind großflächige Gletscher mit geringem Gefälle, die sich relativ ruhig weit ins Meer hinausschieben, bis sie aufschwimmen und dann irgendwann abreißen und wegtreiben - von einer spektakulären Kalbung ist in diesem Fall wenig zu bemerken. In extremer Form findet sich diese Variante in der Antarktis, wo sich gelegentlich landkreisgroße und viele hundert Meter dicke Eistafeln von den Eisschelfs lösen.

Auch wenn für die Arktis die kleineren, dafür in ihren Formen vielfältigeren und bizarreren aus der Gletscherfront herausbrechenden Eisberge typischer sind (die es in der Antarktis natürlich auch gibt), so können einige Arktisgletscher gelegentlich ebenfalls beachtliche Tafeleisberge produzieren. Dies gilt insbesondere für einige größere und flach ins Meer hinausfließende Gletscher im Osten Spitzbergens, die unabhängig von Klimaschwankungen sich jahrzehntelang zurückziehen (d.h. an der Front geht mehr Eis verloren, als von hinten nachgeschoben wird) und dann für ein bis zwei Jahre einen **plötzlichen erheblichen Vorstoß** machen, wobei sich in einem einzigen Jahr die Front des Gletschers bis zu 15 km ins Meer hinausschieben kann - das entspricht durchschnittlich ein bis zwei Meter Vorschub pro Stunde!

Ursache dieses seltsamen, gerade in Spitzbergen bei vielen Gletschern anzutreffenden Pulsierens ist ein **gebremster Abfluß des Eises** - sei es durch teilweises Festfrieren am Untergrund, sei es durch besonders starke Reibung über bestimmten Gesteinen oder ähnliches. Hierdurch staut sich das Eis im oberen Gletscherbereich und wächst dort über Jahrzehnte immer dicker an, während der untere Gletscher abtaut und sich zurückbildet, bis schließlich das ganze System aus dem Gleichgewicht gerät und den bremsenden Faktor überwindet und damit den erwähnten plötzlichen Vorstoß auslöst.

Geschieht dies bei breiten Gletschern mit geringem, gleichmäßigem Gefälle, so schieben sich deren Eismassen relativ geschlossen weit ins Meer hinaus und können dann später als Eistafeln abbrechen und wegschwimmen. Allerdings finden sich solche plötzlichen Vorstöße (englischer Fachbegriff: *surge*) auch bei anderen Gletschern weit im Inland, die dann von einem Jahr zum anderen vorher eisfreie Täler wie ein riesiger, vorne rissiger Kuchenteigpfropfen ausfüllen oder, von der Seite kommend, als Damm abriegeln und eventuell dadurch Stauseen bilden, deren steigende Wassermassen irgendwann den bald wieder schrumpfenden Damm überwinden, ihn annagen oder gar durch den Wasserdruck den gesamten Eiskörper aus dem Gleichgewicht bringen und sich in einer gewaltigen Sturzflut unter dem Eis hindurch und durch das brechende Eis in ihr altes Flußbett ergießen. Diese urgewaltigen Ereignisse werden angesichts der Menschenleere dieser Regionen nur selten direkt beobachtet, lassen sich aber an ihren deutlichen Spuren leicht rekonstruieren.

Die produktivsten Gletscher der Nordhalbkugel finden sich normalerweise in **Grönland**, wobei diese "Eisläufe" allerdings nicht aus ihrer eigenen Masse heraus soviel Eis produzieren und in die Fjorde befördern, sondern das sich in ihnen bewegende Eis stammt fast ausschließlich aus dem kilometerdicken, hinter den Randgebirgen aufgestauten Inlandeis, das an manchen Stellen eine Art "Überdruckventil" findet und dort, vom gigantischen Druck des riesigen Inlandeises angetrieben, seinen Eisüberschuß in die Fjorde hinausschiebt und imposante Eisberge gewissermaßen am Fließband produziert. Bekanntestes Beispiel hierfür ist der **Eisfjord bei Illulisat** in Westgrönland, der in der Regel so mit Eisbergen verstopft ist, daß die eigentliche Gletscherfront per Schiff unmöglich zu erreichen ist.

Spitzbergen als das häufigste arktische Seereiseziel kann zwar mit den grönländischen Eisbergmassen nicht mithalten, erlaubt dafür aber bei allen Gletschern (sofern nicht noch winterliches Meereis im Wege liegt) eine Annäherung an die eigentlichen Kalbungsfronten und bietet auf seiner Ostseite unter anderem die mit rund 200 km längste Eisfront der gesamten

Arktis (Nordostland). Nähert man sich einer Gletscherfront, so fallen im Eis meist dicke dunkle Bänder auf, die nicht nur auf der Oberfläche, sondern auch in der Abbruchfläche der Kalbungsfront deutlich zu sehen sind. Es handelt sich dabei um **Mittelmoränen**, also im Eis mitgetragenes festes Material von Staubkorngröße bis zu gewaltigen Felsbrocken.

Die wichtigsten Moränentypen sind die **Grundmoräne** (auf dem festen Boden unter dem Gletscher), die **Endmoränen** (das vorn an und auf der Gletscherfront abgelagerte Material, teilweise vom Gletscher beim Vorstoß vor sich herplaniert, teilweise vorn beim Abschmelzen des Eises aus diesem freigetaut), die bei im Meer endenden Gletschern allerdings meist unter Wasser liegen (entsprechend vorsichtig müssen Schiffe in Gletscherfrontnähe wegen dieser sich immer wieder ändernden, vom Gletscher erzeugten und auf Seekarten entsprechend ungenau verzeichneten Untiefen manövrieren), und schließlich die **Seitenmoränen**.

Letztere ziehen sich, der Name sagt es, seitlich am Gletscherrand entlang und entstehen durch von den seitlichen Berghängen herunterstürzendes, mit Bächen oder von Lawinen auf den Gletscher befördertes Material, das dafür sorgt, daß im Eis am Gletscherrand besonders viel festes Material eingeschlossen wird, das weiter unten im Zehrgebiet dann wieder heraustaut. Stoßen zwei Gletscher vor einem sie weiter oben trennenden Berg zusammen und fließen vereinigt weiter Richtung Meer, so vereinigen sich ihre beiden vorher an dem Berg entlangführenden Seitenmoränen und bilden im vereinigten Gletscher nun plötzlich irgendwo in dessen Mitte ein deutliches Band - sie sind zu einer Mittelmoräne geworden.

Der in den Moränen sichtbar werdende Dreck und Schutt läßt erahnen, welche gewaltigen Massen nicht nur an Eis, sondern auch an festem Material ein Gletscher wie ein riesiges Transportband aus dem Gebirge hinaustransportiert. Das im Gletscher eingeschlossene feste Material wirkt dabei wie überdimensioniertes Schleifpapier: wer schon einmal vor einer Gletscherfront frisch freigetauten gewachsenen Felsen gesehen hat, wird auf diesem eventuell die zahlreichen tiefen Kratzer bemerkt haben, die durch vom früheren Eisfluß über den festen Untergrund gepreßte Steine in den Fels gerissen wurden. Auf diese Weise hobelt ein fließender Gletscher sein Bett immer tiefer aus, und zwar auf der ganzen Breite, so daß eine Talform mit relativ flachem Boden und ziemlich steilen Seiten entsteht - ein sogenanntes **U-Tal** oder **Trogtal**, im Gegensatz zu den von sich einfressenden Flüssen geschaffenen V-Tälern, bei denen der Fluß oder Bach relativ schmal in der Tiefe verläuft und seitlich von ihm die Talseiten schräg zu den Bergeshöhen ansteigen.

Besonders eindrucksvolle, vom Gletscher geschaffene Trogtäler sind die **Fjorde** vor allem Westnorwegens, deren Wände nahezu senkrecht aus dem heutigen Meerwasser teilweise bis zu 1.200 m Höhe aufsteigen und eventuell unter der Wasseroberfläche nochmals 1.200 m in dunkle Tiefen bis zum Boden des Fjordes hinabstürzen können, so daß hier der eiszeitliche Gletscher einmal ein insgesamt bis zu 2.400 m tiefes Bett aus dem harten Fels herausgearbeitet hat, wobei das Eis damals natürlich das Gletscherbett bis zum Boden hinab ausfüllte. Erst weit draußen, wo der Druck des Eises durch Abtauen während des Fließens nachließ, schwand auch seine grabende Kraft - daher ist ein sehr charakteristisches Merkmal von Fjorden, daß sie in ihrem Inneren größere Tiefen aufweisen als an ihrem Eingang, wo unter Wasser vom Eis eine Eingangsschwelle nicht mehr weggeschabt werden konnte.

Der **Sognefjord** ist mit 204 km Norwegens längster Fjord und mit bis zu 1.380 m sogar tiefer als die gesamte Nordsee, in die er mündet. Wohl nirgends als in diesen verzweigten engen und breiten Fjorden Norwegens läßt sich die gewaltige gestalterische Kraft des Eises besser erahnen, obwohl die Fjorde beim Rückzug des Eises voll Meerwasser liefen, so daß wir, auf ihnen fahrend, nur die obere Hälfte dieser gigantischen Schluchten wahrnehmen. Als Fjord wird im übrigen nur derjenige Teil bezeichnet, dessen Boden vom Meer überflutet wurde - das Gletschertal setzt sich trocken jedoch meist noch viele weitere Kilometer weit ins Landesinnere in Richtung Ursprungsgebiet des Gletschers fort und dort, ganz am oberen Ende, ist eventuell noch ein bescheidener Rest des einst mächtigen Eiszeitgletschers zu finden.

Derzeit gibt es im norwegischen Mutterland nur einen einzigen Gletscher, dessen bescheidene Zunge das Meer erreicht, allerdings nicht in Westnorwegen mit den berühmtesten Fjorden (Sogne-, Hardanger- und Geirangerfjord), sondern in Nordnorwegen, wo der wenig bekannte **Øksfjordjøkulen** in den ebenso nur Insidern bekannten **Jøkelfjord** abbricht.

Die Gletscher der Nordhalbkugel haben im Verlaufe der Geschichte nach Ende der letzten Eiszeit immer wieder Perioden des Rückzuges (teilweise sogar weiter als heute, etwa zur Zeit der Wikinger) und dann wieder des Wachstums und des Vorstoßens (zuletzt bis in den Anfang des 20. Jh.) aufgrund von **Klimaschwankungen** durchgemacht. Bis vor kurzem haben sich die Gletscher nun wieder jahrzehntelang zurückgebildet, doch scheint dieser Rückzug in letzter Zeit zum Stillstand gekommen zu sein. Einzelne Gletscherzungen in den Alpen und in Norwegen sind sogar wieder etwas vorgestoßen.

Zumindest im hohen Norden könnte übrigens eine Klimaerwärmung, wie von vielen Wissenschaftlern aufgrund menschlicher Umweltsünden befürchtet, sogar ein Anwachsen der Gletscher hervorrufen, denn in der Arktis würden auch bei einer durchschnittlichen Erwärmung um 1 bis 2 °C die meisten Niederschläge weiterhin als Schnee fallen. Allerdings würde eine Klimaveränderung vermutlich die Niederschlagsgürtel weiter nach Norden verlagern - mit der Folge, daß es in der Arktis mehr schneien könnte und damit langfristig die Gletscher anwachsen.

Noch größere **Fjordsysteme** als in **Norwegen** finden sich übrigens an der verhältnismäßig selten besuchten **Ostküste Grönlands**, so der stark verzweigte **Kaiser-Franz-Josef-Fjord** und vor allem der riesige **Scoresbysund**, der 300 km weit ins Land hineinschneidet und in den zahlreiche Gletscher münden. Insgesamt muß derjenige, der auf kalbende Gletscher, imposante Eisfronten und Eisberge aus ist, eine Seereise wählen, die in die arktischen Regionen des Nordmeeres führt - nach **Spitzbergen** oder **Grönland, Nordkanada, Jan Mayen**, zu den **russischen Arktis-Inseln** oder auch an die (nicht arktische) **Westküste Alaskas**.

Ein Irrtum ist es allerdings zu glauben, daß die Gletscher um so gewaltiger werden, je mehr man sich den nördlichsten Landgebieten der Erde nähert. Ein Blick auf eine Arktiskarte zeigt vielmehr, daß gerade extrem nördliche Landmassen - die Nordküste Grönlands, von Ellesmere Island oder Spitzbergen - teilweise sogar großflächig frei von Eis sind. An mangelnder Kälte oder zu starkem Abtauen kann es dort bestimmt nicht liegen. Die Ursache ist vielmehr mangelnder Schneefall. Die umliegenden Seegebiete sind ganzjährig weitgehend von Eis bedeckt, so daß aus dem Meer nur wenig Feuchtigkeit in die Luft gelangen kann, und feuchte und folglich niederschlagsreiche Luftmassen verirren sich auch aus südlicheren Gegenden erstens höchst selten so weit nach Norden und lassen ihre Niederschlagsfracht außerdem meist schon vorher fallen. Der allerhöchste Norden ist daher meist eine extrem trockene Region, eben eine **Kältewüste**. Auch diesem Phänomen werden wir nochmals im Eiszeitkapitel (☞ Von den Eiszeiten geprägt) begegnen.

Großraum-Bezeichnungen: Arktis, Tundra, Taiga

Nachdem wir uns mit Eis, Schnee und Kälte des hohen Nordens beschäftigt haben, wenden wir uns noch kurz dem Leben an Land zu, den großen Lebensräumen der Polargebiete. Selbst die allernördlichsten Regionen bieten pflanzliches und tierisches Landleben, sind also keineswegs ganzjährig und überall von Eis und Schnee bedeckt. Dort, wo sich freie Bodenflächen finden, nutzt die Vegetation das ununterbrochene Licht des Sommers sogar zu einem erstaunlich intensiven und lebensfreudigen Frühling, Sommer und Herbst, zusammengedrängt in wenige Monate. In der Beschreibung dieser Regionen fallen immer wieder verschiedene Begriffe für die nördlichen Großräume. Leider sind sich selbst die Wissenschaften nicht bei allen Definitionen einig - hier daher ein knapper Versuch, die wichtigsten Begriffe auseinanderzuhalten.

Vom **nördlichen Polargebiet** haben wir schon unter dem Thema Astronomie gesprochen - es ist die Region nördlich des nördlichen Polarkreises, die, bedingt durch die geneigte Erdachse, in Polnähe Regionen mit Polartag bzw. Polarnacht entstehen läßt.

Gerade bei der **Arktis**definition gehen die Vorstellungen weit auseinander, wobei

sogar wirtschaftliche Interessen (Werbewirksamkeit des Begriffes oder EU-Subventionen für "arktische Landwirtschaft") eine Rolle spielen. So legen skandinavische Tourismusstrategen die Arktisgrenze gern auf den Polarkreis - doch ob die Sonne nun eine Nacht nicht untergeht oder nur helle Dämmerung herrscht, spielt für die Vorgänge in der Natur kaum eine Rolle, und wer durch die gut entwickelten Nadelwälder Nordskandinaviens fährt, wird mittendrin eventuell ein Monument mit dem Hinweis "Polarkreis" samt Parkplatz und Souvenirhandel vorfinden, aber ansonsten sieht es hinter dieser Linie genauso aus wie davor.

Es macht daher mehr Sinn, die Arktis an Land durch Kriterien abzugrenzen, die biologisch nachvollziehbar bzw. wichtig sind. Das sind das Klima und die damit verbundenen Auswirkungen auf die Zusammensetzung der Lebewelt. Klimatisch wird die Arktis gern als jene **Region nördlich der +10 °C-Juli-Isotherme** definiert, das heißt zur Arktis gehören all jene Regionen des hohen Nordens, in denen die monatliche Mitteltemperatur des Julis höchstens +10 °C beträgt. Zunächst klingt dies wie eine recht willkürliche Definition, doch fällt dieser klimatische Grenzwert sehr gut mit einer in der Natur tatsächlich sichtbaren Grenzlinie zusammen: der **absoluten Baumgrenze**, jenseits der es also selbst auf Meereshöhe und in geschützten Lagen keine hochwachsenden Bäume und Sträucher mehr gibt.

Der Zusammenhang zwischen Baumgrenze und Juli-Isotherme ist durchaus verständlich, wenn man bedenkt, daß für die Vegetation nahezu ausschließlich die lichterfüllten Sommermonate wichtig sind, denn in den winterlichen Frostperioden ruht das pflanzliche Leben sowieso weitgehend. Die Pflanzen müssen daher das sommerliche Angebot und Auftauen des Bodens für ihre Lebensprozesse nutzen und dabei kommt es nicht auf einzelne Tages-höchstwerte, sondern neben dem Fehlen stärkerer Fröste auf die durchschnittliche Gesamtmenge an eingestrahlter Energie an. Der Juli ist dabei der wichtigste Monat, denn im Juni sind im hohen Norden vielerorts noch die Schneeschmelze und das Auftauen des Bodens im Gange. Jenseits der +10°C-Juli-Isotherme reichen die klimatischen Bedingungen offensicht-lich nicht mehr aus, daß Pflanzen in den kurzen Sommermonaten die beträchtlichen Mengen organischer Substanz produzieren können, die für das Wachsen eines Baumes oder Strauches erforderlich sind - zusätz-lich zu dem Aufwand, der für die Vermeh-rung betrieben werden muß.

Das Fehlen von Bäumen und Sträu-chern ist, glaube ich, ein Aspekt, der sich auch mit der Vorstellung der meisten Men-schen von arktischer Landschaft deckt. Aber selbst im höchsten Norden fehlen diese Pflanzen keineswegs als Arten: Ver-schiedene **Polarweiden** und die **Polarbirke** dringen, obwohl botanisch gesehen Bäume (sie entwickeln Holz), bis auf die arkti-schen Inselgruppen vor, teilweise sogar bis jenseits von 80° Nord (Polarweide z.B. auf Franz-Joseph-Land). Aber sie bleiben jen-seits der Baumgrenze niedrig kriechende Gewächse, die unter günstigen Bedingun-gen und nach vielen Jahrzehnten Wachs-tum vielleicht 20 cm Höhe erreichen, von den Halmen blühender Gräser in ihrer Nachbarschaft deutlich übertroffen.

Gleiches gilt für Straucharten - auch sie sind im hohen Norden vorhanden, z.B. die zu den Rosengewächsen zählende **Sil-berwurz** (*Dryas octopetala*) und die **Mul-tebeere** (*Rubus chamaemorus*) mit ihren holzigen, mehrjährigen Teilen, doch krie-chen auch sie lediglich knapp über die Bodenoberfläche.

Diese Vegetationszone mit ausschließ-lich niedrig bleibenden Pflanzen wird als **Tundra** bezeichnet, im Gegensatz zu den nordischen (borealen) Nadelwäldern, de-ren Vegetationszone mit dem ebenfalls russischen Wort **Taiga** verbunden ist.

Meines Erachtens umreißen Tundra, absolute Baumgrenze und +10 °C-Juli-Isotherme die Arktis an Land wesentlich besser als der schon erwähnte Polarkreis, der in Skandinavien auf der einen Seite riesige Nadelwälder und in manchen Fjor-den (z.B. um Tromsø) im Golfstromein-fluß eine geradezu üppige Vegetation zur Arktis erklären würde, während insbeson-dere in Kanada die Tundra bis teilweise viele hundert Kilometer südlich des Polar-kreises reicht.

Folgt man der absoluten Baumgrenze und der +10 °C-Juli-Isotherme, so gehört in Skandinavien ein kleines Stück um Var-dø in Nordostnorwegen zur Arktis, alle Eismeerinseln, die meisten Teile der russi-schen Eismeerküste, die Eismeerküste Nordamerikas und der Beringsee und die gesamte nordkanadische Inselwelt bis hinab in die Hudson Bay sowie fast ganz Grön-land. Nicht dazu gehören hingegen die Südspitze Grönlands und ganz Island, da in diesen Gebieten in geschützten Teilen ein gut entwickelter Buschwald anzutreffen ist.

Da wir schon bei Arktis sind: **Perma-frost ist** nach obiger Definition **kein un-bedingt erforderliches Kriterium für Arktis**, denn es findet sich zwar in fast allen arktischen Gebieten Permafrost (mit Ausnahme einiger arktischer Regionen etwa in West- und Südostgrönland), aber andererseits reicht der Permafrost gerade in Sibirien in der Taiga noch Hunderte von Kilometern weit nach Süden. Ebenso lie-gen die kältesten Regionen der Nordhalb-kugel nicht in der Arktis, sondern in der Waldzone Sibiriens: obige Arktisdefinition bezog sich auf die entscheidenden som-merlichen Lebensbedingungen - extremer Winterfrost ist für die Pflanzenwelt von weitaus geringerer Bedeutung.

Die Entstehung des Nordatlantiks

So richtig alt - geologisch betrachtet - ist der Atlantik eigentlich noch nicht, aber für Nicht-Geologen sind seine 165 Mio Jahre doch schon eine eindrucksvolle Zahl. Jura heißt die Periode der Erdgeschichte, in der er sich zum ersten Male zu bewegen begann, vom sogenannten Grabenstadium ins Driftstadium überging. Wie geht nun eine solche Ozeangeburt vor sich?

Es wird heute angenommen, daß die Erdkruste und Teile des oberen Erdmantels, d.h. die sogenannte **Lithosphäre** (griechisch: *lithos* = Stein) sich aus einzelnen Platten zusammensetzen, sechs großen und mehreren kleinen.

Diese Lithosphärenplatten haben eine Dicke von je 7 bis 150 km und umfassen sowohl ozeanische als auch kontinentale Erdkruste, die sich in ihrer Zusammensetzung voneinander unterscheiden. Die Platten schwimmen auf einem beweglichen, plastischen Material, der sogenannten **Asthenosphäre** (griech.: *asthenés* = schwach, kraftlos), die zum Teil aufgeschmolzen ist. Die Platten können, mit Eisschollen vergleichbar, sich horizontal gegeneinander bewegen oder sich von Nachbarplatten entfernen, mit ihnen kollidieren oder an ihnen entlanggleiten.

Im Falle einer **Ozeanbildung** entfernen sich Platten voneinander, die ehemals in einer Landmasse zusammenhingen. An der Grenze zwischen den auseinanderdriftenden Platten strömt (in der Regel tief unter dem Meeresspiegel und daher auf der Wasseroberfläche kaum zu bemerken) ununterbrochen heißes Magma nach oben und drückt sie mit einer Geschwindigkeit von einigen Zentimetern pro Jahr auseinander. Das Magma bildet den neuen Ozeanboden, der mit zunehmendem Alter immer weiter absinkt. Zwischen den auseinanderstrebenden Platten bildet sich langsam, aber sicher ein Meeresbecken aus.

In der Mitte dieses Beckens wird aus vielen Vulkanen ein Gebirge, in unserem Falle der **mittelatlantische Rücken** aufgebaut. Länger als die Alpen und der Himalaya zusammen, zieht er sich vom Bereich der Bouvet-Insel (ca. 1.800 km vor der antarktischen Küste) im Süden über die Azoren nordwärts bis jenseits von Island. Sichtbar wird dieses Gebirge nur an wenigen Stellen in Form der genannten Vulkaninseln. Ansonsten liegen seine Gipfel durchschnittlich ca. 2.500 m unter der Meeresoberfläche.

Insgesamt bilden die mittelozeanischen Rücken mit einer Länge von 60.000 km die größte zusammenhängende Gebirgskette der Erde. Mit zunehmendem Abstand vom Kamm des mittelozeanischen Rückens fällt der Ozeanboden auf ca. 5.000 bis 6.000 m Wassertiefe ab, um dann an den Schelfrändern, die die Kontinentalsockel darstellen, wieder hangartig steil anzusteigen.

Ebenfalls mit steigendem Abstand vom Kamm sind die magmatischen Gesteine zunehmend älter und stärker mit Ablagerungen (Sediment) bedeckt. Dieses wird zum einen aus rotem Ton, einem von den Kontinenten stammenden sehr leichten Verwitterungsmaterial, und zum anderen aus Kalkschlamm gebildet, der von den Skeletten toter Mikroorganismen (im Wasser schwebende winzige Meeresbewohner) herrührt. Weit vom Kamm entfernt, in den tiefen Regionen des Atlantiks (tiefer als 4.000 m), kommt schließlich nur noch der rote Tiefseeton vor, da sich ab dieser Tiefe die absinkenden Kalkskelettteile im Meerwasser auflösen.

Noch weiter vom mittelozeanischen Rücken entfernt, am Fuße der Kontinentalschelfe, werden große Tiefsee-Ebenen von **terrigenem** (= an Land entstandenem) **Material** gebildet. Es wird hauptsächlich von den Flüssen ins Meer getragen und besteht aus Ton- und Sandpartikeln sowie aus Kalkschlamm und organischen Resten. Auch der Schelfhang, der von der Tiefsee auf ca. 200 m Wassertiefe steil ansteigt und damit in den Schelfbereich (flachere Meeresgebiete auf dem Kontinentalschelf, praktisch vom Meer überflutete Teile der Kontinente wie z.B. die Barentssee) übergeht, weist dieses Material auf. Solchen Schelfmeeren kommt dann aufgrund des organischen Eintrags als Ausgangsmaterial für die Entstehung von Erdöl- und Erdgasvorkommen große wirtschaftliche Bedeutung zu.

Ein aktiver mittelozeanischer Rücken produziert also laufend neue ozeanische Kruste und dies bedeutet eine zunehmende Fläche, der Ozean wächst in die Breite. Die Erde behält jedoch mehr oder weniger ihre Größe und Form. Es muß also irgendwo zum Ausgleich wieder etwas vernichtet werden. Genau dies geschieht an Plattengrenzen, wo zwei Platten miteinander kollidieren und sich die eine unter die andere schiebt - den sogenannten **Subduktionszonen.**

Die ozeanische Kruste ist im Vergleich zur kontinentalen Kruste durch ihre mineralische Zusammensetzung dichter und schwerer. Die Konsequenz hieraus ist, daß sie bei einer Plattenkollision unter die kontinentale Kruste geschoben (= subduziert) wird. Hierbei bildet sich im Meeresboden entlang der Subduktionszonen ein tiefer Graben aus. In diesen Tiefseegräben finden sich die größten Wassertiefen der Ozeane (Marianengraben im Pazifik: über 11.000 m Tiefe).

Das Abtauchen der ozeanischen Kruste geht natürlich auch am Kontinent nicht spurlos vorüber, sondern wird häufig von **Erdbeben** und **Vulkanausbrüchen** begleitet. Auch werden meist in ca. 100 km Abstand von den Tiefseegräben Gebirgszüge gebildet. Diese sogenannten aktiven Kontinentalränder mit Tiefseegraben und benachbartem Gebirge finden wir vor allem rund um den Pazifik, wie z.B. vor der Westküste Südamerikas (die Anden Chiles und Perus).

Gleiten zwei Platten aneinander vorbei, so kommt es an der Grenze zu großen Spannungen, die sich als Erdbeben entladen. Als Beispiel für eine solche Plattengrenze, auch Transform-Störung genannt, gilt die San Andreas-Störung an Nordamerikas Westküste. Häufig werden hier Meldungen über Erdbebentätigkeit vor allem in Kalifornien gebracht.

Befindet sich in einem Ozean mit mindestens einer vernichtenden Plattengrenze (Subduktionszone) ein mittelozeanischer Rücken, der kein Magma mehr fördert und den Ozean folglich nicht mehr ausdehnt, so wird dieser Ozean im Verlaufe von Jahrmillionen verschwinden und unter die benachbarte Platte gleiten, da das erdumspannende Plattensystem weiter auf die beiden beteiligten Platten einwirkt.

Im **Atlantik** nun herrschen diese Verhältnisse nicht vor, denn an seinen Seiten gibt es keine vernichtenden Plattengrenzen (im Gegensatz zum Pazifik), dagegen in seiner Mitte einen aktiven ozeanischen Rücken. Daran ist zu erkennen, daß dieser Ozean noch heute im Wachsen ist.

Seine Entwicklung begann vor ca. 165 Mio Jahren, als Nordamerika, Südamerika, Grönland, Europa und Afrika bis dahin noch eine einzige zusammenhängende Landmasse waren und den Superkontinent "Pangaea" ("Ganzerde") bildeten. Zu dieser Zeit begannen sich vom marokka-nisch-nordamerikanischen Raum zunächst die nördlichen Kontinente von Afrika und Südamerika zu entfernen. Dabei entstand ein neues Becken, in das Meerwasser eindringen und den jungen Atlantik und die Karibische See bilden konnte. 40 Mio Jahre später war dieser heute südliche Teil des Nordatlantiks schon stellenweise 4.000 m tief. Die Wassermassen konnten jedoch nicht weiter nach Norden vordringen, da nördlich von Gibraltar noch eine zusammenhängende Landmasse von Europa und Nordamerika bestand.

Seit ungefähr 80 Mio Jahren kann man den Atlantik als "erwachsenen" Ozean mit Wassertiefen über 5.000 m bezeichnen. Zu dieser Zeit begannen sich außerdem auch Nordamerika und Grönland voneinander zu trennen und es entstanden zwischen ihnen flache Nebenmeere.

Erst vor etwa 20 Mio Jahren sank eine vor Island bestehende seismisch inaktive Schwelle ab und gab damit den Wasseraustausch zwischen dem Arktischen und dem jungen Atlantischen Ozean frei. Der Zustrom des kalten Wassers aus dem Nord-meer bewirkte die auch heute noch zu beobachtenden Meeresströmungen. Gerade der Nordatlantik ist also ein extrem junger Ozean!

Alle Teile des Nordatlantiks außer Grönland und Nordamerika gehören zur Europäischen Platte: Spitzbergen und die Bäreninsel sind mit Norwegen und Nord-rußland durch das flache Schelfmeer Barentssee verbunden, die Britischen Inseln durch das im Durchschnitt noch flachere Schelfmeer Nordsee. Erst westlich von Irland, Färöern und Spitzbergen bricht das europäische Kontinentalschelf über den steilen Kontinentalhang in die Tiefsee des Nordatlantiks ab, der sie von Nordamerika und Grönland trennt, mit Island auf dem mittelatlantischen Rücken dazwischen.

Die Bewegung der Kontinente dauert an - nicht nur der Atlantik wird weiterhin breiter, wir driften auf unserer europäischen Platte außerdem auch nach Norden. Wer lange genug wartet, bekommt also eine kostenlose Reise zum Nordpol - einige -zig Millionen Jahre Geduld sind allerdings erforderlich!

Topographie des Nordatlantiks und seiner Randmeere

Begeben wir uns auf eine Reise durch die Nordmeere: Das durchschnittlich ungefähr 3.300 m tiefe Becken des Nordatlantiks wird durch den Mittelatlantischen Rücken zweigeteilt. Einen Teil von diesem können Sie auf Nordmeerreisen kennenlernen, denn Island und Jan Mayen bilden quasi die Überwasseranteile des Rückens.

Aus dem Atlantischen Becken müssen wir das Grönland-Island-Schottland-Schwellensystem (ca. 850 m flach) überwinden, um in das sich nördlich anschließende Europäische Nordmeer zu gelangen. Dies umfaßt die zwei Becken der Norwegischen See und der Grönlandsee. Südlich der Norwegischen See liegt die durchschnittlich nur 90 m flache Nordsee, nördlich das Barentssee.

Dieses ist das Übergangsgebiet zwischen dem Europäischen Nordmeer und dem Nordpolarmeer. Das Nordpolarmeer ist ein arktisches Mittelmeer, d.h. es ist von (fast) allen Seiten von Land (Norwegen, Rußland, Kanada sowie Grönland) umgeben. Im Zentrum des Nordpolarmeeres sind zwei tiefe Becken, die ringsum von flachen Schelfmeeren (unterseeische Teile der Kontinente) umgeben sind.

Die Verbindung zum Pazifik besteht lediglich in der schmalen und nur 45 m tiefen **Beringstraße**, während die wesentliche Verbindung zum Atlantik die an ihrer flachsten Schwelle nur ca. 2.600 m tiefe

Framstraße ist, die Grönland und Spitzbergen trennt.

Mit dem Atlantik besteht folglich ein wesentlich größerer Wasseraustausch als mit dem Pazifik, was sich in der Flora und Fauna widerspiegelt. Neben Lebewesen, die nur in der Arktis vorkommen, gibt es viele, die aus dem Atlantik stammen, aber kaum welche pazifischen Ursprungs.

Strömungen: die Bedeutung des Golfstroms für die europäischen hohen Breiten

Die großen Strömungen der Weltozeane sind hauptsächlich vom **Wind** getrieben und hängen damit eng mit dem globalen Windsystem zusammen. Dazu kommt eine Kraft der Erdrotation, die sogenannte **Corioliskraft**, die Wasserpakete auf der Nordhalbkugel nach rechts von ihrem Verlauf ablenkt.

Für den Nordatlantik bedeuten diese Zusammenhänge, daß das Wasser mit den Nordost-Passatwinden aus den ostatlantischen Subtropen (Bereich vor Liberia bis Kanaren) nach Westen Richtung Mittelamerika bzw. Karibik getrieben und auf dem Wege erwärmt wird. Wenn es dort auf den Kontinent trifft, dreht es nach rechts ab und fließt entlang der nordamerikanischen Küste nach Norden, von da als **Golfstrom** bezeichnet.

In den gemäßigten Breiten angekommen, wird der Golfstrom durch den in unseren Breiten vorherrschenden Westwind quer über den Atlantik zurück Richtung Europa getrieben. Vor Irland teilt er sich in einen Arm, der wieder von Südeuropa aus die nächste Runde antritt, und einen zweiten, der nordostwärts in Richtung des Europäisches Nordmeeres fließt und nun **Nordatlantikdrift** heißt. Diese strömt zwischen Island und Schottland hindurch und

entlang der norwegischen Küste bis an die Küste West-Spitzbergens. Die Temperatur dieses wichtigen Stromes ist zwar nicht mehr so hoch wie in seinem Ursprungsgebiet in Mittelamerika, doch liegt sie mit ca. 8 °C vor Norwegen und über 2 °C vor Spitzbergen noch immer deutlich über dem Gefrierpunkt.

Die Nordatlantikdrift als Golfstromausläufer ist der Grund dafür, daß Mittel- und Nordeuropa ganzjährig eisfrei bleiben und Westspitzbergen zumindest im Sommer schiffbar ist. Dieser "Meeresheizung" verdanken auch die angrenzenden nordeuropäischen Küstengebiete bis hinauf nach Nordnorwegen selbst im Winter ein recht gemäßigtes Klima, während 50 km weiter im Inland winterliche Temperaturen bis unter -40 °C keine extreme Seltenheit in Lappland sind.

Dem beschriebenen atlantischen Strom steht ein arktischer Strom gegenüber, die **Transpolardrift**, die, von der Beringstraße kommend, einen Wirbel durch die kanadische Arktis vollzieht und dann quer unter dem polaren Packeis hindurch als **Ost-Grönlandstrom** an Grönland entlang nach Süden fließt und an Island vorbei den Nordatlantik erreicht.

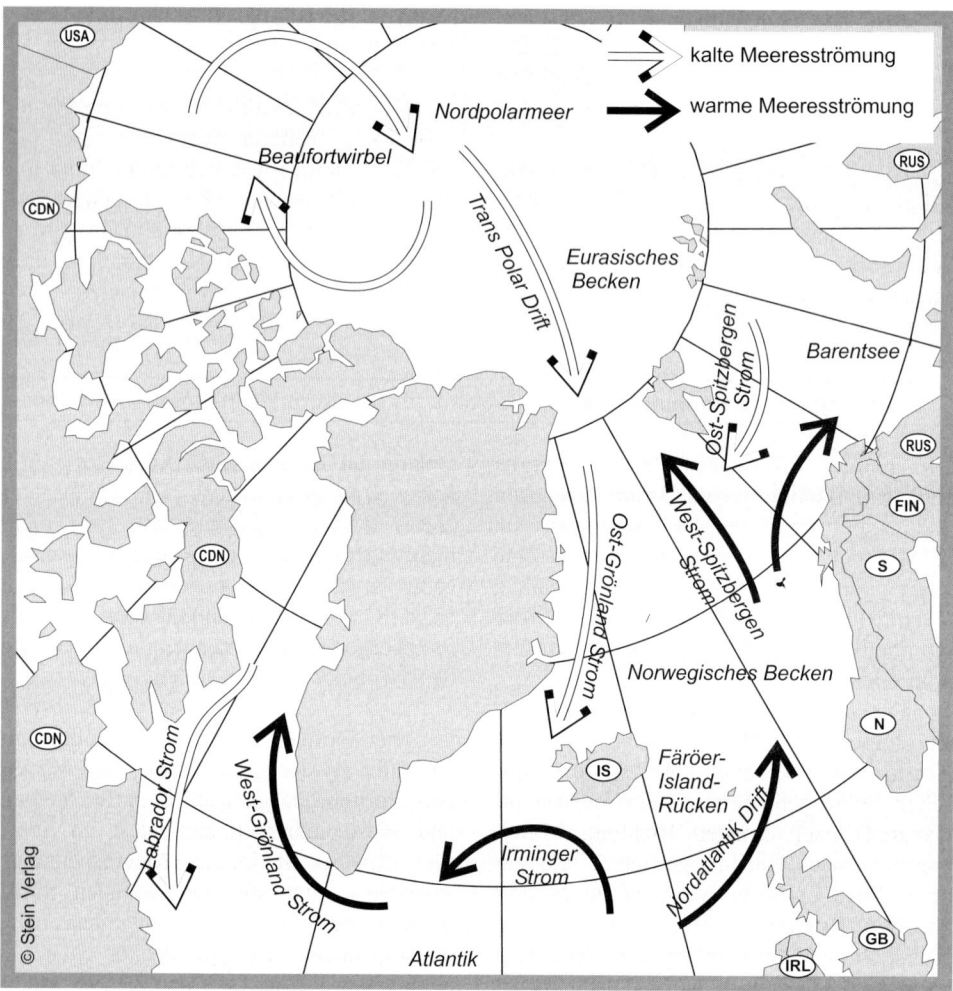

kalte Meeresströmung

warme Meeresströmung

USA

Nordpolarmeer

Beaufortwirbel

CDN

RUS

Trans Polar Drift

Eurasisches
Becken

Barentsee

Ost-Spitzbergen Strom

RUS

FIN

CDN

West-Spitzbergen Strom

S

Ost-Grönland Strom

Norwegisches Becken

N

CDN

Labrador Strom

West-Grönland Strom

IS

Färöer-
Island-
Rücken

Irminger
Strom

Nordatlantik Drift

© Stein Verlag

Atlantik

GB

IRL

Von den Eiszeiten geprägt

Sofern Ihre Seereise bis Grönland oder Spitzbergen, in den höchsten Norden Kanadas oder in die russische Arktis führt, werden Sie wahrscheinlich reichlich Eis zu sehen bekommen und eiszeitliches Sommerklima erleben - gewissermaßen eine Zeitreise zurück in die Eiszeit unternehmen. Aber auch fast alle anderen, heute wesentlich milderen Küstenregionen rund um Nordatlantik, Eismeer, Nord- und Ostsee wurden in ihrem heutigen vielfältigen Formenschatz vor allem von der Gewalt der Eismassen und ihren Schmelzwässern geprägt. Darüber hinaus verhinderte die nahezu vollständige Eisbedeckung dieser Regionen bis vor nur ca. 15.000 Jahren, teilweise auch länger, eine frühe Besiedlung.

34

Im Gegensatz zu Mitteleuropa oder den Entstehungsgebieten der alten Hochkulturen ist die menschliche Ur- und Frühgeschichte in unseren Zielländern auf die verhältnismäßig kurze Zeitspanne nach dem Ende der letzten Eiszeit und der nachfolgenden Rückeroberung der freigetauten öden Fels-, Schutt-, Sand- und Schlammflächen durch pflanzliches und tierisches Leben begrenzt.

Während große Teile Skandinaviens noch lebensfeindliche Eis- und Moränenwüsten waren, konnten sich im damals klimatisch bevorzugten Nahen Osten schon die ersten Städte entwickeln.

Spuren eventueller vor- oder zwischeneiszeitlicher menschlicher Aktivität aus den während der letzten Eiszeit vom Eis gründlich überformten Regionen des Nordens hatten, so es sie gab, kaum eine Chance, der jahrhundertelang wirkenden Gewalt des Eises zu trotzen, und eventuell den hohen Norden vor der letzten Eiszeit durchstreifende steinzeitliche Menschen mußten den Eismassen ausweichen oder gingen zugrunde. Insofern war eine kontinuierliche kulturelle Entwicklung in diesen vom Eis überformten Regionen tatsächlich erst seit Ende der letzten Eiszeit möglich.

Das direkte Erleben eiszeitlicher Umwelt oder zumindest die Prägung der während Ihrer Reise besuchten Landschaften durch das Eis ist Grund genug, einen Blick zurück in die Eiszeiten zu werfen, von denen verschiedene Forscher (Geologen, Ozeanographen, Klimatologen, Biologen, Geophysiker, Geographen etc.) in gemeinsamer Anstrengung ein immer detaillierteres Bild entwerfen können - wobei allerdings gerade bezüglich der weiter zurückliegenden Eiszeiten und den schwer erreichbaren hocharktischen oder heute vom Meer bedeckten Gebieten auch vieles noch unklar ist, da gerade ältere Spuren

von nachfolgenden Naturgewalten oft wieder vernichtet oder verschüttet wurden.

Großräumige Vereisungen hat es auf der Erde in verschiedenen Erdzeitaltern gegeben. Für die Landschaftsformung im Bereich der Nordmeere ist jedoch nur die jüngste Abfolge von Eiszeiten von Bedeutung, da die Spuren davorliegender Eiszeiten in frühen Erdzeitaltern nur noch für Geologen in den Gesteinsschichten erkennbar sind. Die Gruppe der letzten Eiszeiten - und die sie einschließende Periode kühleren Erdklimas, die bis heute andauert - hingegen ist auch für unsere gegenwärtige Umwelt noch so prägend, daß der erste Höhepunkt dieser Klimaabkühlung zusammen mit gleichzeitigen Veränderungen im Erdmagnetfeld als Beginn des jüngsten Erdzeitalters definiert wurde: das **Quartär**.

Mit seinem Beginn vor ca. 2 bis 1,7 Mio Jahren ist es eine sehr kurze Periode sowohl im Verhältnis zum Alter der Erde von 5 bis 6 Mrd Jahren als auch im Verhältnis zu den vorhergehenden Erdzeitaltern: das davorliegende Tertiär dauerte immerhin ca. 64 Mio Jahre.

Zu Beginn des Quartärs glich das Bild der Erdoberfläche im Groben bereits dem heutigen: Die Umrisse und Lage der Kontinente und Meere haben sich seitdem nur im Detail verändert (aus globaler Sicht), die großen Gebirgsfaltungen (zuletzt im Tertiär: Alpen, aber z.B. auch Westküste Spitzbergens) waren bereits im wesentlichen abgeschlossen. Das Klima und Tier- und Pflanzenwelt glichen dem/der der heutigen Erde und die frühesten Urahnen des Menschen waren bereits im späten Tertiär aufgetaucht - allerdings noch ohne nennenswerten Einfluß auf die Natur der Erde zu nehmen.

Im Quartär fand die wesentliche Modellierung der heutigen Landschaftszüge statt, im Bereich des Nordmeeres vor

allem durch das Eis und seine Folgewir-
kungen - ausgehend vom bereits vorher
vorhandenen Relief der Erdoberfläche,
insbesondere von den bereits vorher aufge-
falteten oder emporgehobenen Gebirgen
und Hochflächen Nordeuropas, Grönlands
und Nordamerikas. Im Vergleich zu den
meisten anderen Erdzeitaltern ist das Vorhandensein großflächiger Vereisungen eine
Besonderheit des Quartärs: Selbst in den
wärmeren Zwischeneiszeiten waren im
Quartär praktisch durchgehend zumindest
größere Teile der Polargebiete vereist,
während in den vorhergehenden überwiegend wärmeren Erdzeitaltern auch die Pole
kaum dauerhaftes Eis aufwiesen.

Insgesamt zählen die Wissenschaftler
bis zu sechs deutlich nachvollziehbare
Eiszeiten ("Glaciale") während des Quartärs, unterbrochen von längeren eisarmen
Zwischeneiszeiten ("Interglaciale"). Aufgrund dieser Reihe von Eiszeiten wird das
Quartär nochmals unterteilt in das **Pleisto-
zän** ("Zeitalter des Eises", älterer Name
auch Diluvium), das vom Beginn des
Quartärs bis vor ca. 10.000 Jahren gerechnet wird und somit fast das gesamte
Quartär umfaßt, sowie das anschließende,
bis heute andauernde **Holozän** (früher Al-
luvium genannt).

Die maximale Vereisung des Quartärs
bedeckte praktisch alle Landgebiete Nordeuropas, Grönlands und Nordamerikas mit
durchgehenden, meist kilometerdicken Eiskappen, die auch die umliegenden flacheren Meere größtenteils ausfüllten. In
Europa reichte der Eispanzer durchgehend
von Spitzbergen bis an die deutschen Mit-
telgebirge einschließlich des größten Teils
von Holland und fast ganz Großbritanniens
mit Ausnahme der Grafschaften südlich
der Themse, füllte Nord- und Ostsee und
schob sich bis weit nach Rußland hinein.
Separat davon gab es gleichzeitig wesentlich kleinere Vereisungen in den Alpen und
Pyrenäen und sogar im Harz, Schwarz-

wald, Hoher Tatra, Karpaten und dem
französischen Zentralmassiv, die sich teilweise weit ins jeweilige Vorland hinaus
erstreckten.

Zwischen diesen Eiskappen war Mitteleuropa von einer spärlichen arktischen
Pflanzen- und Tierwelt geprägt, die mit
dem heutigen höchsten Norden Skandinaviens oder den eisfreien Gebieten West-
spitzbergens zu vergleichen ist. Fast in
ganz Europa mit Ausnahme der Mittel-
meerregionen gab es Dauerfrostboden.

In **Nordamerika** endete die maximale
Eisausdehnung sogar erst am 40. nördli-
chen Breitengrad, etwa dem heutigen
Philadelphia. Die nordamerikanische Ver-
eisung war die größte Eismasse auf der
Nordhalbkugel überhaupt.

Auch **Grönland** (eventuell mit Ausnahme des Nordens) und Island waren
unter kilometerdicken Eiskappen verschwunden. Insofern war praktisch das
gesamte Fahrgebiet heutiger Nordlandseereisen mit Ausnahme des offenen Nordatlantiks (auf dem Treib- und Packeis
ebenfalls weit nach Süden reichten) unter
Eis begraben.

Zumindest die maximalen Ausdehnun-
gen des Eises lassen sich gut in der heutigen Landschaft beobachten, da das Eis
beträchtliche Massen fester Materie (Steine, Sand, Staub) mit sich führte oder vor
sich herschob, die dann beim Wegtauen
des Eises als oft beachtliche Hügelketten -
Moränen - liegenblieben, wenn nicht Wind
und Wasser sie weitertransportierten. Ältere Ablagerungen wurden von späteren
Gletschervorstößen überrollt und dabei oft
entweder beseitigt oder mit neuem Material überlagert, so daß die Rekonstruktion
der Eiszeiten anhand ihrer Ablagerungen
um so schwieriger wird, je weiter sie zu-
rückliegen.

Deshalb wurden in Europa zunächst
nur die letzten vier Eiszeiten entdeckt, die

im Bereich der Alpen nach dortigen Flüssen die Namen **Günz-, Mindel-, Riß- und Würm-Eiszeit** erhielten. Später kamen die ältere **Biber- und Donau-Eiszeit** hinzu. In Nordeuropa wurden die entsprechenden, wesentlich großräumigeren Vereisungen überwiegend nach (teils ehemalig) norddeutschen Gewässern benannt, wobei hier die drei letzten - **Elster-, Saale- und Weichsel-Eiszeit** - noch am ehesten erkennbar sind.

Aufgrund der Pionierrolle deutschsprachiger Forscher in der Anfangszeit der Erforschung der Eiszeiten haben sich diese deutschen Namen in fast ganz Europa durchgesetzt. Lediglich in Großbritannien und in Rußland werden parallel andere Namen verwandt: Die letzte, also die Weichsel-/Würm-Eiszeit, wird für Großbritannien beispielsweise als "Devensian", im europäischen Rußland als "Waldai" bezeichnet. Eine vollständig eigene Namensgebung findet sich außerdem in Nordamerika, wo die letzte Eiszeit als "Wisconsin" bekannt ist. Aufgrund der nordischen Ausrichtung dieses Buches tauchen im folgenden nur die nordeuropäischen bzw. nordamerikanischen Namen auf - die süddeutschen Leser mögen mir dies nachsehen.

Jede Eiszeit ist ein gewaltiger Zeitraum von beispielsweise über hunderttausend Jahren. Naheliegenderweise gab es innerhalb einer solch großen Spanne Klimaschwankungen, die innerhalb der Eiszeit für teils beträchtliche Rückzüge bzw. Vorstöße des Eises sorgten - genau wie innerhalb der zwischen den Eiszeiten liegenden langen Zwischeneiszeiten kalte Perioden auftraten, in denen sich für einen kürzeren Zeitraum größere Gletscher bildeten.

Solche "kleinen Eiszeiten" außerhalb einer "richtigen" Eiszeit finden sich auch im Holozän - hier mit bedeutenden Auswirkungen auf die menschliche Kultur. So gab es eine längere Kälteperiode mit Gletschervorstößen im späten Mittelalter, die die Lebensbedingungen z.B. in Grönland erheblich verschlechterte (Landwirtschaft!) und so zum Ende der Wikingerzeit beitrug.

Innerhalb einer Eiszeit werden Perioden des Vorstoßes als "**Stadiale**" bezeichnet, die wärmeren Rückzugsperioden hingegen als "**Interstadiale**".

Die auslösenden Faktoren für das Entstehen eines Eiszeitalters wie das Quartär, für den Wechsel zwischen Eiszeiten und Zwischeneiszeiten und schließlich für den Wechsel zwischen Stadialen und Interstadialen innerhalb einer Eiszeit sind noch immer ein heftig diskutiertes Thema zwischen den betroffenen Forschungsdisziplinen und einzelnen Forschern. Es ist anzunehmen, daß mehrere Faktoren zusammenkommen.

Einer der langfristigsten - und zufälligsten - Faktoren ist die Verteilung der Land- und Wassermassen auf der Erdoberfläche sowie die Verteilung der Hochgebirge.

Seit dem späten Tertiär begünstigen sowohl ein großer Kontinent (Antarctica) am Südpol als auch ein von den übrigen (wärmeren) Meeren weitgehend abgeschlossener Ozean am Nordpol das Entstehen polarer Eiskappen und damit mehr Reflexion (= weniger in der Atmosphäre bleibende Wärme) von Sonnenstrahlung ins Weltall.

Bei der derzeitigen Verteilung der Kontinente finden sich große Landmassen in der Nähe des im Vergleich zum Äquator weniger von der Sonne erwärmten Nordpols, die das Bilden großer Eiskappen während einer Eiszeit erleichtern. Im Südpolargebiet dient zwar die Antarktis selbst als beachtlicher Eisträger, allerdings fehlen in ihrer Nähe weitere größere Landflächen, die in einer Eiszeit zusätzlich vereisen könnten. Daher ist die Nordhalbkugel für die Entwicklung quartärer Eiszeiten vermutlich bedeutender.

Neben diesen tektonischen (also mit der Bewegung der Kontinentalplatten verbundenen) Faktoren, die das Entstehen von Eiszeiten erleichtern oder erschweren, gibt es regelmäßige und zufällige **kosmische Einflüsse** von außerhalb der Erde, die Klimaveränderungen auslösen können.

Die Hypothese der **Milankowitsch-Zyklen** geht von schwankender Verteilung der Sonnenenergie auf Sommer und Winter aus: Erreicht besonders wenig Energie die Erde im nördlichen Winter, so führt dies zu vermehrtem (und großflächigerem) Schneefall, der wiederum zusätzliche Sonnenenergie in den Weltraum zurückreflektiert, die der Erde in der Jahresbilanz fehlt - die wärmeren Sommer können diesen Verlust nicht ausgleichen.

Aus langen und sorgfältigen astronomischen Beobachtungen und Berechnungen ist die Bewegung der Erde um die Sonne sehr genau bekannt. Diese entspricht nicht einem Kreis, sondern einer Ellipse, so daß die Erde im Laufe eines Jahres unterschiedlich weit von der Sonne entfernt ist und entsprechend unterschiedlich intensiv bestrahlt wird. Weiterhin ist die Achse der Erde, um die sie sich einmal pro Tag dreht, gegenüber der Sonnenbahn geneigt - dieser Tatsache verdanken wir die unterschiedliche Tageslänge und damit die Jahreszeiten Sommer und Winter (und jenseits der Polarkreise Mitternachtssonne und Polarnacht). Diese Bewegungen sind allerdings nicht gleichmäßig, sondern unterliegen sehr langfristigen, periodischen Änderungen: die Gestalt der Erdbahn ändert sich zwischen fast kreisförmig und stärker elliptisch; die Achse, um die die Erde die Sonne umkreist, ändert ihre Neigung; die eigene Rotationsachse der Erde ändert sich.

Diese drei Bewegungszyklen können sich untereinander sowohl weiter verstärken (indem mehrere Konstellationen gleichzeitig auftreten, die die nördlichen Winter verschärfen) als auch abschwächen, so daß sich insgesamt ein komplizierter, aber berechenbarer Gesamtzyklus über die Jahrtausende ergibt, der die Verteilung der die Erde erreichenden Sonnenenergie über das Jahr beschreibt. Vergleicht man diese Milankowitsch-Zyklen mit dem Ablauf der letzten Eiszeit, so ergeben sich überraschend viele Übereinstimmungen, die die Vermutung nahelegen, daß diese Veränderungen der Erdbahn tatsächlich die Entwicklung des Klimas und in der Folge auch einer Eiszeit wesentlich mitsteuern - wenn die Erde sich bereits in einer kühlen Phase befindet, z.B. aufgrund der Verteilung der Kontinente.

Ein zufälliger kosmischer Mitauslöser einer Eiszeit oder zumindest eines Stadials könnte ein (sehr seltener) großer **Meteoriteneinschlag** auf der Erde sein, der so viel Staub in die höhere Atmosphäre wirbelt, daß hierdurch ein Teil der Sonnenstrahlung abgedunkelt wird. Ein derartiger Meteoriteneinschlag ist allerdings aus der letzten Eiszeit nicht bekannt.

Vergleichbar mit solchen Meteoriteneinschlägen ist die Wirkung größter **Vulkanausbrüche**, wenn sie so stark sind, daß sie gewaltige Staubmengen bis in die Stratosphäre schleudern - erst dort bleibt der Staub lange genug in der Höhe und gerät in große Luftströmungen, die eine weiträumige Verteilung als Dunstschleier und damit eine entsprechend weitreichende Verminderung der Sonneneinstrahlung auf die Erdoberfläche erlauben. Zumindest die Explosion des Toba-Vulkans in Sumatra vor ca. 75.000 Jahren, vermutlich die stärkste des gesamten Quartärs bis heute, bei der ca. 2.800 km³ (!) Gestein in die Luft geschleudert wurden und ein ca.

3.000 km² großer Einsturzkrater entstand, könnte auf einen Abschnitt der letzten Eiszeit Einfluß gehabt haben.

Nach der **Saale-Eiszeit** (der größten und vorletzten) folgte eine ausgeprägte Zwischeneiszeit vor ca. 130.000 bis ca. 120.000 Jahren, zu deren klimatischem Höhepunkt es deutlich wärmer war als heute. Entsprechend weniger Eis fand sich in Grönland und der Antarktis, mit der Folge, daß die Meeresspiegel etwa 6 m über den heutigen lagen. Vor ungefähr 119.000 Jahren setzte dann eine relativ rasche Abkühlung und Vereisung ein, zu deren Höhepunkt vor ca. 115.000 Jahren der Meeresspiegel durch an Land gebundene Eismassen um 40 m unter dem heutigen lag.

Besonders gut ist im hohen Norden die letzte Eiszeit (Weichsel bzw. Wisconsin) erforscht - naheliegend, da ihre Spuren die frischesten und von keiner nachfolgenden Vergletscherung (außer den eigenen Stadialen dieser Eiszeit) gestört sind.

Die ersten beiden Stadiale der neuen **Weichsel- bzw. Wisconsin-Eiszeit** dauerten ca. 30.000 Jahre, unterbrochen von einem kurzen Interstadial vor ungefähr 10.000 Jahren mit kurzzeitig stark abschmelzendem Eis vor allem in der kanadischen Arktis und starkem Anstieg der Meere, dann erneute Vereisung. Nach einem erneuten deutlichen Interstadial vor ca. 82.000 Jahren folgte eine der beiden stärksten Vereisungen der gesamten Weichsel-/Wisconsin-Eiszeit ungefähr vor 75.000 Jahren, die etwa 15.000 Jahre dauerte. In Nordamerika erreichten die Eismassen in dieser Zeit vermutlich ihre größte Ausdehnung der gesamten Eiszeit, in Skandinavien die zweitgrößte. Der Meeresspiegel der Weltmeere fiel um rund 50 m durch das an Land gebundene Eis.

Besonders auffällig ist, daß dieses wichtige Interstadial offensichtlich sehr plötzlich und mit rasantem Wachstum der Eismassen einsetzte, wobei die zeitliche Übereinstimmung mit der gigantischen Explosion des Toba-Vulkans auf Sumatra vor ca. 75.000 Jahren zu Spekulationen provoziert. Ebenso ungewöhnlich schnell schmolzen die Eismassen wieder ab, ins nachfolgende Interstadial überleitend, in dem Skandinavien möglicherweise sogar völlig eisfrei wurde.

Die Zeit vor ungefähr 60.000 bis 32.000 Jahren ist weniger markant in ihrer Entwicklung: die Eisdecken bildeten sich zwar erneut, jedoch längst nicht in der Ausdehnung des vorhergehenden Stadials. Außerdem scheinen Phasen des Vorstoßes und Rückzuges in diesem langen Zeitraum zwischen Europa und Nordamerika weniger synchron abgelaufen zu sein als in den ersten beiden Stadialen.

Der maximale Vorstoß der Weichsel-Eiszeit erfolgte in Europa im letzten Stadial, das vor ca. 32.000 Jahren begann und vor ca. 13.000 Jahren auslief. Im Gegensatz zur Saale-Eiszeit, in der sich die Eisschilde von Skandinavien und den Britischen Inseln zeitweise vereinigten und so die komplette Nordsee ausfüllten, dürfte dies auch im Maximum der Weichsel-Eiszeit nicht geschehen sein - das nördlichste Schottland und die Orkneys waren möglicherweise sogar eisfrei, während die Shetlands eine eigene, eventuell getrennte Eiskuppe ausbildeten, ebenso die Färöer, die bereits vom Packeis umschlossen waren.

Durch die großen, an Land als Eis gebundenen Wassermassen waren die Meeresspiegel um bis zu 120 m gesunken, so daß große Teile der heutigen Nordsee bis ca. 57° Nord trockengefallen waren und als Tundra zwischen dem skandinavischen und dem britischen Eisschild lagen. Der skandinavische Eisschild bedeckte im Süden den ganzen Norden Jütlands, den Osten Schleswig-Holsteins, praktisch ganz

Mecklenburg-Vorpommern bis in die Umgebung Berlins, den Norden des heutigen Polens und das gesamte Baltikum bis weit ins nordeuropäische Rußland hinein.

Die riesigen eiszeitlichen Eisflächen sorgten für eine ziemlich homogene, nicht nur kalte, sondern auch trockene Luftkappe über großen Teilen der Nordhemisphäre, die einem praktisch permanenten Hochdruckgebiet entspricht.

Aufgrund dieser extrem trockenen Bedingungen einer Kältewüste verschwand das Eis in einigen hocharktischen Regionen bereits wesentlich früher als weiter im Süden, eventuell blieben einige dieser Gebiete sogar während der Vereisungsphasen weitgehend eisfrei, weil dort nicht ausreichend Niederschläge für die Eisbildung hingelangen konnten. Dies betrifft insbesondere den größten Teil Alaskas, den höchsten Norden Kanadas, Grönlands und Spitzbergens: hier sind große Flächen vermutlich mindestens schon seit 40.000 Jahren eisfrei - also praktisch über einen Zeitraum, in der weiter südlich gelegene Gebiete der Nordhalbkugel stärker von Eis bedeckt wurden als während der gesamten übrigen Weichsel-Eiszeit. Selbst etliche Küstenstriche Nordnorwegens sind seit mindestens 18.000 Jahren bereits eisfrei.

Auch heute, nach Ende der Weichsel-Eiszeit, sind viele der wirklich hocharktischen Landflächen ausgesprochen arm an Eis. Besonders auffällig ist dies im Norden Grönlands, wo an der Nordküste das Peary-Land eine trockene, kaum bewachsene, aber weitgehend eisfreie Kältewüste darstellt, während sich südlich davon die gigantischen Inlandeismassen Grönlands bis zu rund drei Kilometern Dicke auftürmen. Die ausgeprägten Hochs über der hohen Arktis zusammen mit der geringen Verdunstung aus dem überwiegend eisbedeckten nördlichen Eismeer funktionieren dort heute noch ähnlich niederschlagsver-

hindernd und damit wüstenbildend wie während der großen Vereisungen in weitaus größeren Räumen.

Bisher nur am Rande erwähnt wurde ein wesentlicher Effekt der eiszeitlichen großmaßstäbigen Vereisungen: die **Verlagerung gewaltiger Massen**. Vergegenwärtigt man sich, daß die Kontinente quasi als feste Gesteinsschollen auf dem flüssigen Erdmantel schwimmen, so muß das Anwachsen riesiger Eismassen auf den betroffenen Kontinentalschollen diese tiefer sinken lassen, bis die zusätzliche Masse durch den Auftrieb aufgrund der verdrängten Masse des Erdmantels ausgeglichen ist - ähnlich einem Schiff, das zusätzliche Fracht lädt und dadurch mehr Tiefgang bekommt.

Gleichzeitig werden bei der Bildung von Landeis aber die Meeresböden entlastet, da Wasser dem Meer entzogen und damit der Druck auf den Meeresboden geringer wird. Dies führt zu einem Ansteigen des Meeresbodens, der das Absinken der Wasseroberfläche teilweise wieder ausgleicht. Umgekehrt sorgt ein Abschmelzen der eiszeitlichen Eismassen nicht nur für ein Ansteigen der Meeresspiegel und eine Hebung der vorher belasteten Landflächen, sondern auch für ein Absinken der nun einem wachsenden Wasserdruck ausgesetzten Meeresböden. Während der letzten 7.000 Jahre sollen die Meeresböden infolge der nacheiszeitlichen zusätzlichen Wasserdruckbelastung um weltweit durchschnittlich 8 m gesunken, die Landmassen hingegen aufgrund der Entlastung um durchschnittlich 16 m gestiegen sein, wobei mit Meeresböden primär die Tiefsee gemeint ist, während die flachen Küstenmeere in der Regel noch zu den Kontinentalschollen gehören.

Diese Ausgleichsbewegungen der Erdkruste erfolgen mit erheblicher Verzögerung - so ist in den Zentren der einstigen

Eisbedeckung die nacheiszeitliche Landhebung bis heute noch nicht abgeschlossen, obwohl das Eis schon vor Jahrtausenden verschwunden ist: Im Bereich des Bottnischen Meerbusens um die nördlichste Ostsee steigt das Land heute immer noch jährlich um bis zu 9 Millimeter an. Durch das Ansteigen solcher einst stark belasteter Schollenteile kann außerdem eine Kippbewegung ausgelöst werden, die andere Teile der Scholle absinken läßt - so sinkt Norddeutschland kaum merklich ab, während das nördliche Skandinavien deutlich steigt.

Hinzu kommt schließlich noch die **Massenanziehung**: Die Meeresoberfläche ist auch bei Windstille keineswegs eben, sondern Landmassen üben auf das Meerwasser durch ihre Massenanziehungskraft eine Anziehung aus, die die Meeresoberfläche zum Land hin ansteigen läßt - zwischen offenem Ozean und Küsten können so Abweichungen von mehreren zehn Metern von der idealen Kugeloberfläche des Meeres entstehen. Ein küstennahes Auftürmen von Eismassen auf dem Land verstärkt diese Anziehung des Meerwassers und läßt das Meer an den betroffenen Küsten nicht nur durch die eisdruckbedingte Landabsenkung, sondern zusätzlich auch durch die größeren Anziehungskräfte ansteigen.

Die im Zusammenhang mit einer Eiszeit sinkende oder steigende Gesamtwassermasse in den Weltmeeren, das damit verbundene entgegengesetzte Steigen oder Absinken der Meeresböden und die durch zu- oder abnehmenden Eisdruck sinkende oder steigende Landoberfläche erlauben eine Vielzahl von Kombinationen, wie sich die Küsten und der Meeresspiegel relativ zueinander verändern konnten und können: Land wird frei oder überflutet. Gerade in unserem Fahrgebiet mit einigen großen flachen Meeren (Nordsee, Ostsee, Barentssee, Hudson Bay) haben solche relativen

Veränderungen von Land und Meer zueinander während und nach der Eiszeit erhebliche Auswirkungen gehabt.

So finden sich als Folge dieser eiszeitbedingten Veränderungen alte Strandlinien bis zu 300 m über dem heutigen Meeresspiegel, während einst trockene Landflächen durch nacheiszeitlichen Meeresanstieg teils mehr als hundert Meter unter dem Meeresspiegel zu finden sind. Gerade die Nordsee ist ein eindrucksvolles Beispiel für ein heutiges flaches Küstenmeer, das während der letzten Eiszeit weitgehend trockenes Land war.

Entwicklung seit der letzten Vereisung

Klimatische Veränderungen und das bereits beschriebene "Verhungern" der Eiskappen durch fehlende Niederschläge ließen vor 18.000 Jahren einen deutlichen Rückgang der Eismassen beginnen, der lediglich von einem kürzeren Rückschlag, der sogenannten **Jüngeren Dryaszeit** vor ungefähr 11.000 Jahren mit einigen Jahrhunderten wieder vorstoßender Gletscher unterbrochen wurde und vor ca. 8.000 Jahren bis auf kleinere Reste im Inland abgeschlossen war.

Verbunden mit den dabei freiwerdenden gigantischen Wassermassen, die nur teilweise einen direkten Abfluß in die Meere fanden, entstanden teils riesige Seen, die oft noch vom zurückweichenden Eis gestaut wurden. Der bedeutendste unter ihnen war der sich in Nordamerika westlich des heutigen Oberen Sees vor ca. 12.000 Jahren bildende **Agassiz-See** an der Südseite des schrumpfenden, aber noch immer gewaltigen Laurentischen Eisschildes, der Kanada von Baffinland bis südlich der Großen Seen bedeckte. Er entwässerte zunächst südwärts über den Ur-Mississippi in den Golf von Mexiko, bis sich dann vor ca. 11.000 Jahren aufgrund abtauender

41

Eisbarrieren der Weg über den heutigen St. Lorenzstrom in den Nordatlantik öffnete.

Dieser plötzlich ansteigende Süßwassereintrag in den eiszeitlichen Nordatlantik mag über verstärkte Meereisbildung zu der Klimaabkühlung beigetragen haben, die die Jüngere Dryas-Kaltzeit auslöste. Wiederholte Gletschervorstöße ließen den Agassiz-See ansteigen und wiederholt in den Mississippi entwässern, bis die Eisbarrieren in jeweils katastrophalen Fluten brachen und der Weg wieder nach Osten frei war. Zeitweise erreichte der See eine Fläche von 350.000 km². Vor rund 8.000 Jahren war das Abtauen des Laurentischen Eisschildes so weit fortgeschritten, daß von Norden her die Hudson Bay frei wurde und nur noch eine schrumpfende Eisbarriere in ihrem Süden den östlichen und westlichen Teil des Eisschildes verband und gleichzeitig südlich von sich den riesigen Agassiz-See und den östlich davon liegenden Ojibway-See auf einer Länge von zusammen über 3.000 km aufstaute.

Unter dem Druck der Wassermassen beider Seen, die zusammen ungefähr 700.000 km² - mehr als die doppelte Fläche Deutschlands - bedeckten, brach der Eisdamm und innerhalb möglicherweise weniger Tage ergoß sich eine unvorstellbare Flut von 75.000 bis 150.000 km³ (!) Schmelzwasser aus den aufgestauten Seen in die Hudson Bay, wobei der Spiegel der Seen um gut 200 m abfiel und nur noch kleinere Reste von ihnen übrigblieben. Die schlagartig freigesetzten Wassermassen reichten für einen Anstieg aller Weltmeere um 20 bis 40 cm. Gleichzeitig löste diese abrupte Umverteilung gigantischer Massen Spannungen in der Erdkruste und nachfolgende Erdbeben aus.

Ebenfalls als eiszeitlicher Schmelzwasser-Binnensee entstand die **Ostsee** vor ca. 12.300 Jahren, als zunächst ihr südlichster Teil eisfrei wurde. Während die Nordsee und die heutigen Ostseezugänge aufgrund des wesentlich tieferen Meeresspiegels trockenes Land waren, hatte der Eisdruck Skandinavien nördlich der heutigen Ostseezugänge so weit abgesenkt, daß dieser Baltische Eissee zunächst nur vom zurückweichenden Eisschild am Auslaufen weiter nördlich gehindert wurde.

Vor 10.000 Jahren gab dann das Eis einen Ausflußkanal im Bereich der heutigen großen schwedischen Seen frei, durch den das Schmelzwasser Richtung Atlantik abfließen konnte, der ursprüngliche Eissee lief weitgehend aus. Die schrittweise Landhebung Skandinaviens einerseits und der ansteigende Meeresspiegel der Weltmeere andererseits sorgten für eine Verlagerung der tiefsten Stelle zwischen Nord- und Ostsee weiter nach Süden an ihre heutige Position in Dänemark, durch die dann Meerwasser von Westen her in den Ostseeraum eindrang und das **Yoldia-Meer** bildete.

Vor ca. 9.500 Jahren unterbrach die weitere Landhebung die Verbindung des Yoldia-Meeres mit der entstehenden Nordsee, so daß die Ostsee zum **Ancylus-See** wurde, der durch ständige Wasserzufuhr der Flüsse zum Süßwassersee wurde und vor ca. 9.000 Jahren durch einen sich entwickelnden Auslauf im Bereich der heutigen dänischen Landengen teilweise auslief und entsprechend schrumpfte.

Weltweit steigende Meeresspiegel sorgten dann vor ca. 8.500 Jahren wieder für eine Überflutung des Ostsee-Raumes durch von Westen einströmendes Meerwasser, es entstand das **Littorina-Meer**, das in seinem Maximum vor ca. 7.200 Jahren wesentlich größer als die heutige Ostsee war. Fortschreitende Landhebung Skandinaviens sorgte seitdem wieder für ein Schrumpfen der Fläche der Ostsee, die

heute ein relativ schwach salziges Rand-
meer des Nordatlantiks bildet.

Mit dem Rückzug des Eises und der
nachfolgenden Rückkehr des Meeres, einer
nacheiszeitlichen längeren Warmperiode
und einem während der letzten Jahrtausende wieder etwas kühleren Klima war
die landschaftliche und ökologische Land-
schaftsentwicklung der nordischen Länder
zum heutigen Landschaftsbild im wesentlichen abgeschlossen - erst der moderne
Mensch sorgte in den letzten Jahrhunderten
wieder für raschere Veränderungen (Landwirtschaft, Eindeichungen, Städte, Straßen, Stauseen etc.), die allerdings in
unserem Reisegebiet vorwiegend nur die
südlicheren Teile betreffen. Je weiter wir
auf unseren Seereisen nach Norden vorstoßen, desto ursprünglichere Natur umgibt
uns.

Lebensraum Nordmeer

Voraussetzungen für das biologische Wachstum

Nach dem auffälligsten Unterschied zwischen Tropen und höheren Breitengraden befragt, werden die Antworten neben Wärme und Kälte wahrscheinlich den Gegensatz zwischen üppigem Leben und Wachstum einerseits und spärlicher Pflanzen- und Tierwelt andererseits herausstellen - allerdings geographisch genau falsch herum. Denn auf die Erdoberfläche insgesamt bezogen, die zu zwei Dritteln aus Meeren besteht, finden sich die biologisch produktivsten Regionen in subpolaren und polaren Gewässern, während die äquatornahen Weiten der tieferen Ozeane gut als lebensarme "Blaue Wüsten" bezeichnet werden können.

Aus der meist einseitig landorientierten Sicht des Mitteleuropäers ist es zwar richtig, die nördlichen Landmassen mit wachsender Polnähe als zunehmend unwirtlich, gar lebensfeindlich zu bezeichnen, die äquatornahen Regionen dagegen als Gebiete mit voller üppiger Lebenskraft. Doch dies gilt eben nur an Land - im tieferen Meer ist es genau umgekehrt und auf den Inseln des nördlichsten Nordmeeres wäre das Leben sogar noch weitaus spärlicher, wenn es nicht durch die Produktivität der umliegenden Meere unterstützt würde.

Ein nordnorwegischer Fischer wird sich kaum dem mitteleuropäischen Vorurteil über die Lebensfeindlichkeit des hohen Nordens anschließen können, denn er und seine teilweise bis aus Spanien regelmäßig in den hohen Norden ziehenden Kollegen auf den Hochseefangflotten verschiedenster Nationen bezeugen mit ihrer Anwesenheit den biologischen Reichtum des Nordens, während in äquatornahen offenen Meeren die produktiven Regionen weitgehend auf die flacheren küstennahen Zonen begrenzt sind. Ausnahmen an den Polen sind lediglich die ganzjährig von dickem Eis bedeckten Meeresteile.

Wichtigste Voraussetzung für biologisches Wachstum ist stets die Versorgung mit den erforderlichen Nährstoffen und Energie und hinsichtlich dieser entscheidenden Lebensfaktoren sind die Verhältnisse in den Meeren zugunsten der hohen, also polnäheren Breitengrade recht unterschiedlich.

Energiequelle: Sonnenlicht

Das Sonnenlicht ist essentiell für das Leben im Meer. Wie auch an Land wird ein Teil der Strahlung von marinen Pflanzen aufgenommen und die Energie genutzt, um Körpermaterie aufzubauen - im biochemischen Prozeß der sogenannten **Photosynthese**. Zur Photosynthese sind Pflanzen mit Hilfe des grünen Chlorophylls in der Lage und bilden damit die entscheidende unterste Stufe der Nahrungskette.

Die Verteilung der pflanzlichen Lebewesen im Meer und damit die Verfügbarkeit von Nahrung für pflanzenfressende Tiere und letztlich für fleischfressende Tiere hängt in hohem Maße davon ab, wieviel, wann und wie tief im Wasser Licht vorhanden ist.

Nur ungefähr die Hälfte der die Erde erreichenden Sonnenstrahlung durchdringt die Atmosphäre, ein Teil des Restes wird von der Wasseroberfläche reflektiert - dieser Anteil ist um so höher, je flacher die Sonne steht. In den hohen Breiten erreicht also selbst im Sommer mit durchgängigem Licht weniger Strahlung die Tiere und Pflanzen im Wasser als in den Tropen. Trotzdem reicht diese Lichtmenge aus - die intensivere Strahlung im Süden kann von den Lebewesen aufgrund anderer Faktoren (Nährstoffmangel) nicht voll genutzt werden. Ein Teil der Strahlung bleibt

Lichtenergie, ein anderer Teil wird in Wärme umgewandelt, die Temperaturänderungen des Wassers bewirkt.

Licht besteht aus verschiedenen **Wellenlängen** - man denke an den Regenbogen -, die unterschiedlich tief ins Wasser eindringen. Aus dem Spektrum des sichtbaren und für die Pflanzen nutzbaren Lichts ist Rot am schnellsten absorbiert, d.h. die Strahlungsenergie wird in Wärme umgewandelt und ist damit als Lichtstrahlung verschwunden. In sehr klarem Wasser ist in 10 m Tiefe nur noch 1% des roten Lichts übrig. Blaues Licht dagegen dringt am tiefsten ein: In klarem Wasser kommt in 150 m Tiefe noch 1% an. Entsprechend können in dieser Tiefe noch vereinzelt Pflanzen existieren, die diese Wellenlängen nutzen können, dies sind typischerweise Rotalgen.

Letztlich ist die durch Photosynthese betreibende Pflanzen produktive Wasserschicht etwa - je nach Trübung - auf die obersten 50 m des Meeres begrenzt, die darunterliegenden Zonen spielen für den Gewinn neuer Biomasse kaum noch eine Rolle.

Mit der großen Eindringtiefe von Blau hängt auch die **Farbe des Ozeans** zusammen. Während alle anderen Farben schon absorbiert sind, dringt Blau tief ein, wird aber am stärksten gestreut, d.h. die Strahlung erfährt eine Richtungsänderung, die Strahlungsenergie wird aber nicht weniger. Durch die Streuung kommt die blaue Strahlung zurück an die Oberfläche - der Ozean erscheint blau.

Wassereigenschaften

Wenn man sich mit einem Schiff auf dem Wasser bewegt, scheint der Ozean eine einheitliche große Menge Wasser zu sein. Daß dem nicht so ist, läßt sich durch Messungen von Temperatur und Salzgehalt von der Oberfläche bis zum Meeresboden herausfinden. Aus den Meßwerten ergibt sich rechnerisch, wie schwer eine Wasserschicht ist. Die Gewichtsunterschiede zwischen Wasserpaketen sind minimal, doch bewirken sie, ähnlich wie bei der Sahne auf der Milch oder den Fettaugen auf der Suppe, eine **Schichtung**.

Dies bedeutet, daß verschieden schwere Wasserpakete übereinander liegen, ohne sich zu mischen. Dabei schichtet sich warmes leichtes über kaltem schwerem und salzarmes leichtes über salzreichem schwerem Wasser; Wasser mit gemischten Eigenschaften schichtet sich entsprechend seiner Dichte in bestimmter Tiefe ein. Wasserpakete, die ähnliche Temperaturen und Salzgehalte haben, nennt der Ozeanograph **Wassermassen**.

Jede dieser Wassermassen hat ihre ganz eigene Strömungsgeschwindigkeit und -richtung - in unterschiedlichen Tiefen durchaus auch in abweichende oder gar gegenläufige Richtungen. Alle Wassermassen des Weltozeans entstehen irgendwo im Ozean und zirkulieren irgendwohin, so daß man sich letztlich alles Wasser der Ozeane wie ein großes **Fließband** vorstellen kann, das um die ganze Erde fließt, wobei der Verlauf im einzelnen noch nicht endgültig geklärt ist. Diese fließbandartige Ausbreitung hat natürlich auch zur Folge, daß beispielsweise Schadstoffe, die lokal durch Tankerunglücke, Chemieunfälle etc. ins Meer gelangen, nicht an ihrer Ursprungsstelle bleiben, sondern sich langsam mit den Strömungen in alle Himmelsrichtungen ausbreiten können.

Generell kann man den Weltozean von unten nach oben in eine **Warmwasser-** und eine **Kaltwassersphäre** teilen, wobei die im Mittel etwa 600 m dicke Warmwassersphäre auf der Kaltwassersphäre liegt und nur in den Tropen, Subtropen und gemäßigten Breiten zu finden ist. Bei 60 bis 70° Nord hört die Warmwassersphäre, die durch eine mittlere Jahrestemperatur von mehr als 10 °C charakterisiert ist, auf. Diese oberflächennahe Grenze zwischen dem warmen Wasser des Südens und dem kalten Wasser des Nordens wird **Polarfront** genannt und ist für die marinen Lebewesen außerordentlich wichtig, da sie sehr viel Nahrung birgt.

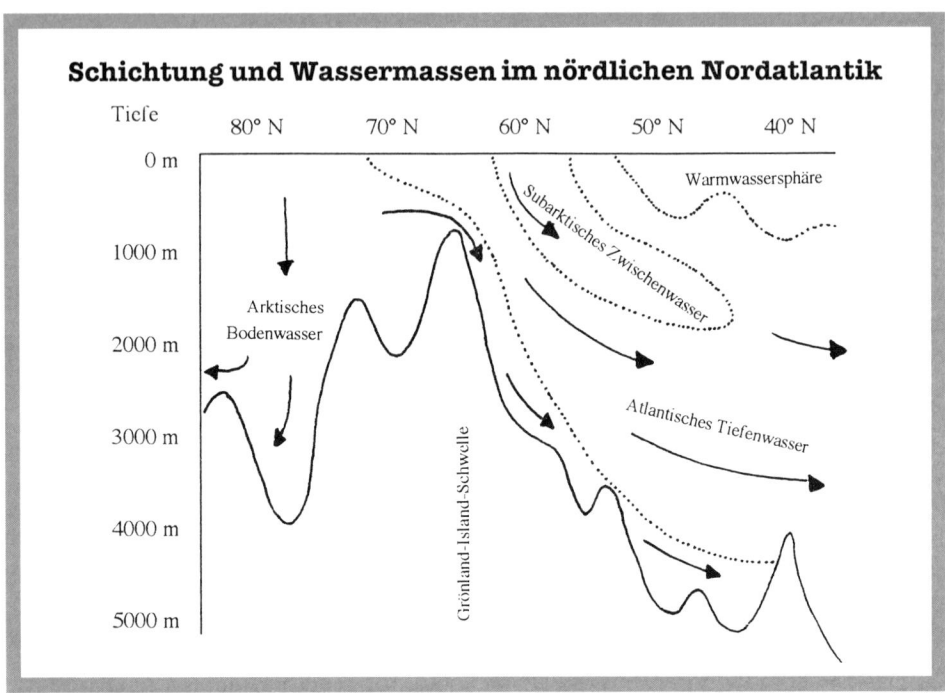

Schichtung und Wassermassen im nördlichen Nordatlantik

Betrachten wir die Wassermassen und ihre Zirkulation im nördlichen Nordatlantik: In der Grönlandsee und der Norwegischen See wird zu bestimmen Zeiten **Arktisches Bodenwasser** gebildet. Oberflächenwasser kühlt durch niedrige Lufttemperaturen ab und wird durch das schrittweise Gefrieren zu Meereis salzreicher, da zunächst nur das Wasser und nicht das Salz gefriert, so daß das Salz übrigbleibt. Das kalte salzreiche Wasser ist schwerer als die darunter befindliche Schicht, so daß die Schichtung instabil wird und das schwere Wasser zu Boden sinkt.

Durch die Schwellen des Meeresbodens zwischen Grönland, Island und Schottland kann sich das abgesunkene Wasser schlecht ausbreiten, doch ein kleiner Teil kann die Hindernisse überwinden und dringt bis etwa 40° Nord am Boden des Nordatlantiks nach Süden vor. Dieses kalte (ca. -1,2 °C), von der Oberfläche abgesunkene Wasser enthält viel Sauerstoff und ist für die Sauerstoffversorgung der am Boden des Atlantiks lebenden Tiere lebenswichtig, denn die unteren Wasserschichten können sich nicht aus der Luft neu mit Sauerstoff versorgen.

Über dem Arktischen Bodenwasser liegt das **Nordatlantische Tiefenwasser**, das eine sehr mächtige Schicht bildet und sich über dem Arktischen Bodenwasser nach Süden bis ins Südpolarmeer ausbreitet. Es ist wärmer als das Bodenwasser (ca. 2 bis 5 °C), auch sehr sauerstoffreich und entsteht in den hohen Breiten aus über und unter ihm liegenden Wassermassen. Darüber liegt das salzärmere **Subarktische** **Zwischenwasser**, das in der Labradorsee und südlich von Island entsteht. Zwischenwasser heißt es deshalb, weil es sich zwischen Nordatlantischem Tiefenwasser und dem **Oberflächenwasser**, das die oberste Schicht bildet, befindet.

Plankton: pflanzliche und tierische Organismen im Wasser

Wesentliche Ursache des verbreiteten Vorurteils über die langweilige Lebensarmut offener Ozeane ist wiederum das auf die Verhältnisse an Land abgestimmte menschliche Auge: Unsere gewohnte Umgebung wird vor allem von größeren Pflanzen bestimmt - und selbst kümmerliche Moose und Flechten extremer Standorte sind mit bloßem Auge gut sichtbar und tragen durch ihre teils auffälligen Farben gerade im höchsten Norden erheblich zum Natureindruck bei. Ganz offensichtlich ist es für Landpflanzen ein Vorteil, nicht zuletzt in der Konkurrenz miteinander um den Platz am Licht größer zu sein, soweit dies die natürlichen Bedingungen zulassen. Extreme Klimabedingungen, vor allem Kälte, Wind oder Trockenheit, setzen diesem Wachstumsdrang regional (Hochgebirge, Polargebiete, ungeschützte stürmische Küsten, Wüsten) stärkere Grenzen.

Im Meer ist alles anders. Hier sind größere Pflanzen - frei schwimmende Tange oder am Boden angewachsene Meerespflanzen flacher Gewässer - eher die auffällige Ausnahme. Die große Masse des Meereslebens hingegen bilden winzige, frei im Wasser schwebende Kreaturen mit nur sehr begrenzter Fähigkeit zu Fortbewegung aus eigener Kraft.

Diese Gesamtheit kleiner, vorwiegend von den Bewegungen des Meerwassers beeinflußter pflanzlicher und tierischer Organismen unterschiedlichsten Aussehens verbirgt sich hinter dem häufig auftauchenden Begriff **Plankton** (im Gegensatz zu den größeren, zu zielgerichteter Bewegung befähigten, frei schwimmenden Arten, deren Gesamtheit als **Nekton** bezeichnet wird).

Schon in diesem Mikrokosmos der Kleinstlebewesen gilt das Gesetz von Fressen und Gefressenwerden: Ausgangsbasis der Nahrungskette und damit fast aller übrigen Meereslebewesen sind auch hier jene Arten, die in der Lage sind, per Photosynthese die Lichtenergie der Sonne zur Produktion organischer Substanzen aus Wasser und Kohlendioxid zu nutzen, wobei als Abfallprodukt Sauerstoff entsteht. Diese meist grünen Arten werden als **Phytoplankton** (griechisch: *phyton* = das Gewächs) bezeichnet und sind überwiegend mikroskopisch kleine, einzellige Algen.

Phytoplankton: winzige Algen als Basis des marinen Lebens

Im Meer können Pflanzen aufgrund ihrer Lichtabhängigkeit nur in der oberflächennächsten Schicht existieren, die in den allermeisten Meeresregionen weit oberhalb des Meeresbodens liegt. Große Pflanzen (Großalgen und Seegräser) benötigen einen festen Untergrund vor allem als Halt gegen Turbulenzen und Strömungen und können ab einer bestimmten Tiefe, in der es zu dunkel ist, nicht mehr gedeihen. Der größte Teil der Meere ist daher nur für oberflächennah frei schwebende Pflanzen als Lebensraum nutzbar.

47

Nahrungskette

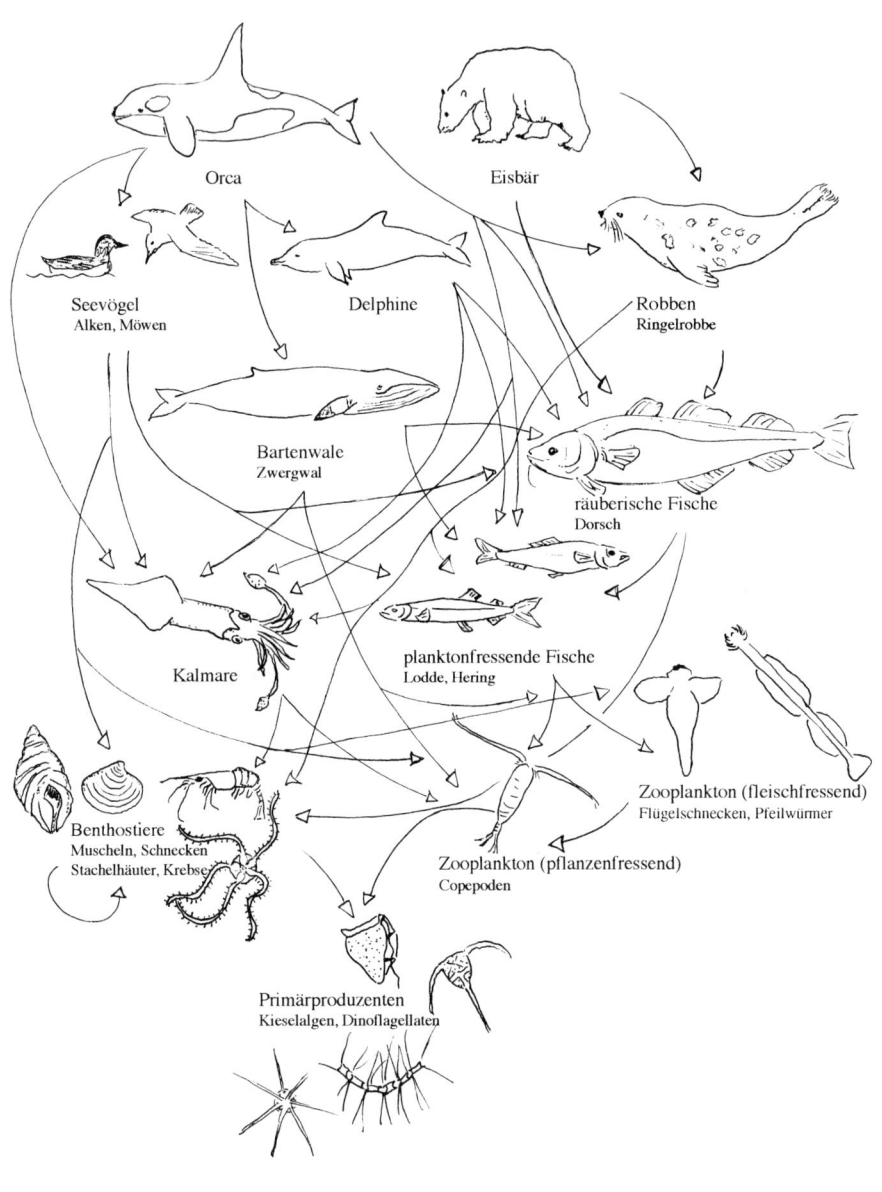

Orca

Eisbär

Seevögel
Alken, Möwen

Delphine

Robben
Ringelrobbe

Bartenwale
Zwergwal

räuberische Fische
Dorsch

Kalmare

planktonfressende Fische
Lodde, Hering

Zooplankton (fleischfressend)
Flügelschnecken, Pfeilwürmer

Benthostiere
Muscheln, Schnecken
Stachelhäuter, Krebse

Zooplankton (pflanzenfressend)
Copepoden

Primärproduzenten
Kieselalgen, Dinoflagellaten

Die mikroskopisch kleinen einzelligen Algen, die bis zu einem Tausendstel Millimeter klein sein können, stellen dabei den Löwenanteil der Masse an lebenden Organismen.

Eine der wichtigsten Gruppen in den gemäßigten und hohen Breiten besonders im Frühjahr und Herbst sind die **Kieselalgen**, einzellige Algen von Zweitausendstel bis zwei Millimeter Größe mit einem Skelett aus Silikat. Das Skelett ist aus zwei Hälften zusammengesetzt, die wie bei einer Schachtel ineinanderstecken und häufig kunstvoll mit Stacheln, Poren und Rippen skulptiert sind, mit deren Hilfe die Arten bestimmt werden.

Die zweite sehr häufige Gruppe, die in den gemäßigten und hohen Breiten eher im Sommer auftritt, sind die **Dinoflagellaten**. Sie haben einen Zellulosepanzer, der aus einzelnen Platten besteht, die wiederum reich mit Poren und feinen Stacheln ornamentiert sind. Diese Einzeller besitzen - im Gegensatz zu den Kieselalgen - zwei Geißeln, mit denen sie sich über kleine Strecken fortbewegen können. Nur ein Teil der Dinoflagellaten sind "echte" Pflanzen mit Chlorophyll. Die übrigen Dinoflagellatenarten fressen Pflanzenzellen und kleine tierische Zellen. Wollte man eine Grenze zwischen Planzen- und Tierreich ziehen, so geht sie also mitten durch diese Gruppe.

Unter den Dinoflagellaten gibt es Arten, die sich sehr schnell vermehren können und unter für sie günstigen Bedingungen die sogenannten "Red Tides" (rote Tiden) bilden. An den entsprechenden Stellen färbt sich das Meer rot durch massenhaftes Auftreten von diesen Zellen; dieses Phänomen kann man gar nicht selten in der Nordsee beobachten. Einige Red-Tide-Arten bilden giftige Substanzen, die für bestimmte Tiere und sogar den Menschen schädlich sein können, wenn sie sich z.B. in eßbaren Muscheln anreichern. Schlimm-

stenfalls tritt die "Paralytic Shellfish Poisoning" ein, bei der der Betroffene nach Verzehr von belasteten Muscheln von dem Gift gelähmt wird und sterben kann, was in den letzten Jahrzehnten in einigen Fällen an der Pazifikküste vorkam.

Die wesentlichen Voraussetzungen für das Algenwachstum sind **Licht** und außerdem **Nährstoffe,** insbesondere Stickstoff und Phosphat. Beides steht nicht das ganze Jahr über in ausreichendem Maße zur Verfügung, so daß die Algen nur zu bestimmten Zeiten wachsen und sogenannte "Blüten" bilden können. Im Winter gibt es in den gemäßigten Regionen, wie beispielsweise der Nordsee, viele Nährstoffe, aber nicht genügend Licht. Durch die fehlende Heizung von oben gleichen sich Temperaturunterschiede im oberen Teil der Wassersäule (ca. obere 300 m) weitgehend aus. Dies ist verbunden mit einer Durchmischung der Wassermassen, die auch nährstoffreicheres tieferes Wasser nach oben bringt - entscheidende Voraussetzung für das Wachstum von pflanzlichem Leben in den lichtreicheren Jahreszeiten.

Im Frühjahr steht dann beides - Energie und Nährstoffe - reichlich zur Verfügung. Das lichtreiche Oberflächenwasser hat sich aufgewärmt, ist damit leichter geworden und hat sich von dem tiefen kalten Wasser durch eine sogenannte **Sprungschicht** getrennt. Diese physikalisch bedingte Barriere und die Stabilität der über ihr liegenden wärmeren und leichteren Wasserschicht schützt sehr kleine schwebende Organismen vor Verwirbelung oder Absinken in tieferes Wasser und hält sie in der reichlich mit Energie versorgten Oberflächenzone. Hier vermehren sich die Kleinalgen nach Kräften, indem sie sich teilen und die Frühjahrsblüte bilden.

Im Sommer sind die Nährstoffe in der Oberflächenschicht durch die Frühjahrsblüte verbraucht und die Sprungschicht läßt keinen Nachschub hindurch, so daß es kaum Wachstum gibt. Im Herbst kühlt sich das Oberflächenwasser ab, wird dadurch schwerer und tauscht sich, absinkend, mit tieferem, nährstoffreicherem Wasser aus. Dies, zusammen mit noch genügend Licht, gestattet im Herbst eine zweite, kleinere Blüte.

In der **Arktis** gibt es nur eine, allerdings besonders produktive Phytoplanktonblüte im Jahr, von der die polaren Tiere das ganze Jahr über leben müssen. Dies liegt daran, daß nur im Sommer genügend Licht vorhanden ist. Nährstoffe gäbe es immer reichlich, da die Temperaturschichtung von Oberflächen- und Tiefenwasser nicht ganz so extrem ist wie weiter südlich. Das reichliche sommerliche Wachstum des Planktons lockt große Zahlen anderer Tiere an bzw. erlaubt ihnen eine starke Vermehrung: Fische etwa, und für uns besonders sichtbar Zugvögel, die den reichlich gedeckten Tisch für ihre Brut nutzen, oder Wale, die für den Sommer nach Norden wandern, um einen Teil des Planktons abzuschöpfen. Da die Nahrungskette im Herbst mit Ende des Sonnenlichtes wieder zusammenbricht, ziehen auch all diese für den Sommer zugewanderten Tierarten im Winter wieder südwärts.

Zooplankton: schwebende Tiere

Im tierischen Plankton unterscheidet man die pflanzen- und die fleischfressenden Arten. Die wichtigste Gruppe der Zooplankter in höheren Breiten sind die **Ruderfußkrebse** (*Copepoden*), die 1 bis 6 mm groß sind. Sie haben einen Kopf mit langen Antennen, die sie beim Schwimmen und Schweben unterstützen, einen tönnchenförmigen Körper mit Schwimmbeinen und ein schmales beinloses Körperende. Die meisten Ruderfußkrebsarten sind Pflanzenfresser und ernähren sich von Kiesel- und anderen Algen, doch gibt es

auch einige Räuber, die andere Planktontiere fressen. Auch zum Zooplankton gezählt wird der **Nordische Krill**, eine kleine Krebsart, der seinen Namen - auf norwegisch: Walnahrung - von den Walfängern erhielt, da sie ihn in Walmägen fanden.

Für die Zooplankter ist es wichtig, die Phytoplanktonblüte mit ihrem eigenen Lebenszyklus zu synchronisieren, d.h. zu gleicher Zeit am gleichen Ort zu sein - andernfalls hätten sie den Nahrungsschub für die Saison verpaßt. Vielen Copepoden gelingt dies wie folgt: Sie verbringen den Winter in 300 bis 800 m Tiefe, wo sie weniger stark dem Fraß durch Fische ausgesetzt sind, von ihren Energiereserven zehren und ihre Kreislaufaktivität reduzieren. Anfang des Frühjahrs wandern die Weibchen wieder aus der Tiefe an die Wasseroberfläche, wo die Eier abgelegt werden, so daß die jungen Nachkommen rechtzeitig zur Algenblüte an der Oberfläche sind und reichlich zu fressen haben.

Neben den Tieren, die ihr ganzes Leben schwebend im freien Wasser verbringen, gibt es Arten, deren Jugendstadien im Plankton leben, die jedoch als Erwachsene den Boden aufsuchen. Während ihrer Zeit im Plankton können die Jungtiere durch Strömungen ferne Gebiete besiedeln, wo sie "zu Fuß" gar nicht hätten hinkommen können. Solche Arten gibt es z.B. bei Schnecken, Muscheln, Würmern und Seeigeln; die schwebenden Jungtiere dieser Arten sehen den Erwachsenen übrigens überhaupt nicht ähnlich.

Der Vorzug des Kleinseins

Zwar denkt man in der Regel bei Meereswesen an Riesen wie Wale, Haie bzw. im Pflanzenreich an riesige Tange, doch insgesamt betrachtet stellen diese großwüchsigen Arten in den Meeren geradezu außergewöhnliche Exoten dar, umgeben von Tausenden kleiner bis winzigster Arten, von denen viele über Myriaden von einzelnen Individuen verfügen. Offensichtlich ist es im Meer für die meisten Lebewesen erstrebenswert, möglichst klein zu sein - und genau deshalb entgeht das meiste Leben im Meer dem flüchtigen menschlichen Blick.

Der grundlegendste Alltagsaspekt des Lebens ist ausreichender Zugang zu Energie und Nährstoffen. Hinsichtlich der Energieversorgung sind die Meerespflanzen auf **Oberflächennähe** angewiesen und müssen folglich, um zu überleben, dafür sorgen, nicht dauerhaft in größere Tiefen abzusinken, wo sie nicht mehr ausreichend Licht erreicht. Um ein Absinken zu verhindern, gibt es drei mögliche Strategien: **Auftriebskörper** (z.B. in Form von eingebauten Gasbläschen), **aktive Schwimmbewegungen** und schließlich **spezielle Körperformen**, die den Reibungswiderstand beim Absinken erhöhen und es damit abbremsen - in der Hoffnung, rechtzeitig von Wasserbewegungen wieder in höhere Schichten gewirbelt zu werden.

Das Meer ist unter dem größten Teil seiner Oberfläche zu tief, um den lichtbedürftigen Pflanzen als Anfang der Nahrungskette die Gewinnung von Nährstoffen aus dem Boden durch Wurzeln zu erlauben, wie es bei Landpflanzen üblich ist. Daher bleibt den frei schwebenden Meerespflanzen nur die Versorgung mit Nährstoffen, die um sie herum im Wasser gelöst sind. Im Wasser gelöste Teilchen bewegen sich chaotisch, so daß über längere Zeit gesehen eine Tendenz zu gleichmäßiger Verteilung der gelösten Teilchen in einem bestimmten Wasservolumen besteht.

Ist in einer bestimmten Wassermenge an einer Stelle anfangs ein bestimmtes gelöstes Salz hoch konzentriert, anderswo hingegen nur schwach, so wird sich dieses Konzentrationsgefälle im Laufe der Zeit ausgleichen. Diese Wanderung von Teilchen zu Gebieten mit geringerer Konzentration bezeichnet man als **Diffusion**. Werden z.B. durch eine Pflanze dem Wasser Nährstoffe entzogen, so werden im Laufe der Zeit aus größerer Entfernung neue Nährstoffteilchen in die Nähe der Pflanze geraten und dort den durch den Verbrauch der Pflanze entstandenen Mangel ausgleichen, bis sich wieder eine gleichmäßige Verteilung der Nährstoffe einstellt. Allerdings erfordert dieser Ausgleich Zeit und die wachsende Pflanze versucht, ständig aus ihrer Umgebung neue Nährstoffe aufzunehmen, so daß in ihrer unmittelbaren Umgebung leicht ein Mangel an Nährstoffen entstehen kann, der sie in Wachstum und Vermehrung bremst. Nährstoffmangel (und hierzu gehören auch die im Wasser gelösten Gase CO_2 (Kohlendioxid, für Pflanzen wichtig) und O_2 (Sauerstoff, für Tiere und bei Dunkelheit auch für Pflanzen erforderlich)) begrenzt die Lebensmöglichkeiten.

Ein erster Vorteil des Kleinseins ist es bei knappen Nährstoffen, daß das Verhältnis zwischen Körperoberfläche und zu versorgendem Körperinnerem um so günstiger ist, je kleiner das Volumen ist: Die Nährstoffe müssen ja durch die Oberfläche hindurch aufgenommen werden. Bei einem kleinen Wesen ist die Oberfläche im Verhältnis zu dem von ihr eingeschlossenen Körperinhalt sehr groß und kann durch komplizierte Formgebung noch vergrößert werden - entsprechend kann ein winziger Organismus auch geringere Nährstoffkonzentrationen noch nutzen, noch wachsen und sich vermehren, wo dies einem größeren Wesen nicht mehr ausreicht. Die für die Nährstoffaufnahme günstigeren komplizierteren Körperformen (also abweichend von der einfachsten räumlichen Form, der reinen Kugel) - zumindest längliche oder verästelte Konstruktionen - bremsen gleichzeitig das zumindest für

Pflanzen gefährliche Absinken in lichtärmere Tiefen.

Allerdings verstärkt Kleinsein, womöglich gepaart mit reibungsverstärkenden Körperformen, ein anderes Problem: Aktives Zubewegen auf neue Nahrungsgebiete ist dem Kleinorganismus im Wasser kaum möglich - ganz im Gegensatz zu Landlebewesen, die sich durch die Luft laufend oder fliegend bewegen (bzw. im Falle festverwurzelter Pflanzen die Luft an ihnen vorbei). Im Wasser muß ein wesentlich höherer Widerstand überwunden werden. Für einen Fisch oder Menschen mit verhältnismäßig großer Masse mag das zwar mühsam, aber durchaus erfolgversprechend sein.

Ein Mikroorganismus hingegen steht hier vor ernsthaften Problemen, denn an jeden Körper im Wasser heftet sich eine dünne "Wasserhaut" aus untereinander und vom Körper angezogenen Wassermolekülen. Für große Lebewesen ist diese dünne Schicht relativ unerheblich, bei kleineren Organismen hingegen wird ein zunehmender Teil der für aktive Fortbewegung aufgewendeten Energie dafür verbraucht, um diese anhaftende Wasserschicht zusätzlich mitzuschleppen, und bei den allerkleinsten Wesen würden eigene Ruderbewegungen mit entsprechend winzigen Fortbewegungsorganen sogar weitgehend wirkungslos innerhalb dieser am Körper haftenden Wasserschicht verpuffen.

Im freien Wasser fern irgendwelcher Küsten dürfte für ein pflanzliches Wesen die Fortbewegung um aus unserer Sicht geringe Strecken nur in sehr seltenen Fällen Zugang zu wünschenswerten höheren Nährstoffkonzentrationen bringen - und ohne einen solchen Erfolg ist der für die Fortbewegung erforderliche Energieaufwand für ein so kleines Wesen eine letztlich existenzbedrohende Verschwendung.

Gerichtete Eigenbewegung ist daher eine Fähigkeit, die für Kleinstwesen im Wasser nur teilweise Sinn macht. Sie müssen sich völlig der Versorgung per Diffusion im Nahbereich und im übrigen auf passiven Transport in Form von Absinken und Hochwirbeln sowie Strömungen verlassen, die sie immer wieder in ausreichend nährstoffreiche Wasserräume bringt.

Diese passive Versorgung aus dem umgebenden Wasser gelingt winzig kleinen Organismen am besten - aufgrund ihrer im Verhältnis zur Körpermasse großen aufnahmefähigen Oberfläche (es gibt nur wenige oder keine inneren Körperteile, die von den Zellen mit Außenweltkontakt zusätzlich mitversorgt werden müssen) können sie bereits mit geringeren Nährstoff- und Energiekonzentrationen überleben, wachsen und sich vermehren und haben damit einen Konkurrenzvorteil gegenüber größeren Organismen, die höhere Nährstoff- und Energiekonzentrationen benötigen, um sich selbst zu erhalten und zu wachsen. Größenwachstum ist für frei schwebende Meerespflanzen nur in ganz speziellen ökologischen Nischen eine erfolgreiche Strategie, etwa für die viele Meter langen Sargassotange, und auch bei den Meerestieren macht Größenwachstum nur dann einen Sinn, wenn sie seine Nachteile - höherer Energieverbrauch durch aktive Fortbewegung gegen den Widerstand des Wassers bei der Suche nach ausreichend konzentrierter Nahrung - durch größenabhängige erfolgreiche Strategien ausgleichen können, die ihnen eine entsprechend gesteigerte Nahrungsaufnahme sichern.

Meeresregionen mit dünner Nahrungskonzentration (geringer Dichte von Kleinorganismen) sind für größere Lebewesen daher auf Dauer ungeeignet, während Kleinorganismen dort durchaus in geringerer Dichte gedeihen können.

Im übrigen kann man die Frage auch umgekehrt betrachten: Viele Landlebewesen sind nur notgedrungen groß (einschließlich des Menschen): Streben zum Licht (Pflanzen), Fortbewegung über größere Strecken (selbst Vögel sind bereits verhältnismäßig "groß"), Abwehr von Freßfeinden, Schutz gegen Kälte (große Tiere kühlen nicht so leicht aus) sind Probleme, die für viele Meeresorganismen entweder weniger wichtig sind oder die sich im Meer anders lösen lassen (z.B. Treiben statt aktiver Fortbewegung).

Leben im Meereis

Bei fast allen Seereisen, die in die wirklich arktischen Gewässer führen, wird schon im Prospekt der Kontakt mit dem Eis hervorgehoben - für manchen Erstbesucher nicht unbedingt verständlich, der sich unter Packeisgrenze und Treibeis vielleicht etwas eher Langweiliges vorstellt. Die Welt des Eises hat jedoch selbst in jenen Regionen, die nicht über die gigantischen Eisberge Grönlands verfügen, etwas Besonderes, eine ganz eigene Atmosphäre. Zum einen klimatisch: über dem Eis kühlt die feuchte Seeluft eher ab, so daß sich hier oft eine dünne, teils gespenstisch wirkende Nebelschicht bilden kann, aus der die Schollen und bizarren Bruchstücke langsam heraustauchen und wieder verschwinden. Dringt man tiefer zwischen die Treibeisstücke ein, so sorgen diese für eine zunehmende Beruhigung des Seegangs und tragen dadurch zu dem Eindruck arktischer endloser Ruhe bei - für leicht seekrank werdende Fahrgäste gleichzeitig ein angenehmer Nebeneffekt von Fahrten in hochpolare Gewässer.

Eis ist jedoch bei weitem nicht gleich Eis. Auf Bildern werden überwiegend **Eisberge** vorgeführt, gegenüber denen selbst die größten Schiffe gelegentlich kaum erkennbar klein sind. Bei ihnen handelt es sich um Gletschereis, also reines **Süßwassereis**. Es entsteht an Land aus zusammengepreßtem Schnee; Gletscher, die direkt ins Meer fließen, brechen an der Wasserkante ab (sie "kalben") und so entstehen Eisberge. In der Arktis ist Westgrönland die wichtigste "Eisberg-Küche".

Meereis dagegen entsteht aus **Meerwasser**, das aber nicht wie Süßwasser bei 0 °C, sondern wegen des Salzgehaltes erst bei -1,8 °C gefriert. Zunächst entstehen kleine Eiskristalle, die einen regelrechten Eisbrei bilden und als Körncheneis bezeichnet werden. Das Körncheneis verbackt dann zu tellerförmigen Schollen mit aufgewölbten Rändern, die aufgrund ihrer Form Pfannkucheneis genannt werden. Die Pfannkuchen verwachsen allmählich zu einer geschlossenen, oft unregelmäßigen Eisdecke.

Ab diesem Zeitpunkt kann das Eis nur noch in die Dicke wachsen, was langsamer vonstatten geht, da das Wasser durch die Eisdecke schwerer Wärme verlieren kann als vorher. Die geschlossene Neueisdecke wird im ersten Jahr nicht dicker als 2 m, während mehrjähriges Eis durchaus 6 m Dicke erreichen kann. Mehrjähriges Eis findet man im zentralen Arktischen Ozean, einjähriges Eis eher in den randlichen Schelfmeeren.

Würden Sie mehrjähriges Meereis essen, stellen Sie fest, daß es kaum salzig schmeckt, obwohl es aus Meerwasser entstanden ist! Das liegt daran, daß erst Süßwasser ausfriert, während das salzhaltigere Restwasser in Kanälen und Taschen eingeschlossen wird und nach und nach herausläuft, so daß das Eis im Laufe seines Lebens immer süßer wird. In älterem Eis findet man die Salzlauge im unteren Teil in schmalen Kanälen, in denen nicht mehr die normalen 3,5 % Salzgehalt des Meerwassers, sondern bis zu 9 % vorhanden sind.

Meereis - in der Vorstellung des Neulings ein vielleicht bizarres, vor allem aber lebloses Navigationshindernis - ist in Wirklichkeit ein faszinierender, **ganz spezieller Lebensraum**, den zu entdecken zu den besonderen Erlebnissen von Polarmeerreisen gehören kann. Es birgt in seinem Innern und seiner unmittelbaren Umgebung eine Unmenge von Leben - von mikroskopischen Bakterien bis zu Seevögeln, Robben und Eisbären.

Prinzipiell gibt es drei Möglichkeiten, im Eis zu leben: auf dem Eis in Schmelzwassertümpeln, in dem verwobenen System von Salzlaugenkanälen und direkt unter dem Eis im freien Wasser. In Schmelzwassertümpeln findet man je nach Salzgehalt sowohl reine Süßwasser- als auch marine Arten. In den Salzkanälen dagegen leben marine Algen und Tiere (z.B. Fadenwürmer, Ruderfußkrebse, Rädertierchen), die extreme Salzgehalte ertragen können.

Die Algen müssen außerdem mit sehr wenig Licht auskommen, da Eisdecke und Schneeauflage den größten Teil schlucken. Dennoch findet man, besonders unter dem Eis, lange Ketten herabhängender Eisalgenmatten (besonders der Kieselalgenart *Melosira arctica*), die die Eisunterseite grün-braun färben! Unter dem Eis leben für diesen Lebensraum ganz typische Flohkrebse und junge Polardorsche, die die

Eisunterseite abfressen, wie es in der Antarktis der Krill tut.

Die Eistiere und -algen müssen also mit wechselnden Salzgehalten, wenig Licht und niedrigen Temperaturen leben. Um nicht selbst einzufrieren, hat der Polardorsch seinem Blut Gefrierschutzmittel beigesetzt, während einige Krebse im Körperinneren so salzig sind, daß ihre Gefriertemperatur unter der des Wassers liegt. Auch bei einigen einzelligen Algen fand man chemische Substanzen, die vor Gefrieren der Zellen schützen.

Im Gegensatz zur eisbedeckten Einöde des zentralen Arktischen Ozeans ist die Eiskante eine von pulsierendem Leben beherrschte Zone, weil dort ganz besondere Bedingungen herrschen: Wenn im späten Frühjahr die Eisschmelze anfängt, entsteht eine stabile Schichtung, denn das abschmelzende Wasser ist leicht und bleibt an der Oberfläche. Dadurch werden die Kleinalgen im Wasser nicht in die lichtlosen Tiefen verwirbelt, sondern haben genug Licht zum Wachsen. Nährstoffe sind auch reichlich vorhanden, so daß ideale Bedingungen herrschen.

Wo viele Algen sind, kommen viele Algenfresser, die selbst wiederum von Fischen, Krebsen etc. gefressen werden. Fische locken Seevögel, Robben, Wale und Eisbären an und damit reicht dieser "Eiskanteneffekt" durch die gesamte Nahrungskette. Im Laufe des Sommers wandert die Eiskante nach Norden und mit ihr diese Ansammlung des Lebens.

Wenn also "Packeisgrenze" auf dem Reiseprogramm steht: Es lohnt sich, ein wenig nach der Tierwelt - Scharen von Seevögeln, auf dem Eis ruhende Robben oder gar wandernde Eisbären - Ausschau zu halten.

Fettreserven, die sich die Fische im Meer anfressen, werden für den beschwerlichen Weg und die Eiproduktion benötigt; nach dem Laichgeschäft im Herbst oder Winter bringen die Lachse fast nur noch die Hälfte des Gewichtes auf die Waage, mit dem sie die Wanderung angetreten haben. Viele Tiere sterben nach dem Ablaichen und die Überlebenden verlieren ihr buntes "Hochzeitskleid", das sie während der Laichperiode trugen, und werden grau; weniger als ein Zehntel der Tiere laicht im folgenden Jahr ein zweites Mal.

Die Junglachse bleiben einige Jahre in ihren Laichgewässern, bevor sie mit der Strömung Richtung Meer wandern. In den Flußmündungen verweilen sie zunächst, um sich an den hohen Salzgehalt und die ungewohnte Nahrung zu gewöhnen. Im Meer angekommen, wachsen sie sehr schnell und ziehen einige Jahre später nun ihrerseits zum Ablaichen die Flüsse hinauf. Erstaunlicherweise finden sie immer den Weg in ihre Heimatgewässer, die Flüsse ihrer "Kinderjahre", die sie möglicherweise am Geruch erkennen.

Der **Aal** führt seine Wanderungen genau entgegengesetzt durch: Er laicht im Meer in der fernen Sargassosee des Westatlantiks und von dort wandern die jungen Aale drei Jahre lang mit dem Golfstrom an die Küsten Europas, wo einige von ihnen im Küstenbereich bleiben, andere dagegen die Flüsse hinaufziehen. Dort verbringen sie einige Jahre, bis sich eine seltsame Verwandlung einstellt; sie hören auf zu fressen, ihr Körper wird fester und muskulöser, die Färbung ändert sich und der Wandertrieb meldet sich.

Daraufhin beginnen sie die lange Wanderung in die Sargassosee, um dort zu laichen - doch bis heute hat man niemals, trotz aufwendiger Bemühungen, erwachsene Tiere während der Wanderung in die Laichgebiete entdecken können. Wie beim Lachs dienen die großen Fettreserven dem Aal außer für die Ei- und Samenproduktion als Reiseproviant, denn die ganze Wanderung über frißt er nicht - der Verdauungsapparat bildet sich schon am Beginn der Wanderung zurück. Nach dem Ablaichen sterben die Aale.

Wale und Delphine

Buckelwalgesänge, "Flipper", "Free Willi", Delphinarienvorführungen - Wale und Delphine haben in den letzten Jahrzehnten in ihrer Popularität allen anderen Tiergruppen den Rang abgelaufen, und mir ist niemand bekannt, dem nicht bei seinem ersten Erlebnis mit diesen Meeressäugern in der freien Wildbahn der Atem stockte - zu Recht! Neben den Seekühen sind die Wale die einzigen Säugetiere, die ihr gesamtes Leben im Wasser verbringen. Ihre Vorfahren, die mit den Huftieren verwandt waren, gingen vor 55 Mio Jahren vom Landleben zum Leben im Wasser über. Sie haben faszinierende Anpassungen an ihren

Lebensraum erfahren und genießen die Sympathien der breiten Öffentlichkeit - und doch fallen sie dem Menschen auch heute noch zum Opfer.

Die Waltiere heißen lateinisch *Cetacea* (griechisch: *ketos* = großer Meerfisch/ Wal) und umfassen die großen **Wale**, die wendigen **Delphine** (mit den einzigen Süßwasserarten dieser Tiergruppe) und die **Schweinswale**. Alle 78 bekannten Arten weisen einige gemeinsame Merkmale auf, die die Anpassung an das Leben im Wasser erforderte: Die Körperform ist vom landlebenden Vierbeiner zum tauchenden, stromlinienförmigen Schwimmer umgewandelt, der dadurch minimalen Wasserwiderstand aufweist.

Die Art der Fortbewegung ist von vier Beinen auf einen muskulösen "Antriebspaddel" umgestellt (die **Fluke**), der sich - anders als bei den Fischen - kraftvoll auf- und abbewegt. Die Hinterbeine sind bis auf einen kleinen Hüftknochen gänzlich verschwunden, während das Skelett der Vorderbeine zu kräftigen Flippern verwachsen ist. Glatte, widerstandsarme Haut mit einer dicken isolierenden Fettschicht darunter ersetzt das Fell.

Neugeborene haben manchmal noch vereinzelte Haare auf der Schnauze - ein Relikt ihrer Vergangenheit. Der Kopf wurde grundlegend verändert, indem die **Nasenöffnung** von vorne nach oben auf den Kopf wanderte und damit das Atmen an der Wasseroberfläche erleichtert.

Bei den **Zahnwalen** macht die schlingende Ernährung verschiedene Zahntypen (wie z.B. unsere Backenzähne zum Zermahlen der Nahrung) überflüssig - alle **Zähne** sehen gleich aus und dienen lediglich dem Festhalten der Beute. Bei den **Bartenwalen** wurden sie durch **Barten** ersetzt, Ausstülpungen aus Horn, die vom Oberkiefer herabhängen und sich ideal zum Filtrieren eignen.

Who is who

Unter allen *Cetaceen* sind die **Bartenwale** (*Mysticeti* von griechisch: *mystacos* = Bart) die Gruppe mit den größten Arten; sie teilen sich auf in die **Glatt- und Furchenwale.** Letztere (Blau-, Finn-, Sei-, Zwerg-, Buckelwale) erhielten ihren Namen von tiefen Rillen auf der Unterseite des Kopfes bis zum Bauch, die es den Walen ermöglichen, unter Dehnung der Haut riesige Mengen von nahrungserfülltem Wasser ins Maul zu nehmen. Anschließend wird es durch die Barten wieder herausgedrückt, so daß die Planktontiere in

den Barten hängenbleiben und mit der rauhen Zunge "abgeerntet" werden können. Die **Glattwale**, zu denen auf der Nordhalbkugel der Nordkaper und der Grönlandwal gehören, haben dagegen eine glatte Körperunterseite und einen riesigen gebogenen Unterkiefer. Die Grönlandwale haben die längsten Barten überhaupt mit bis zu 4,5 m!

Zu den **Zahnwalen** (*Odontoceti* von griechisch: *odontos* = Zahn) gehören alle folgenden Gruppen. Die größte Zahnwalart mit bis zu 20 m Länge ist der Rekordhalter im Tieftauchen, der **Pottwal**. Die typisch arktischen Wale, der **Narwal** und der **Beluga** (oder **Weißwal**), sind beide rückenfinnenlos, was häufig als Anpassung ans Leben im Eis gewertet wird. Über die Familie der **Schnabelwale**, von denen im Reisegebiet mit Glück der nördliche Entenwal gelegentlich zu beobachten ist, ist bis heute kaum etwas bekannt; die meisten Arten besitzen nur zwei oder vier Zähne im Unterkiefer, die bei einigen wie bei Wildschweinen aus dem Kiefer herausragen. Die **Schwert- und Grindwale** stehen den Delphinen nahe und sehen ihnen ähnlich. Die echten **Delphine** bilden mit 26 Arten die größte Familie unter den Walen.

📖 *Wale beobachten*, Basiswissen für Draußen (Band 25), Erich Hoyt, Conrad Stein Verlag, Kronshagen, ISBN 3-89392-125-7, DM 14,80.

Luftatmende Tieftaucher

Der Mensch kann selbst als geübter Taucher nicht viel länger als drei Minuten die Luft anhalten - alle Wale jedoch können länger unter Wasser bleiben, wenngleich es auch unter ihnen sehr verschieden ausdauernde Taucher gibt: Der Pottwal kann bis zu 90 Minuten lang tauchen, der Schweinswal dagegen höchstens 15 Minuten. Bartenwale tauchen im Vergleich zu den Zahnwalen eher flach und kurz, da ihre

Nahrung - Plankton - sich in den oberen 100 m aufhält. Die Wale nehmen weder besonders viel Luft mit unter Wasser, noch haben sie besonders große Lungen - die besten Taucher unter ihnen haben sogar die im Verhältnis zum Körper kleinsten Lungen!

Dies hat folgende Gründe: Zum einen würde auch ein großes Luftvolumen mit viel Sauerstoff nicht für den Tauchgang ausreichen, zum anderen nimmt der Druck mit der Tiefe so sehr zu (wie auf Ihren Ohren beim Schnorcheln), daß die Lungen samt dem elastischen Brustkorb ohnehin in der Tiefe zusammengepreßt werden und für die Atmung damit ausfallen. Wo kommt also der **Sauerstoff** her? Wale besitzen in ihren Muskeln große Mengen eines Farbstoffes namens **Myoglobin**, der sehr viel Sauerstoff speichern kann, so daß er etwa für die Hälfte des Sauerstoffbedarfes eines Tauchgangs ausreicht. Dieser Farbstoff macht das Muskelfleisch der Wale sehr dunkel, fast schwarz, was man leider auf den norwegischen Wochenmärkten zu sehen bekommen kann.

Außerdem können die Wale ihren **Herzschlag unter Wasser verlangsamen** und nur die wichtigsten Körperteile mit Sauerstoff versorgen, so daß sie bis zur Hälfte weniger Sauerstoff benötigen als über Wasser oder ein Mensch unter Wasser. Noch dazu können sie eine zeitlang Energie ohne Zufuhr freien Sauerstoffs freisetzen (ähnlich der bei uns zum Muskelkater führenden Milchsäurebildung) und das Defizit nach dem Auftauchen wieder durch vermehrtes Einatmen ausgleichen.

Ganz charakteristisch für viele Wale ist ihr **Blas** - aus der Ferne ein untrüglicher Anzeiger für die Gegenwart eines Wales, oft lange sichtbar, bevor Sie irgendein Körperteil sehen. Beim Blauwal schießt eine an die 8 m hohe schlanke Säule in die Luft, der Pottwal hat einen schräg nach vorn gerichteten buschigen Blas, bei den Delphinen und Schweinswalen gleicht er dagegen einer feinen kleinen Staubwolke und ist nur bei kaltem Wetter überhaupt zu sehen. Der Blas besteht hauptsächlich aus Wasserdampf, der an der kälteren Luft kondensiert, vermengt mit etwas Meerwasser, das beim Ausatmen noch auf dem verschließbaren Blasloch lag. Die **Bartenwale** haben zwei eng nebeneinanderliegende Blaslöcher, was bei Grönlandwal und Nordkaper zwei getrennte Blase hervorruft. Die **Zahnwale** dagegen besitzen nur ein Blasloch und einen Blas.

Orientierung unter Wasser

Wale haben Augen, mit denen sie über und unter Wasser scharf sehen können, während wir unter Wasser nur trübe Schatten erkennen. Doch nutzt der optische Sinn nur im lichtdurchfluteten Oberflächenwasser; im tieferen Wasser orientieren sich die Meeressäuger akustisch. Die Zahnwale und möglicherweise auch die Bartenwale benutzen ein den Fledermäusen ähnliches **Echolot-System**, das wie folgt funktioniert.

Das Tier sendet kurze **Klicklaute** ähnlich einer knarrenden Tür aus, die jedes "angeklickte" Objekt zurückwirft und deren Echo der Wal wieder aufnimmt. Das Echo weit entfernter Objekte braucht dabei länger als das naher Objekte, bis es zurückkommt. Hierüber macht sich der Wal ein "akustisches Bild" von seiner Umwelt, mit dessen Hilfe er auch im Stockdunkeln schnellschwimmende Beute jagen kann! Daher wird ein Delphin im Delphinarium selbst mit verbundenen Augen nie gegen die Bassinwand schwimmen. Dasselbe System wird seit einigen Jahrzehnten auch von Schiffen zur Bestimmung der Wassertiefe benutzt.

Zur **Kommunikation** untereinander verwenden die Wale allerdings andere

Laute: Die Delphine pfeifen hohe Töne, die Bartenwale hingegen brummen in tiefen Frequenzen, der Buckelwal reiht Töne mit verschiedenen Frequenzen in mehreren Strophen zu mehr als halbstündigen Gesängen aneinander. In bestimmten Wasserschichten können die Lautäußerungen über Tausende von Kilometern durch den Ozean getragen werden! Bei pazifischen Orcas hat man mit Unterwassermikrophonen für jede Familiengruppe charakteristische Pfiffe aufnehmen können. Auch vom Buckelwal ist bekannt, daß die Lieder individuell unterschiedlich sind, derselbe Wal aber in aufeinanderfolgenden Jahren neu "komponieren" kann.

Lebenszyklus

Die großen Bartenwale sind in den hohen Breiten eher Einzelgänger, während Delphine immer in Gruppen auftreten. Zu bestimmten Jahreszeiten sind alle Wale sozial: zur **Paarungszeit**. Wale haben keinen festen Partner, sie scheinen zu jeder Paarungszeit zu wechseln. Die meisten **Bartenwale** paaren sich im Winter in den Tropen und Subtropen, wo im darauffolgenden Jahr auch die Jungen zur Welt kommen. Zwar finden die Eltern in diesen nährstoffarmen Gebieten kaum Nahrung und zehren von ihren Reserven, doch können sie ihren Neugeborenen eine "warme Wiege" bieten. Zum Sommer ziehen sie in die kalten, aber nahrungsreichen hohen Breiten, wo sie sich eine immense **Fettschicht** für den entbehrungsreichen Winter anfressen.

Bei **Zahnwalen** findet man keine so ausgeprägten Wanderungen, sie bleiben meist das ganze Jahr über in reichen Nahrungsgründen und benötigen daher auch keine so dicke Fettschicht. Trotzdem muß es für ein arktisches Beluga-Baby ein Schock sein, bei der Geburt in das 0 °C kalte Wasser zu fallen!

Die **Walmilch** ist mit 16 bis 46% Fett gegenüber Kuh- oder Menschenmilch (3 bis 5%) extrem fett, so daß die jungen Wale sehr schnell wachsen. Da die meisten Arten ihre Lippen nicht zum Saugen formen können, spritzt die Mutter sie ihrem Jungen mit Muskelkraft ein. Ein Bartenwaljunges kann bis zu **100 l am Tag** trinken! Durchschnittlich werden die Jungen ein halbes bis zwei Jahre lang gesäugt. Die Entwöhnung findet allmählich statt, d.h. die Jungwale, fangen - lange bevor sie ihre letzte Milch erhalten - an, Fische oder Kalmare zu fressen.

Geschlechtsreif werden sie je nach Art und Geschlecht mit 2 bis 20 Jahren, wobei dann noch einige Jahre vergehen können, bevor die soziale Reife eintritt und z.B. ein junges Pottwalmännchen tatsächlich Nachkommen zeugt.

Menschliche Einflüsse: vom Walfang zu Fischereinetzen

Bis ins frühe 16. Jh. waren die Weltmeere nach Beschreibungen von Seefahrern und frühen Naturbeobachtern voll von Walen - dann begannen die Basken, Engländer, Niederländer, Deutschen und Dänen einen massiven **kommerziellen Walfang** im Nordostatlantik, der die Bestände vieler Arten an den Rand des Aussterbens trieb. Zunächst wurden die **Glattwale** bejagt. Sie wurden von den Walfängern auch "Right Whales" genannt, die "richtigen" Wale, weil sie am einfachsten zu fangen waren, denn sie schwimmen sehr langsam und sinken aufgrund ihrer dicken Fettschicht nicht zum Meeresboden, wenn sie harpuniert werden. Schon Ende des 18. Jh. waren ihre Bestände großenteils erschöpft, so daß die Anzahl der Nordkaper heute noch bei nur wenigen hundert Tieren liegt.

Mit der zunehmenden Technisierung, insbesondere der Entwicklung der Harpunenkanone (1865) und dampfmaschinenbetriebener Schiffe, begann die Jagd auf die

Furchenwale (Blau-, Finn-, Sei- und Buckelwal). Sie schwimmen schneller und sinken harpuniert meist ab - daher waren sie schwieriger zu jagen. Bis Mitte dieses Jahrhunderts wurden ihre Bestände drastisch reduziert. Seit den 30er Jahren wird der **Zwergwal** bejagt. Die Norweger fangen heute im Nordostatlantik inklusive der Nordsee immer noch Zwergwale zu kommerziellen Zwecken (Quoten: 1995: 270, 1996: 425, 1997 ca. 565), die Bewohner der Färöer schlachten jährlich Hunderte von **Grindwalen** "aus Tradition" ab und es ist zur Zeit kein Ende in Sicht.

Seit 1946 ist die "**Internationale Walfangkommission**" (IWC) für die Regelung der Fangquoten zuständig, doch setzten sich ihre Schutzbemühungen anfangs mangels Kontrollen wenig durch. Seit 1963 stehen jedoch Buckelwale, seit 1964 Blauwale unter Schutz und 1986 wurde ein generelles Walfangmoratorium beschlossen, gegen das Norwegen und die damalige Sowjetunion Einspruch erhoben (und damit nicht daran gebunden sind!). Der traditionelle Eingeborenenwalfang auf Großwale wird seit 1984 von der IWC geregelt und beläuft sich z.B. für den westgrönländischen Zwergwal auf maximal 465 Tiere von 1995 bis 1997; der Fang von Kleinwa-

len ist auf nationaler Ebene geregelt. Seit den 70er und 80er Jahren sind die Wale zumindest in der westlichen Welt zum Symbol des ausbeuterischen Umganges des Menschen mit den Schätzen der Natur geworden.

Derzeitig sind allerdings die **Verschmutzung der Weltmeere** (☞ Umweltbelastung und Umweltschutz) und der **Beifang** durch Fischereigerät die größten Bedrohungen für die Walbestände. Beide Einwirkungen sind kaum zu beziffern, da erstere schlecht nachzuweisen ist und letztere gern verschwiegen wird, doch handelt es sich um Millionen von Walen, die im Laufe der letzten Jahrzehnte in Fischereinetzen verendeten: Im tropischen Ostpazifik schwimmen Delphine zusammen mit Thunfischen und werden beim Thunfischfang mitgefangen; auf diese Weise verendeten 1985 bis 1988 jährlich 60.000 bis 130.000 Delphine. Glücklicherweise sind diese Zahlen durch veränderte Netze und Druck der Öffentlichkeit auf die Fischer rückläufig. Allein an der dänischen Nordseeküste verenden jedoch weiter jährlich mehrere tausend Schweinswale in Stellnetzen, vor Westgrönland in Lachs-Driftnetzen - leider ließe sich diese Aufzählung noch weiterführen.

Robben

Die Robben werden wissenschaftlich *Pinnipedia* oder Wasserraubtiere genannt und sind mit den Landraubtieren (Raubkatzen, Bären und Wölfen) verwandt. Wie die Wale sind sie vom Land- zum Wasserleben übergegangen; beide Gruppen haben einige Gemeinsamkeiten, die das Leben im Wasser erfordert. Der stromlinienförmige Körper eignet sich zum Schwimmen und Tauchen, eine dicke Fettschicht isoliert den

Körper gegen niedrige Wassertemperaturen, die Nasenöffnungen liegen weit oben auf dem Kopf, um das Atmen zu erleichtern.

Andererseits gibt es wesentliche Unterschiede zwischen den Lebensweisen und Charakteristika der Robben und der Wale. Robben begeben sich an Land oder auf das Eis, um sich zu paaren, ihre Jungen zu werfen und ihr Fell zu wechseln, das sie im Gegensatz zu den Walen noch als zu-sätzliche Isolationsschicht besitzen.

Anders als die Wale können sie gut riechen, so erkennen Robbenmütter z.B. ihre Jungen am Geruch. Mit ihren Tasthaa-ren an der Schnauze können sie ferne Vibrationen und nahe Gegenstände erfas-sen. Die Vorderbeine der Robben sind zu kurzen Steuerpaddeln, die hinteren zu Schwimmbeinen entwickelt, die zusammen mit dem hin- und herrudernden Hinterkör-per ihre Wendigkeit im Wasser ausma-chen.

Innerhalb der Robben gibt es drei Familien: die **Hundsrobben**, zu denen alle im Nordatlantik vorkommenden Robben außer dem Walroß gehören, die **Ohren-robben**, zu der der als Zootier beliebte Seelöwe gehört, und die **Walrosse**, die Merkmale beider vorhergenannter Gruppen vereinigen.

Den **Hundsrobben** fehlen im Gegen-satz zu den Ohrenrobben die äußeren Ohren, dennoch haben sie ein enormes Hörvermögen. Ihre Beine eignen sich nicht zum Laufen, so daß sie sich an Land nur robbend fortbewegen können.

Ohrenrobben dagegen können auf allen Vieren laufen, indem sie die Hinter-beine unter den Körper einschlagen und die Vorderbeine aufrichten.

Walrosse haben - wie Hundsrobben - auch keine äußeren Ohren, können aber - wie Ohrenrobben - laufen. Im Unterschied zu beiden anderen Familien besitzen die Walrosse nur als Jungtiere ein Fell, das nach und nach ausfällt.

Im Nordatlantik kommen **sieben Rob-benarten** vor: **Seehund** und **Kegelrobbe** finden wir küstennah in den gemäßigten und subarktischen Breiten, **Ringelrobbe**, **Bartrobbe** und **Walroß** sind küstennah lebende arktische Vertreter und **Sattel-**robbe und **Klappmütze** leben fern von Küsten in der Arktis.

Allen gemeinsam ist, daß sie sich zu-mindest zum Teil von Fisch ernähren, ins-besondere die Kegel- und die Sattelrobbe sowie der Seehund. Das Walroß und die Bartrobbe hingegen fressen vorrangig Mu-scheln und Schnecken vom Meeresboden und nehmen nur gelegentlich bodenlebende Fische auf den Speiseplan.

Ringelrobben fressen häufig unter dem Eis, wo sie Polardorsch und Krebse erbeuten. Als lebensnotwendige Anpassung hält sich die letztgenannte Art im Eis meh-rere Atemlöcher offen, die sie durch beharrliches "Schnauzenstupsen" und gele-gentliches Kratzen mit den Krallen durch die Eis- und Schneedecke stößt. Wird diese im Verlaufe des Winters dicker, so entsteht ein regelrechter Schacht, denn durch regel-mäßigen Besuch verhindert die Ringel-robbe das Zufrieren. Zur Zeit der Fortpflanzung baut das Ringelrobbenweib-chen eine Höhle auf dem Eis in die Schneedecke, um ihrem Jungen Schutz vor Kälte und Eisbären zu geben. Trotzdem fallen junge Ringelrobben manchmal Eis-bären zum Opfer, da die Bären auch durch die Schneedecke hindurch die Robben riechen können.

Wie die Wale wurden auch die Robben extrem stark bejagt und ihre Bestände drastisch reduziert. Der kommerzielle **Robbenfang** begann im frühen 16. Jh. und zielte zunächst nur auf das Öl ab, das aus dem Speck ausgekocht wird, später auch auf die Felle und beim Walroß die Zähne. Zur Zeit des Höhepunktes des Robben-booms in den 60er Jahren begann mit ersten Filmaufnahmen vom grausamen Robbenschlachten langsam der öffentliche Druck gegen den Robbenfang, doch nicht vor 1971 wurden Quoten für den Fang festgelegt. Noch Anfang der 80er Jahre wurden auf dem sogenannten Osteis östlich von Spitzbergen bis zur russischen Küste und dem Eingang zum Weißen Meer jährlich 50.000 Sattelrobben geschlagen. Bis heute ist der Robbenfang nicht eingestellt. Der Bestand der Walrosse war und ist noch immer am stärksten betroffen; von einigen 100.000 Tieren vor der Bejagung blieben nur wenige tausend übrig, die in kleinen Populationen entlegene Ecken der Arktis bewohnen (teilweise völlig geschützt, z.B. um Spitzbergen).

Aufzuchthöhle der Ringelrobbe im Fjordeis

Eisbären

Beeindruckend und furchteinflößend zugleich - der Eisbär ist **das** Symbol für die Arktis und über kaum eine Tierart kursieren so viele Gerüchte und Geschichten. Als Schiffsreisender werden vis-à-vis Begegnungen, außer bei einigen Studien- und Eisbrecherreisen, unwahrscheinlich sein, doch für den Landgang in von Eisbären bewohnten Gebieten gilt grundsätzlich:

☝ Nicht von der mit einer Waffe ausgerüsteten Gruppe entfernen, die überall angeschlagenen Verhaltensmaßregeln befolgen und **keine Eisbären füttern**, auch nicht für "tolle" Fotos vom Schiff aus! Protestieren Sie heftig bei Reiseleiter und Veranstalter, wenn derartiges bei Ihrer Reise passieren sollte. Umweltbewußte seriöse Veranstalter und Reisende tun so etwas nicht!

Die weißen Giganten sind zwar keine Meerestiere im engeren Sinne, doch verbringen sie große Teile ihres Lebens am

Buckelwal

Orca

Weißseitendelphin

Großer Tümmler

Meer und sind über ihre Nahrung eng in das marine Nahrungsnetz eingebunden, daher sollen sie hier kurz Erwähnung finden.

Ihr unwirtlicher Lebensraum - die Treibeisgebiete der europäischen, russischen und kanadischen Arktis - hat einige Körpermerkmale hervorgebracht, die die braunfelligen Vorfahren der Eisbären in der sibirischen Tundra nicht aufwiesen. In Anpassung an die weiße kalte Umgebung ist das Fell zur Tarnung weißlich und zur besseren Isolation dichter und das einzelne Haar ist hohl geworden, der Pelz erstreckt sich bis auf die Unterseite der Tatzen.

Die Vorderbeine sind extrem muskulös und zudem mit Schwimmhäuten ausgerüstet, was Eisbären zu guten Schwimmern und Tauchern macht; sie können 90 km am Stück schwimmen (Rekord: 400 km) und 4,5 m tief bis zu zwei Minuten lang tauchen - übrigens mit offenen Augen, so daß sie unter Wasser Beute entdecken können. Kürzere und schärfere Krallen als die der Braunbären ermöglichen es, die Beute - meistens Robben - gezielt zu packen, aus dem Wasser zu heben und mit den scharfkantigen Zähnen das Beutefleisch problemlos zu zerkleinern. In der Regel sind die Beutetiere dem Eisbären im Wasser an Geschicklichkeit überlegen, so daß er vorwiegend auf dem Eis liegende Tiere jagt.

Mit 2,5 bis 3,5 m Körperlänge zu den größten Raubtieren gehörig, fangen die Eisbären jedoch ganz klein an: Ein Eisbärweibchen gebärt ein bis drei rattengroße Junge, die nur 500 g wiegen. Die Geburt findet im Januar mitten in der Winterruhe der Eisbärenweibchen in einer Schneehöhle statt, in der die Jungen die ersten drei Lebensmonate bleiben. Sie werden gesäugt, während die Mutter weiter ruht, und wiegen beim ersten Verlassen der Höhle bereits 10 bis 15 kg, d.h. das 20 bis

25fache ihres Geburtsgewichtes - das Eisbärweibchen hat während dieser drei Monate jedoch überhaupt keine Nahrung zu sich genommen.

Nach dem Verlassen der Höhle im Frühjahr müssen die Mütter reichlich Nahrung zu sich nehmen, um ihre aufgezehrten Reserven wieder aufzufüllen. Die Jungen werden etwa zwei Jahre gesäugt, nehmen jedoch nach vier bis fünf Monaten auch schon feste Nahrung zu sich. Nach etwa 2,5 bis 3 Jahren verlassen die Jungtiere die Mutter, die im Jahr darauf meist einen neuen Wurf hat. Die jungen Eisbären werden mit drei bis vier Jahren geschlechtsreif, haben aber meist erst mit fünf bis sechs Jahren ihre ersten Jungen. Männchen und nichtträchtige Weibchen verbringen den Winter nicht in einer Höhle, doch ist auch ihr Stoffwechsel leicht reduziert gegenüber der sommerlichen Aktivität.

Die **Hauptnahrung** der Eisbären sind **Robben**. Entweder lauern sie diesen in deren Ruhepausen auf dem Eis auf oder bewachen stundenlang Atemlöcher, in denen irgendwann ein Robbenkopf erscheint, der mit den langen Krallen der starken Pranken gegriffen und aus dem Loch gehoben wird. Eisbären können Robben bis auf 30 km Entfernung riechen und Ringelrobben in ihren Schneehöhlen aufspüren. Auf der Suche nach Nahrung legen die Tiere riesige Strecken zurück, wobei sie keine effizienten Renner sind, sondern lieber in gemäßigtem Tempo die Arktis durchwandern, der jahreszeitlich wandernden Eiskante folgend. Wochenlange Hungerperioden sind keine Seltenheit, doch sollte ein Eisbär nach Möglichkeit etwa alle fünf Tage eine Robbe fressen, um nicht an Gewicht zu verlieren.

Leider folgen Eisbären nicht selten den Spuren der Zivilisation, und man findet sie im Müll arktischer Siedlungen herumstö-

bern, wo sie oft einem Gewehr zum Opfer fallen.

Die Inuit bejagen Eisbären schon seit Urzeiten, doch im 17. Jh. setzte mit dem kommerziellen Wal- und Robbenfang der mittel- und nordeuropäischen Nationen auch die **Bärenjagd** in großem Maßstab ein, wodurch der Bestand drastisch reduziert wurde. 1973 wurde der Eisbär unter Schutz gestellt, nur die Inuit dürfen noch einige Tiere erlegen, wobei es in Alaska hierfür derzeit keinerlei Begrenzung gibt. Weltweit gibt es zur Zeit etwa 20.000 bis 40.000 Eisbären, von denen ein Drittel die kanadische Arktis bewohnt.

Eisbär

Kontaktmöglichkeiten mit Eisbären bestehen auf einer Seereise in Spitzbergen, der russischen Arktis, der nordamerikanischen Arktis und an der Ost- und Nordküste Grönlands. Wer gute Chancen auf Sichtung eines Eisbären haben möchte, sollte allerdings eine mehrtägige Reise buchen, die weiter in diese Regionen hineinführt - bei z.B. nur ein bis zwei Tagen an der Nordwestküste Spitzbergens ist die Chance einer Sichtung gering.

Bei Landgängen **innerhalb von Siedlungen** ist kein Anlaß zur Sorge gegeben - die Chance, daß ein Kreuzfahrtpassagier, beim Landgang sorglos-begeistert auf den Straßen ferner Arktissiedlungen herumlaufend, von einem einheimischen Fahrzeug angefahren wird, ist erheblich größer, als einen Eisbären im Ort zu treffen.

🖐 **Außerhalb von Orten** ist allerdings unbedingt Vorsicht hinsichtlich eventueller Begegnungen mit Eisbären geboten. Leider gehen manche Veranstalter hinsichtlich des Sicherheitsbewußtseins in puncto Eisbären nicht gerade mit einem guten Beispiel voran.

Seevögel

Seevögel gehören zu den charakteristischsten Beobachtungen einer Nordmeerreise und auf vielen Routen wird mindestens einer der vor Aktivität, Leben und Lärm strotzenden Vogelfelsen passiert. Angesichts von ca. 220 Vogelarten im Bereich des Nordatlantiks, angrenzender Randmeere und ihrer angrenzenden Länder würde eine komplette Auflistung den Rahmen dieses Buches sprengen. Gerade während der Zeiten an Bord hat der naturkundlich interessierte Reisende jedoch genug Gelegenheit, sich speziell mit den in der Umgebung des Schiffes beobachtbaren Seevogelarten (ca. 70) zu befassen, die dem Schiff folgen oder um es herumschwimmen oder fischen.

Bei der Beobachtung werden Sie bemerken: Der Hauptanteil der Vögel, die entlang den Küsten und auf offener See zu beobachten sind, stammt aus den Familien der **Möwen** (*Laridae*: z.B. Silbermöwe, Heringsmöwe) und der **Alkenvögel** (*Alcidae*: z.B. Trottellumme, Papageitaucher).

Einige Möwenarten, wie die **Polarmöwe** und die **Eismöwe**, kommen ausschließlich in den hohen Breiten vor. Die Alken kennen Sie von der heimischen Küste vermutlich nicht, außer vielleicht von Helgoland, denn sie sind typische Felsküstenbewohner. An ihrem propellerartigen Flugstil und dem Minipinguin-ähnlichen Aussehen sind sie jedoch leicht zu erkennen.

Des weiteren beherbergt der hohe Norden große Brutkolonien von **Seeschwalben** (*Sternidae*) und **Entenvögeln** (*Anatidae*, z.B. Eiderenten). Auf See ist der **Eissturmvogel** (Familie der Sturmvögel), der gerne Schiffen folgt, häufig zu beobachten. Bei genauem Hinsehen werden Sie den eigentümlichen Röhrenschnabel sehen können, mit dessen Hilfe die Tiere überschüssiges Salz ausscheiden können.

In geringerer Anzahl, aber durchaus regelmäßig segeln die kräftigen, dunkelgefärbten **Schmarotzerraubmöwen** und **Skuas** aus der Familie der Raubmöwen (*Stercorariidae*) vorbei. Sie sind stets auf der Suche nach anderen Vögeln, denen sie die Beute abjagen können.

Diese wichtigsten Seevogelarten lassen sich recht schnell kennenlernen, da es sich um wenige Arten handelt, die meist in hohen Anzahlen vorkommen und die sich gut auf offener See beobachten lassen.

Die Vogelfelsen

Seevögel kommen in Meeresgebieten vor, in denen sie reiche Nahrungsgründe und geeignete Brutplätze finden. Reich an Nahrung ist es im Nordatlantik besonders dort, wo kaltes arktisches Wasser und wärmeres atlantisches Wasser zusammentreffen, denn dort gibt es viele Nährstoffe.

Zur Aufzucht des Nachwuchses sind Seevögel an das Land gebunden, während die meisten den Rest des Jahres auf offenem Meer verbringen. Um sich vor Feinden von Land (z.B. Polarfuchs) und aus der Luft (z.B. Eismöwe) zu schützen und gleichzeitig in der Nähe der Nahrungsgründe zu brüten, suchen viele Arten spezielle Brutplätze auf: Bodenbrüter wie Eiderenten, Sterntaucher und Seeschwalben brüten auf kleinen unzugänglichen Inseln oder Schären. Felsbrüter wie die Alkenvögeln und Dreizehenmöwen besiedeln zur Brutzeit die spektakulären, oft extrem steilen und gänzlich lebensfeindlich anmutenden Vogelfelsen.

Betrachtet man diese Felsen eingehender, so wird man feststellen, daß sie von mehreren Arten gleichzeitig bewohnt werden, die sich in charakteristischer Art und Weise in verschiedenen Stockwerken dieses "Felsen-Hochhauses"ansiedeln. Zwar gibt es keine festgelegte Wohnordnung, doch wird man an verschiedenen Küsten eine sehr ähnliche **Zonierung** finden: Im "Penthouse", dem oberen, rasenbewachsenen Stockwerk, bezieht der **Papageitaucher** jährlich wieder seine persönliche Höhle, in der er ein Ei ausbrütet. Der Boden alter Papageitaucherkolonien kann völlig zerlöchert sein, da sich unter der Grasnarbe Wohnröhre an Wohnröhre reiht.

Oben auf der Grasfläche, quasi im "Dachgarten", brütet die eine oder andere **Mantelmöwe**, die mit ihren 1,5 m Spannweite gegen die 30 cm kleinen Papageitaucher wie ein Riese wirkt. Im Stockwerk darunter bewohnen **Trottel- und Dickschnabellummen** den blanken Fels. In Massen sitzen sie mit dem Rücken zum Meer auf schmalen Vorsprüngen und brüten ihre Eier auf den Füßen aus, ganz ohne Nest. Die Eier sind konisch geformt, so daß sie beim Abflug der Eltern eine enge Kreisbewegung machen und nicht vom Fels kullern. Zwischen ihnen suchen sich die Tordalken kleine Felshöhlen zum Brüten. Sie sehen auf den ersten Blick aus wie Lummen, haben aber einen dicken Schnabel mit einem weißen Streifen.

Im nächsttieferen Stockwerk bauen meist die **Dreizehenmöwen** ihre Nester aus Algen und anderem Pflanzenmaterial auf winzigen Felsvorsprüngen. Etwas breitere Vorsprünge und Felssimse sind gelegentlich von **Eissturmvögeln**, die wiederum kein Nest bauen, oder Baßtölpeln besetzt, die man bei ausgiebigem Paarfindungsverhalten (Begrüßungszeremonie, Gefiedersträuben, Kopfschütteln) beobachten kann.

Im "Erdgeschoß" am Fuße des Felsens oberhalb des Geröllhanges siedeln **Krähenscharben**, bei denen das Männchen Algen und anderes Nistmaterial heranschafft und beide Eltern gemeinsam das Nest bauen. Fast im "Souterrain" im Bereich der Gezeitenzone schließlich findet man im Geröll einige **Gryllteisten**, deren Eier in kurzen Röhren geschützt liegen. Auf dem Wasser kann man die schwarzen Vögel schon von weitem an den leuchtend weißen Schulterflecken und von nahem an den knallroten Füßen erkennen.

Die unmittelbare Nähe des Felsens zum Wasser ist insbesondere für die Arten wichtig, deren Junge anfangs auf dem Felsen, dann aber im Wasser weitergefüttert werden und die als noch nicht flügge Jungtiere mehrere hundert Meter vom Felsen springen: Zur Zeit des Lummen- oder Alkensprunges im Juni/Juli stürzen sich die Jungtiere, mit den unfertigen Stummelflügeln flatternd, den Fels herunter, meist gleichzeitig mit all den anderen Jungtieren ihrer Art. Im Wasser rufen die Eltern, um ihren Jungen den Weg zu leiten. Gelegentlich werden die Jungen von Stadtlichtern in die Irre geleitet und so kann man z.B. auf den Vestmänner-Inseln vor Island Kinder herumlaufen sehen, die die verirrten Vögel einsammeln und zum Meer bringen.

Arten, deren Jungtiere am Brutplatz bis zum Flüggewerden aufgezogen werden, kommen auch auf Felsen etwas weiter im Inland vor: Riesige "Mückenschwärme" von Krabbentauchern kann man tief in Tälern an den Bergkämmen schwirren sehen und Eissturmvögel brüten nicht selten auf Inlandfelsen.

Gletschermohn

Unterhalb vieler Vogelfelsen gedeiht im Vergleich zur sonst im Norden oft kargen Vegetation eine reiche Pflanzengemeinschaft, die von den Abfallprodukten der Kolonie in Form von **Guano**, dem nährstoffreichen Kot der Vögel, und verlorenem Futter profitiert. An diesen leuchtend grünen Vegetationsflecken und dem weiß-gräulichen Vogelkot ist eine große Brutkolonie oft aus der Ferne schon auszumachen. Guano wurde (und wird in geringen Mengen auch immer noch) als Dünger abgebaut und verkauft.

Ernährungsstrategien

Der Körper der **Alkenvögel** ist ein Kompromiß aus den Fähigkeiten zu fliegen und zu tauchen. Wie die Pinguine in der Antarktis "fliegen" die Alken unter Wasser, d.h. sie rudern mit den Flügeln, um ihre Nahrung, die hauptsächlich aus kleinen Fischen wie Sandaalen und Heringen besteht, zu jagen. **Papageitaucher, Dickschnabel- und Trottellummen** können bis zu einer Minute lang und über 60 m tief tauchen. **Meeresenten** setzen neben den Flügeln auch die Füße zum Rudern ein.

Ihre Hauptnahrung besteht aus Weichtieren, z.B. Miesmuscheln vom Meeresboden. **Kormorane** und **Krähenscharben** benutzen beim Tauchen die Füße zum Rudern und pressen die Flügel meist eng an den Körper, um Wasserwiderstand und Auftrieb zu vermindern. Dadurch sind sie nach dem Tauchen allerdings durchnäßt und so sieht man sie oft mit ausgebreiteten Flügeln an Land sitzen, um zu trocknen.

Baßtölpel und **Seeschwalben** erspähen ihre Beute, kleinere Fische, aus der Luft. Wie Falken an Land gleiten sie mit gesenktem Kopf durch die Luft, können an der Stelle rütteln und stürzen sich als sogenannte Stoßtaucher mit angelegten Flügeln ins Wasser hinab. **Eissturmvögel** sieht man nie in der Luft jagen, obwohl sie stundenlang über die Wellen gleiten. Ihre Nahrung sammeln sie von der Wasseroberfläche aus den oberen Zentimetern des

Lummenkolonie

70

Seevögel des Nordmeeres

Skua

Schmarotzerraubmöwe

Tordalk

Papageitaucher

Krabbentaucher

Gryllteiste

Krähenscharbe

Kormoran

Eissturmvogel

Heringsmöwe

Küstenseeschwalbe

Mittelsäger

Eisente

Thorshühnchen

Wassers: Sie fressen Zooplankton, kleine Fische und Aas.

Häufig sieht man **Papageitaucher** mit zahlreichen, sorgfältig hintereinandergereihten Sandaalen im Schnabel zu ihren Höhlen fliegen. Dies ist dadurch möglich, daß der Schnabel innen auf dem Schnabelgrund mit vielen scharfen, gebogenen Häkchen besetzt ist. An ihnen bleiben die bereits erbeuteten Fische hängen, wenn der Vogel den Schnabel für den nächsten Fang öffnet.

Als Warmblüter im Kalten: Anpassungen an die Temperatur

Vögel und Säugetiere sind die einzigen Tiergruppen, die ihre Körperkerntemperatur relativ konstant auf 41 °C (Vögel) bzw. 38,5 °C (die meisten Säuger) halten; sie werden als gleichwarm oder warmblütig bezeichnet. In kalten Gegenden sind sie auf Strategien angewiesen, die innere Kerntemperatur gegen die niedrige Außentemperatur zu verteidigen und dabei möglichst wenig Energie zu verlieren.

Wie also bewerkstelligen es die Seevögel, bei den selbst im Sommer recht niedrigen Temperaturen zu brüten? Einige Arten brüten in gegen Kälte und Wind geschützten Höhlen: Der Papageitaucher etwa baut mit Schnabel und Krallen bis zu drei Meter lange Gänge in den Boden, an deren Ende sich die kleine Bruthöhle befindet; der Krabbentaucher brütet in Felshöhlen oder Geröllspalten. Entenvögel bauen Nester, die mit Daunen isoliert werden - man denke an die für Schlafsäcke und Kopfkissen sehr geschätzten Eiderdaunen. Doch es gibt Arten (z.B. Eissturmvogel, Lummen, Skua), die ihre Eier direkt auf den nackten Boden legen und dennoch erfolgreich brüten. Meist besitzen die Elterntiere am Bauch einen gut durchbluteten Fleck mit kurzen Federn, an den das Ei gedrückt und gewärmt wird.

Eine interessante Beobachtung wurde bei Dickschnabellummen an der Küste bei Murmansk gemacht: Das Ei wird zunächst direkt auf den gefrorenen Boden und dann auf die Füße des Elterntieres gelegt. Durch die Körperwärme des Tieres entsteht eine kleine Schmelzwasserpfütze, in der der untere Teil des Eies liegt, so daß es unten 0 bis 1 °C kalt und oben, an die Bauchfalte des Elterntieres gedrückt, 39 °C warm ist. Zwar wird das Ei regelmäßig gewendet, damit alle Seiten bebrütet werden, doch stets bleibt ein Teil eisig kalt. Trotzdem schlüpfen normal entwickelte Jungvögel.

Eissturmvögel und Dickschnabellummen sind gut isoliert und können dadurch auch im Winter in kalten Gebieten bleiben. Kleinere Vögel wie Krabbentaucher oder Dreizehenmöwe dagegen haben keine bessere Isolation als südlicher lebende Arten und ziehen daher im Winter in etwas südlichere Gebiete; vermutlich wären sie mit mehr Polsterung in Bewegungen und Wendigkeit eingeschränkt. Die Möglichkeit, sich aufzuplustern und Hals und Beine einzuziehen, bleibt natürlich allen Arten.

Kriegen Vögel im kalten Wasser eigentlich kalte Füße? Die Antwort ist, sie haben grundsätzlich kalte Füße, um über diese nicht allzuviel Wärme zu verlieren. Erreicht wird dies über ein ausgeklügeltes sogenanntes Gegenstromprinzip: Warmes Blut aus dem Körper fließt in Richtung Füße und direkt an dem kalten Blut entlang, das aus den Füßen zurück in den Körper gepumpt wird. Dadurch geht die Wärme von dem warmen ans kalte Blut über, so daß gar nicht erst kaltes Blut in den Körper (wo es aufgeheizt werden müßte) gelangt. Auf diese Weise können die Füße durchaus Temperaturen von nur 2 °C haben, so daß sie kaum noch Wärme an die Umgebung verlieren können.

Ein großer Teil der in höheren Breiten brütenden Vogelarten verläßt die Brutgebiete im Winter. Es gibt verschiedene

Strategien, die verfolgt werden: Papageitaucher, Krabbentaucher und Lummen verbringen den Winter fern von ihren Brutfelsen auf offener See, ziehen aber nicht in den Süden, sondern suchen lediglich nach besseren Nahrungsbedingungen. Die Küstenseeschwalbe legt extrem weite Strecken zurück, zieht aber auch nicht in wärmere Gebiete, sondern in solche, die dem nördlichen Brutgebiet ähnlich sind. Sie kann im Extremfall aus der Arktis in die Antarktis ziehen und legt damit die weitesten Strecken unter den Vögeln überhaupt zurück, erlebt zwei Sommer pro Jahr und maximal acht Monate Dauerlicht.

Eine weitere Möglichkeit besteht darin, als Überwinterungsgebiet ein gänzlich anders geartetes Gebiet zu wählen, in dem auch andere Nahrung gefressen wird. Das Thorshühnchen beispielsweise ernährt sich im Sommer im nördlichen Brutgebiet vorwiegend von Muscheln, Schnecken und Gliedertieren aus der Gezeitenzone und flachen Süßgewässern, während es im Winter vor der Küste Südafrikas auf offener See Planktontiere frißt.

Bedrohungen für das Ökosystem Meer

Menschliche Tätigkeiten beeinflussen das Ökosystem Meer erheblich, ihre Spuren finden sich von den Tropen bis zu den Polen, von der Küste bis in die Tiefsee und reichen weit über die Gebiete menschlicher Aktivitäten hinaus. In ihrer Gesamtheit führen die Folgen menschlicher Eingriffe zu einer Minderung der Qualität von marinen Lebensräumen. Zu unterstreichen ist dabei, daß Gebiete mit durch Katastrophen jedweder Art ausgelöschten Lebensgemeinschaften nur solange wieder besiedelt werden können, solange es Refugien gibt, in denen die Arten überlebt haben. Die wichtigsten Bedrohungen für marine Lebensräume, die allmählich zum Verschwinden dieser Refugien führen, sollen kurz umrissen werden, wobei die Reihenfolge ihrer Nennung keine Wertung darstellt, denn sie alle haben einen wesentlichen Anteil an dem traurigen Gesundheitszustand unserer Meere.

Ruderfußkrebs Calanus

Überfischung

Die Fischerei gehört zu den wesentlichen Industrien in Norwegen und Island mit Dorsch, Hering und Lodde als den wichtigsten befischten Arten. Wenn mehr gefangen wird als der Zuwachs des Bestandes einer Fischart es ausgleichen kann, wird der Bestand dezimiert (abgesehen von natürlichen Schwankungen, die diesem Geschehen noch überlagert sind). Eine solche Überfischung ist in den letzten Jahren mehrfach vorgekommen; so ist der **Loddenbestand** der Barentssee Anfang der 90er Jahre (und dies war nicht das erste Mal) so drastisch gesunken, daß die Befischung des Bestandes 1994 bis auf weiteres eingestellt wurde.

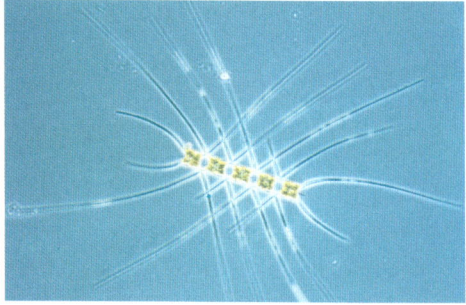

Planktonalge Chaetoceros

Die nordostatlantischen **Dorschbestände** sind in den 80er Jahren auf einen besorgniserregenden Umfang gesunken und scheinen sich trotz Fangbeschränkungen nur langsam zu erholen. Der Barentssee wurden 1950 noch mühelos 6,5 Mio Tonnen Dorsch entrungen, während in den 90er Jahren lediglich ein bis zwei Millionen Tonnen jährlich gefangen werden.

Untereisamphipode Onisimus glacialis

Zudem gibt es gerade in den hohen Breiten viele sehr langsam wachsende Tierarten, die nicht so schnell nachwachsen können wie sie befischt werden. Zum Beispiel mußte auf Island die gerade erst begonnene Ernte von **Pilgermuscheln** nach wenigen Jahren Dauer wieder eingestellt werden, weil der Bestand nahezu eliminiert war.

Polarweide

Neben den direkten Auswirkungen auf den Bestand der befischten Art leiden zahlreiche weitere Arten unter den Konsequenzen der Überfischung: z.B. schrumpfte der Bestand an Dickschnabellummen auf der Bäreninsel von 245.000 Paaren 1986 auf 36.000 Paare 1987 aufgrund des Zusammenbruches des Barentssee-Loddenbestandes, der Hauptnahrung der dort lebenden Dickschnabellummen. Unmengen von im betroffenen Gebiet wohnhaften Sattelrobben begaben sich auf untypische Wanderungen und Hunderte kamen aus Mangel an Nahrung um.

Entlang der nordnorwegischen Küste hatten zahlreiche Papageitaucher-Kolonien über mehrere Jahre hinweg starke Einbußen im Fortpflanzungserfolg, was auf den fehlenden Bestand an Heringslarven in dem Gebiet zurückgeführt wird. Viele weitere Beispiele lassen sich anschließen.

Bestimmte Fischereigeräte richten zusätzlichen Schaden an. Beispielsweise "mähen" Grundschleppnetze die Gemeinschaft der Bodenbewohner ab, in Treib- und Stellnetzen ertrinken zahlreiche Seevögel und Kleinwale, nichtkommerzielle Arten werden ungewollt mitgefangen und tonnenweise tot wieder über Bord geworfen.

Umweltgifte

Besorgniserregende Konzentrationen einer Reihe von chemischen Verbindungen sind in marinen Organismen bzw. im Wasser selbst nachgewiesen worden. Langlebige chlororganische Verbindungen wie das Pestizid **DDT** und technische Hilfsstoffe wie Polychlorierte Biphenyle (**PCB**) reichern sich aufgrund ihrer Fettlöslichkeit und Stabilität besonders in Endgliedern der Nahrungskette an (z.B. Robben, Eisbären, Wale, Seevögel).

Diese Tiere speichern Fett als Energiereserve; in Zeiten der Nahrungsknappheit wird das Fett mobilisiert und die im Fett eingelagerten giftigen Substanzen werden im Körper freigesetzt. Bislang wurden schädigende Wirkungen auf das zentrale Nervensystem und die Fruchtbarkeit festgestellt. Untersuchungen an Vögeln, wie etwa der Eismöwe, zeigten, daß durch Einwirkung von PCB die Eierschalen dünner und damit weniger widerstandsfähig wurden.

Steinkreise

Zwar ist die Produktion einiger dieser Stoffe, z.B. DDT, in vielen Ländern der Nordhalbkugel inzwischen verboten. Auf der Südhalbkugel werden diese Schadstoffe jedoch in großem Maßstab weiter produziert und in die Umwelt eingebracht. Über die Atmosphäre und die Meeresströmungen verteilen sich die extrem langlebigen Substanzen, so daß die globale Belastung derzeit kaum sinkt.

Ähnliches gilt für einige Schwermetalle, z.B. **Cadmium**, **Kupfer**, **Quecksilber** und **Blei**, die großenteils aus Industrie, Verkehr und Bergbau frei werden. Auch sie reichern sich in der Nahrungskette an und lösen z.B. Krebs aus oder schädigen das zentrale Nervensystem sowie andere Organe der Meerestiere.

Erdöl und Erdgas

Seit 1896 finden Ölbohrungen im Meer statt und die Anzahl der Bohrplattformen sowie seit 1971 der Bohrschiffe vermehrte sich fortan. Zunächst wurde aus praktischen Gründen nur im Flachwasser gebohrt, heute findet man Bohrinseln bis in Gebiete mit 2.000 m Wassertiefe. Die Nordsee ist dicht besetzt mit Bohrplattformen. In der Barentssee wurde in der Zeit um den Zusammenbruch der Sowjetunion bereits intensiv exploriert und auch Funde in den russischen Bereichen gemacht, doch fehlen derzeit in Rußland die Mittel für eine Erschließung und westliche Investoren scheuen angesichts enormer Kosten einerseits und den schwierigen Verhältnissen in Rußland andererseits davor zurück. Mit der Ausdehnung dieses Industriezweiges erhöht sich das Risiko von Ölunfällen. Aber auch bei "normaler" Förderung, Verladung und beim Transport werden Öl und Chemikalien freigesetzt.

Dazu kommen permanente und daher in ihrer Summe noch erheblichere Einträge durch **Verklappung von Altöl** und **Hafenschlämmen** sowie atmosphärischer Eintrag durch **unvollständige Verbrennung von Treibstoffen** (unter anderem durch Autos), **Spülen von Öltanks auf See** und die ganz

beträchtliche **Schadstoff-Fracht verunreinigter Flüsse.**

In Rußland gehen mindestens 10% der Ölförderung durch leckende Leitungen etc. verloren - ein guter Teil hiervon gelangt ins Süßwasser und erreicht über die Flüsse teilweise auch das Eismeer.

Ölkatastrophen wie die der "**Exxon Valdez**" 1989 im Prince William Sound in Alaska und der "**Braer**" vor den Orkney-Inseln führen die Folgen für die Umwelt deutlich vor Augen, obwohl leider der oben beschriebene kontinuierliche, schleichende Eintrag von Öl in der Gesamtbilanz bedeutender ist. Verendende Seevögel und marine Säugetiere sind nur die Spitze des Eisberges, die Schädigung der übrigen Meeresorganismen sind für den Betrachter zwar schlechter zu sehen, aber sie sind nicht minder betroffen. In kalten Gegenden wird Öl bedeutend langsamer abgebaut als in warmen Klimaten. Gelangt freigesetztes Öl unter Eis, wird es geradezu konserviert und die schädigende Wirkung damit verlängert.

Zum Abschluß sei noch bemerkt, daß zur Erkundung von Ölfördergebieten seismische Messungen mit Hilfe von mit Sprengsätzen ausgelösten Druckwellen unternommen werden, deren schädigende Wirkung noch nicht endgültig belegt, aber sehr wahrscheinlich ist. Untersuchungen zeigten bereits die Empfindlichkeit von Larvenstadien mariner Tiere gegenüber starken Druckschwankungen.

Radioaktive Belastung

Neben den natürlichen Strahlen, die seit Entstehung der Erde vorhanden sind oder durch kosmische Höhenstrahlung permanent nachgebildet werden, erfährt das Meer den Eintrag künstlicher radioaktiver Stoffe, die die Folge der Nutzung von Kernenergie durch den Menschen sind. Die Einträge in den nördlichen Nordatlantik stammen hauptsächlich aus folgenden Quellen: erstens aus dem **Fallout von Kernwaffenversuchen** (seit ihrem Höhepunkt in den 60er Jahren glücklicherweise rückläufig), zweitens aus **Einleitungen durch Wiederaufbereitungsauflagen für nukleare Kernbrennstoffe** (in der Hauptsache aus Sellafield in England und Le Hague in Frankreich), drittens durch **unfallbedingte Freisetzung aus kerntechnischen Anlagen** (z.B. Tschernobyl) und viertens aus der **regelmäßigen Einleitung von Abwässern der laufenden Kernkraftwerke**. Ein Teil der frei werdenden Stoffe sinkt sofort ins Sediment der Einleitungsstelle, ein anderer Teil wird mit Meeresströmungen in die Nordsee und entlang der norwegischen Küste bis ins Nordpolarmeer getragen.

Neben dem im wesentlichen in Westeuropa erfolgenden bisher genannten Eintrag stellt die russische Arktis ein erhebliches Gefahrenpotential dar. Insbesondere um die Kola-Halbinsel lagert radioaktiver Müll in ausrangierten Atom-U-Booten, auf Lagerschiffen und anderen schwimmenden Gefährten sowie an Land. Keine der Lagermethoden entspricht den derzeitigen internationalen Sicherheitsstandards, abgesehen davon sind die Lagermöglichkeiten nahezu erschöpft.

Seit 1960 wurde in fünf Regionen der Barentssee Atommüll versenkt. 1984 stellte die Murmansk Shipping Company derartige Verklappungen ein, 1991 versenkte die russische Nordmeerflotte jedoch noch immer atomare Abfälle in die Barentssee.

Eutrophierung: übermäßiger Eintrag von Nährstoffen

Küstennahe und inländische Landwirtschaft sowie Fischfarmen und Abwässer beeinflussen den Nährstoffgehalt der Küstengewässer erheblich. Künstliche Düngemittel, tierische und menschliche Exkremente gelangen über Flüsse und Niederschläge sowie Grundwasser bzw. auch ganz direkt ins Meer. Zunächst führen diese nährstoffhaltigen Einleitungen zu einer erhöhten Phytoplanktonblüte im Meer, die zum Teil abstirbt, zu Boden sinkt und dort von Mikroorganismen abgebaut wird. Durch die ungewohnt große Menge an abzubauendem Material wird für die Atmung der abbauenden Organismen derartig viel Sauerstoff benötigt, daß die Bodenschicht sauerstoffarm wird und bodenlebende Fische und Wirbellose im Extremfall förmlich ersticken.

Zudem verschlechtern sich durch die starke Phytoplanktonblüte die Lichtverhältnisse für die Bodenbewohner, so daß diese in geringere Tiefen ausweichen müssen. Viele Arten kommen mit den veränderten Bedingungen nicht zurecht und sterben im entsprechenden Gebiet aus, während sich andere übermäßig ausbreiten. Dies hat zur Folge, daß die Artenzusammensetzung aus ihrem Gleichgewicht gerät und die Artenvielfalt sinkt.

Tourismus

Der Tourismus hat sich in den letzten Jahrzehnten in den nordischen Ländern zu einem wesentlichen Erwerbszweig mit steigender Tendenz entwickelt; gerade auch Schiffsreisen erfreuen sich wachsender Beliebtheit. Island verbuchte insgesamt 63.000 Besucher im Jahre 1980, während es 1994 schon 180.000 waren. Neben Störungen der Natur durch touristische oder wissenschaftliche Aktivitäten zieht die wachsende Besucherzahl den Bau von Straßen, Häfen, Flughäfen, Hotels etc. nach sich, so daß zunehmendes Verkehrs- und Müllaufkommen unvermeidlich sind.

Verantwortungsbewußt gehandhabter Tourismus kann aber auch das Bewußtsein um die örtlichen Kulturschätze und die natürliche Umwelt stärken und mancherorts umweltschädigerende Wirtschaftszweige (Bergbau) ersetzen oder aber die

Aufmerksamkeit auf vorher von der Öffentlichkeit unbemerkte Zustände richten, wie etwa auf die teils massive Umweltschädigung bei vielen Forschungsstationen in der Antarktis und Arktis.

Fassen Sie dies als wohlgemeinte Aufforderung auf, Ihren schädigenden Einfluß so gering wie möglich zu halten und gleichzeitig soviel wie möglich über Ihr Urlaubsziel zu erfahren.

Seereisen und Umweltschutz

Gerade Seereisen und insbesondere einige Sonderformen (Studien-Seereisen, Eisbrecherfahrten etc.) erschließen dem Tourismus Gegenden, die anders kaum erreichbar wären und bisher vom Tourismus wenig oder überhaupt nicht berührt wurden. Sofern dabei die Belastbarkeitsgrenzen der örtlichen Natur (aber auch einheimischer Kulturen etc.) überschritten werden, kann dies zu Schäden führen, deren Heilung viel Zeit erfordert oder unmöglich ist.

Diese Grenzen sind allerdings in den Polargebieten sehr unterschiedlich. Insofern kommt es mehr auf das Wie an, nicht Tourismus in polare Regionen ist ein Problem, sondern eventuell im Einzelfall seine Durchführung.

Sextant

Aus weltweiter umweltschützerischer Sicht könnte eine begrenzte touristische Nutzung von Randräumen sogar Sinn machen, weil sie zu einer Entlastung anderer, ökologisch bereits überforderter Regionen führen kann und außerdem das Erlebnis ursprünglicher Naturräume die Bereitschaft für mehr umweltbewußtes Handeln in der Bevölkerung auch in den Ballungsräumen verstärken kann.

Verglichen mit anderen Tourismusformen sind Seereisen - zumindest auf modernen, Umweltanforderungen (Müll, Abgase, Öl, Abfälle) berücksichtigenden Schiffen mit umweltbewußter Programmgestaltung und verantwortlich handelnder Besatzung - sogar zu den umweltverträglicheren zu rechnen, da sich der Reisende über größere Zeiten im weitgehend geschlossenen System des Schiffes aufhält und damit weitaus weniger auf die Umgebung einwirkt, als dies etwa für den Massenbetrieb im

Polartaufe

alpinen Skitourismus oder im Sonne & Strand-Tourismus der Fall ist.

Wer zum Badeurlaub in eine der Bettenburgen am Mittelmeer mit unzureichender Abwasser- und Müllentsorgung und touristisch bedingt schwindendem Grundwasser fliegt, schädigt unvermeidlich die dortige Umwelt, weil deren ökologische Belastbarkeitsgrenze bereits überschritten ist. In vielen polaren Regionen hingegen spielt der dortige begrenzte Tourismus ökologisch kaum eine Rolle, da er sich weit unterhalb ökologisch relevanter Schwellenwerte für das Entstehen bleibender Schäden bewegt.

Hinzu kommt, von Kritikern aus fernen Ballungsräumen oft übersehen, daß die Arktis längst nicht überall menschenleere Wildnis ist. Vielerorts wäre ein Anwachsen von Einnahmen aus dem Tourismus eine ökologisch dringend wünschenswerte wirtschaftliche Alternative zu bisherigem Bergbau und anderer großflächig naturzerstörender Industrie, etwa in Spitzbergen oder in der russischen Arktis.

In Zeiten wachsenden Umweltbewußtseins wären in vielen dieser Regionen heute gängige Umweltsünden von Industrie und Forschung bei einem einsetzenden Tourismus unter den Augen von Tausenden von Besuchern nicht mehr haltbar, wenn vor Ort befürchtet werden muß, daß die durch andere Wirtschaftszweige verursachten Schäden die Entwicklung attraktiver zu erwartender Erlöse aus dem Tourismus beeinträchtigen.

Spitzbergen als das arktische Gebiet mit dem am stärksten entwickelten Tourismus ist hierfür ein deutliches Beispiel: Über 100 Jahre nahezu ununterbrochener sommerlicher Kreuzfahrttradition (1996: 22.000 Kreuzfahrtpassagiere in Spitzbergen) haben in Spitzbergen insgesamt weniger als 0,02 km² (unter 0,00003% der Landfläche von 63.000 km²) zerstört (Trampelspuren, Bodenfläche von Unter-

künften etc.), vom Bergbau hingegen wurden in etwas kürzerer Zeit mehrere Quadratkilometer Fläche, also ein Hundert- bis Zweihundertfaches - überwiegend in Pflanzenschutzgebieten, in denen der Tourist keine Blume pflücken darf - umgewühlt.

Allein der Forschung wurden von 1992 bis 1997 für neue Anlagen mindestens 0,04 km² Fläche geopfert, in fünf Jahren also für die Forschung über doppelt soviel Fläche wie für Tourismus in über hundert Jahren. Ein sich derzeit abzeichnender teilweiser Ersatz des außerdem hoch subventionierten Bergbaus durch Tourismus als örtliche Einnahmequelle wäre aus ökologischer Sicht höchst wünschenswert.

Wikingerschiff

Voraussetzung für die Beibehaltung dieser touristischen "ökologischen Unschuld" ist allerdings eine sorgfältige

Steuerung des Tourismus in Polargebieten nach ökologischen Gesichtspunkten. In der Seetouristik betrifft dies vor allem eine feinfühlige Auswahl der Landeplätze - je größer das Schiff und die Passagierzahl, um so wichtiger. Möglichkeiten hierfür gibt es zweifellos, denn Strände, die jeden Winter von darübergeschobenem Treibeis bearbeitet werden, felsige Ufer und andere vegetationslose Zonen bis hin zu Eis gibt es genug, auf denen auch Tausende von Menschen keine bleibenden Spuren hinterlassen, sofern man von brütenden Vögeln und ruhenden Robben gebührenden Abstand hält und seinen Müll wieder mitnimmt.

Bei den Landeplätzen wird deutlich, daß es in der Tat Belastungsgrenzen für die Natur gibt. Arktische Vegetation ist hoch empfindlich und bewachsene Landeplätze werden unvermeidbar geschädigt, wenn sie jeden Sommer von Tausenden von Menschen begangen werden - wie vorsichtig diese auch immer sein mögen. Paradebeispiel hierfür ist der Magdalenefjord in Spitzbergen, wo auf der kleinen Gräberhalbinsel jährlich bis zu 20.000 Besucher für ein paar Minuten bis Stunden ausgebootet werden. Kein anderer Platz in der Arktis außerhalb von Siedlungen ist einer vergleichbaren touristischen Belastung ausgesetzt.

Teilweise breite **Trampelpfade** sind da unvermeidlich, wobei eventuell der **Schaden an Kulturdenkmälern** noch schwerwiegender ist. Denn leider fanden auch die Menschen früherer Jahrhunderte günstige Landeplätze nützlich und hinterließen dort geschichtlich interessante Spuren (Gräber, Siedlungsreste), die das arktische Klima teilweise hervorragend konservierte, die jedoch die Begehung durch Tausende von meist ahnungslosen Besuchern mit entsprechender Erosion des Bodens nicht überdauern - von modernen

Souvenirjägern und Grabräubern ganz zu schweigen.

Die Zahl der Kulturdenkmäler in der Arktis ist gering und oft haben hier bereits Kleinigkeiten Denkmalwert (= zum Denken anregend) und ihre Entfernung ist verboten: ein bearbeitetes Stück Holz, eine alte Gewehrpatrone.

Die Plünderung des kulturellen Erbes der Polargebiete durch Souvenirjäger ist ein ernstes Problem - wobei die Gegenstände zu Hause, aus ihrem Umfeld gerissen, längst nicht mehr so eindrucksvoll sind und vermutlich spätestens von den Erben weggeworfen werden, während sich am Fundort vielleicht noch für Generationen weiterer Besucher ein gedanklicher Zugang zur Vergangenheit durch ihren Anblick eröffnet hätte.

Im **Magdalenefjord** in Spitzbergen hat man übrigens akzeptiert, daß hier Schäden im Laufe der Jahrzehnte bereits entstanden sind, und statt den Tourismus auf andere Plätze zu verdrängen, wurden nun auf der Gräberhalbinsel Routen für die Landgänger ausgewiesen, Informationstafeln aufgestellt und der Kontakt mit den Veranstaltern gesucht. Durch diese Maßnahmen soll eine weiter ausufernde Schädigung der noch vorhandenen Vegetation und der empfindlichen, unscheinbaren Kulturdenkmäler vermieden werden.

Gerade im Hinblick auf den traditionellen Nordlandkreuzfahrttourismus, der den großen Teil der Landgänger in Spitzbergen stellt, ist eine solche Maßnahme sinnvoll, denn für viele dieser Schiffe ist der Magdalenefjord der einzige Landeplatz außerhalb von Siedlungen überhaupt, so daß sich der Schaden auf eine sehr kleine Fläche begrenzen läßt.

Mit steigendem Umweltbewußtsein hat sich auch bei den meisten Veranstaltern die Bereitschaft durchgesetzt, sich bei ihren

Programmen um eine möglichst geringe Beeinträchtigung der Umwelt zu bemühen. Viele der eingesetzten Schiffe sind neueren Baujahrs und möglichst umweltschonend konzipiert worden (Müll, Öl, Abgase, Abwässer). Ältere Schiffe wurden teilweise nachgerüstet. Auch bei der Routenwahl und den Landeplätzen lassen sich die meisten Veranstalter von Studien-Seereisen von naturschützerischen Aspekten beeinflussen und geben den Reiseteilnehmern Verhaltenshinweise, um Naturschäden möglichst gering zu halten. Es zeigt sich, daß derartige Bemühungen des Veranstalters von der Mehrzahl der Mitreisenden begrüßt werden.

Nicht alle Umweltprobleme, soweit sie das Schiff betreffen, lassen sich vom Veranstalter direkt lösen: Für dessen technische Ausrüstung, die Entsorgung von Müll, Altöl etc. ist die jeweilige Reederei zuständig. Hier kann der Veranstalter, sofern er nicht selbst auch Eigner ist, nur durch Bevorzugung zeitgemäß ausgerüsteter Schiffe und teilweise vertraglich vereinbarten Umweltstandards (z.B. zum Verhalten der Besatzung etc.) einwirken, allerdings nur in Grenzen.

Ein besonderes Problem kann dies z.B. bei dem touristischen Einsatz **russischer Eisbrecher mit Kernreaktorantrieb** sein. Diese Schiffe sind zwar für Passagiere und Besatzung sehr sicher und verursachen sogar während der Fahrt besonders minimale Umweltbelastungen, da sie keinen Schiffsdiesel benötigen. Aber es gibt bis heute weltweit noch kein befriedigendes und bereits funktionierendes Konzept für die Lösung des Nuklearmüllproblems.

Während in westlichen Industrieländern jedoch im Umgang mit diesen gefährlichen Stoffen zumindest gewisse Mindeststandards erreicht sind, fehlt in Rußland hierfür bisher fast jeder Ansatz. Über Jahrzehnte wurde dort Atommüll ohne nennenswerte Umhüllung in die Karasee gekippt, in Murmansk verrosten Atom-U-Boote an den Piers und Nuklearabfall wird in nicht mehr fahrtauglichen Schiffswracks oder auf Kola nahezu ungeschützt in baufälligen Lagerhallen angesammelt.

Es gibt dort keinerlei Konzept für eine technische Lösung dieses wachsenden Problemberges - selbst die für den Transport erforderlichen Spezialfahrzeuge sind nur in solch geringer Zahl vorhanden, daß sie über hundert Jahre beschäftigt wären, den heute im Norden Rußlands lagernden Atommüll zu einer (nicht vorhandenen) entsprechend dimensionierten Aufbereitungsanlage zu transportieren. Dies hindert Rußland jedoch nicht daran, weiter Schiffe mit Nuklearantrieb, auch Eisbrecher, zu planen.

Wer eine Reise mit einem dieser Eisbrecher unternimmt, kann zwar behaupten, daß während der Fahrt wunderbar wenig Abgase produziert werden, die Einnahmen aus der touristischen Nutzung der Atomeisbrecher sind jedoch nicht dafür vorgesehen, das Atommüllproblem zu lösen, und jede verkaufte touristische Reise mit diesen nukleargetriebenen Schiffen ist für die Verantwortlichen ein Anreiz, mit diesem wahnsinnigen Konzept fortzufahren.

Als Verbraucher haben Sie - nicht nur bei nukleargetriebenen Eisbrechern - eine sehr wichtige **Mitsprachemöglichkeit**: Je mehr Seereisende bewußt auch die Umweltfreundlichkeit des Schiffes in ihre Auswahlkriterien einbeziehen, desto größere Bedeutung wird auch der Veranstalter diesen Aspekten beimessen - auch über gesetzliche Mindeststandards hinaus. Entsprechend werden die Programme gestaltet, die Schiffe ausgewählt und letztendlich neu zu bauende Schiffe besser ausgerüstet.

Solange daneben auch Schiffe und Programme gebucht werden, bei denen auf Umweltschutz unzureichend geachtet wird, trifft die Teilnehmer solcher Reisen eine erhebliche Mitschuld an eventuell entstehenden Naturschäden.

Tips für den umweltbewußten Seereisenden

Die wichtigste Möglichkeit zu umweltbewußtem Verhalten haben Sie in der Regel vor der Reise, indem Sie sich für eine Reise entscheiden, deren Konzept möglichst wenig Umweltbelastungen enthält: wenig Treibstoffverbrauch, moderne Umwelttechnik, hoher Sicherheitsstandard, polarerfahrener und umweltbewußter Veranstalter etc.

Auf See
Ein modern ausgerüstetes Schiff macht es dem Seereisenden leicht, sich umweltverträglich zu verhalten - vorausgesetzt, er bemüht sich darum:

✳ Für **Müll** gibt es heute auf jedem Schiff eine Menge von Abfalleimern - entsprechend ist es unentschuldbar, Müll über Bord zu werfen. Auch von Rauchern wird sicherlich nicht zuviel verlangt, ihre Kippen in Mülleimer zu befördern. Sollten Sie bemerken, daß die Besatzung Müll über Bord gehen läßt, so sprechen Sie diese höflich darauf an und weisen Sie die Reiseleitung darauf hin!

Nehmen Sie sich ein Herz und sprechen Sie auch freundlich Mitreisende an, die Bonbonpapiere, Kippen etc. über Bord gehen lassen - nicht immer werden Sie mit solchen Hinweisen auf Begeisterung stoßen, aber die meisten Leute empfinden es als peinlich, auf solches Fehlverhalten angesprochen zu werden und geben sich wahrscheinlich schon deshalb Mühe, solche Situationen durch korrekte Müllbeseitigung in Zukunft zu vermeiden.

✳ Vermeiden Sie unabsichtliches Verbreiten von Müll durch den Wind. Auf See ist es fast immer windig, und sei es nur der Fahrtwind. Locker in Taschen gesteckte Papiere, Bonbonpapiere etc. werden leicht vom Wind über Bord geblasen. Leeren Sie Ihre Taschen von derartigem Müll, bevor Sie an Deck gehen.

Solch leicht fliegenden Abfall sollten Sie eventuell auch lieber in Behälter im Schiffsinneren werfen, statt in welche auf dem windigen Deck.

✳ Achten Sie auf eventuellen **Walbeobachtungstouren** mit Beibooten darauf, daß Ihr Steuermann nicht zu dicht an die Tiere heranfährt (Richtlinie: 100 m) und keine Verfolgungsjagd einleitet - sprechen Sie ihn ruhig darauf an!

✳ Das **Füttern von Tieren** ist in naturbelassenen Regionen wie dem hohen Norden ebenso ein ökologisch falscher Eingriff wie das Wegwerfen von Müll in die Natur - egal ob aus falsch verstandener Tierliebe oder zum Anlocken von Tieren für Fotos (☞ An Land - Kein Füttern von Wildtieren).

An Land
Landgänge sind die ökologisch kritischste Phase einer Nordlandseereise, da hierbei eine große Zahl von Menschen auf eine kleine, eventuell von empfindlichen Lebensformen genutzte Fläche trifft. Durch die Konzentration vieler Menschen ist es besonders wichtig, daß möglichst jeder einzelne sich um ein umweltschonendes

Auf diese Weise kam es im Nordatlantik ab dem 6. Jh. durch Iren (Entdeckung der Färöer, Islands und vermutlich Grönlands, später Iren als erste Siedler auf diesen Inseln außer Grönland) und ab dem 9. Jh. durch die Wikinger zu bedeutenden seemännischen Leistungen und Entdeckungen.

In Westeuropa behinderte nicht zuletzt das starre kirchliche Weltbild eine weitere Entwicklung. Erst die Überwindung kirchlicher Irrlehren und die Wiederentdeckung der in der Antike längst bekannten Kugelgestalt der Erde gaben, gepaart mit Fortschritt im Schiffsbau, den Anstoß zu einer systematischeren Erforschung der Meere - angetrieben nicht zuletzt von der Absicht, durch die Entdeckung neuer Seehandelswege über den Atlantik die nachteilige Randlage Westeuropas auszugleichen.

Europas Glücksfall war die **Entdeckung Amerikas** - nicht nur für Kolumbus, dessen kleine Flotte wohl auf dem Weg nach Westen vor der Erreichung Asiens verrottet und gesunken wäre, wenn nicht auf halber Strecke der unbekannte Kontinent im Wege gelegen hätte. Dieser neue Kontinent beflügelte Europa: seine erwarteten und tatsächlichen Schätze, seine riesigen, nur dünn besiedelten und landwirtschaftlich günstigen Weiten, die Auswanderungsmöglichkeiten für europäische Bevölkerungsüberschüsse.

Plötzlich war aus der Ungunst von Westeuropas Randlage ein Vorteil geworden, dessen Nutzung allerdings eine erhebliche Verbesserung im Schiffsbau und in der Navigation erforderte und auslöste, denn bisher war die Seefahrt vor allem auf kürzere, küstennahe Fahrten und weniger auf wochenlange Querungen offener Weltmeere ohne Landkontakt eingerichtet.

Indem Europa ein zweites Standbein jenseits des Atlantiks fand, das enorme Potentiale bot, war der Grundstein für seine kommende Vorherrschaft gelegt - und damit gleichzeitig die Entwicklung einer leistungsfähigen Hochseeschiffahrt, die die Weltmeere in einem vorher ungekannten Maße zum nützlichen "Transportmedium" zwischen den Kontinenten machte und damit den trennenden Charakter der Ozeane in eine verbindende Brücke umwandelte.

In der Öffnung des unbekannten Kontinents als Chance für Europa und damit Verschiebung der kulturellen, wirtschaftlichen und politischen Gewichte liegt die Bedeutung der Entdeckung des Kolumbus und nicht, wie fälschlich immer wieder behauptet, in der Entdeckung. Diese fällt den aus Nordasien vor Jahrtausenden eingewanderten Nomadenstämmen zu, den Vorfahren der Indianer und Inuit. Über deren Nachfahren brachen durch die Folgen der Fahrt des Kolumbus fünf Jahrhunderte der Vernichtung und Unterdrückung ein, die insbesondere in Teilen Südamerikas, etwa im brasilianischen Regenwald, bis heute unter Duldung zuständiger Regierungen und Mitschuld bedeutender internationaler Konzerne andauern und auch in Nordamerika und Grönland noch immer bittere Nachwirkungen für die Ureinwohner haben.

Kolumbus wußte vielleicht sogar von den Entdeckungen der frühen nordeuropäischen Seefahrer, die längst viel weiter im Norden auf den neuen Kontinent gestoßen waren - allerdings ohne seine Ausdehnung zu erahnen und vor allem in unwirtlicheren Regionen, denen angesichts der Ferne von der Heimat und im Verhältnis zur damaligen begrenzteren Leistungsfähigkeit der Seefahrt keine größere Bedeutung beigemessen wurde.

Erst Kolumbus und seine seefahrenden Nachfolger verknüpften Europa und Amerika in einer sich wechselseitig stimulierenden Entwicklung zur heutigen westlichen Zivilisation immer stärker und machten den dazwischenliegenden Nordatlantik zur wichtigsten maritimen Brücke zwischen zwei Kontinenten.

Als Seereisende nutzen wir heute in moderner Form weiterhin den länderverbindenden Charakter des Meeres, in unserem Falle speziell des Nordmeeres, und folgen damit den Spuren einer über zwei-tausendjährigen Seefahrtsgeschichte im Europäischen Nordmeer, was ihren durch überlieferte Aufzeichnungen bekannten Teil betrifft, während Ausgrabungen etwa von Einbäumen die Anfänge der Schiffahrt im Norden nochmals um etliche Jahrtausende weiter zurückdatieren.

Entdeckung des Nordmeeres als Verbindungsweg

Die Küsten des Nordmeeres wurden teils noch während, überwiegend aber ab dem Ende der letzten Eiszeit durch jungsteinzeitliche Jäger und Sammler neu besiedelt, sobald sich auf den vom Eise freigegebenen Ödflächen eine ausreichende Vegetation und Tierwelt als Basis für menschliche Ernährung entwickelt hatte. Dabei wurden selbst abgelegene Räume schon früh wieder in Besitz genommen - selbst im höchsten Norden Norwegens an der Eismeerküste dokumentieren steinzeitliche Felszeichnungen und andere Funde die Gegenwart von Menschen seit mindestens 10.000 Jahren.

Spekulativ, aufgrund von eventuell als Steinwerkzeuge interpretierbarer Funde, gibt es sogar Hypothesen über eine steinzeitliche Besiedelung Spitzbergens. Das Auftauchen des Menschen in Nordamerika wurde erst durch die letzte Eiszeit ermöglicht, da diese so viel Wasser an Land band und damit den Meeresspiegel so beträchtlich abfallen ließ, daß die Beringstraße trockenfiel und Teil einer weitgehend eisfreien, da steppenartig niederschlagsarmen Tundrazone ganz im Norden im Rücken der südlich davon gelegenen riesigen Eismassen wurde. Über diese durchgehende Landverbindung von Asien nach Nordamerika drangen steinzeitliche Menschen immer weiter nach Osten und dann auch nach Süden vor und besiedelten so im Laufe der Jahrtausende den ganzen amerikanischen Kontinent.

Von den Nordmeerregionen war **Grönland** bei dieser von Westen kommenden Besiedlung Nordamerikas am abgelegensten und wurde nach heutigen archäologischen Kenntnissen erst vor ca. 4.600 Jahren von einer ersten Besiedlungswelle ganz oben im Nordwesten von Nordkanada kommend in einer klimatisch günstigeren Periode erreicht. Archäologische Funde belegen, daß in Grönland mindestens ab der Saqqaq-Kultur Kajaks gebaut wurden (allerdings anscheinend nicht auch von allen nachfolgenden Kulturen), diese im Vergleich zum Einbaum kompliziert zu bauenden Fahrzeuge also auf eine rund 4.000jährige Geschichte zurückblicken können.

Die Besiedlung Grönlands als besonders extremer menschlicher Lebensraum war stark von Klimaschwankungen beeinflußt, so daß mildere Perioden die Ausbreitung der Inuit über die Inselküsten förderten, während kältere Perioden von in der Regel einigen Jahrhunderten Dauer das Überleben erschwerten oder unmöglich machten. Jedenfalls erfolgte die Besiedlung in mehreren Schüben durch unterschiedliche Inuit-Kulturen von Kanada her. Die Vorfahren der heutigen Inuit erreichten Grönland vor ca. 1.000 Jahren, also etwa zeitgleich mit den Wikingern, jedoch aus anderer Richtung, und vermischten sich teilweise mit dort bereits lebenden Grüppchen aus der vorhergehenden Einwanderungswelle.

Die früheste Zeit der Seefahrt im Europäischen Nordmeer liegt im dunkeln, da die nordeuropäischen Kulturen keine eigene leistungsfähige Schrift entwickelten und Berichte aus dem Norden nur spärlich in den Mittelmeerraum zu schriftkundigen Völkern vordrangen. Daher läßt sich nur aus wenigen Ausgrabungen und Felszeichnungen vor allem im südlichen Teil Norwegens schließen, daß schon in der Bronzezeit der Schritt vom schlichten, seit Jahrtausenden benutzten Einbaum zu größeren und tragfähigeren Booten gelungen war, die in ihrer Form schon an die künftigen Wikingerboote, allerdings noch unbesegelt, erinnern.

Ausgrabungen belegen Handelsbeziehungen über die schmaleren Meeresteile zwischen den Britischen Inseln und dem europäischen Festland sowie den Sunden zwischen den dänischen Inseln, Schweden und Norwegen.

330 bis 325 v.Chr. segelte eine Expedition unter Leitung des Griechen Pytheas aus dem Mittelmeer, um zu erkunden, woher das aus dem Norden den Mittelmeerraum erreichende Zinn und der Bernstein stammten. Er umschiffte Westeuropa, umrundete die Britischen Inseln und die Orkneys. Ohne selbst dort gewesen zu sein, berichtet Pytheas von einer Insel Ultima Thule sechs Segeltage nördlich Schottlands, die als mystisches Endziel im Norden bis heute die Phantasie anregt. Jenseits von ihr soll unter anderem die Meeresoberfläche zähschlammig werden - ein vermutlich erster Hinweis auf Island und das Meereis des hohen Nordens. Auch wenn Pytheas selbst nicht bis dorthin vorstieß, sondern diese Informationen von den

besuchten Völkern erhielt, so deuten sie auf eine Seefahrt nordeuropäischer Völker hin, die schon damals - wahrscheinlich nur gelegentlich und unfreiwillig - relativ weit nach Norden vorgedrungen waren, sich auf den dort vorgefundenen baumlosen Inseln jedoch nicht niederließen.

Die **ersten schriftlichen Berichte aus Nordeuropa** über geplante größere Seereisen beziehen sich auf die Fahrten von Iren des 6. bis 9. Jh. Nach dem Zusammenbruch des Weströmischen Reiches und den nachfolgenden chaotischen Umwälzungen in Mittel- und Nordeuropa überlebte im abseits liegenden Irland eine kleine Insel christlicher Kultur, von der aus Britannien und später sogar große Teile des mitteleuropäischen Festlandes rechristianisiert wurden.

Aufgrund ihrer Insellage mit Seefahrt vertraut und durch überlieferte vage Erzählungen mit Land im Norden rechnend, gingen irische Mönche und Siedler mindestens schon im 6. Jh. in aus heutiger Sicht unglaublich gebrechlichen, lederbespannten Booten auf erstaunliche Seereisen, von denen die siebenjährige Fahrt unter Leitung des später heiliggesprochenen Brendan im frühen 6. Jh. am bekanntesten ist.

Aus dem nebulösen, da erst im 9. Jh. niedergeschriebenen Fahrtbericht läßt sich seine Reiseroute mindestens zu den Färöern, nach Island und nach Grönland rekonstruieren, einige kühnere Interpretationen entdecken gar die Beschreibung einer Fahrt bis nach Kanada. In dem Fahrtbericht finden sich blumige Beschreibungen von in Irland so unbekannten Phänomenen wie feuerspuckenden Vulkanen oder wie kristallene Säulen wirkenden Eisbergen. Die Raubzüge und Landname der Wikinger beendeten diese frühe irische Kolonisation der nordischen Inseln.

Zu beachten ist bei diesen frühen schriftlichen Zeugnissen allerdings, daß

Irland zur damaligen Zeit durch die hinübergerettete lateinische Schriftkultur der frühen irischen Kirche eine Sonderstellung einnahm: Seefahrtsleistungen benachbarter, jedoch schriftloser Völker wurden möglicherweise lediglich nicht überliefert. Auch die direkte Überlieferung aus der Wikingerzeit ist dem glücklichen Zufall zu verdanken, daß sich im abgelegenen Island die mündlichen Berichte über die ersten 250 Jahre von Islands Wikingerzeit hielten und erst im 12. und 13. Jh. schriftlich aufgezeichnet wurden, wodurch gleichzeitig auch eine Menge an wertvollen Informationen über das damalige Skandinavien erhalten blieb.

Das durch Raubzüge, Landname und Entdeckungsfahrten der **Wikinger** (auch Normannen oder im Osten Waräger genannt) geprägte Zeitalter dauerte vom 8. bis weit ins 11. Jh. Unsere Kenntnis über die Zeit der Wikinger beruht zum einen auf den nur aus Island erhaltenen Überlieferungen (Edda, Sagas) und zum anderen aus Aufzeichnungen aus den überfallenen Gebieten, vor allem von der Ostseite Britanniens. Diese wenigen Zeugnisse sind zwar bereits wesentlich genauer als diejenigen über die frühen irischen Fahrten, erfordern aber dennoch einen vorsichtigen Umgang, da sie auf Seiten der Wikinger vor allem deren und auf Island bezogene Sicht bieten, während die britischen Berichte von Angst und Abscheu gegen die blutrünstigen Eroberer geprägt sind.

Island ist jedoch nicht das Ausgangsland der nordischen Kultur und der sich in Kunstgewerbe und Schiffbau zeigende kulturelle Entwicklungsstand ist nicht auf der Basis reinen Räuber- und Piratentums möglich. Die Vorstöße der Wikinger sind daher als besonders aufsehenerregende Aspekte einer auch seefahrenden Kultur zu sehen, die ihren bronzezeitlichen Aus-

gangsraum wohl im südlichen Norwegen hatte und von dort - mangels Aufzeichnungen jener dunklen Zeiten kaum registriert - ihr Siedlungsgebiet über ganz Dänemark (einschließlich eines großen Teils von Schleswig-Holstein) und Schweden ausdehnte und dort in erster Linie ein seßhaftes, von Landwirtschaft geprägtes und keineswegs in einem einheitlichen Staat organisiertes Leben führte. Zwischen örtlichen und regionalen Führern kam es immer wieder zu Streitigkeiten und Einigungsversuchen.

Die vom Meer stark zerschnittene und geprägte Heimat dieser Kultur begünstigte die Weiterentwicklung seetüchtiger Schiffe zum Rahsegler und bis hin zu verschiedenen, aufgabenbezogenen Schiffstypen, unter denen das als **Wikingerschiff** bekannte schnelle und elegante Langboot (bis 30 m lang) vor allem als Kriegsschiff konzipiert war, während die sicher häufigeren Handelsschiffe (unter 25 m lang) langsamer und tragfähiger waren und zum Aufbau weitverzweigter Seehandelsrouten in Nordeuropa und dem Entstehen von befestigten Handelsorten wie der teilweise ausgegrabenen Siedlung Haithabu an der Schlei beitrugen. Alle Schiffstypen waren noch immer offene, höchstens durch eine Zeltplane überdeckte Boote, deren Insassen den Elementen entsprechend ungeschützt ausgesetzt waren - um so erstaunlicher sind die damit vollbrachten seefahrerischen Leistungen.

Zunehmende Bevölkerung, die Vererbung des Hofes nur an den ältesten Sohn, aber auch häufige Fehden, Verbannungen oder Flucht vor tyrannischen Herrschern sorgten immer wieder zusammen mit einer kriegerischen Ethik dafür, daß kampfesfähige Männer freiwillig oder aber gezwungenermaßen aus dem eigentlichen Siedlungsraum auf schnelle Raubzüge ausbrachen oder auch ganze Bevölkerungsteile dauerhaft neuen Siedlungsraum in Besitz nahmen.

Die Unterschiedlichkeit der Heimatlandschaft spiegelt sich auch in den Aktivitäten wider: Das heutige **Norwegen** mit seinen vielfach sehr begrenzten und voneinander getrennten kleinen Siedlungsflächen in den Fjorden hatte bald kaum noch Möglichkeiten, eine wachsende Bevölkerung durch Urbarmachung neuer Flächen zu ernähren. Entsprechend stärker war der Zwang, für den Lebensunterhalt außerhalb zu sorgen - entweder auf Raubzügen zur See oder durch Auswanderung, beginnend mit den am nächsten gelegenen Inseln und Küsten des nördlichsten Britanniens, die noch heute in Traditionen und Wörtern von dieser normannischen Besiedlung zeugen.

Norwegen hatte einerseits den stärksten Expansionsdruck nach außen, gleichzeitig aber andererseits auch die größten Schwierigkeiten, sich entgegen allem Unabhängigkeitsstreben der vielen kleinen und voneinander landschaftlich stark getrennten Siedlungsgebiete zu einem geschlossenen Staat zu entwickeln.

Im benachbarten heutigen **Schweden** jenseits des Skandinavischen Gebirgskammes bestanden angesichts einer großräumigeren Landschaft eher Möglichkeiten, für eine wachsende Bevölkerung immer noch neues Land nutzbar zu machen, und die offenere Landschaft erleichterte Verbindungen und das Entstehen größerer Herrschaftsgebiete.

Geringerer Bevölkerungsdruck und etwas höherer Wohlstand sorgten dafür, daß von Schweden etwas weniger spontane Raubzüge ausgingen - statt dessen konzentrierte man sich mehr auf ein wachsendes Handelsnetz, vor allem über die Ostsee hinweg ins Baltikum und weit nach Rußland hinein.

Landschaftlich galt ähnliches auch für das heutige **Dänemark** und das nördliche **Schleswig-Holstein**: eine eher offene, hügelige Moränenlandschaft, die während der ganzen Wikingerzeit immer noch Reserven an besiedelbarem Land bot. Aufgrund seiner zentralen Position zwischen Ostsee und Nordsee, zwischen Skandinavien und Mitteleuropa boten sich den hier ansässigen Normannen aber auch günstige Möglichkeiten im Fernhandel - und ebenso für gelegentliche Raubzüge in alle Richtungen.

Während sich die frühen Norweger als Räuber und Siedler vor allem auf den Norden der Britischen Inseln und die Inseln weiter oben im Nordmeer konzentrierten, richtete sich das dänische Interesse vor allem auf England und die südlichen Randgebiete der Nordsee.

Dänemark war räumlich am stärksten mitteleuropäischen Einflüssen ausgesetzt - über den Fernhandel, ab dem 9. Jh. aber auch über die Missionierung und das immer näher herandrängende Franken- bzw. Deutsche Reich. Geographie und diese Einflüsse begünstigten im Gegensatz zu Norwegen das frühe Entstehen einer geeinten Herrschaft in Dänemark im 9. und 10. Jh. - auch zur Verteidigung des Gebietes in gemeinsamer Anstrengung gegen den bedrohlichen Nachbarn im Süden, gegen den sogar an der engsten Stelle Schleswigs ab der Wende des 8. Jh. zum 9. Jh. ein **Verteidigungswallsystem (Danewerk)** begonnen und im Laufe der nächsten 350 Jahre immer weiter ausgebaut wurde. Bauten dieser Größenordnung und ihre Verteidigung ließen sich erst mit der Wirtschaftskraft eines größeren geeinten Gebietes bewerkstelligen. Gleichzeitig weisen solche Verteidigungsanstrengungen aber auch auf eine Bedrohung von Süden nach Norden hin und nicht nur in die üblicherweise hervorgehobene Gegenrichtung.

Um die damalige Zeit und die Berichterstattung zu verstehen, darf das völlig andere damalige natürliche und politische Landschaftsbild nicht vergessen werden.

Die gesamte norddeutsche Tiefebene von der Rheinmündung bis zur Elbe bestand in erster Linie aus riesigen Moorflächen, ihre flachen Küsten waren weitgehend dem Meer schutzlos ausgesetzt und die sie zerschneidenden größeren Flüsse - vor allem Weser und Elbe - bildeten nicht nur mit ihren vielen, sich immer wieder verlagernden Armen Verkehrshindernisse, sondern sorgten auch immer wieder für großflächige Überschwemmungen.

Zwar ragten einzelne, etwas höher gelegene und damit sowohl besser nutzbare als auch sicherere Bereiche aus dieser moorigen Weite heraus, aber insgesamt war Norddeutschland zu damaliger Zeit ein für heutigen Geschmack vielleicht wunderbarer Naturraum, der aber damals eher unattraktiv und entsprechend extrem dünn besiedelt und nur von einigen wenigen wichtigen Fernhandelsrouten (Flüsse, einzelne Landrouten) durchzogen war. Durch das Vordringen der Araber im Mittelmeerraum wurden allerdings früher südlich verlaufende Fernhandelsrouten problematischer, so daß der Handel teilweise auf neue Routen durchs heutige Rußland und den Ostseeraum nach Westeuropa auswich.

Nach Süden hin war das damalige Deutschland nicht viel anders als das Germanien der Römerzeit: vor allem ein riesiger, teils sumpfiger Urwald, der sich nach Osten fortsetzte, von verschiedenen germanischen (z.B. Sachsen) und slawischen Stämmen dünn besiedelt und von einzelnen mühsamen, aber wichtigen Handelsrouten durchzogen. Die damaligen mitteleuropäischen Kulturzentren des 7. und 8. Jh. lagen westlicher im Frankenreich und in England, und deren Interessen richteten sich zunächst vor allem nach Südwesten gegen die immer weiter nordwärts vordringenden Araber, bis diese 732 unter Karl Martell bei Tour und Poitiers in Frankreich besiegt und in den folgenden Jahrhunderten immer weiter zurück nach

Spanien und schließlich aus Europa hinausgedrängt werden konnten.

Verglichen mit dem Bedrohungspotential durch die wohlorganisierten arabischen Heere, aber auch im Hinblick auf die wirtschaftliche Orientierung eher zu den entwickelten und dichter besiedelten Regionen im Westen und Mittelmeerraum war der heidnische "Wilde Osten und Norden", der für das erst seit kurzem wieder christianisierte Mitteleuropa des 8. Jh. bereits nicht weit östlich des Rheines begann, ein weniger wichtiger Bereich. Man trieb durchaus Handel (Bernstein, Pelze etc.) mit dem Norden und Osten und auf diese Weise gab es auch Kontakte und Informationen, aber die unwirtlichen Weiten Norddeutschlands bildeten zunächst eine natürliche Pufferzone.

Erst durch den Missionseifer der Kirche ab dem frühen 8. Jh. im Nordosten gerieten diese Regionen mehr ins mitteleuropäische Blickfeld und nach dem entlastenden Sieg über die Araber konnte das Frankenreich ebenfalls mehr Energie auf seine Expansion ins nördliche Mitteleuropa verwenden.

Die meisten größeren Städte Norddeutschlands wurden erst frühestens ab dieser Zeit gegründet - als Vorposten und Handelsstützpunkte des Reiches: Bremen wurde 787 Bischofssitz, Hamburg wurde 810 als fränkischer Stützpunkt angelegt. Diese neue Orientierung nach Nordosten diente einerseits der Sicherung der Reichsgrenzen gegen gelegentliche Einfälle verschiedener Stämme aus Osten und der Erschließung neuen Siedlungsraumes, verstärkte aber auch die Handelsbeziehungen.

Hiervon profitierte die normannische Siedlung **Haithabu**, die sich günstig an der verkehrstechnisch engsten Stelle der jütländischen Halbinsel (beim heutigen Schleswig) befand und angesichts einer sehr dünnen damaligen Besiedlung ganz am Rande des normannischen Siedlungsraumes ihre Größe und Bedeutung fast ausschließ- lich dem wachsenden Fernhandel ver- dankte - vom 9. bis 11. Jh. war Haithabu die wohl wichtigste Handelssiedlung im norddeutsch-dänischen Raum. Gleichzeitig schrumpfte durch das fränkische Vordrin- gen nach Nordosten aber auch die natürli- che Pufferzone und das Frankenreich geriet mehr ins Blickfeld und in die Reich- weite räuberischer Wikinger.

Strenggenommen gilt der Begriff "Wi- kinger" nur für die Kämpfergruppen, die als Räuber und Plünderer hinauszogen, jedoch nicht für die seßhafte Bevölkerung in den skandinavischen Siedlungsräumen. Diese nordgermanische Expansion taucht erst ab 787 und vor allem ab 793 in uns überlieferten zeitgenössischen schriftlichen Aufzeichnungen auf, als ein Verband von Langbooten urplötzlich direkt beim iri- schen Kloster Lindisfarne auf einer Insel vor der nordenglischen Küste landete und mit diesem ersten eine Reihe von Überfäl- len und eine Zeit von Angst und Schrecken auf den Britischen Inseln begann, die dann zeitweise fast völlig unter die Kontrolle der Wikinger gerieten.

Hauptfaktor des Erfolgs der Wikinger bei ihren Zügen war ihre Schnelligkeit und damit das Überraschungsmoment, mit dem sie irgendwo ihre Langschiffe aufs flache Ufer laufen ließen und einschließlich teil- weise mitgebrachter Pferde sofort zum Kampf einsatzfähig waren, den geringen Widerstand der Überraschten brachen, die nicht als Sklaven brauchbaren Besiegten niedermetzelten und mit ihrer Beute wieder verschwanden. Auf dauerhafte Eroberung waren diese Überfälle nicht ausgelegt, hierfür fehlte Skandinavien das erforderli- che Bevölkerungspotential, das die Aufstel- lung größerer Streitkräfte für weiträumige, systematische Eroberungsfeldzüge und vor allem das anschließende Halten eroberter Gebiete ermöglicht hätte.

Allerdings folgten den Raubzügen in häufig heimgesuchte und verwüstete Ge- biete seßhaft werdende skandinavische Siedler über die Nordsee und ließen sich auf den Britischen Inseln, ab dem frühen 9. Jh. auf den Färöern und ab etwa 870 auf Island nieder, das erstmals wohl um 850 von Wikingern erreicht worden war. Die dort und auf den Färöern angetroffene geringe Zahl irischer Siedler und Mönche wurde teils erschlagen oder sie flohen, ein geringer Teil assimilierte sich sicherlich auch.

Die Periode der eigentlichen Besied- lung Islands durch immer neue, mit ihren Schiffen ankommende Siedler aus Skandi- navien und von den Britischen Inseln war um ca. 930 nach der Übernahme alles nutzbaren Landes durch ca. 40.000 Sied- ler - einschließlich deren Vieh und Habe eine beachtliche maritime Transportlei- stung - abgeschlossen. Zur gleichen Zeit tauchten bereits Berichte über neuentdeck- tes Land (Grönland) im Westen auf, das Skandinavier vermutlich erstmals im Jahre 900 in der Nähe des heutigen Ammassalik betraten, als das Schiff des Norwegers Gunnbjörn Ulfsson vom Sturm auf dem Weg nach Island aus dem Kurs getrieben wurde.

Erst **Erik der Rote**, ein für drei Jahre aus Island verbannter Straftäter, steuerte jedoch **Grönland** an, um sich dort 982 mit seinen Leuten im Süden niederzulassen und mit seinem Hofe Brattahlid die erste skan- dinavische Ansiedlung, Österbygd, zu be- gründen. Aus Marketinggründen wählte er den schmeichelhaften Namen Grönland (Grünes Land), als er 986 nach Island zurückkehrte und tatsächlich eine stattliche Zahl von 500 Siedlern zum Mitkommen bewegen konnte - von den 25 Schiffen ka- men allerdings nur 14 an. Später wuchs die Kolonie in Grönland auf zwei Siedlungen, insgesamt 300 Höfe mit 5.000 Bewohnern, 17 Kirchen und zwei Klöstern an.

Wiederum ein Sturm, diesmal auf dem Weg nach Grönland, sorgte 986 für die erste Landung durch Bjarni Herjolfsson in Nordamerika. Das Wissen um unerforschtes Land im Westen sorgte dann für weitere Erkundungsfahrten, auf denen unter den Söhnen Eriks des Roten, Leif Eriksson im Jahre 999 und im folgenden Jahr Ingolfur Eriksson, zunächst Baffinland (Helluland), dann Labrador (Markland) und Neufundland und schließlich Vinland (irgendwo zwischen Neufundland und New Jersey) entdeckt wurden, wo in der Folge sogar kleine Ansiedlungen entstanden, von denen eine auf Neufundland beim heutigen L'Anse aux Meadows von Archäologen wiederentdeckt worden ist.

Damit war nicht nur der Atlantik überquert, sondern die Wälder Nordamerikas versprachen sogar die Lösung eines der schwierigsten Probleme der vorgeschobenen skandinavischen Ansiedlungen auf Grönland und Island: das völlige Fehlen des zumindest für den Schiffsbau unersetzlichen Holzes, das bis dahin nur über den sehr aufwendigen Seeweg von Norwegen her bezogen werden konnte.

Doch die winzigen Vorposten in Nordamerika erwiesen sich in häufigen Konflikten mit den Indianern nicht haltbar und der Transportaufwand mit den damaligen kühnen, aber doch verlustreichen Möglichkeiten der Seefahrt in verhältnismäßig kleinen, offenen Booten und den bescheidenen Kapazitäten der grönländischen Ansiedlungen als zu gewaltig, so daß zunächst schon sehr rasch die Vorposten in Nordamerika aufgegeben werden mußten, wenngleich Schriftstellen in Island annehmen lassen, daß die grönländischen Normannen noch bis weit ins 14. Jh. Fahrten nach Nordamerika unternahmen, wo vor allem das Holz als in Grönland fehlender und dringend benötigter Rohstoff lockte.

Als sich dann im 13. Jh. das Klima deutlich verschlechterte und die Erträge der Landwirtschaft in Grönland sanken, Kämpfe mit Inuit Verluste brachten und zunehmendes Treibeis ebenso wie wirtschaftspolitische Konflikte im fernen Mutterland Norwegen die Versorgung immer unzuverlässiger machten und schließlich stoppten, war auch das Ende der grönländischen Ansiedlungen gekommen. Um 1400 waren sie von der Außenwelt praktisch abgeschnitten, das letzte Lebenszeichen stammt von einem 1408 dort gestrandeten Isländer, der in Österbygd heiratete und dann nach Island zurückkehrte.

Das genaue Ende der skandinavischen Ansiedlungen in Grönland, irgendwann nach 1408, gehört zu den Rätseln des Nordmeeres.

Letztlich brach die gewaltig ausgreifende skandinavische Expansion der Wikingerzüge in sich zusammen, weil ihnen der Rückhalt einer großen heimischen Bevölkerung und eines effizient organisierten Staatsapparates fehlte.

Während die ersten Wikingerboote bereits über Schottland, Färöer, Island und Grönland bis nach Nordamerika gekommen waren und überall kleine Ansiedlungen hinterließen, war es jedoch in den Ausgangsgebieten noch immer nicht dauerhaft gelungen, die vielen kleinen örtlichen Führer unter einer einheitlichen Herrschaft zu einigen. Innernorwegische Einigungsversuche wie dänische Eroberungen in Norwegen sorgten für neue Schlachten, Aufstände und Zerfall.

Es gelang zwar dem seit etwa 900 entstandenen dänischen Königreich, für einige Zeit Britannien zu kontrollieren und Wikinger eroberten die nach ihnen benannte Normandie und durchzogen Europa bis Sizilien und Rußland bis ins Schwarze

Meer, aber die Kontrolle über die eroberten Gebiete war mit dem geringen Potential der Wikinger nicht dauerhaft möglich.

Statt dessen, insbesondere nach ihrer Christianisierung ab dem 9. Jh., assimilierten sie sich in den entfernteren Regionen mit der dortigen Bevölkerung, für eine Weile teilweise noch die Oberschicht bildend (z.B. in England, Sizilien, Apulien). Als machtpolitischer Faktor verloren sie ab der Mitte des 11. Jh. an Bedeutung und als Handelsmacht im Norden mußten sie am Ende der besser organisierten Hanse weichen.

Allgemein wird das Wikingerzeitalter von 793, dem Überfall auf Lindisfarne, bis 1066, dem erfolglosen Angriff des norwegischen Königs Harald Hardrådes (er kam dabei um) auf England, gerechnet.

Übrigens konzentrierte sich die Seefahrt der Wikingerzeit keineswegs nur auf die heute viel genannten Fahrten nach Nordwesten. Auch entlang der gesamten norwegischen Küste und weiter bis mindestens ins Weiße Meer waren die Wikinger regelmäßig als Händler unterwegs, was mangels schriftlicher Aufzeichnungen heute nur vage rekonstruierbar ist. Hätte es nicht den Norweger Ottar um das Jahr 900 an den Hof des englischen Königs Alfred verschlagen, wo seine Berichte über seine Fahrten in diese nordskandinavischen Regionen aufgeschrieben wurden, so wäre hierüber fast nichts bekannt.

Auch die Randvölker des Weißen Meeres beherrschten eine eigene Seefahrt, von der sich die auf sie angewandte Bezeichnung "Pomoren" ableitet, und der lokale Seehandel zwischen Norwegen und Rußland hoch oben im Norden hatte eine ungebrochene Tradition bis zum abrupten Ende in Stalins Zeit. Die pomorischen Schiffe, für die rauhen Verhältnisse des

Eismeeres konstruiert, verkehrten vermutlich schon früh an der gesamten europäischen Eismeerküste zwischen dem Süden Nowaja Semljas bis nach Norwegen, ohne daß dieser Teil der nordischen Seefahrt in Mitteleuropa größere Bekanntheit erreichte. Es ist nicht auszuschließen, daß mit diesen winzigen Schiffen schon früh auch die Inselgruppen der europäischen Arktis entdeckt wurden, wie von manchen politisch motivierten Kreisen in Rußland gern behauptet - ohne daß hierfür aus jener schriftarmen Zeit glaubwürdige genauere Berichte vorliegen.

Norwegen verfiel nach dem Ende der Wikingerzeit in jahrhundertelange Abhängigkeit der stärkeren Nachbarn Dänemark und Schweden und ist erst seit 1905 ein völlig unabhängiger Staat. Dänemark und Schweden wandelten sich zu geeinten Reichen in einem nunmehr einheitlich christlich-abendländischen Europa. Überlebt hat in Skandinavien aus der vorchristlichen Zeit unter anderem ein stärkerer Sinn für individuelle Freiheit und Gleichheit (auch der Geschlechter) und damit verbunden für demokratische Spielregeln, die schon in der Wikingerzeit Entscheidungsfindungen kennzeichneten.

Auch in der Seefahrt überdauerte eine der wesentlichsten Errungenschaften der Wikingerzeit bis heute: Die dauerhafte Erschließung und teilweise europäische Besiedlung des Nordatlantiks (mit Ausnahme der abgelegeneren kanadischen Arktis, Spitzbergens und der russischen arktischen Inselgruppen).

Auch nach dem Ende der Wikingerzeit blieben ihre Nachfahren im Norden hervorragende Seefahrer und erkundeten ihre Region weiter - eventuell bis Jan Mayen und Spitzbergen, wie Hinweise aus isländischen Aufzeichnungen für das Ende des

12. Jh. andeuten. Kontakte mit Grönland sind bis ins 15. Jh. schriftlich bezeugt.

Außerdem wurden die Wikingersagas auch über Grönland, Helluland, Markland, Vinland etc. in Island weitererzählt und ab dem späten 12. Jh. aufgeschrieben und blieben, da sich Isländisch seit der Wikingerzeit kaum verändert hat, in ihrer Originalsprache für Isländer bis zum heutigen Tag verständlich. Seefahrenden Jägern und Fischern des europäischen hohen Nordens war also die Existenz dieser Gebiete durchgängig bekannt und Grönland findet sich vage auf dänischen Karten ab 1388. Daß sie tatsächlich auch weiterhin angelaufen wurden, beweisen spätere Entdeckerberichte.

Dort finden sich immer wieder Hinweise auf Begegnungen mit Seeräubern (etwa der Angriff auf eine portugiesische Expedition auf der Suche nach Grönland vor dessen südöstlicher Küste 1472), die sich offenbar in diesen Gewässern durchaus auskannten, allerdings wenig Interesse an öffentlicher Bekanntheit hatten. Das gleiche gilt für mit Segelschiffen in jene fernen Regionen verkehrende Fischer, Walfänger und Jäger (Elfenbein), die - teils Opfer der genannten Piraten - ebenfalls ihre Jagdgebiete lieber für sich behielten.

Daß das geographische Wissen der fernen Ränder Europas in den Zentren kaum bekannt war, darf angesichts der geringen Verbreitung der Schriftkunde in abgelegenen Regionen und der mühseligen, zeitaufwendigen Kommunikationswege der damaligen Zeit nicht wundern.

Mit Ende des Mittelalters - allgemein gleichgesetzt mit Kolumbus' Fahrt nach Amerika (1492), Gutenbergs Vereinfachung der Buchdruckerei (ab 1450) und der Reformation (1517) - waren zumindest die leichter zugänglichen (selten vereisten) Regionen des Nordatlantiks und seiner Randmeere zumindest grob erkundet und durch Schiffahrt mehr oder weniger regelmäßig verknüpft. Was noch fehlte, waren die schwieriger zu befahrenen Randgebiete: die Inselgruppen der europäischen Arktis, der größere Teil der grönländischen Küsten, die Gewässer des nordkanadischen arktischen Inselreiches.

Natürlich war die kartographische Erfassung der meisten Teile des Nordmeeres noch sehr grob, wobei die Verbesserung von Land- und Seekarten ein bis heute immer weiter voranschreitender Prozeß ist - indem immer genauere Karten von Interesse werden, dürfte die Vermessung der Erdoberfläche nicht nur wegen ständiger Veränderungen, sondern auch wegen der Erhöhung der Präzision trotz der heutigen Möglichkeiten computerisierter dreidimensionaler Luftbildauswertung und Satelliteneinsatz noch Generationen von Kartographen beschäftigen.

Heute entstehende Konzepte für die automatische Steuerung von Verkehrsmitteln zu Lande, zu Wasser und in der Luft sind darauf angewiesen, über ein möglichst detailgetreues Abbild der Erde zu verfügen, denn z.B. ausgefeilte Satelliten-Navigationssysteme erlauben heutzutage eine Positionsbestimmung und Steuerungsgenauigkeit im Meterbereich, wo es in vergangenen Jahrhunderten Hunderte von Metern oder gar Kilometer waren, mit entsprechend geringeren Anforderungen an die Kartographie.

Insofern ist die Entdeckungsgeschichte der Erdoberfläche noch lange nicht abgeschlossen, nur die Dimensionen werden immer kleiner, aus wenigen großen weißen Flecken auf den Karten wurden immer mehr kleinere.

Erkundung seefahrerisch schwieriger Regionen

Nachdem ab Beginn des 16. Jh. die grobe Verteilung der Kontinente auf der Erde bekannt war, fand die Erkundung der seefahrerisch schwierigeren und abgelegeneren Regionen des Nordmeeres im wesentlichen aus drei Gründen statt:

Erschließung neuer Jagdgründe

besonders für den zunehmenden Walfang sowie andere Nutzungen der tierischen Ressourcen des Meeres (Walroßjagd, Robben, Pelztiere) und seiner Küsten. Die dabei gewonnenen geographischen Erkenntnisse gelangten allerdings nur teilweise an die Öffentlichkeit, weil die Betreiber dieser Fangfahrten kaum ein Interesse daran hatten, einen Wissensvorsprung auch der Konkurrenz preiszugeben. Während die Gelehrten in den Zentren der seefahrenden europäischen Reiche über die Verhältnisse in einigen abgelegenen Winkeln des Nordens rätselten oder gar ihre Herrscher zu Expeditionen dorthin bewegten, dürften die dortigen Küsten so manchem Walfang-Kapitän längst vertraut gewesen sein. Die wesentlichsten Beiträge der sommerlichen regelmäßigen Fangexpeditionen in die nördlichen kalten Meere zur allgemeinen geographischen Kenntnis dieser Regionen in Europa waren:

✱ **Erkundung Spitzbergens**, wobei von der (Wieder-?)Entdeckung dieser arktischen Inselgruppe 1596 durch Willem Barents (auf der Suche nach der Nordostpassage) und der damit verbundenen Kunde über reichliche Bestände an Walrossen und Walen geradezu ein Run der europäischen Walfangnationen (Holland, England, Dänemark, deutsche Nordseestädte) auf Spitzbergens Gewässer einsetzte, der zu einer raschen Erkundung und Kartographierung der meisten Küsten Spitz-

bergens innerhalb von nur ca. 30 Jahren führte.

✱ **Erkundung der Küsten Jan Mayens** im 17. Jh., mehrere niederländische Trankochereien.

✱ Ab 1614 **Walfangfahrten** der holländischen "Noordse Companie" und englischer und dänischer Gesellschaften mit gleichzeitiger **Erkundung vieler Küstenabschnitte Westgrönlands** bis ca. 73° Nord **und der Davisstraße sowie großer Teile der Ostküste Grönlands.**

Erkundung neuer Fernhandelswege

Bei diesem Streben spielten häufig wirtschaftspolitische Überlegungen der europäischen Mächte eine Rolle und entsprechend erfolgten diese relativ kostspieligen Expeditionen meist unter staatlicher Regie, teilweise auch durch mächtige Handelsorganisationen mit dem Segen und unter der Schirmherrschaft ihres Landes bzw. Herrschers. Der Seeweg zu den Schätzen Asiens war ohne Suez- und Panamakanal nicht nur weit und gefährlich um Südafrika bzw. Kap Hoorn herum, sondern oft auch unsicher - nicht nur durch Piraten ferner Länder, sondern auch durch Stützpunkte teils unfreundlich gesonnener anderer europäischer Mächte entlang dieser Routen.

Zu Beginn der Neuzeit dominierten Spanien und Portugal mit ihren Kolonien, Stützpunkten und Flotten den Südatlantik, so daß insbesondere Holländer und Engländer ein großes Interesse hatten, eine sichere Route nach Asien zu finden, wobei diese beiden Länder gleichzeitig durch ihren Walfang im Nordmeer über ein entsprechendes Potential an Schiffen und Seeleuten mit Qualifikation für Entdeckungsfahrten im Norden verfügten. Die

Suche nach einer **Nordostpassage** (also im Norden um Asien herum) oder einer **Nordwestpassage** nördlich um Nordamerika herum wurde entsprechend hartnäckig betrieben.

Zum Glück für den Fortschritt des geographischen Wissens herrschte bis in die zweite Hälfte des 19. Jh. die weitverbreitete Vorstellung in akademischen Kreisen, daß das eigentliche Nordpolarmeer ein offener, eisfreier Ozean sei, zu dem man lediglich geeignete Zugänge durch den bekannten Gürtel schwimmenden Eises finden müsse, der als Hindernis im hohen Norden schon seit Jahrhunderten bekannt war. Hätten die Herrscher und Handelsherren vergangener Jahrhunderte gewußt, daß es die Nordostpassage und die Nordwestpassage zwar tatsächlich gibt, diese aber durch Massen dichten Treibeises für unmotorisierte und vergleichsweise gebrechliche Handelssegelschiffe nur mit höchstem Risiko und längst nicht jedes Jahr befahrbar sind und folglich für einen umfangreicheren regelmäßigen Seehandel im Segelschiffzeitalter ungeeignet waren, so wären wahrscheinlich die Mittel für die mühsame und teure Erforschung dieser fernen Regionen schlagartig versiegt.

Selbst heute, wo beide Routen bekannt und starke Eisbrecher und eisverstärkte spezielle Frachtschiffe vorhanden sind, spielen beide Routen für den Weltseehandel keine und für den regionalen Verkehr nur eine begrenzte Rolle (vor allem verbindende Schiffahrt zwischen den Mündungen der russischen Ströme ins Eismeer als Zugang zum jeweiligen Hinterland).

✱ Den Anfang machten die Engländer im Westen, wo **Frobisher** (1575) und **Davis** (1585) auf der Suche nach der Nordwestpassage mit der Erkundung der Seegebiete, Küsten und Inseln zwischen Kanada und Grönland (Davisstraße) begannen, gefolgt dann von **Hudson** (1610:

Hudson Bay), **Sutton** (1612) und **Baffin** (1615).

✱ Kurz nach den ersten englischen Expeditionen folgten die Holländer mit den **Barents-Expeditionen** auf der Suche nach dem Weg nach Asien zu ihren dortigen neuen Kolonien. Sie wählten die östliche Richtung. Am erfolgreichsten war die Fahrt von 1596/97 mit der **Entdeckung der Bäreninsel und Spitzbergens**, die allerdings Barents und etlichen seiner Leute bei der unfreiwilligen Überwinterung auf Nowaja Semlja das Leben kostete.

✱ Den Beweis einer durchgehenden **Nordwestpassage** brachte 1854 der Brite **McClure** auf einer mehrjährigen Fahrt, ihre vollständige Befahrung zu See gelang allerdings erst Amundsen 1903 bis 1906 mit der "Gjøa", während die **Nordostpassage** 1878/79 dem schwedisch-finnischen Forscher **Nordenskiöld** mit seiner "Vega" gelang.

✱ Die letzte große Fernroutenerkundung im Norden war die **Unterquerung des Polareises** durch das amerikanische Atom-U-Boot "Nautilus" 1958, wobei kühne Träume von Handelsverkehr unter dem polaren Eis hindurch bisher an den Kosten scheiterten, so daß bisher das zentrale Eismeer nur von den strategischen U-Booten der USA und Rußlands genutzt wird, die hier teilweise unter dem Ortung erschwerenden Eis lauern. Die **Erstbezwingung des Nordpols** gelang 1977 dem sowjetischen Atom-Eisbrecher "Arktika" als erstem Schiff auf der Wasseroberfläche.

Erforschung der einzelnen Gebiete
Hierhinter verbergen sich höchst unterschiedliche Motive, oft mit im weitesten Sinne wirtschaftlichem oder nationalistischem Hintergrund.

Viele neue Erkenntnisse über die arktischen Regionen ergaben sich eher ungeplant und nebenbei durch Fangfahrten in jene Gewässer oder bei den bereits genannten Erkundungsversuchen neuer Seerouten.

Der Hamburger Martens nahm 1671 als einer der ersten Gelehrten an einer Walfangfahrt nach Spitzbergen teil, um die Inselgruppe zu studieren. Mit der Zeit kamen aber auch Expeditionen zustande, die von vornherein auf die Erforschung der jeweiligen Region ausgerichtet waren, etwa um dort Bodenschätze zu finden oder Handels- und Missionsstützpunkte einzurichten, und schließlich insbesondere ab dem 19. Jh. auch mehr auf Grundlagenforschung ausgerichtete Fahrten.

Einige wesentliche Forschungsexpeditionen, die in der Pionierzeit bis zum Beginn des 20. Jh. die Kenntnisse über die nordpolaren Meere und ihre Länder erheblich erweiterten, waren folgende:

✷ Ernsthafte Versuche, ins **zentrale nördliche Eismeer** und zum **Nordpol** vorzudringen, setzten im späten 18. und im frühen 19. Jh. ein, wobei der Engländer **Parry** 1827 von Nordspitzbergen aus immerhin 82° 35' Nord erreichte.

Erst **Nansen** gelang es 1895, von der im Packeis treibenden "**Fram**" nach Norden marschierend, diese Marke wesentlich nach Norden zu verschieben, indem er 86° 14' Nord erreichte, wobei allerdings die durch die Drift der "Fram" gewonnenen Erkenntnisse über Eis und Strömungen im Nordpolarmeer wesentlich bedeutender waren als dieser neue Rekord. Den Anspruch, als erster den **Nordpol** selbst erreicht zu haben, erhoben für 1908 **Frederick Cook** und für 1909 **Robert Edwin Peary**, wobei es viele Stimmen gibt, die dies bezweifeln.

In diesem Falle wären es der Amerikaner **Byrd** (per Flugzeug) bzw. **Amundsen/Nobile/Ellsworth** (per Luftschiff), die 1926 als erste den Nordpol von Spitzbergen aus überflogen, wobei dieses Rennen zum Pol rein wissenschaftlich gesehen wenig ergiebig war, sondern vor allem unter nationalistischen Gesichtspunkten ausgetragen wurde, indirekt aber der Polarforschung größere Popularität eröffnete.

Die **Erforschung des zentralen nördlichen Eismeeres** wurde dann durch verschiedene Eisdrift-Expeditionen fortgesetzt, bei denen sich entweder ein Schiff einfrieren ließ (der sowjetische Eisbrecher "**Sedov**" kam auf diese Weise treibend bis über 86° Nord auf seiner mehrjährigen Drift 1937-40 hinaus) oder Forschungsstationen per Flugzeug auf dem Packeis eingerichtet wurden, die laufend Messungen (Klima, Meer unter dem Eis) machten - Pionier war hierbei die vom Russen **Papanin** geleitete Station **Nordpol 1**, die 1937 ihre Arbeit am Nordpol begann und 1938 vor Ostgrönland von ihrer sich auflösenden Eisscholle abgeholt wurde.

✷ **Spitzbergen**: Große Teile der Inselgruppe wurden nach der Expedition von Barents 1596 durch die zahlreichen Walfänger der nächsten 50 Jahre erkundet, so daß Spitzbergen bis auf seinen hocharktischen Osten dank der guten Schiffbarkeit seiner sommerlichen Gewässer das erste relativ gut kartographierte arktische Gebiet war.

Erste wissenschaftliche Überwinterung durch **Nordenskiöld** 1873/74 im Norden der Hauptinsel, erste Inlanddurchquerung 1896 durch den Briten **Conway**, erste wissenschaftliche Nord-Süd-Querung durch die **schwedisch-russische Meridian-Expedition** 1898 bis 1901 mit drei Überwinterungen.

Wegen seiner trotz der sehr nördlichen Lage guten Erreichbarkeit entwickelte sich Spitzbergen schon ab dem 18. Jh. zum natürlichen **Ausgangspunkt von Vorstößen in Richtung Nordpol** und ist aus demselben Grunde heute die wohl **wichtigste Landbasis moderner Arktisforschung** mit Ny Ålesund, Longyearbyen und der polnischen Station im Hornsund als ganzjährig betriebenen Stützpunkten für Forscher und Institutionen aus verschiedensten Ländern.

✻ **Nord- und Nordostgrönland:** Der wohl erste Forscher in Nordgrönland war der Brite **John Ross**, der auf mehreren Fahrten (1818, 1829 bis 1833) den Thule-Bezirk erkundete und dabei auch als erster den wandernden magnetischen Nordpol in der benachbarten kanadischen Arktis entdeckte. Den Scoresbysund auf der Ostseite erreichte **Scoresby d. Ä.** 1819. Edward Sabine und Douglas Clavering stießen bis ca. 74° Nord an der Ostküste vor.

Eine rein wissenschaftliche und nach damaligen Standards hervorragend vorbereitete Forschungsfahrt war 1869/70 die **zweite deutsche Nordpolexpedition (Hegemann/Koldewey)** mit ihren beiden Schiffen "Germania" und "Hansa", von denen die "Hansa" im Eis des Ostgrönland-Stromes zerdrückt wurde (die Mannschaft lebte über ein halbes Jahr auf einer Eisscholle, bis sie sich an Land retten konnte), während die "Germania"-Besatzung die Ostküste bis 77° Nord (auch mit Schlitten) erforschte, als erste Expedition in Ostgrönland überwinternd. 1888 gelang **Nansen** die erste Durchquerung des grönländischen Inlandeises.

Die Nordküste Grönlands erkundete als erster **Robert Peary**, der von Thule aus 1895 über das Inlandeis den Independence Fjord erreichte und die Trennung zwischen Grönland und den kanadischen Inseln feststellte, die Bessels schon 1879 aufgrund von beobachteten Gezeitenwellen vermutet hatte. Ihm folgten ab 1912 in einer Reihe von Expeditionen in den höchsten Norden Grönlands unter anderem die bekanntesten dänischen Polarforscher des 20. Jh., **Knud Rasmussen** und **Lauge Koch**, die nicht nur geographisch-naturwissenschaftlich Bedeutendes leisteten, sondern auch die Kultur der Inuit detailliert erforschten.

✻ **Europäische russische Arktis:** Die **russische Eismeerküste** und **Nowaja Semlja** sind schon seit Jahrhunderten das Fahrtgebiet russischer Seeleute und wurden auch schon früh von mitteleuropäischen Forschern besucht (Barents 1596/97).

Eine echte Neuentdeckung gelang 1873 der österreichisch-ungarischen **Admiral Tegetthoff Expedition (Payer/Weyprecht)**, die eigentlich die Nordostpassage bezwingen sollte, jedoch vom Eis eingeschlossen und zum bis dahin unbekannten **Franz-Joseph-Land** getrieben wurde, wo das eingefrorene Schiff den zweiten Winter unfreiwillig verbringen mußte, während die Besatzung die neue Inselgruppe bis zu ihrem nördlichsten Punkt auf der Rudolf-Insel erkundete und dann 1874 das noch immer eingefrorene Schiff verließ, dessen Beiboote in einem extrem beschwerlichen Marsch über das Eis bis an offenes Wasser ziehend.

Die grobe geographische Erkundung der Arktis ist seit den 20er Jahren des 20. Jh. abgeschlossen. Neues Land kann, das zeigen auch die mittlerweile genauen Fernerkundungen per Satellit, im wesentlichen nicht mehr entdeckt werden. Heute geht es um die immer genauere Erkundung der Details und zudem nimmt die früher (schon aufgrund fehlender Technik) vernachlässigte Erforschung des Meeres und der Atmosphäre einen größeren Raum ein - beide spielen für die weltweiten Klimazusammenhänge eine weitaus größere Rolle als die vergleichsweise begrenzten arktischen Landflächen.

Ging es in der Vergangenheit unter anderem um territoriale Expansion - Suche nach geeigneten Plätzen für Kolonien, staatliche Hoffnung auf künftige Einnahmen aus Konzessionsabgaben und Steuern, Handels- oder Flottenstützpunkte -, so steht heute nicht selten hinter Bewilligungen von Forschungsgeldern und der Auswahl geförderter Forschungsprojekte nach dementsprechenden Kriterien die Suche nach Rohstoffen, das Erreichen eines nationalen Technologievorsprunges oder der Nachweis von Aktivitäten in der Arktis als Argument für künftige Verhandlungen über die dortige Ressourcennutzung. Das Nationalprestige als fortschrittliche Forschungsnation spielt nach wie vor eine Rolle.

Kein Staat der Welt finanziert aufwendige Polarforschung nur um der reinen Forschung und Wissensvermehrung willen, sondern aus handfesten nationalen Interessen. Gerade für mitteleuropäische Staaten ohne eigenen territorialen Anteil an der Arktis ist ein starkes Forschungsengagement wichtig, um diesen geographischen Nachteil mangelnder Präsenz auszugleichen. So manche luxuriöse Einrichtung auf prestigeträchtigen Forschungseisbrechern läßt sich nur mühsam mit der Sorge um das Wohlbefinden der Forscher begründen, wenn man andererseits die spärliche Ausstattung vieler Forschungsinstitutionen an Land betrachtet, die weniger im internationalen Rampenlicht stehen.

Opportunes Verhalten sowohl staatlich-politischer Institutionen, die die Mittel bewilligen, als auch vieler Forschungsinstitutionen bei der Darstellung der Bedeutung ihrer Projekte in der Mittelbeantragung ist durchaus verständlich und nachvollziehbar, nur die gern wiederholte Behauptung von der wertfreien, idealistischen Forschung hält einer Überprüfung kaum statt.

Viele Forschungsaktivitäten in der Arktis sind genauso interessengetrieben wie Bergbau, Fischerei und Tourismus, teilweise sogar umweltschädigender. Für das Belächeln vergangener Jahrhunderte, wo die handfesten Interessen hinter Expeditionen teilweise ebenfalls mühsam hinter edlen Motiven (Verbreitung des Christentums etc.) verborgen wurden, teilweise aber auch wesentlich ehrlicher genannt wurden, besteht wenig Grund.

Vorbereitung von Nordmeerseereisen

Die Qual der Wahl

Das Angebot an Seereisen ist schier unüberschaubar. Immerhin: da Sie sich mit diesem Buch beschäftigen, haben Sie zumindest die Region schon mal vorgewählt. Nicht in die Karibik, nicht auf den Spuren von Griechen und Römern durchs Mittelmeer, sondern in die klare Luft des Nordens soll die Reise gehen. Allein im Europäischen Nordmeer bleiben da immer noch mehrere hundert Fahrten übrig, zwischen denen die Entscheidung zumindest für die nächste Reise fallen muß.

Die **Reisezeit** wird von den allermeisten gen Norden Reisenden fast automatisch mit dem **Sommer**, bestenfalls mit dem **späten Frühling** gleichgesetzt, weil es dann wärmer ist, vor allem die Tage länger sind und ganz im Norden jenseits des Polarkreises sogar die Mitternachtssonne erlebt werden kann.

Der Trend spiegelt sich vor allem im Angebot an Nordlandkreuzfahrten wider: Im Frühling finden sich typischerweise Angebote für Kreuzfahrten in der Ostsee, in Süd- und Westnorwegen (Kirschblüte) oder um die Britischen Inseln, aber das Angebot für den höheren Norden ist weitestgehend auf die Zeit zwischen Anfang Juni und Anfang September begrenzt.

Diese Beschränkung auf den Spätfrühling/Sommer ist allerdings keineswegs zwingend - auch die übrigen Jahreszeiten haben ihre verborgenen Reize, auch für Seereisende. Nicht ohne Grund schwören viele erfahrene Freunde der norwegischen Hurtigruten auf den Winter - und keineswegs nur wegen des Nordlichts.

Zu empfehlen ist die Nebensaison in erster Linie jenen Reisenden, die eine innige Beziehung mit dem Norden verbindet und denen es primär um das Erleben des Landes, der See und der Naturgewalten in ihren unterschiedlichen Formen geht, die auch dem schwächeren Licht des Winterhalbjahres im Norden seinen Reiz abgewinnen können und die die zufälligen Kontakte mit der Bevölkerung an der Route schätzen.

Für wen dies nicht die Hauptsache einer Seereise in den Norden ist, sondern wer auch einigen Wert auf das gesellschaftliche Leben an Bord, Unterhaltung etc. legt und die vorbeiziehende Landschaft primär als (bei gutem Wetter) attraktive und möglichst abwechslungsreiche Kulisse genießen möchte, ohne sich mit ihr allzu intensiv auseinanderzusetzen, ist in der Regel auf einer sommerlichen Nordlandseereise besser aufgehoben und wird den Winter eher als bedrückend empfinden.

Wer hingegen auf einer sommerlichen Nordlandfahrt auch bei trüb-feuchtem Wetter stundenlang an Deck steht oder zumindest durch regenverspritzte Fenster immer wieder hinüberspäht zu den von Nebelfahnen umzogenen Felsformationen, sich an der spritzenden Gischt freut und geduldig-begeistert mit den Augen der Wanderung eines spotlichtartig über die See und das Land gleitenden, durch ein Wolkenloch gedrungenen Sonnenflecks inmitten leichten Nieselregens folgen kann, der wird wahrscheinlich auch Freude an einer winterlichen Nordlandfahrt haben.

Diese Interessenlage trifft offensichtlich nur auf eine Minderheit unter den Nordlandfahrern zu, und ebenso offensichtlich bevorzugt diese Minderheit Angebote mit möglichst wenig touristischem Beiwerk und dafür möglichst vielfältiger Gelegenheit, die Region möglichst direkt und authentisch zu erleben, ohne allerdings auf das Schiff als Basis zu verzichten.

Zumindest läßt sich diese Interessenlage aus dem vorhandenen Angebot ableiten, denn für das Winterhalbjahr sind die einzigen buchbaren Angebote im Europäischen Nordmeer die regelmäßigen Fahrten der norwegischen Hurtigruten und Frachtschiffsreisen. Insofern reduziert sich für Seereisende, die außerhalb der Sommersaison gen Norden in See stechen wollen, das regulär buchbare Angebot und damit die Qual der Wahl ganz erheblich.

Ein entscheidendes Kriterium ist - neben der zur Verfügung stehenden Zeit - in der Regel der **Geldbeutel**, denn es ist nicht unerheblich, ob die Fahrt nun unter DM 1.000 oder in einer Luxussuite auch bis um die DM 30.000 pro Person kostet. Da wir Autoren allerdings nur wenig Einfluß auf die Reisekasse unserer Leser haben, können wir Ihnen bei der preislichen Entscheidung nur wenig beistehen.

Auch über den Ihnen zur Verfügung stehenden **Zeitrahmen** haben wir nicht zu bestimmen. In diesem Buch haben wir uns bewußt auf diejenigen Seereisen im Nordmeer beschränkt, die länger als einen Tag dauern, bei denen man also tatsächlich an Bord wohnt, und die der einzelne regulär aus einem festen Veranstalterprogramm - hierzu zählen auch einige Reedereien - buchen kann (also keine Sonderarrangements).

Würden wir noch all die Möglichkeiten von Tagesreisen hinzunehmen, so kämen wir zu keinem Ende, obwohl natürlich auch kurze Fahrten zur See ihren Reiz und ihre Vielfalt haben: Von den Seebäderschiffen nach Helgoland über gemütliche kleine Fjordfähren in Norwegen zu den teils riesigen und in einigen Fällen auch schon recht komfortablen bis luxuriösen großen Fährschiffen auf Nord- und Ostsee und schließlich der Flugzeugatmosphäre von Hochgeschwindigkeitskatamaranen, Tragflächen- oder Luftkissenbooten im schnellen Liniendienst beispielsweise im Englischen Kanal, an der norwegischen Küste oder zwischen Dänemark und Südschweden. Ganz im Gegensatz dazu stehen ein schlichter Angelkutter oder ein Segeltörn auf einem Charterboot. All diese kürzeren Seereisen finden sich also schon einmal nicht in diesem Buch - es bleibt trotzdem noch genug Auswahl.

Um die Qual der Wahl zu vermindern, beschäftigen wir uns zunächst einmal mit den verschiedenen Arten regulär buchbarer längerer Seereisen. Wer bisher zum Thema Seereisen sehr feste Vorstellungen (um nicht zu sagen Vorurteile) hatte, wird eventuell überrascht sein, welche Vielfalt sich in dieser Reiseform auftut.

Bei dieser Gelegenheit reduziert sich durch eine Systematisierung auch gleich die Zahl der Angebote, die dann noch für den einzelnen in Frage kommen - und entsprechend die Qual der Wahl. Ich hoffe, mit diesem Überblick den einen oder anderen Leser auf spannende Reiseformen zu stoßen, die bisher im Wust der Angebote untergegangen sind. Es gibt folgende Reisemöglichkeiten:

✳ Seereisen auf Frachtschiffen
✳ Seereisen auf Passagierlinienschiffen
✳ Klassische Kreuzfahrten (mit zahlreichen Varianten)
✳ Expeditionskreuzfahrten
✳ Küstenschiffstouren
✳ Eisbrecherfahrten
✳ Segeltörns

Diese Gliederung in den nachfolgenden Abschnitten soll vor allem bestimmte Aspekte hervorheben und weniger durch logische Systematik bestechen - dies ist schon deshalb nicht möglich, weil es zwischen allen genannten Seereisetypen

Mischformen gibt, wie sich zeigen wird. Ich verzichte allerdings weitgehend auf die Nennung bestimmter Veranstalter: ein bißchen Entdeckerfreude soll für Sie noch übrigbleiben und zudem sollen mir weder ungenannte Veranstalter noch Leser, die einem in diesem sich rasch wandelnden Markt leicht veraltenden Tip nachgingen, böse sein. Die Namen einzelner Veranstalter und Schiffe tauchen nur dort auf, wo sie entweder die einzigen Anbieter sind oder - bei langjähriger Präsenz mit einem "Produkt" - aus nachvollziehbaren Gründen als besonderer Tip gelten können.

Seereisen auf Frachtschiffen

Heutige Frachtschiffsreisen knüpfen an die älteste Form der Seereise an: In vergangenen Zeiten, als Fernreisen im rein touristischen Sinne noch ein Privileg einer winzigen Oberschicht waren und ansonsten eher zu anderen Zwecken mehr oder weniger freiwillig gereist wurde (Händler, Auswanderer, Forscher, Soldaten, Sträflinge, Sklaven), war das **Frachtschiff** oft die einzige Möglichkeit, um in ferne Länder zu gelangen.

Passagierschiffe tauchten erst relativ spät auf, und auch bei ihnen stand zunächst weniger der Tourismus als vielmehr der möglichst billige Transport von Massen von Auswanderern im Mittelpunkt, ergänzt (und an Bord streng für sich) durch eine geringere Zahl wohlhabenderer anderer Passagiere in den oberen Klassen, von denen aber ebenfalls nur ein Teil aus rein touristischen Gründen unterwegs war.

Auch Geschäftsreisende waren zumindest bis etwa zum Zweiten Weltkrieg weitgehend auf das Schiff als Transportmittel angewiesen, und außerhalb der Hauptlinien der Passagierschiffahrt (etwa nach Nordamerika) war für Reisende das Frachtschiff die einzige Beförderungsmöglichkeit.

Umgekehrt war aber auch die Frachtschiffahrt auf die Beförderung von Passagieren eingerichtet: Ein großer Teil der Frachter fuhr auf festen Routen, die Liegezeiten in den Häfen waren aufgrund der erforderlichen Lade- und Löschzeiten (viel Handarbeit) lang und für die Reedereien war der Unterschied zwischen der Beförderung von Fracht und Passagieren noch nicht ganz so groß wie heute: wesentlich weniger teure Sicherheitsauflagen und wesentlich weniger Komfortanspruch bei vielen Passagieren.

Zumindest ein Teil der Passagiere (Auswanderer, Sträflinge) reiste sogar in den Fracht räumen - teilweise auch noch nach dem Zweiten Weltkrieg. So war es noch in den 50er Jahren ganz normal, daß Arbeiter, die sich für die Bergwerke in Spitzbergen verpflichtet hatten, im leeren Frachtraum der Schiffe hochfuhren, die dann in Spitzbergen Kohle laden sollten: für viele Veteranen noch heute eine unerfreuliche Erinnerung an Gepäck und Kleidung voller Kohlenstaub, kalte Zugluft und weitgehend fehlende sanitäre Einrichtungen. Aber natürlich gab es für zahlungskräftigere Reisende auf vielen damaligen Frachtern auch bessere Standards der Unterbringung.

Erst die weltweite Übernahme der Passagierbeförderung durch das Flugzeug brachte zusammen mit dem technischen Fortschritt eine wesentliche Änderung: War man früher auf das Schiff als einzige Beförderungsmöglichkeit angewiesen, so stieg nun nahezu jeder Reisende - ob Urlaubs- oder Geschäftsreise -, dem es um eine möglichst schnelle Beförderung ging, auf das Flugzeug um.

Für die Frachtschiffahrt bedeutete dies den weitgehenden Wegfall der Passagierbeförderung als zuverlässiger Teil des Umsatzes. Zusammen mit dem steigenden Komfortanspruch der Reisenden und vor allem immer teureren Sicherheitsbestimmungen für die Passagierbeförderung wurde es für die meisten Frachter uninteressant, all diese Kosten für jene gelegentlich auftauchenden einzelnen Reisenden auf sich zu nehmen, die weiterhin eine Frachtschiffspassage suchten. Schon durch die Bauweise und Ausrüstung vieler Frachter wird daher heute auf die Möglichkeit der Passagierbeförderung verzichtet - indem keine zusätzlichen Kabinen eingebaut und auch von der Sicherheitsausrüstung, Klassifizierung und Versicherung her die hohen Zusatzinvestitionen für Passagierbeförderung gar nicht erst vom Schiffseigner getätigt werden.

Höhere **Automatisierung** an Bord führte zu einer massiven Verringerung der Besatzungen, so daß das Motto "Ein paar Passagiere dazu fallen kaum auf" in den Arbeitsabläufen an Bord heute weniger zutrifft als früher. Gleichzeitig fällt mit der höheren Technisierung die frühere billige Reisemöglichkeit "Hand gegen Koje" weitgehend weg: die Qualifikationsanforderungen sind gestiegen, der Arbeitskräftebedarf an Bord ist gesunken. Auf modernen Frachtern besteht daher kaum noch eine Verwendungsmöglichkeit für anzulernende Hilfskräfte ohne passende Ausbildung, die nur eine Fahrt mitmachen wollen, um so billig ein Fahrtziel zu erreichen.

Hinzu kommt, daß aufgrund fortschreitender Nachrichtentechnik ein wachsender Teil der Frachter gar nicht mehr auf festen Routen unterwegs ist, sondern dorthin beordert wird, wo gerade zufällig Aufträge anfallen - oft werden sie noch auf hoher See über Satellitenverbindungen zu

anderen Häfen umdirigiert. Für einen Reisenden, der beispielsweise in Narvik den Kapitän eines Erzfrachters mit dem Ziel Duisburg überredet, ihn mitzunehmen, wäre es in aller Regel wenig erfreulich, auf hoher See zu erfahren, daß nun die Reise statt nach Deutschland nach Spanien geht - und genau auch wegen solchen Unsicherheiten wird ein Kapitän eines solchen Schiffes trotz angebotener Bezahlung kaum Passagiere mitnehmen.

Hinsichtlich der Passagierbeförderung ist die heutige Frachtschiffahrt daher geteilt, gerade in unserem Gebiet, wo überwiegend modernere Schiffe unterwegs sind: Die Masse der Schiffe ist auf Passagierbeförderung überhaupt nicht mehr eingerichtet, dazu nicht berechtigt und auch oft aufgrund der offenen Routen dafür kaum geeignet. Sie kommen höchstens für abenteuerwillige Globetrotter in Frage, die viel Zeit mitbringen (für Warten auf Mitfahrgelegenheit und eventuell längere Fahrzeit) und denen es wenig ausmacht, wenn sich unterwegs die Route ändert.

Daneben gibt es jedoch einige Frachter, in deren Nutzungskonzept die Beförderung einer kleineren Zahl von Passagieren bewußt einbezogen wurde und die dann in der Regel auch auf relativ festen Routen verkehren, so daß die Fahrt für den Passagier zeitlich und im Hinblick auf die Zielorte eher planbar wird. Diese Schiffe sind hinsichtlich Kabinenplatz, Sicherheitsstandard, Klassifizierung und Versicherung für die Mitnahme von Passagieren ausgelegt. Auch hinsichtlich der Arbeitsabläufe an Bord ist die erforderliche Betreuung von Passagieren vorgesehen - denn auch ohne Animation verursachen Passagiere natürlich unvermeidlich ein Mindestmaß an Arbeit: Kabinen müssen vorbereitet, neue Gäste eingewiesen und zusätzliche Mahlzeiten gekocht werden.

Einige dieser zusätzlichen Aufgaben fallen ausgerechnet in die aus Kostengründen möglichst kurz gehaltenen Hafenliegezeiten, in denen die Besatzung teilweise besonders viel zu tun hat oder gern ein bißchen Freizeit an Land haben möchte.

An Bord eines modernen Frachtschiffs ist für Besatzung wie Passagiere die romantisch verklärte, in Wirklichkeit jedoch eher harte Zeit der Hängematten (die übrigens in erster Linie eine Notlösung angesichts drangvoller Enge waren) vorbei. Wer erstmals ein solches Schiff betritt, wird eventuell über den Komfort überrascht sein, der heute für die Besatzungen zum Bordalltag gehört: neben relativ geräumigen Kabinen sind auch ein Aufenthaltsraum mit Fernseher, Video und kleiner Bibliothek sowie ein Fitneßraum normal, auf einigen Frachtern befindet sich sogar ein kleiner Pool.

Ein gewisser Mindeststandard an Bord, wo viele Besatzungsangehörige monatelang leben, ist heute unumgänglich - auch im Interesse der Reedereien, denen an einem reibungslosen Schiffsbetrieb gelegen ist. Voraussetzung hierfür sind qualifizierte und motivierte Besatzungen - und angesichts des auf See oft monotonen Ablaufes der Arbeitstage spielen die Lebensbedingungen dabei eine große Rolle.

Authentisches Seefahrtserlebnis

Als einer der wenigen Passagiere an Bord eines solchen Frachters ist man natürlich relativ eng in den Alltag an Bord eingebunden: Man ißt zusammen mit der Besatzung (oder zumindest den Offizieren) und kommt ins Gespräch. Draußen auf See ist es der Besatzung viel eher möglich, sich von ein paar Gästen bei der Arbeit über die Schulter gucken zu lassen, als auf einem Passagierschiff, wo der einzelne Reisende unter Hunderten weitaus seltener die Gelegenheit hat, den Kapitän oder andere Besatzungsmitglieder im lockeren Gespräch kennenzulernen.

Darüber hinaus bietet die Reise auf einem Frachtschiff am ehesten die Möglichkeit, Seefahrt und fremde Häfen authentisch, also ohne verzerrende touristische Scheinwelt mitzuerleben.

Für Puristen, denen es um das möglichst unverfälschte, nicht touristisch aufbereitete Erlebnis geht, dürfte die Frachtschiffsreise dieser Zielsetzung am nächsten kommen.

Punkte, die Ihnen bewußt sein sollten:

✳ Die Fracht steht im Vordergrund, Einnahmen durch die Passagierbeförderung spielen nur ganz am Rande eine Rolle. Folglich richtet sich an Bord alles hauptsächlich nach den Erfordernissen des Frachtverkehrs, bis hin zu eventuellen Routenänderungen.

✳ Häfen werden wegen ihres Frachtaufkommens angelaufen, nicht wegen touristischer Sehenswürdigkeiten. Jedoch können beide Punkte oft angenehm zueinanderpassen.

✳ In den Häfen wird an Frachtpiers angelegt, nicht immer die touristisch attraktivsten Plätze, und in größeren Häfen eventuell auch weiter von Ortszentren und Verkehrsmitteln entfernt.

✳ Auch Arbeiten an Bord, insbesondere Be- und Entladen, richten sich nach den Erfordernissen der Fracht, es gibt keine festen Nachtruhezeiten oder ähnliches. Wenn die Ankunft im Hafen abends ist, wird eventuell auch mal die ganze Nacht hindurch be- und entladen, womit entsprechende Geräusche verbunden sind.

✳ Die Verweildauer in den einzelnen Häfen ist - frachtabhängig - aber sehr

Der besondere Reiz der Hurtigruten liegt in der Kombination aus der abwechslungsreichen, spektakulären norwegischen Küstenlandschaft, dem zurückhaltend-freundlichen, aber aufmerksamen Service, den berühmten norwegischen kalten Buffets und nicht zuletzt der traditionellen Einbindung dieser Linienschiffsreise in das normale Leben Norwegens: An Bord lebt man nicht so sehr in einer künstlichen Kreuzfahrtwelt, sondern zu den Mitreisenden gehören auch Einheimische, die das Schiff als übliches Transportmittel zwischen zwei Häfen nutzen, Norweger, die einmal ihr eigenes Land erleben wollen, ein paar Interrailer und Globetrotter, die z.B. die Lücke im norwegischen Eisenbahnnetz zwischen Bodø und Narvik oder nördlich von Narvik per Schiff überbrücken, oder auch andere Touristen, die eigentlich mit dem Auto in Skandinavien unterwegs sind, aber dieses für eine Teilstrecke aufs Schiff verladen, um mal nicht nur hinter dem Steuer zu sitzen und auch die Seeseite des Landes zu erleben.

Zum skandinavischen Lebensstil gehört eine geringere Betonung von Standesunterschieden und unterschiedlicher Dicke des Geldbeutels, als dies anderswo in Europa üblich ist. Man mag zwar an Bord in sehr unterschiedlichen Kabinenstandards (ein paar Interrailer vielleicht sogar nur eine Deckspassage) gebucht haben, aber die Mehrheit der Passagiere legt mehr Wert darauf, die vorbeiziehende Natur zu genießen, das Treiben in den Häfen zu beobachten oder mit anderen Mitreisenden ins Gespräch zu kommen, als für Imagepflege oder Sozialneid Zeit und Energie zu opfern.

☞ Da die elf Schiffe aus sehr unterschiedlichen Baujahren stammen (1997: zwei Schiffe der 60er Jahre (**MS Lofoten** und **MS Harald Jarl**), drei Schiffe der 80er Jahre (**MS Midnatsol, MS Narvik, MS Vesterålen**), sechs Schiffe ab 1993 (**MS Kong Harald, MS Richard With, MS Nordlys, MS Nordkapp, MS Polarlys, MS Nordnorge**)), sind auch die Kabinen je nach Schiff unterschiedlich.

In den Prospekten gibt es daher eine lange Liste von über einem Dutzend **Kategorien** (1996: 16), wobei kein Schiff über alle davon verfügt. Die preisgünstigsten, aber auch einfachsten Kategorien (teilweise in der Kabine nur Waschbecken, Duschen/WCs gemeinsam auf dem Gang) finden sich nur auf den älteren Schiffen, die komfortabelsten Kategorien bis hin zur Suite nur in den neuesten Schiffen (ab 1993). Lediglich die Doppelkabinenstandards T, S (außen) und I (innen) sind auf fast allen Schiffen vorhanden. Es handelt sich überwiegend um Doppelkabinen, dazu ein paar Dreibettkabinen auf jedem Schiff. Für Einzelreisende, die allein bleiben möchten, kann eine Doppelkabine mit Einzelbelegungszuschlag gebucht werden.

Auf allen Schiffen gibt es zwar eine **Reiseleitung** der Reederei (die neben Norwegisch mindestens gut Englisch und fast immer auch Deutsch spricht) und auf den neueren, größeren Schiffen zunehmend neben der Bar auch einen Bereich mit Tanzmusik und Disco, aber ansonsten kein weitergehendes Unterhaltungs- und Animationsprogramm - hierin liegt ein wesentlicher Unterschied zu vielen Kreuzfahrten. Gerade das Fehlen solcher Angebote wird vom typischen Hurtigruten-Publikum überwiegend begrüßt. Außerdem wird zu keiner Tageszeit festlichere Kleidung an Bord erwartet - in ordentlicher Reisekleidung sind Sie stets angemessen angezogen, können aber natürlich gern z.B. zum Abendessen auch im Jackett kommen.

Kurz: Wer neben dem Erlebnis des Landes Freude daran hat, mit Menschen unterschiedlichster Art einschließlich Einheimischen zusammenzutreffen, hingegen auf ein größeres Unterhaltungsprogramm gern verzichtet, wird an Norwegens Küste vermutlich die Hurtigruten sowohl einer klassischen Kreuzfahrt als auch einer Frachtschiffsreise vorziehen.

Seitdem Norwegen über eines der weltweit am besten ausgebauten Regionalflugnetze verfügt, das Straßennetz in dem wild zerrissenen Land durch immer neue Tunnel und Brücken ständig weiter ausgebaut und zeitsparender wird und außerdem eine beträchtliche Landflucht in Nordnorwegen nach Süden oder zumindest in die wenigen größeren Orte des Nordens ebenfalls das Transportvolumen zu kleinen abgelegenen Häfen vermindert hat, hat die Hurtigruten erhebliche **wirtschaftliche Probleme**, die derzeitig noch durch reichliche staatliche Subventionen an die beteiligten Reedereien ausgeglichen werden. Allerdings wurde diesen bereits ein Ende dieser Subventionspolitik in wenigen Jahren (2003) angekündigt. Im Moment befindet sich daher der Hurtigrutenverbund in einer Phase der Umstrukturierung und der Entwicklung neuer Konzepte, um in irgendeiner Form auch nach Ende der Subventionen überleben zu können.

Angesichts stetig sinkender Bedeutung als regionales Verkehrsmittel bei gleichzeitig wachsendem Interesse des Tourismus an dieser in der Werbesprache gern als "schönste Seereise der Welt" gepriesenen Route lag es schon in der Vergangenheit nahe, zunehmend auf den Tourismus als wachsende Einnahmequelle zu setzen. Der derzeit stattfindende Generationswechsel bei den Schiffen zeigt eine konsequente Wende hin zum höheren, kreuzfahrtartigen Komfort bei gleichzeitiger **personal- und zeitsparender Rationalisierung** in der Schiffstechnik.

Letzteres ist am auffälligsten beim **Auto-Transport**: Auf den (1997: zwei) alten Schiffen können nur vier bis sechs Autos als Decklast befördert werden, die aufwendig per Kran auf- und abgeladen werden, was nicht jeden Autofahrer hinsichtlich eventueller Salzwasserspritzer freut. Die neueren Schiffe hingegen verfügen über direkt befahrbare Autodecks und können eine erheblich größere Zahl von Fahrzeugen (1996: bis 50) befördern.

Im Hochlohnland Norwegen ist die Aufrechterhaltung einer solchen Schiffsverbindung - Voraussetzung hierfür sind für einen größeren Kundenkreis noch bezahlbare Preise - nur mit modernen Schiffen möglich, die wesentlich weniger technisches Personal benötigen als die älteren Modelle, die derzeit ausgemustert werden. Ähnliche Wirtschaftlichkeitsargumente zwingen auch zum Einsatz immer größerer Schiffe, bei denen sich die Betriebskosten auf eine größere Zahl von Gästen verteilen: Haben die in den letzten Jahren schrittweise dem Hurtigrutendienst genommenen älteren Schiffe aus den 60er Jahren noch um 200 Betten, so ist die Bettenanzahl der aktuellen Neuzugänge unter den stets elf im Einsatz befindlichen Schiffen mittlerweile auf 490 angewachsen - dementsprechend ergeben sich erheblich größere Schiffsdimensionen.

Bei sinkendem regionalem Transportvolumen und dem gleichzeitigen wirtschaftlichen Zwang zu größeren Schiffen liegt die einzige Möglichkeit zur Auslastung dieser wachsenden Kapazitäten und damit Aufrechterhaltung der Hurtigruten in einer immer stärkeren schwerpunktmäßig touristischen Nutzung.

Der Trend zu immer größeren Schiffen (bis 1964: max. 2.600 GT, Neubautenserie seit 1993: je ca. 11.300 GT) wird in absehbarer Zeit zu einer Verminderung der angelaufenen Häfen zwingen, gerade in

Nordnorwegen, weil einige kleine Anleger für derartig große Fahrzeuge zunehmend problematischer werden und im übrigen auch vom geringen Transportvolumen her sich das Anlegen in kleinsten Orten mit solch großen Schiffen wirtschaftlich nicht mehr vertreten läßt. Unter dem Aspekt touristischer Attraktivität liegt der Gedanke nahe, statt dessen in besonders beliebten Orten die Liegezeiten zu verlängern, um mehr Gelegenheit für Landexkursionen zu geben, oder auch die Route nach Süden zu erweitern (diskutiert wird beispielsweise Stavanger statt Bergen als Anfangs- und Endpunkt), dafür im Norden schon in Honnigsvåg zu enden.

Diese Entwicklung hin zu immer größeren Schiffen und einem weitgehend auf Seetouristik ausgerichteten und damit zunehmend kreuzfahrtschiffähnlicheren Charakter der Hurtigruten erscheint aus wirtschaftlichen Gründen unabwendbar. Freunde des traditionellen Reisens auf Linienschiffen mögen dies bedauern, weil damit die Vielfalt des Publikums und der Kontakt mit Einheimischen an Bord während der Reise geringer wird.

☺ Ihnen sei hinsichtlich der traditionellen Atmosphäre empfohlen, eher eine Reise auf einem der kleineren und älteren Schiffe zu buchen, auch wenn diese etwas einfacher ausgestattet sind - und dies möglichst bald, da der Austausch gegen größere Nachfolger stetig voranschreitet und auch einige kleine Häfen vielleicht schon bald aus dem Programm gestrichen werden.

Eine weitere Möglichkeit, die Seereisen der Hurtigruten ohne allzu großes touristisches Gedränge zu erleben, liegt in der **Nebensaison**. Im Gegensatz zur kurzen sommerlichen Saison der Nordlandkreuzfahrten verkehrt die Hurtigruten **ganzjährig**. Schon ab Ende August wird es

deutlich leerer auf den Schiffen, und im Herbst und Winter sind die wenigen ausländischen Touristen oft gegenüber den Einheimischen in der Minderzahl - eine besonders gute Zeit, um unterwegs ungestört ins Gespräch zu kommen, wenn man nicht gerade die vorbeiziehende herbstliche, winterliche oder frühlingshafte Küstenszenerie genießt.

Das geringere Tageslicht, in Nordnorwegen sogar im Winter die dämmrige Atmosphäre der Polarnacht, wird durch die Möglichkeit des **Nordlichterlebnisses** bei klarem Himmel ausgeglichen. Eisig kalt wird es dank des Golfstromes kaum.

Für Nordland- und Hurtigrutenfans, die mit **Stille** etwas anfangen können, gilt daher die Nebensaison einschließlich des Winters als Geheimtip. Auch die Preise sind dann deutlich niedriger - nicht weil die Reisen nicht schön sind, sondern weil die meisten Menschen sich eine Reise nach Norden - wenn überhaupt - nur zur Zeit der sommerlichen Mitternachtssonne vorstellen können. Ein Tip für die wenigen, die den Mut haben, mit Mehrheitsmeinungen zu brechen und etwas Außergewöhnliches zu probieren!

Organisierte Landausflüge: Für die sommerlichen Fahrten der Hurtigruten werden einige zusätzlich buchbare Landarrangements längs der Fahrtroute angeboten, die entweder während der längeren Liegezeiten in einzelnen größeren Häfen durchgeführt werden (Trondheim, Tromsø, Honningsvåg/Nordkapp), oder bei denen die Teilnehmer für ein paar Stunden vom Schiff in einen Bus wechseln, um eine Fahrt durchs Land auf attraktiven Routen zu unternehmen, während das Schiff zum nächsten Hafen weiterfährt und dort die Teilnehmer der Busfahrt wieder an Bord nimmt (Molde-Kristiansund, Nordkapp-Hammerfest, Harstad-Sortland (Vesterålen), Svolvær-Stamsund (Lofoten)).

Kombinationsmöglichkeiten und An-/ Abreise: Neben der kompletten elftägigen Rundreise ab/bis Bergen können auch die halbe Tour oder noch kürzere Abschnitte in Kombination mit anderen Verkehrsmitteln (meist Flug; Bergen und Trondheim auch Bahn) bis hin zum mitgeführten eigenen Pkw gebucht werden.

🚢 ☞ Bergen ist per Flugzeug von Mitteleuropa mit mehreren Verbindungen am Tag erreichbar (fast immer allerdings mit Umsteigen).

🚢 🚄 Sehr reizvoll ist als Alternative zum Flugzeug beispielsweise die Überfahrt von Kiel (gute Bahnanschlüsse) mit den sehr komfortablen großen Schiffen der Color Line nach Oslo und von dort weiter mit der Bergenbahn, die eine eindrucksvolle Routenführung über die teilweise vergletscherte Hochregion der Hardangervidda und dann die Fjordlandschaft um Bergen bietet.

🚢 Kirkenes ganz im Nordosten des Landes ist ebenso wie Hammerfest, Alta, Tromsø, Bodø und Trondheim als mögliche Anfangs-/Endpunkte von Teilstrecken über tägliche Direktflüge mit Oslo verbunden.

♦ **Preisbeispiele** (auch andere Varianten möglich) pro Person, 1996/97, Spanne über alle Kabinenkategorien von einfachster Dreibettkabine innen bis Suite, nicht auf allen Schiffen gleichzeitig verfügbar; bei Flügen auch andere mitteleuropäische Ausgangs-/Endflughäfen gegen etwas höheren Preis möglich:

♦ 15 Tage mit 11tägiger Hurtigruten-Rundfahrt, Sommer, mit Color Line (Kiel-Oslo und zurück) und Bergenbahn: DM 2.795 bis 7.820, Hauptsaison (1.6. bis 31.7.1997).

♦ 13 Tage mit 11tägiger Hurtigruten-Rund-

fahrt, Sommer, mit Flügen ab/bis Hamburg, eine Hotelnacht in Bergen: DM 2.960 bis 7.980, Hauptsaison (1.6. bis 31.7.1997).

♦ 11tägige Hurtigrutenfahrt ohne An- und Abreise, ab/bis Bergen, Hauptsaison Sommer (1.6. bis 31.7.1997): DM 1.750 bis 6.080, günstigste Nebensaison Winter (1.11. bis 18.12.1996): DM 1.430 bis 3.350.

♦ 8 Tage mit halber Hurtigruten-Rundfahrt Kirkenes-Bergen, Sommer, Flüge ab/bis Hamburg, zwei Hotelnächte in Kirkenes und Bergen: DM 2.630 bis 5.395, Hauptsaison (7.6. bis 6.8.1997). Die Gegenrichtung (Bergen-Kirkenes, 8 Tage, eine Hotelnacht in Kirkenes) ist wegen stärkerer Nachfrage DM 65 bis 565 teurer.

♦ Halbe Rundfahrt ohne An- und Abreise 1996/97: Bergen-Kirkenes ca. 65% des kompletten Rundreisepreises (☞ oben, 11tägige Hurtigrutenfahrt ohne An- und Abreise), Kirkenes-Bergen 55% des kompletten Rundreisepreises in der jeweiligen Kabinenkategorie und Saison. Pkw-Mitnahme Bergen-Kirkenes oder umgekehrt auf den neueren Schiffen DM 478, auf den ältesten DM 718.

☺ **Seniorenermäßigung**: Je nach Termin DM 290 bis 360 (nur außerhalb der Hauptsaison). **Kleinkinderermäßigung** (ohne eigenes Bett) auf Anfrage.

Vergleicht man die Hurtigruten auch unter Einbeziehung der sich abzeichnenden Entwicklungen mit der klassischen Nordlandkreuzfahrt, so bleiben zur teilweisen Beruhigung des Hurtigruten-Freundes einige Unterschiede auf absehbare Zeit bestehen:

✱ Auch die größten Hurtigruten-Schiffe sind weitaus kleiner und entsprechend überschaubarer als die größten Kreuzfahrtschiffe an Norwegens Küsten mit weit über 1.000 Passagieren.

✱ Auch in Zukunft wird die Hurtigruten weiterhin regionales Linienverkehrsmittel bleiben und damit mehr Kontakt zum Land und seiner Bevölkerung sowie anderen Reiseformen bieten als eine klassische Kreuzfahrt, wenn auch der Anteil des Regionalverkehrs zugunsten der Touristik weiter rückläufig sein wird.

✱ Mit derzeit 34 Häfen in 11 Tagen wird Hurtigruten wohl von keiner anderen längeren Seereise übertroffen.

✱ Hauptattraktion soll auch in Zukunft das Land bleiben, wogegen das Unterhaltungsprogramm an Bord eine sehr untergeordnete Rolle spielt.

✱ Die Hurtigruten operiert **ganzjährig** - im Gegensatz zur kurzen sommerlichen Kreuzfahrtsaison. Im Herbst, Winter und Frühling vor Ostern, wenn sich nur wenige ausländische Touristen auf die Reise begeben, wird sie auch weiterhin stärker den Charakter eines Regionalverkehrsmittels behalten.

✱ Mit Tagespreisen auf der Rundreise ab ca. DM 130 in der winterlichen Nebensaison und ab ca. DM 160 in der sommerlichen Hochsaison gehört Hurtigruten zu den **günstigeren Seereise-Angeboten** im Nordmeer.

Die Smyril Line: Dänemark-Färöer-Bergen-Island und zurück

Während sich die Hurtigruten in Norwegen im Laufe der letzten Jahrzehnte vom reinen Verkehrsmittel zwischen verschiedenen Häfen weitgehend zur eigenständigen Seereise entwickelt hat, operiert die Smyril Line im Sommer zwischen Dänemark, Färöern, Norwegen und Island weiterhin in erster Linie als Fährlinie zwischen den drei Ländern und den Färöern. Für Freunde von Seereisen,

die den Charakter einer Linienschiffahrt mit ihrem bunten Publikum und der Mischung aus Einheimischen und sonstigen Reisenden schätzen, bieten sich damit diese Fahrten der Fähre **MS Norröna** (Baujahr 1973, 1983 modernisiert, Länge 129 m, Breite 21 m, 20 Knoten Geschwindigkeit, Stabilisatoren, Klimaanlage, 1.050 Betten, 300 Pkw, Restaurant, Cafeteria, Bar, Tanzclub, zollfreier Bordladen, die Besatzung stammt von den Färöern) auch als eigenständige Seereise an, die aufgrund des Fahrplanes des Schiffes unterschiedliche Varianten erlaubt.

Im Gegensatz zur Hurtigruten quert die MS Norröna allerdings auf ihrem einwöchigen Rundkurs während des größeren Teils der Zeit offene See, wo also zeitweise keine Küsten in Sichtweite liegen. Außerdem verkehrt sie nur von Ende Mai/Anfang Juni bis Ende August/Anfang September auf dieser Route.

Von Mitteleuropa aus betrachtet ist das dänische **Esbjerg** (Jütland), von dem aus auch andere Fährlinien operieren, der naheliegendste Ausgangs- und Endhafen einer Rundreise mit der MS Norröna. Im Prinzip läßt sich die einwöchige Rundreise aufgrund ihres sternförmigen Rundkurses genauso auch von/nach **Bergen**, **Seydisfjördur** (Island) oder dem mehrfach auf der Runde angelaufenen **Thorshavn** (Färöer) verwirklichen.

🚌 Wer nicht mit dem Auto anreist: Esbjerg ist zwar mit der Eisenbahn etwas umständlich zu erreichen, es gibt jedoch als Alternative einen auf die Abfahrtszeiten des Schiffes abgestimmten Bus von Hamburg ZOB.

♦ Beim Hamburger Hauptbahnhof, Abfahrt Samstag 15:00, Rückkehr nach Hamburg ZOB 23:30, pro Strecke DM 75 (1997) nach Esbjerg und zurück.

Route (1997): Die MS Norröna fährt von Esbjerg Samstag abends um 22:00 ab, passiert am Sonntag die Shetlands und erreicht dann Thorshavn auf den Färöern Montag morgens gegen 10:00, um anschließend einen Abstecher ins norwegische Bergen zu machen (Ankunft Dienstag 12:00, Abfahrt 15:00), von wo aus sie am Mittwoch vormittag gegen 11:00 wieder in Thorshavn ankommt. Von dort geht es um 15:00 weiter nach Seydisfjördur auf Island (Ankunft Donnerstag morgens gegen 7:00) und dann gegen 11:00 donnerstags zurück nach Thorshavn (Ankunft Freitag morgens 6:00, Abfahrt 8:30) und weiter an den Shetlands vorbei nach Esbjerg (Ankunft Samstag ca. 19:00).

Diese einwöchige Rundreise erlaubt zwei naheliegende **Varianten**: entweder die komplette Fahrt mitmachen oder auf den Färöern von Montag bis Mittwoch aussteigen (statt des Abstechers nach Bergen) und dann wieder für die Weiterfahrt nach Island an Bord gehen. Weitere Varianten sind möglich, indem man etwa von Montag bis Freitag auf den Färöern bleibt oder in den anderen Häfen (Bergen, Seydisfjördur) jeweils für mindestens eine Woche aussteigt und dann erst mit dem nächsten oder übernächsten Anlauf der MS Norröna wieder weiterfährt - womit wir dann aber schon wieder bei Reisen angelangt sind, deren Schwerpunkt zeitlich an Land liegt und die damit nicht Thema dieses Buches sind.

Die Mehrzahl der Nutzer der MS Norröna sind Island- und Färöerreisende unterschiedlichster Zielsetzung: vom gewerblichen Fahrer über Einheimische, die mit dem eigenen Wagen von Island oder den Färöern zum Kontinent oder zurück unterwegs sind, bis hin zu Urlaubern vom Kontinent, die meist ihren Wagen, ihr Motorrad oder auch ihr Fahrrad nach Island (manchmal auch zu den Färöern) oder von dort zurück mitführen. Hinzu kommen unmotorisierte Einheimische der Inseln und einige Urlauber vom Kontinent, die ohne Fahrzeug nach Island oder zu den Färöern bzw. zurück reisen - wobei die Masse des Island-Tourismus allerdings den schnelleren Luftweg bevorzugt. Insgesamt also eine interessante bunte Mischung an Mitreisenden, zusätzlich zum Erlebnis des Nordmeeres mit Dänemark, Shetlands, Färöern, Norwegen und Island.

Mit Tagespreisen zwischen DM 110 und 315 zählt diese einwöchige Tour zu den **preisgünstigsten längeren Seereisen** im Nordmeerbereich.

♦ **Preisbeispiele 1997** (pro Person):

♦ **Einwöchige Rundreise ab/bis Esbjerg:**

Liege	Nebensaison DM	781	Hauptsaison DM 1.117
4-Bett-Kabine Standard	Nebensaison DM	864	Hauptsaison DM 1.235
4-Bett-Kabine m. Dusche/WC	Nebensaison DM	928	Hauptsaison DM 1.325
2-Bett-Kabine m. Dusche/WC	Nebensaison DM	1.192	Hauptsaison DM 1.704
2-Bett-Kabine Luxus	Nebensaison DM	1.544	Hauptsaison DM 2.205

♦ **Einwöchige Rundreise ab/bis Esbjerg, zwei Nächte Privatzimmer Thorshavn (1/2 DZ), ohne Bergen-Abstecher:**

Liege	Nebensaison DM	856	Hauptsaison DM 1.170
4-Bett-Kabine Standard	Nebensaison DM	892	Hauptsaison DM 1.228
4-Bett-Kabine m. Dusche/WC	Nebensaison DM	1.048	Hauptsaison DM 1.448
2-Bett-Kabine m. Dusche/WC	Nebensaison DM	1.384	Hauptsaison DM 1.928
2-Bett-Kabine Luxus	Nebensaison DM	1.724	Hauptsaison DM 2.412

☺ Bei den meisten Fällen des zweiten Beispiels wäre es günstiger, die komplette Rundreise zu buchen und zusätzlich pro Person DM 114 für die zwei Nächte in Thorshavn zu bezahlen und diese Zeit auf dem Schiff verfallen zu lassen - mit der Reederei absprechen!

Die höheren Preise des zweiten Beispiels (Beispiel ohne Bergen-Abstecher) ergeben sich, weil für solche "Sonderwünsche" keine Preise in den Tabellen aufgelistet sind, so daß hier zwei Teilstrecken - Esbjerg-Island und Island-Esbjerg - berechnet werden. Teilstrecken sind wegen des höheren Aufwandes für die Reederei teurer.

Information/Buchung: Bei Vertretungen der Smyril-Reederei in Deutschland und Österreich, in besseren Reisebüros, bei Nordlandspezialisten.

Klassische Nordlandkreuzfahrten

Erst in der zweiten Hälfte des 19. Jh. entwickelte sich aus der Linienpassagierschiffahrt, die ursprünglich auch den kleinen Markt jener Oberschicht abgedeckt hatte, die sich damals reine Vergnügungsseereisen leisten konnte, als neues Konzept die **Kreuzfahrt** als ein nunmehr rein touristisches Angebot. Die ersten derartigen Angebote waren dabei zunächst oft Notlösungen der jeweiligen Reedereien, die eines ihrer Passagierschiffe im Liniendienst nicht ausreichend auslasten konnten und daher versuchten, die Nachfragelücke mit zusätzlich angebotenen Kreuzfahrten zu überbrücken.

Norwegen, bald (ab 1892) bis hinauf ins damals noch unvollständig erkundete Spitzbergen, gehörte dabei rasch zu den beliebtesten Zielen, worin sich das deutsche Großbürgertum mit dem Kaiser einig war, der mit seiner Yacht "Hohenzollern" ebenfalls mehrfach die norwegische Küste bereiste und den Neuaufbau des in einem Großfeuer vernichteten Ålesund aus seinen Privatmitteln großzügig unterstützte. Insofern kann die Nordlandkreuzfahrt auf eine über hundertjährige Tradition zurückblicken, in der sie seit jeher ein besonderer Liebling deutscher Reisender war, die unter den jährlich gen Norden ziehenden Passagieren in den meisten Zeiten den weitaus größten Anteil stellten und heute noch stellen.

Für die kleine Oberschicht, die sich **Reisen aus reinem Vergnügen** leisten konnte, ging es nicht darum, für die Nacht ein Dach über dem Kopf zu haben, und von A nach B zu müssen, war zunächst ein oft lästiges Übel auf schlechten Straßen, das die Bereitschaft zu Fernreisen begrenzte. Es ging vielmehr um Tapetenwechsel und standesgemäßes Verbringen einer möglichst angenehmen Zeit. Zur Befriedigung dieses Bedürfnisses entstanden an Land die traditionellen vornehmen Kur- und Badeorte mit ihren eleganten Hotels, Promenaden, Restaurants, Musikveranstaltungen sowie gesellschaftlichen Ereignissen, dazu für die gesundheitsbewußten Gäste Kurbetriebe und Sportanlagen und für die Unternehmungslustigen wurden Wanderwege angelegt und geführte Exkursionen organisiert.

Die geniale Idee der Kreuzfahrt lag nun darin, einen ganzen **Kurort** in ein Schiff einzubauen, mit eleganten Quartieren, Promenaden, Restaurants, Musikveranstaltungen, gesellschaftlichem Leben, für die gesundheitsbewußten Gäste Kur- und

Sportanlagen, und das Ganze in frischer Seeluft. Während an Land die Kulisse um den Kurort herum für den gesamten Aufenthalt dieselbe blieb, bot das Schiff den Vorteil ständiger Abwechslung beim Blick nach draußen und für die unternehmungslustigen Gäste immer neue Exkursionsmöglichkeiten an neuen Landeplätzen.

Darüber hinaus wurden nun auch Fernreisen in höchstem Komfort möglich, denn statt immer wieder packen und sich unbequemen Beförderungsmitteln anvertrauen und sich am nächsten Ort wieder einrichten zu müssen, glitt hier der gesamte Kurort mit all seinen gewohnten Annehmlichkeiten zu den fernsten Zielen. Sicher waren auch schon zuvor Fernreisen mit ähnlichem Komfort per Linienschiff möglich gewesen, dort aber nur auf Routen, die sich vor allem am Transportbedarf und weniger an touristischen Reizen orientierten - und wo womöglich in Billigklassen zusammengedrängt mitreisende ärmere Schichten (Auswanderer etc.) die Bewegungsfreiheit auf dem Schiff und das ungetrübte Genießen der Reise beeinträchtigten.

Doch auch wenn einen das Schiff nun auf Vergnügungsreise standesgemäß und komfortabel in weitere Fernen entführte und auf Landgängen die Reize der Fremde besichtigt werden konnten, so stand im Zentrum der Reise doch das Schiff mit seiner in sich geschlossenen, eleganten und gewohnten Welt, seinen gleichgesinnten Mitreisenden, dem gesellschaftlichen Leben an Bord und dem Unterhaltungsprogramm, in das sich die Landausflüge und landeskundlichen Informationen als ein Teil neben Musik und Show einreihten.

Kreuzfahrt im klassischen Sinne ist ein **Gesamterlebnis** in sich, zu dem auch die besuchten Regionen gehören, bei dem sich aber der Erlebnisschwerpunkt an Bord befindet. Dies gilt bis heute und in diesem Punkte ist die Kreuzfahrt vergleichbar mit

anderen modernen Urlaubsformen, etwa Clubanlagen, die dem Gast ebenfalls eine Vielfalt an internen Unterhaltungsmöglichkeiten bieten - und zusätzlich auch Exkursionen in die Umgebung.

Im Unterschied zur Jahrhundertwende ist die Kreuzfahrt heute jedoch kein auf die Oberschicht begrenztes Urlaubsvergnügen und die einstigen scharfen Klassengegensätze haben durch einen seit Kaisers Zeiten beträchtlich gestiegenen allgemeinen Wohlstand in der Bevölkerung abgenommen. Eine zweiwöchige Nordlandkreuzfahrt ist heute für ca. DM 1.500 pro Person buchbar und damit zwar noch nicht mit einem Billig-Badeurlaub auf Mallorca vergleichbar, aber auf alle Fälle für einen größeren Teil der Bevölkerung erschwinglich.

Entsprechend ist der Seereisemarkt auch im Nordmeer mit dem gestiegenen Einkommen angewachsen und die ursprüngliche klassische Kreuzfahrt als rein touristische Seereise hat sich in eine Vielzahl von Varianten aufgeteilt, die in nachfolgenden Kapiteln behandelt werden: Studien-Seereisen (Expeditionskreuzfahrten), Küstenschiffstouren, Eisbrecherfahrten, Segeltörns - alles ebenfalls rein touristische Konzepte, jedoch mit anderen Interessenschwerpunkten.

Auch heute noch gilt das ursprüngliche Grundkonzept, daß die klassische Kreuzfahrt im Prinzip ein auf ein Schiff versetzter Urlaubsort mit all seinen Erlebnis- und Unterhaltungsangeboten ist, zu denen unter anderem auch die Landexkursionen gehören - hier gegenüber dem Ort an Land mit dem anregenden Vorteil einer stetig wechselnden Kulisse.

Erfahrene Kreuzfahrer werden bestätigen, daß jeder Veranstalter, sogar jedes Schiff, das sich schon ein paar Jahre etablieren konnte, einem ganz bestimmten Publikum besonders zusagt.

Am offensichtlichsten sind natürlich die **Preisunterschiede**, die sich in der Regel auch in den **Sternen** widerspiegeln.

Die luxuriöseste Klasse sind die **Fünf-Sterne-Schiffe**, die nur einen kleinen Teil der sich auf Kurs Nord befindlichen Kreuzfahrtflotte ausmachen. Hierzu zählen sowohl ein paar schon ältere, jedoch aufwendig modernisierte Schiffe mit bekannten klangvollen Namen und dem Flair eleganter Kreuzfahrttradition und einem begeisterten Stammpublikum, als auch einige Neubauten, die durch moderne Linienführung und meist ein modern-beschwingtes anspruchsvolles Ambiente sich ihren Kreis von Gästen erobern. Mancher Neubau greift aber auch bewußt auf klassische Gestaltungsformen zurück. Einige neue Schiffe haben die Anzahl der Kabinenkategorien verringert, indem sie nur noch Außenkabinen, zunehmend auch mit Veranda, anbieten. Vierbettkabinen sind in dieser Spitzenklasse kaum zu finden, es besteht jedoch die Möglichkeit eines Zustellbetts in der Zweibettkabine, z.B. für ein mitreisendes Kind. In jedem Falle sind diese Schiffe im Hinblick auf Ausstattung und Service Top.

♦ Preise pro Person für ca. 15 Tage Nordlandkreuzfahrt in Zweibett-Innenkabine um ca. DM 7.000 bis hin zur Suite für über DM 36.000.

Vier-Sterne-Schiffe bieten Erste-Klasse-Komfort, wenn auch nicht ganz den Luxus der Spitzenklasse, sind dafür aber erheblich preisgünstiger.

♦ 14 Tage Nordlandkreuzfahrt kosten in dieser Kategorie ab ca. DM 3.500 in einer Zweibett-Innenkabine bis ca.

DM 17.500 pro Person in der Top-Suite. In Vierbettkabinen finden sich sogar Angebote knapp unter DM 3.000.

Drei-Sterne-Schiffe sind gehobene Mittelklasse, auch hier reist man immer noch auf gut ausgestatteten Schiffen, bei denen jedoch in den Details weniger Aufwand betrieben wird. Daher liegen insbesondere die höheren Kabinenkategorien deutlich unter den Vier-Sterne-Preisen. Der Lebensstil an Bord ist deutlich legerer und familiärer als auf den meisten Schiffen der obersten Klassen.

♦ Für eine 14tägige Nordlandkreuzfahrt muß man in dieser Kategorie pro Person mit ca. DM 3.500 (Zweibett-Innenkabine) bis ca. DM 10.000 (Suite) rechnen, in Vierbett-Innenkabinen sind auch schon Preise unter DM 2.000 möglich.

Zwei-Sterne-Schiffe sind die preisgünstigste Klasse im Bereich der Nordmeerkreuzfahrten. Bei einer einfacheren Ausstattung sind sie ideal, um zu einem möglichst günstigen Preis per bequemer Schiffsreise den hohen Norden zu erleben, ohne dabei gehobenen Komfort zu erwarten. Auch in dieser Klasse gehört zu jeder Kabine jedoch eine eigene Dusche/WC.

♦ 14 Tage Nordlandkreuzfahrt werden hier pro Person für ca. DM 1.500 (Zweibett-Innenkabine) bis ca. DM 6.000 (Suite) angeboten.

Auch hinsichtlich des Bordlebens hat sich die Vielfalt im klassischen Nordlandkreuzfahrtenbereich erhöht. Neben dem ursprünglichen betont eleganten Stil, der für das Abendessen auf alle Fälle mindestens Jackett oder Anzug und entsprechende Kleidung der Damen voraussetzt und zusätzlich noch besonders festliche Höhepunkte bietet, gibt es auch Schiffe oder einzelne Fahrten - bis in die Fünf-Sterne-Kategorie -, bei denen bewußt der formale Aspekt zurückgenommen wurde, da viele Reisende wenigstens einmal im Jahr diesen Zwängen entfliehen wollen, ohne dabei unbedingt auf gehobenen oder höchsten Komfort zu verzichten.

Die **Größe des Schiffes** ist ebenfalls ein letztlich dem persönlichen Geschmack unterliegendes Auswahlkriterium. Kreuzfahrten werden im Norden auf Schiffen von unter 200 bis über 1.000 Passagieren angeboten (die noch größeren Giganten verkehren eher in wärmeren Gewässern). Ein größeres Schiff liegt nicht nur noch ruhiger in der See, sondern bietet auch mehr Kontaktauswahl und teilweise auch eine vielfältigere Ausstattung als ein kleineres Schiff derselben Klasse. Hingegen schätzen andere Reisende an kleineren Schiffen die Übersichtlichkeit und weniger Menschenmassen bei Landgängen und Veranstaltungen an Bord.

Schließlich ist noch die **Dauer der Kreuzfahrt** ein wichtiger Punkt. Von wenigen Tagen bis zu drei Wochen reicht hier das Spektrum, wobei sich natürlich in eine längere Dauer auch größere Routen unterbringen lassen. Die kürzeren Fahrten berühren daher üblicherweise nur ein Zielgebiet, eventuell unterstützt durch zeitsparende An- oder/und Rückreise per Flug, also z.B. "Fjorde Norwegens". Größere Routen, z.B. Deutschland-Island-Spitzbergen-Norwegen-Deutschland, erfordern ca. zwei Wochen Dauer, wenn in den jeweiligen Gebieten auch noch Zeit für wenigstens ein paar kürzere Landexkursionen bleiben soll.

Häufig besteht außerdem noch die Möglichkeit zu **Kombinationen** verschiedener aufeinanderfolgender Routen, da die Schiffe ja nicht im Liniendienst operieren, sondern der Jahreszeit entsprechend ihren Kurs ändern. Durch Kombinationen sind also auch noch längere Kreuzfahrten möglich - bis hin zur Weltreise.

Das **Landexkursionsprogramm** wird in vielen Prospekten etwas stiefmütterlich behandelt. Natürlich gehören zu jeder Kreuzfahrt auch Landexkursionen und die meisten Veranstalter bieten ihren Gästen zusätzliche Exkursionspakete an. Doch in vielen Katalogen findet sich hierzu nur wenig an Informationen - ein Hinweis darauf, daß die Mehrzahl der Gäste zwar durchaus auch Landgänge und Exkursionen unternehmen möchte, deren genaues Angebot aber offensichtlich keine besondere Rolle bei der Auswahl der zu buchenden Kreuzfahrt spielt: im Mittelpunkt steht bei der Kreuzfahrt eben das Schiff. Exkursionen werden oft auch ohne nähere Beschreibung oder erst spontan an Bord gebucht. Es soll schon vorgekommen sein, daß einzelne Veranstalter auch auf Nachfrage ein detaillierteres Exkursionsprogramm nur ungern herausrückten, bevor die Kreuzfahrt gebucht war.

Bei unseren Hafenbeschreibungen weisen wir auch auf einige beliebte Sehenswürdigkeiten der jeweiligen Umgebung hin, so daß jene Leser, denen auch die Exkursionsmöglichkeiten bei der Reiseplanung wichtig sind, sich schon einmal orientieren können.

Um Mißverständnisse zu vermeiden: Der reine Landgang auf eigene Faust in einem Anlegeort des Schiffes ist natürlich kostenlos. Oft werden aber zusätzlich geführte Ortsrundfahrten, Busfahrten zu benachbarten Sehenswürdigkeiten etc. für Kreuzfahrer angeboten. Diese Exkursionen buchen Sie entweder schon im voraus anhand Ihrer Reiseunterlagen über den Veranstalter oder erst an Bord. Daneben besteht natürlich auch die Möglichkeit, eine Exkursion direkt vor Ort bei einem örtlichen Anbieter zu buchen - im voraus (Adressen z.B. über das Fremdenverkehrsamt des Ortes) oder bei Ankunft, wobei letzteres eventuell angesichts oft knapper Zeit nicht immer einfach ist.

Die **durch den Veranstalter oder an Bord buchbaren Exkursionen** sind oft etwas oder gar erheblich teurer, andererseits hat der Veranstalter hierfür oft erprobte und eingespielte Partner und Sie müssen sich um nichts weiter kümmern. Viele Veranstalter kaufen der Einfachheit halber die gesamten Landprogramme einer Kreuzfahrt bei einer hierauf spezialisierten Agentur, die ihrerseits wiederum mit Anbietern in den einzelnen Orten zusammenarbeitet. Insbesondere wenn es Ihnen nur um einen Überblick geht und Ihnen hierfür eine Rundfahrt per Bus (üblicherweise 30 bis 60 Passagiere pro Bus) ausreicht, ist das Exkursionsprogramm Ihres Veranstalters der einfachste Weg.

Selbst vor Ort gebuchte Exkursionen können z.B. dann interessant sein, wenn Sie ganz bestimmte Dinge sehen möchten, die im Standard-Exkursionsangebot nicht enthalten sind oder wenn Sie auf eine persönliche Führung in Kleinstgruppe (z.B. mit Pkw oder Kleinbus) bevorzugen, wo eher auf individuelle spontane Stoppwünsche (Foto etc.) eingegangen werden kann und wofür Sie dann auch gern etwas mehr bezahlen (eventuell aber sogar auch weniger), statt in der Großgruppe durchgeschleust zu werden, wo außerdem oft Zeit mit Warten auf Nachzügler und Ein- und Aussteigen des ganzen Busses verloren geht.

Der ideale Reisende

Der ideale Nordlandkreuzfahrer schätzt Geselligkeit und ein buntes, vielfältiges Unterhaltungsprogramm, das einen gelegentlichen Rückzug in ein ruhiges Eckchen nicht ausschließt. Er genießt das Erlebnis eindrucksvoller Landschaften und idyllischer Orte - gerne bei Sonne, kann aber auch mit den vielfältigen Stimmungen bedeckten oder gar regnerischen Wetters etwas anfangen.

Ein gelegentlicher Landgang zusätzlich zum Panoramablick ist ihm als Abwechslung und direkter Kontakt mit dem Land angenehm, ebenso das Angebot landeskundlicher Information an Bord, er hat jedoch nicht die Absicht, die besuchten Länder bis in feine Details ihrer Natur und Kultur selbst zu ergründen oder bei Landgängen die große körperliche Herausforderung zu suchen.

Im übrigen fühlt er sich an Bord wohl und genießt die ihm zusagenden Angebote gesellschaftlicher, künstlerischer oder sportlicher Art des Bordlebens oder spannt ganz einfach aus.

"Ungeeignete" Passagiere

Wer überwiegend an der detaillierten Erkundung der besuchten Länder interessiert ist, mit dem vielfältigen Bordangebot an gesellschaftlichen, kulturellen oder sportlichen Aktivitäten wenig anfangen kann und größere Menschenansammlungen möglichst meidet, liegt mit einer klassischen Nordlandkreuzfahrt wahrscheinlich falsch. In manchen Fällen kann sie aber trotzdem die günstigste Möglichkeit sein, sich einen vergleichenden Überblick über den hohen Norden zu verschaffen!

Information/Buchung

Die klassische Nordlandkreuzfahrt findet sich in einem vielfältigen Angebot der größeren Seereise-Veranstalter und damit in allen größeren Reisebüros, wobei sich für einen besseren Überblick durchaus der Besuch verschiedener Reisebüros lohnen kann.

Studien-Seereisen (Expeditionskreuzfahrten)

Teil der zunehmenden Differenzierung des Kreuzfahrtmarktes ab den 70er Jahren des 20. Jh. war die Entwicklung von Studien-Seereisen, die in ansonsten vom Tourismus kaum besuchte Regionen führen - oft auch in seemännisch anspruchsvolle Gewässer, in unserem Falle sind dies vor allem **von dichterem Treibeis, Eisbergen oder gar Packeis bedeckte Gewässer**, die neben der Eisgefahr zusätzlich Vorsicht verlangen, weil für diese abgelegenen Regionen oft noch keine zuverlässigen Seekarten vorliegen, so daß das Schiff vor unbekannten Untiefen auf der Hut sein muß.

In der zu Übertreibungen neigenden Werbesprache entstand für derartige Unternehmungen der Begriff "Expeditionskreuzfahrten", wobei es sich hier weder um körperliche, noch um wissenschaftliche Pioniertaten handelt und auch kaum um Erstbefahrungen - insofern ist der Begriff "Expedition" etwas hochgegriffen. Sehr viel Wert wird jedoch auf eine **wissenschaftlich ausgebildete Reiseleitung** und auf die Vermittlung detaillierter Kenntnisse über die Natur der besuchten Gebiete gelegt, so daß sich diese Reisen vor allem an ein naturkundlich und wissenschaftlich interessiertes Publikum wenden.

Pionier auf dem Gebiet der Expeditionskreuzfahrten - gerade in Polargebieten - war der Schwede **Lindblad**, der hierfür erstmals in größerem Umfang speziell für solch schwierige Gewässer gebaute, robuste und eisgängige kleinere Passagierschiffe wie die **"Lindblad Explorer"** einsetzte, die zahlreiche Motorschlauchboote mitführten und damit die Reisenden auch an schwierigen natürlichen Ufern, sich gelegentlich sogar zwischen Treibeis hindurchdrängend, für Landexkursionen absetzen und wieder aufnehmen konnten.

Die **Antarktis** (einschließlich Patagonien und Feuerland sowie die Subantarktischen Inseln) und auch die **Gewässer Grönlands und Nordost-Kanadas, Spitzbergens** und sogar solch anspruchsvolle Unternehmungen wie die **Nordwestpassage** gehören heute zu den typischen Fahrgebieten dieser Studien-Seereisen.

In solch schwierigen Gewässern muß allerdings auch eher mit **Programmänderungen** aufgrund der aktuellen Verhältnisse (z.B. Eis) gerechnet werden. Dies wird oft schon im voraus durch entsprechend vage oder beispielartige Routenbeschreibungen verdeutlicht - der Reisende in solch fernen Regionen sollte bereit sein, zu akzeptieren, daß hier nicht so genau vorausgeplant werden kann wie im Fahrplan der Eisenbahn (und selbst dort gibt es häufig genug Verspätungen).

Aufgrund der teureren Schiffe und der geringeren Passagierzahlen sowie teilweise schwierigerer Logistik und teurerer Versicherungen gehören Studien-Seereisen nicht zu den preisgünstigsten Angeboten im Nordmeer, typische Preise liegen zwischen DM 5.000 und 10.000 pro Person, können aber auch über DM 30.000 erreichen. Hinzu kommen teilweise noch Kosten für An- und Abreise, da diese Fahrten nur ausnahmsweise in Mitteleuropa beginnen und enden.

Typische Kennzeichen von Studien-Seereisen in den Polarregionen sind:

✻ Kleinere, überwiegend eisverstärkte Passagierschiffe mit wendigen Beibooten und üblicherweise Platz für knapp 100 bis ca. 200 Passagiere.

✻ Programmschwerpunkt ist das von einer wissenschaftlich geschulten Reiseleitung begleitete und durch entsprechende Vorträge an Bord vertiefte Naturerlebnis.

✱ Weitgehender Verzicht auf sonstige Unterhaltungsprogramme sowie auf ausgedehntere gesellschaftliche Veranstaltungen und Animation an Bord, was jedoch je nach Anbieter ein wenig Tanzmusik, gemütliche Treffs in der Bar oder ein eleganteres Begrüßungs- oder Abschlußbuffet nicht ausschließt.

✱ Häufig Routen in ansonsten von größeren Passagierschiffen kaum besuchte Winkel der Erde.

Hinsichtlich des Komforts reicht das Spektrum von einfach bis luxuriös. Mittlerweile finden sich auf dem Markt auch Angebote auf neuen Schiffen, die durchaus Fünf-Sterne-Komfort an Bord bieten - bei gleichzeitig eindeutigem Studienreise-Charakter.

Die Übergänge zwischen Studien-Seereise und klassischen Kreuzfahrten, Eisbrecher- oder Küstenschiffsreisen und sogar einigen Segeltörns mit naturkundlicher Programmausrichtung sind fließend; diese Begriffe sind eher als Stichworte und weniger als klar getrennte Kategorien zu sehen. So gibt es Eisbrecher- und Küstenschiffsreisen, die gleichzeitig anspruchsvolle Studienreisen sein können (aber nicht müssen). Entsprechend wichtig ist das genaue Studium der Beschreibungen.

Auf dem Markt finden sich überwiegend **internationale Programme** (hinter denen oft amerikanische bzw. englische Anbieter stehen) - hier sind **Englischkenntnisse** von Vorteil oder eventuell sogar erforderlich, sofern nicht auch eine deutschsprachige Reiseleitung angeboten wird. Mittlerweile gibt es aber auch einzelne Angebote speziell für deutschsprachiges Publikum, teilweise sogar auf Schiffen deutscher Eigner und unter deutscher Regie.

Landexkursionen: Im Gegensatz zu klassischen Nordlandkreuzfahrten, die vorwiegend feste Häfen anlaufen, werden die Routen der Studien-Seereisen erheblich mehr im Detail von den aktuellen natürlichen Verhältnissen (z.B. Eis) beeinflußt. Daher ist es bei diesen Reisen nur teilweise möglich, schon vorher ein definitives Exkursionsprogramm anzubieten. Extra buchbare Exkursionsprogramme gibt es allerdings sowieso üblicherweise nur in einigen angelaufenen Orten, die Landungen an Stränden mit Ausflügen in die dortige Natur sind sowieso im Preis enthalten. Wichtig hierfür: angemessene Kleidung.

Der ideale Reisende

Der ideale Studien-Seereisende bringt ein großes Interesse am besuchten Fahrtgebiet mit, hat sich meist hierzu schon vorher Kenntnisse angeeignet und hat eventuell auch noch zusätzlich passende Hobbys (Vogelbeobachtung, Botanik, Geologie, Landschafts- und Tierfotografie etc.), muß jedoch keineswegs über eine entsprechende Ausbildung verfügen. Er legt Wert auf wissenschaftliche und landeskundliche detaillierte Hintergrundinformation, ist meist auch an möglichst vielen Landgängen in den besuchten Gebieten unter kundiger Reiseleitung interessiert und freut sich auf gelegentliche Gespräche mit ähnlich Gesinnten.

Da es ihm primär um das Kennenlernen der besuchten Regionen und ihrer Natur, Geschichte oder Kultur geht, empfindet er ein größeres Unterhaltungsprogramm an Bord sogar teilweise eher als ablenkend und damit störend.

"Ungeeignete" Passagiere

Wer Naturlandschaften und fremde Kulturen oder historische Stätten zwar durchaus einmal sehen, sich jedoch nicht ausführlich damit auseinandersetzen möchte, läuft auf einer ausgesprochenen Studien-Seereise eventuell Gefahr, aus dem während einer Studien-Seereise Gebotenen wenig persönlichen Nutzen zu ziehen oder sich an bestimmten Aspekten der Routenwahl (Landung bei der fünften Vogelkolonie) zu stören, eventuell auch weniger ihm zusagende Gesprächspartner zu finden. Wer an Bord auf Unterhaltungsprogramm, gesellschaftliche Ereignisse etc. größeren Wert legt, sollte eher eine klassische Kreuzfahrt entsprechenden Zuschnitts wählen. Fehl am Platze ist, wer auf ein möglichst genau festgelegtes Fahrtprogramm und dessen Einhaltung Wert legt: Flexibilität ist hier unbedingt erforderlich, denn in diesen Gewässern muß das Programm den Überraschungen der Natur angepaßt werden.

Umgekehrt eignet sich eine Studien-Seereise in aller Regel auch nicht für Reisende mit extremen Ambitionen: es werden an Bord zwar auch wissenschaftliche Erkenntnisse an die Teilnehmer weitervermittelt, jedoch keine echte Forschung in größerem Stil betrieben - auch wenn z.B. während einer solchen Reise von Experten gemachte Beobachtungen (etwa Sichtungen und Zählungen bestimmter Tierarten) für die Forschung nützlich sein können.

Und wer aufgrund der häufigen Bezeichnung "Expeditionskreuzfahrt" auf extreme körperliche Anforderungen hofft und sich bei Landgängen auf schwierigen Routen durch Wildnis kämpfen will, liegt ebenfalls falsch. Natürlich wird bei solchen Reisen oft an natürlichen Ufern gelandet und es findet sich auf den Landgängen häufig weglose Wildnis, in die Exkursionen unternommen werden (und dies oft erheblich weiter und ausführlicher als auf einer klassischen Nordlandkreuzfahrt) -, aber ohne körperliche Anforderungen, die über die Möglichkeiten des durchschnittlichen Mitteleuropäers hinausgehen.

Information/Buchung

Etliche Studien-Seereisen finden Sie in den Katalogen der großen Seereise-Veranstalter in den meisten größeren Reisebüros. Sofern Sie spezielle Fragen zu den Zielgebieten haben oder sehr ausgefallene Angebote suchen, sind Sie oft bei Vermittlern am besten aufgehoben, die sich auf die entsprechende Region oder Reiseart spezialisiert haben.

Küstenschiffstouren

Der Begriff "Küstenschiffstouren" wurde für Reisen mit kleinen Schiffen, typischerweise zwischen 10 und 60 Passagieren, gewählt, die sich in den meisten Fällen überwiegend in Küstengewässern bewegen und nur gelegentlich innerhalb einer Reise die offene See zwischen zwei Zielgebieten queren. Das Spektrum der für solche Fahrten im Nordmeer verwendeten Schiffe ist breit: **ehemalige Inselfähren, Wal- oder Robbenjagdfahrzeuge, kleine Forschungsschiffe**. Entsprechend hat jedes dieser Schiffe seinen besonderen ausgeprägten Charakter, der sich aus der andersartigen Nutzung, für die es einst gebaut wurde, ergibt. Luxus wird auf diesen kleinen Schiffen meistens eher kleingeschrieben, auch wenn die meisten von ihnen heute zumindest in einem Teil der (meist kleinen) Kabinen auch schon über eigene Dusche/WC verfügen.

Der besondere Reiz dieser Reisen liegt in der sehr überschaubaren Zahl der Mitreisenden und einer dadurch besonders persönlichen **Atmosphäre**, meist noch verstärkt durch den sehr individuellen Charakter des jeweiligen Schiffes. Hinzu kommt die besondere Eignung dieser Schiffe für den Besuch von Landeplätzen, die für größere Schiffe keinen Sinn machen - entweder weil die Gewässer keine tiefgängigeren Schiffe zulassen oder weil die Attraktionen der Landungsplätze nur in einer kleinen Gruppe wirklich erlebbar sind und das Aufteilen der Passagiere eines großen Schiffes in viele nacheinander dorthin geführte Kleingruppen enorm zeitaufwendig wäre.

Dies betrifft beispielsweise viele **Tierbeobachtungen**. Je nach Anbieter und Programm finden sich bei den Küstenschiffstouren auch solche, deren Landexkursionen durchaus auch weiter und über mehrere Stunden in die angelaufenen, weglosen Wildnisgebiete eindringen, eine Möglichkeit, die mancher Reisende bei anderen Studien-Seereisen mit größeren Schiffen vermißt. Um allen Teilnehmern gerecht zu werden, werden dann eventuell zwei Gruppen gebildet, so daß auch leistungsschwächere Teilnehmer eine Landganggelegenheit bekommen.

☝ Aus Sicherheitsgründen ist es aber in jedem Fall erforderlich, daß die Gruppen relativ nah beim Reiseleiter bleiben - insbesondere in unübersichtlichem Gelände und in Regionen mit Eisbären.

Die kleineren Küstenschiffe dringen in sonst selten besuchte Gebiete vor, müssen aber gerade auf Fahrten in schwierigere Gewässer die Route stärker den aktuellen Verhältnissen anpassen, insbesondere im Hinblick auf Eis, aber auch auf Wetter. Hierauf wird von den Veranstaltern meist deutlich hingewiesen. Selbst stark motorisierte eisgängige oder gar eisbrechende Fahrzeuge werden beispielsweise von dichterem Treibeis so gebremst, daß dies

Routenänderungen aus Zeitplangründen erzwingen kann, obwohl das Schiff rein technisch das Hindernis überwinden könnte.

Küstenschiffstouren sind oft vom Charakter her Studien-Seereisen - sprechen also ein stärker naturkundlich oder landeskundlich interessiertes Publikum an - und häufig handelt es sich um internationale Programme, bei denen Kenntnisse von Fremdsprachen (zumindest Englisch) gerade auf einem solch kleinen Schiff im Umgang nützlich sind, selbst wenn die Reiseleitung auch Deutsch spricht.

Ein umfangreicheres Unterhaltungsprogramm ist auf den kleinen Schiffen schon aufgrund fehlender Räume kaum möglich und wird von den typischen Teilnehmern dieser Touren auch nicht vermißt. Vorhanden ist üblicherweise ein Gemeinschaftsraum, der für die Mahlzeiten, als Treffpunkt und für Informationen durch die Reiseleitung genutzt wird, eventuell auch noch eine kleine Bordbar oder/und Bibliotheksecke. Für die gesamte Fahrt ist Wanderfreizeitkleidung ausreichend.

Regionen

Küstenschiffstouren werden im Europäischen Nordmeer im Sommer regelmäßig in **Spitzbergen** als Alternative zu den großen Kreuzfahrten, teilweise auch in **Grönland** (neben der dortigen Linienschiffahrt) oder auch in **Norwegen** angeboten. Eine Besonderheit sind dabei die Überführungsfahrten in die sommerlichen Einsatzgebiete, die teilweise ebenfalls gebucht werden können und dann oft auch ausgefallene Plätze einschließen, wie z.B. **Jan Mayen** oder die **Bäreninsel**, die sonst kaum per Schiff erreichbar sind.

Angeboten werden aber auch ausgefallene Kombinationen, z.B. Spitzbergen mit dem nur selten in Seereiseprospekten zu findenden **Franz-Joseph-Land** (russische Arktis) oder Spitzbergen mit der ebenso selten besuchten, spektakulären **Ostküste**

Grönlands im Bereich des Scoresbysundes und teilweise noch weiter bis zum Kaiser-Franz-Joseph-Fjord.

Der ideale Reisende

Der ideale Teilnehmer einer Küstenschiffstour schätzt die kleine Zahl von Mitreisenden, bevorzugt einen persönlich-unkomplizierten Umgangsstil und meidet größere Touristenansammlungen. Er ist an den bereisten Ländern und der Natur näher interessiert und schätzt vielfältige Information, ist jedoch nur teilweise selbst ein Spezialist auf einem bestimmten Wissensgebiet im Zusammenhang mit der Reise. Insofern gleicht er vom fachlichen Interesse her dem unter ☞ Studien-Seereisen beschriebenen Spektrum, schätzt aber zusätzlich die Atmosphäre und geringe Menschenzahl eines besonders kleinen Schiffes. Auf Luxus kann er zumindest für die Reisedauer gut verzichten, ebenso auf Unterhaltung und Animation, und das kleinere Angebot an Aufenthaltsräumen auf dem Schiff und kleine Kabinen berühren ihn wenig, da er vor allem der besuchten Regionen wegen mitfährt und sich deshalb, entsprechend ausgerüstet, gern und viel an Deck oder auf Landexkursionen aufhält.

Die Erfordernis, die Route eventuell mehrmals täglich den sich ändernden natürlichen Verhältnissen anzupassen, findet er spannend und empfindet dies als reizvollen Teil des Nordmeererlebnisses.

"Ungeeignete" Passagiere

Wer auf Unterhaltungsprogramm und vielfältige Beschäftigungsangebote innerhalb des Schiffes Wert legt, wird sich auf diesen Fahrten eher unwohl fühlen, da ersteres kaum vorhanden und zweites auf den in der Regel kleinen Schiffen nicht gut möglich ist. Auch hohen Komfort sucht man meist vergebens, und das Essen ist zwar überwiegend gut und reichlich, jedoch einfacher als auf einer klassischen Kreuzfahrt - große Buffets oder Menüauswahl gibt es hier nicht. Für das Ein- und Ausbooten, teilweise auch an Bord (steilere Treppen, mehrere hohe Schwellen von Schotten etc., bei Seegang stärkere Schwankungen) ist mehr körperliche Beweglichkeit gefragt als auf einem größeren Schiff.

Ungeeignet sind viele dieser Fahrten für Reisende, die medizinische Betreuung benötigen, da nur auf wenigen der kleinen Schiffe ein Arzt zur Besatzung gehört und auch die medizinische Ausstattung an Bord sehr begrenzt ist.

Buchung/Information

Da kleine Küstenschiffe nur wenige Passagiere befördern und entsprechend die für auflagenstarke und damit teurere Kataloge erforderlichen höheren Umsätze nicht erreichen können, sind sie für die großen Veranstalter überwiegend uninteressant und folglich auch in vielen Reisebüros nicht zu finden. Wer sich für diese ausgefalleneren Angebote interessiert und eine Auswahl zwischen mehreren Angeboten sucht, sollte sich daher an Reisebüros mit breiterem Nordlandsortiment oder an einen der Nordlandspezialisten wenden.

Eisbrecherfahrten

In diese Klasse fällt ein recht breites Angebot von Fahrten: zum einen in der winterlichen nördlichen Ostsee mit zumeist **finnischen Eisbrechern**, und zum anderen in den überwiegend "eiserfüllten" ferneren arktischen und antarktischen Regionen mit fast ausschließlich **russischen Eisbrechern**, von denen einige mittlerweile fast gänzlich von ihrer ursprünglichen Aufgabe - Freihalten des nördlichen Seeweges zwischen Weißem Meer und Beringstraße - abgezogen wurden, um statt dessen für westliche Spezialveranstalter touristische Eisbrecherfahrten durchzuführen und so dringend benötigte Devisen zu verdienen. Die Schiffe, die häufiger in touristischem Einsatz sind, wurden hierfür teilweise umgebaut, so daß sie teilweise einen auf einem solchen ursprünglich reinen Arbeitsschiff überraschenden Komfort bieten.

Zu unterscheiden ist zwischen dieselelektrischen und nukleargetriebenen Eisbrechern.

Polarreisen auf nukleargetriebenen Eisbrechern

Die **russischen Eisbrecher mit Nuklearantrieb** sind die weltweit stärksten Eisbrecher überhaupt, die sich sogar für Querungen des Nordpolarmeeres mit Champagnerfeier am Nordpol eignen, ansonsten aber vor allem in der russischen Arktis unterwegs sind und in den Gewässern einiger anderer Staaten wegen ihres Nuklearantriebes keine Fahrgenehmigung bekommen (Grönland, Kanada, Norwegen). Auf die gerade in Rußland völlig ungelöste Problematik der Nuklearabfälle wurde bereits hingewiesen (☞ Umweltbelastung und Umweltschutz).

Durch diese Kraftpakete wurde jedenfalls der **Nordpol** nun auch touristisch auf dem Seeweg regulär errreichbar und buchbar (ca. DM 30.000), wobei diese Reise von Murmansk an Franz-Joseph-Land vorbei und zurück ca. 14 Tage dauert, von denen das Schiff die allermeiste Zeit damit beschäftigt ist, sich seinen Weg durch die endlose weiße Weite der das Nordpolarmeer bedeckenden Eisdecke zu brechen, die nur gelegentlich von einem noch nicht wieder zugefrorenen Riß unterbrochen

wird und die wegen der hochstehenden sommerlichen Mitternachtssonne noch nicht einmal allzu viele unterschiedliche Lichtstimmungen bietet.

Wer eine solche Reise überwiegend wegen des imageträchtigen Zieles Nordpol bucht, ansonsten aber kein ausgeprägtes Interesse an der Arktis hat, wird kaum die nötige Begeisterung aufbringen, mit dem Auge durchaus noch vorhandene Nuancen in der Beschaffenheit der Eisoberfläche stundenlang und jeden Tag wieder zu erforschen, sondern wahrscheinlich den größten Teil der Reise im Schiffsinneren verbringen und nach Ablenkung suchen - da hilft dann auch ein Lektorenteam nur begrenzt. Etliche zahlungskräftige Passagiere, die der Lockung des Nordpoles erlagen, sich jedoch vorher über diese endlosen Tage durch's weiße Nichts nicht im klaren waren, sollen sich dabei schon fürchterlich gelangweilt haben.

Um so größer ist dann natürlich die Begeisterung, wenn endlich verkündet wird, daß der Nordpol erreicht ist (die letzten Tage zuvor sah es ringsum praktisch genauso aus) und man je nach Geschmack eine Markierung auf dem Eis umtanzt oder in einem Loch in der Fahrtrinne hinter dem Schiff die Härteren kurz als Poltaufe ins dunkle, am Nordpol ca. 4.220 m tiefe Eismeerwasser tauchen. Krimsekt oder Champagner, eventuell ein Fußballspiel auf dem Eis und ein opulentes Buffet bilden die künstlich geschaffenen Höhepunkte der Reise dort, wo von Natur aus nichts Bemerkenswertes mit dem Auge zu entdecken ist. Dann beginnt die Rückreise und die Freude für die meisten, dieser absoluten Einöde bald wieder zu entkommen.

Polarreisen auf dieselelektrischen Eisbrechern

Fast alle anderen Reisen in den Polarmeeren sind auch ohne Kernkraft auf konventionellen, **dieselelektrischen russischen Eisbrechern** durchführbar, die ebenfalls über beachtliche Kraftreserven verfügen und vor allem auch überall operieren dürfen. Gescheitert ist mit ihnen bisher erst ein einziges touristisches Projekt: der Versuch der ersten Umrundung Grönlands.

Klassische Touren wie die **Nordostpassage** entlang Rußlands Nordküste einschließlich der verschiedenen russischen arktischen Inselgruppen (ca. drei Wochen Reisezeit) oder die **Nordwestpassage** durch die arktische Inselwelt nördlich des nordamerikanischen Kontinents (ca. zwei Wochen Reisezeit) sind mit diesen Riesen kein Problem, während in früheren Zeiten zahlreiche Expeditionen tragisch scheiterten. In der Regel gehören zwei Bordhubschrauber zur Ausstattung der großen Eisbrecher; eine bestimmte Flugzeit mit ihnen ist im Reisepreis bereits oft enthalten.

Typischerweise sind diese polaren Eisbrecherfahrten als **Studienreisen** angelegt, mit wissenschaftlich geschulten und teilweise auch bekannten Lektoren (Buchautoren etc.). Der Teilnehmerkreis ist in der Regel international zusammengesetzt, wobei ein größerer Teil englischsprachig ist. **Englisch** ist auch oft die Verständigungssprache an Bord. Gelegentlich gibt es jedoch auch Angebote mit (zusätzlicher) deutschsprachiger Betreuung. Ein größerer Teil der Reisenden ist zwar älter, aber vielfach sehr interessiert, gut informiert und begeistert, so daß Teilnehmer mit Freude an den Polarregionen und der Natur sicherlich interessante Kontakte knüpfen können.

Teil des Programms sind natürlich auch **Landexkursionen**, wofür in der Regel die mitgeführten Motorschlauchboote eingesetzt werden, um ans Ufer und wieder zum Schiff zurückzugelangen, gelegentlich aber auch, soweit vorhanden, die Bordhubschrauber. Aufgrund der sehr

unterschiedlichen körperlichen Fitneß der Teilnehmer sind die Exkursionen in der Regel nicht allzu anstrengend, sondern dienen primär dem direkten Naturerlebnis an interessanten und abgelegenen Orten, die kaum anders zu erreichen sind als mit einem Eisbrecher.

Regionen

Eisbrecherreisen werden in praktisch alle **arktischen Meeresgebiete** und in die **Antarktis** angeboten, wobei die Routen oft auch verschiedene Länder bzw. Inselgruppen verbinden: z.B. Westgrönland und die Kanadische Arktis oder im europäischen Bereich auch Spitzbergen und Franz-Joseph-Land oder Spitzbergen-Umrundungen sowie Fahrten innerhalb der russischen Arktis bis hin zur Gesamtstrecke der Nordostpassage.

In den meisten Fällen ist die An- und Abreise per Flugzeug erforderlich, da die üblichen Ausgangs- und Endhäfen kaum anders erreichbar sind (Longyearbyen, Murmansk, Archangelsk, Providenia (Beringsee) etc.).

Der ideale Reisende

Der ideale Eisbrecherreisende ist weniger Abenteurer, denn diese extrem starken und für diese Gewässer gebauten Schiffe können die ausgeschriebenen Programme meist durch Einsatz roher Kraft ziemlich genau einhalten, auch wenn es natürlich in diesen entlegenen Regionen keine Garantie auf penible Programmerfüllung geben kann.

Er schätzt vielmehr vor allem das Erlebnis des Eises, hochpolarer Tierwelt, die besondere Kargheit des höchsten Nordens und ist, oft bereits sehr reiseerfahren, am Erreichen besonders abgelegener Gebiete interessiert. Nebenbei findet er die Sicherheit eines extrem starken und robusten Schiffes beruhigend und bewundert die vibrierende rohe Gewalt, mit der es sich seine Bahn bricht. Er kann auch längeren Fahrstrecken ohne große Abwechslung ihre kleinen Reize abgewinnen und das Gefühl dieser einsamen Weite genießen.

Außerdem freut er sich, an Bord wahrscheinlich eine Reihe reiseerfahrener und naturbegeisterter Mitreisender aus unterschiedlichen Ländern und mit verschiedensten Lebenswegen zu treffen und mit einigen eventuell näher ins Gespräch zu kommen. Komfort an Bord ist zwar nicht unbedingt erforderlich, aber doch recht angenehm. Auf ein aufwendigeres Gesellschaftsleben und Unterhaltungsprogramm über die Informationsveranstaltungen hinaus kann er gut verzichten und sich statt dessen lieber in einen Expeditionsbericht der Polarpioniere aus der Bordbibliothek vertiefen.

"Ungeeignete" Passagiere

Wer keine Neigung zu karg-einfachen Landschaften hat und sich nicht allzu ausführlich mit Details der Geschichte oder Natur befassen möchte, wird während einer Eisbrecherreise eventuell Langeweile empfinden. Ungeeignet sind diese Fahrten für Reisende, die ein vielfältiges organisiertes Unterhaltungs- und Freizeitangebot über Vorträge, Landgänge und die Bibliothek hinaus an Bord suchen. Aber auch der zu spät geborene Polarpionier, der die körperliche Auseinandersetzung mit der Wildnis sucht, liegt auf diesen Fahrten mit ihren zwar interessanten, aber nicht unbedingt anstrengenden Landexkursionen verkehrt.

Information/Buchung

Einzelne Eisbrecherreisen haben bereits den Weg in die Kataloge der größeren Seereiseveranstalter gefunden und sind auf diese Weise in den meisten Reisebüros präsent. Wer eine größere Vielfalt sucht, sei wiederum an auf Seereisen oder die jeweiligen Regionen spezialisierte Agenturen verwiesen.

Segeltörns

Segelschiffsreisen im Nordmeer sind ein verhältnismäßig seltenes, jedoch durchaus vorhandenes Angebot, wobei sich Segler aus Sicherheitsgründen üblicherweise nur in die weniger von Treibeis bedeckten Bereiche des Eismeeres wagen, denn mit in der Regel relativ schwachem Motor haben sie im Vergleich zu reinen Motorschiffen in gegen sie drängendem dichterem Treibeis schlechte Chancen.

Dies berücksichtigend, bleibt dennoch ein sowohl großes als auch reizvolles Operationsgebiet für Segler im sommerlichen Europäischen Nordmeer: die gesamte **Nordsee** mit Norwegens Küste und der Halbinsel **Kola** bis ins **Weiße Meer**, **Bäreninsel**, **Färöer**, **Island** und **Südgrönland**, ab Juli dann auch **Spitzbergens West- und Nordküste** und der **Süden von Grönlands Ostküste** um Kapp Farvel herum die Westküste hinauf - gerade in grönländischen Gewässern allerdings mit gehörigem Respekt gegenüber Eisbergen.

Der Reiz liegt in der Kombination aus der natürlichen Fortbewegungsweise mit der großartigen, ursprünglichen Natur des Nordens - zwei Elemente, die sich gegenseitig zu einem besonders intensiven Erlebnis steigern. Sich den Kräften der Natur anzupassen und sie zu nutzen, statt gegen sie mit viel Motorkraft anzukämpfen - dieses Prinzip des Seglers paßt gerade zur gewaltigen nordischen Natur sehr gut und verbindet einen mit den Jahrtausenden nordischer Seefahrt unter Segeln, ohne allerdings die ganze Härte einer Wikingerfahrt im offenen Boot, nur von einer Zeltplane geschützt, auf sich nehmen zu müssen.

Die Angebote an Segeltouren, in die man individuell einbuchen kann, sind unterschiedlich. Gemeinsam ist ihnen in der Regel, daß man **keine Seglerausbildung** haben muß, jedoch meistens am Segeln in unterschiedlichem Maße beteiligt ist - vom anzulernenden, jedoch voll mitarbeitenden Besatzungsmitglied auf Zeit bis hin zu teilweiser Mithilfe bei den größeren Manövern etc.

Zum einen gibt es Fahrten mit den ganz großen **Segelschulschiffen**, insbesondere der norwegischen "Statsraad Lehmkuhl" aus Bergen, gelegentlich aber auch z.B. auf **russischen Großseglern**, vermittelt durch entsprechende Spezialveranstalter oder auch direkt durch die jeweiligen Träger oder Fördervereine. Auf diesen Schiffen segelt man oft relativ günstig und ist dabei auch in den Bordbetrieb mit allen anfallenden Aufgaben integriert.

Die Fahrtrouten dieser Schiffe wechseln stark, mitbestimmt auch durch die verschiedenen Großereignisse, zu denen die großen Windjammer sich unregelmäßig treffen.

Daneben hat sich jedoch auch ein kleiner Markt mit Veranstaltern von Segelreisen etabliert, die **Törns** anbieten, bei denen die Teilnehmer zwar zum Mithelfen angehalten sind, eventuell auch bei weiteren Streckenabschnitten als Wachen eingeteilt werden, die Hauptarbeit jedoch bei einer kleinen Stammcrew liegt. Bereits seit mehreren Jahren werden solche Fahrten beispielsweise, jeweils ca. 14 Tage dauernd, den Sommer über in Spitzbergen angeboten, wobei das Programm der einzelnen Fahrt entlang der Küste Westspitz-

bergens sich ganz nach See, Wetter und Interessen richtet, mit zahlreichen Landgängen, gemütlichem Ankern in Buchten mit Gletscherpanoramablick und treibenden Eisstücken. Die Teilnehmer fliegen hierzu bis nach Spitzbergen und von dort nach der Segeltour wieder zurück.

Hinzu kommen am Anfang und Ende der Saison die **Überführungsfahrten** der Boote von Mitteleuropa entlang der norwegischen Küste und dann von Tromsø über die Barentssee mit Stopp auf der sonst kaum besuchbaren Bäreninsel nach Spitzbergen (bzw. im Spätsommer wieder zurück).

Verglichen mit anderen Seereisen sind diese Segeltouren nicht nur besonders naturnah und entsprechend erlebnisintensiv, sondern auch erheblich preisgünstiger als andere Seereiseformen mit ähnlich überschaubar kleiner Teilnehmerzahl (ca. DM 200 pro Tag mit Vollverpflegung), ohne auf einen Mindestkomfort (Zweibettkabinen, gemütlicher Aufenthalts- und Eßbereich) verzichten zu müssen.

Außerdem gibt es, gerade auch in Norwegen, einige **Traditionssegler**, die auf Fahrt gehen, meist aber über keine besonders weiten Strecken und oft mit rein skandinavischer Crew, oder als Sonderarrangement verchartert an einen Kunden und dessen geschlossene Gruppe. Derartige Charterarrangements, für die sich auch in Holland, Deutschland und Dänemark etliche schöne Segler finden, sind jedoch nicht Teil dieses Buches, das sich absichtlich auf Reisen beschränkt, in die der einzelne individuell einbuchen kann.

Der ideale Reisende

Der ideale Teilnehmer einer Segeltour im Nordmeer ist naturbegeistert, bringt Liebe zum Wasser, Meer und Wind mit, schätzt kameradschaftliches Leben im Team, fürchtet in vernünftiger Kleidung nicht gelegentliches Mitanpacken auch bei Wind und nasser Kälte als Teil des Erlebnisses und kommt mit denkbaren Anflügen von Seekrankheit klar. Ein gewisses Maß an sportlicher Einstellung und Beweglichkeit ist vorhanden, ohne jedoch unbedingt bereits erfahrener Segler zu sein.

"Ungeeignete" Passagiere

Besonders ängstliche, das Wasser fürchtende Naturen sind hier fehl am Platze, ebenso jene, die Urlaub mit Verwöhntwerden und Luxus gleichsetzen und sich nur widerstrebend in eine überschaubare Bordgemeinschaft mit ihren kleinen Aufgaben integrieren.

Information/Buchung

Segelschiffsreisen in den hohen Norden sucht man in den Katalogen der größeren Veranstalter meistens vergebens. Engagierte Reisebüros treiben für Sie eventuell den einen oder anderen kleinen Spezialveranstalter auf. Ansonsten sind auf Seereisen oder den Norden spezialisierte Agenturen meist die erfolgversprechendste Adresse.

Informationsquellen

Neben zufälligem Entdecken von Berichterstattung über bestimmte Fahrten in der Presse lohnt sich der Gang in mehrere gut sortierte **Reisebüros** - bei ausgefalleneren Wünschen auch das Aufsuchen von auf die jeweilige Region oder auf Seereisen spezialisierten Reisebüros, denn die meisten Reisebüros haben nur ein begrenztes Angebot und meist auch nur eine begrenzte Marktkenntnis.

Ein solcher Spezialist wird nur im Ausnahmefall in Ihrer nächsten Umgebung zu finden sein, so daß Informationsanforderungen meist per Telefon oder Postkarte erfolgen - beschreiben Sie dabei möglichst genau Ihre Vorstellungen (Reisezeit, Reiseart, Regionen), um ein möglichst genau passendes Angebot zu bekommen.

Für die etwas ausgefalleneren Seereiseformen außer Linienschiffahrten und Kreuzfahrten lohnt es sich, auch spezielle **Seefahrtzeitschriften** (z.B. in größeren Bahnhofszeitschriftenläden) einschließlich deren Anzeigenteil und als neueste Möglichkeit das **Internet** zu durchforschen, um auch kleine Anbieter abseits des Massenmarktes zu entdecken.

Eine nützliche Quelle bei der Suche nach spezialisierten Veranstaltern und den sie vertretenden oft kleinen Agenturen sind die **Fremdenverkehrsämter** der jeweiligen Länder und deren Publikationen, die üblicherweise jährlich überarbeitet werden und Ihnen so eine aktuelle Auswahl an Anbietern zugänglich machen:

♦ **Norwegisches Fremdenverkehrsamt** (auch Spitzbergen, Jan Mayen, Bäreninsel), Postfach 760820, 22058 Hamburg, ☎ 040/22710810, FAX 040/22710815.

♦ **Dänisches Fremdenverkehrsamt** (auch Grönland, Färöer), Glockengießerwall 2, 20095 Hamburg, ☎ 040/320210, FAX 040/32021111.

♦ **Isländisches Fremdenverkehrsamt**, City Center, Carl-Ulrich-Str. 11, 63263 Neu-Isenburg, ☎ 06102/254484, FAX 06102/254570.

♦ **Britische Zentrale für Fremdenverkehr**, Taunusstr. 52-60, 60329 Frankfurt/Main, ☎ 069/238070, FAX 069/2380717.

Sinnvoll zur Vorbereitung und im Hinblick auf spezialisierte Anbieter kann der Blick in passende **Reiseführer** sein.

📖 ***Spitzbergen (mit Franz-Joseph-Land und Jan Mayen)***, Andreas Umbreit, Conrad Stein Verlag, Kronshagen, 1996, ISBN 3-89392-084-6, DM 39,80.

♦ ***Grönland***, Ulrike Köppchen & Martin Hartwig, Conrad Stein Verlag, Kronshagen, 1997, ISBN 3-89392-247-4, DM 29,80.

♦ ***Lofoten und Vesterålen***, Manfred Knoche, Conrad Stein Verlag, Kronshagen, 1995, ISBN 3-89392-202-4, DM 24,80.

♦ ***Island (mit Färöern)***, Hans Peter Richter, Conrad Stein Verlag, Kronshagen, 1996, ISBN 3-89392-217-2, DM 34,80.

♦ ***Schottland***, Manfred Ferner, Conrad Stein Verlag, Kronshagen, ISBN 3-89392-237-7, 1996, DM 29,80.

Wichtig: praktisch keine Buchhandlung hat sämtliche Titel vorrätig, aber praktisch jede Buchhandlung hat ein Verzeichnis lieferbarer Bücher (VlB); Bestellungen dort gefundener Titel dauern selten länger als zwei Tage. Gerade für ausgefallenere Regionen (und hierzu gehören auch einige Nordmeergebiete) lohnt sich der Blick in dieses Verzeichnis.

Obwohl die Deutschen Weltmeister im Reisen sind, kann es bei etwas ausgefalleneren Wünschen durchaus passieren, daß

Ihnen das Reisebüro nur einen ausländischen Veranstalter anbieten kann und daß folglich mit international zusammengesetzten Gruppen zu rechnen ist. Mit **Englisch** kommt man fast immer zurecht, ansonsten gegebenenfalls nachfragen, welche Sprachen die Reiseleitung anbietet. Da Reisen in den Norden und ausgefallene Reisen nicht zu den großen Massenmärkten gehören, erfordert es für Veranstalter und die sie vertretenden Spezialagenturen in Mitteleuropa viel Einsatz und zeitliches Durchhaltevermögen, um sich zu etablieren.

Entsprechend eignet sich dieser Markt tendenziell weniger für zwielichtige Firmen, denen es um die schnelle Mark geht: für Kriminelle ist der breite Massenmarkt - und das sind in erster Linie die "Sonne und Strand"-Ziele - in der Regel attraktiver. Insofern habe ich persönlich - auch wenn es natürlich überall schwarze Schafe geben kann - bei einem mir noch unbekannten ausländischen Veranstalter für Reisen in nordische Regionen, zumal wenn er mit mitteleuropäischen Spezialagenturen zusammenarbeitet und schon einige Jahre am Markt ist, weniger Sorgen als bei manchem Angebot für den Massentourismus in südliche Länder.

Buchung

Gängigere Seereisen aus dem Angebot der großen deutschen Seereiseveranstalter buchen Sie am einfachsten in einem guten größeren oder auf Seereisen spezialisierten Reisebüro. Wer bei der **Auswahl des Reisebüros** im Hinblick auf eine **gute Beratung** sorgfältiger vorgehen möchte, sollte sich nicht von bloßer Freundlichkeit blenden lassen, denn eine - in der Regel zu den teureren Reisen gehörende - Seereise ver-

kauft fast jedes Reisebüro gern. Mit der Kompetenz hingegen ist es nicht überall so gut bestellt, gerade wenn es nach Norden - in die Gegenrichtung des Massentourismus - gehen soll.

Angesichts der Preise von Seereisen können Sie jedoch vom Vermittler durchaus etwas Sach- und Gebietskenntnis erwarten (sollten dabei aber auch nicht zu weit gehen - der Reisebüromitarbeiter soll

Sie bei Auswahl und Buchung der Reise unterstützen, also generelle Gebiets- und Sachkenntnis haben, aber nicht gleich den Reiseleiter an Bord mit seinem Spezialwissen ersetzen können).

Wenn sich im Beratungsgespräch herausstellt, daß Ihr Berater bei der Frage nach Frachtschiffsreisen Sie nur staunendgrübelnd ansieht und noch nicht einmal eine Idee hat, wo man Informationen anfordern könnte, oder wenn er mit Kirkenes nichts anfangen kann und meint, daß sich zum Erlebnis der möglichst hohen Mitternachtssonne auch der späte Juli und eine Fahrt zum Nordkapp (statt Spitzbergen und zweite Junihälfte) besonders gut eignen, dann können Sie davon ausgehen, daß dieses Reisebüro oder zumindest dieser Verkäufer vom hohen Norden wenig Ahnung hat.

Ein zweites Qualitätskriterium von Reisebüros ist die **Breite des Angebots**. Viele Reisebüroketten - darunter auch sehr bekannte Namen - haben ihr Angebot gezielt auf ein paar Dutzend größere Veranstalter (nicht nur für Seereisen, sondern insgesamt!) begrenzt, um so bei diesen wenigen Veranstaltern höhere Umsätze zu erreichen und damit vom Veranstalter für sich günstigere Konditionen heraushandeln zu können. Davon haben Sie als Kunde wenig, denn die Katalogpreise bleiben dieselben! Diese Reisebüros führen daher nur die entsprechenden Kataloge dieser wenigen Veranstalter und werden sich teilweise entsprechend winden oder es ablehnen, wenn Sie nach weiteren Anbietern fragen.

Natürlich kann kein Reisebüro sämtliche Kataloge der Hunderte von deutschen Veranstaltern vorrätig haben, aber sie können zumindest angefordert werden - wenn das Reisebüro nicht eine gegenteilige Politik der Konzentration auf wenige Veranstalter betreibt. Eine solche Marktpolitik begrenzt dem Verbraucher die Auswahl, ist damit gegen seine Interessen und sollte

nicht durch Buchungen in diesen Reisebüros belohnt werden. Ich unterstelle damit keineswegs, daß die von diesen Reisebüros angebotenen wenigen Veranstalter schlecht sind - vielleicht enthalten deren Kataloge sogar genau das für Sie beste Angebot -, aber das sollten Sie selbst mit einer freien Auswahl entscheiden können.

☺ Testen Sie daher möglichst mehrere Reisebüros, sowohl solche mit bekannten Kettennamen als auch freie Einzelbüros, um so einen Eindruck von deren Qualitäten zu bekommen und außerdem auch eine größere Breite von Angeboten zu erhalten.

Bei der Buchung, vor allem bei ausgefalleneren Wünschen, kann es eventuell sinnvoll sein, zu trennen: die eigentliche Reise (gerade ungewöhnliche Reisen) bei einem Spezialisten buchen, während man die erforderlichen Anschlußflüge oder ähnliches manchmal besser in einem guten Reisebüro mit IATA-Lizenz (Berechtigung zum Einbuchen von Linienflügen, erfordert bestimmte Mindestumsätze bei Linienflügen, die kleine Spezialisten nicht haben - dafür sind diese oft für die Zielgebiete kompetenter) bekommt. Teilweise arbeiten die Spezialanbieter auch mit einem bestimmten Reisebüro zusammen, das sich dann mit den in Frage kommenden Anschlüssen, Sondertarifen etc. auskennt. Leider trifft dies erfahrungsgemäß auf einige IATA-Reisebüros nicht zu, die am liebsten nur Standardstrecken verkaufen.

☺ So wie Sie vom Reisebüro Qualität und seriöse Beratung erwarten, sollten Sie selbst bei der Buchung auch fair sein: Buchen Sie dort, wo Sie am besten beraten wurden, damit diesem Reisebüro der Umsatz zugute kommt.

Kabinenwahl: Wo auf dem großen oder kleinen Schiff seiner Wahl soll man wohnen? Dies ist eine Frage, über die man mit sachlicher Vernunft nachdenken sollte. Auf einem klassischen Passagierschiff zum Beispiel können die Kabinenpreise erheblich voneinander abweichen. Ungeachtet dieses feinen Unterschiedes ist das Angebot und der Status für jeden Passagier an Bord gleich.

Der Kabinenpreis steigt meistens von innen nach außen und von unten nach oben stetig. Wer also eine Innenkabine ohne Blick nach draußen im untersten Passagierdeck bucht, der verfährt am preiswertesten. Es kann allerdings im ungünstigsten Fall auch am geräuschvollsten zugehen wegen einiger etwas tiefer liegender Aggregate und Anlagen. In der Mitte des Schiffes kann man bei bewegter See die ruhigste Kabine haben und die stetige, im hohen Norden dominierende Mitternachtssonne stört dann zu nachtschlafender Zeit am wenigsten. Dazwischen liegt eine Variantenvielfalt, die den Wünschen jedes Gastes gerecht wird. Doch wo auch immer an Bord, zwangsläufig erfüllt die Kabine vor allem die Funktion des Schlafraumes und des sich Zurechtmachens sowie eines Rückzugs- und Ruheraumes.

Liste wichtiger Fragen an den Veranstalter oder den Vermittler (soweit nicht aus dem Katalog und zusätzlichen Reiseinformationen ersichtlich):

❏ Liste der angebotenen Landexkursionen und deren Preise (soweit nicht im Reisepreis enthalten)

❏ Stromversorgung unterwegs (in Kabine, an Bord, eventuell Hotels: Spannung, Stromart, Steckertyp)

❏ Zahlungsmöglichkeiten (Währungen und akzeptierte Zahlungsmittel)

❏ Bargeldtausch (an Bord oder unterwegs/vorher an Land, wieviel Geld mitnehmen, Bargeld auf Scheck oder Kreditkarte erhältlich?)

❏ zu erwartende Kosten für nicht im Reisepreis enthaltene Leistungen

❏ Trinkgeldregelungen

❏ bei eigener Anreise: frühestmögliche/empfohlene/späteste Zeit für Ankunft an Bord

❏ Kleidungsempfehlungen

❏ Wäscherei an Bord?

❏ medizinische Versorgung, Bezahlung eventuell beanspruchter medizinischer Leistungen

❏ Telekommunikation (Wie bin ich an Bord von außen erreichbar? Rufcode des Schiffs? Telekommunikationsmöglichkeiten von Bord aus)

❏ Sprachen der Reiseleitung und der Passagiere

❏ Welche Papiere werden für die berührten Länder (einschließlich An- und Rückreise) benötigt (Paß, Visum, Antragszeiten etc.)?

❏ Aufbewahrung von Wertgegenständen und Bargeld

❏ Spezialangebote für die An- und Abreise

❏ gegebenenfalls Angebote für Unterstellen/Überführung von Pkw

---

Ausrüstung

Kriterien für den Umfang und die Art Ihres Reisegepäck sind in jedem Falle:

✱ der **Transport** von Ihnen zu Hause zum Schiff und nach der Reise wieder zurück,

✱ die **Platzverhältnisse,** die Sie in Ihrer Kabine vorfinden,

✱ die je nach Art und Charakter der Reise erforderliche **Garderobe an Bord**

✱ und die für Deckaufenthalte und Landgänge sinnvolle **Bekleidung**
✱ sowie wichtige **persönliche Dinge** (Papiere, Medikamente, Finanzen).

Der **Transport des Gepäcks** zum Schiff und zurück ist hinsichtlich des Gewichtes in vielen Fällen kein allzu großes Problem, da es für viele Seereisen Angebote für Transporte vom Haus zum Schiff und zurück gibt (☞ An- und Rückreise), so daß Sie selbst wenig schleppen müssen. Viele Seereisen im Nordmeer beginnen und enden in Deutschland, so daß das Transportproblem entsprechend geringer als bei komplizierteren und weiteren Anreisen ist. Anders wird es, wenn Sie fliegen müssen: dann sind die entsprechenden Gepäckbegrenzungen zu beachten oder ziemlich hohe Übergepäckzuschläge zu bezahlen.

☺ Übrigens: auf vielen Schiffen gibt es an Bord eine **Wäscherei**.

Zumindest bei einfacheren Kabinenstandards und speziell bei einigen Linien- und kleinen Küstenschiffen ist der **Platz in den Kabinen begrenzt** - dementsprechend sollte man nicht auf unbegrenzte Schrankvolumen spekulieren. In manchen Fällen kann auch die Unterbringung mehrerer sperriger großer Koffer ein kleines Platzproblem werden - Reisetaschen sind da flexibler.

Welche **Garderobe an Bord** angemessen ist, kann Ihnen dieses Buch nicht verraten, weil die Seereisen im Charakter zu unterschiedlich sind. Hierzu sollten Sie im jeweiligen Prospekt oder in den Ihnen nach der Buchung zugeschickten detaillierteren Reiseinformationen Hinweise finden.

Für **Deckaufenthalte und Landgänge** hingegen gibt es, soweit es um praktische Aspekte geht, durchaus allgemein Beachtenswertes. Der alte Spruch: "Es gibt kein schlechtes Wetter, nur falsche Kleidung" gilt auf Nordlandseereisen mehr als in vielen anderen Gewässern, allerdings in beide Richtungen: viele verbinden den Norden vor allem mit Kälte und Regen, aber bei Windstille kann es gelegentlich auch ganz schön warm werden. Temperaturen bis 30 °C in Südnorwegen und über 25 °C in Island und sogar in Süd- und Westgrönland sind in den letzten Jahren mehrfach aufgetreten, und wer dann nur dicke Pullover mitgenommen hat, kommt ins Schwitzen.

Wichtiger ist jedoch die Vorbereitung auf die rauhere Seite des Wetters. Sommer für Sommer erlebe ich in Spitzbergen, wie sich im Falle kühl-windigen Wetters fröstelnde Landgänger auf eine Pflichtrunde durch den Ort machen, andere gar gleich an Bord bleiben. Einheimische schütteln den Kopf oder amüsieren sich über die Bekleidung, mit der sich etliche Gäste an Land begeben. Daß es wenig Freude bereitet, an Land oder an Deck an einem feuchten Tag naß zu werden und zu frieren, ist unbestritten. Falsch ist jedoch der Schluß, daß an diesem Unbehagen das Wetter schuld ist.

Sie sind auf den Spuren der Polarfahrer unterwegs - nutzen Sie doch einfach auch deren Erfahrung zum Thema Bekleidung, denn was auf einer Expedition funktioniert, reicht auch für mehrstündige Deckaufenthalte oder Landgänge aus, und eventuell kommen Sie bei entsprechender Zusammenstellung sogar mit weniger Bekleidungsteilen im Gepäck aus! Daher ein wichtiges Thema:

Bekleidung für draußen auf Nordlandreisen

Wie Sie sich für Aufenthalte im Freien während Ihrer Seereise ausrüsten sollten, ist in erheblichem Maße auch davon abhängig, mit welchen Absichten Sie die Reise antreten. Wer nur am Leben an Bord interessiert ist, kann sich im Extremfall über die gesamte Reisezeit im Inneren des Schiffes aufhalten, mit der einzigen Ausnahme des obligatorischen Rettungsboot-Drills. In diesem Falle ist praktisch keine spezielle Kleidung für draußen erforderlich. Auch wer von vornherein klar sagt, daß es nur bei trockenem, windarmem Wetter an Land oder an Deck gehen soll, braucht keine besondere Wetterkleidung, kann aber Pech haben - sei es in Form eines unerwarteten Wetterumschwunges während eines Landganges oder aber, weil Sie ausgerechnet während Ihrer Reise mehrere Tage mit naß-windigem Wetter haben, die Sie dann mangels entsprechender Kleidung ins Schiffsinnere verbannen.

Die folgenden Ausrüstungstips sind gedacht für jene, die das Naturerlebnis während ihrer Reise maximal - mit möglichst viel Zeit an Deck und an Land - genießen möchten, ohne dabei von den zufälligen aktuellen Wetterverhältnissen abhängig zu sein.

Zuallererst ein Appell an den Mut zum Ausprobieren von vielleicht Ungewohntem - auch nach dem Motto: Andere Länder, andere Sitten. Mancher Leser dieses Buches macht sich eventuell Sorgen, mit einer zwar praktischen, aber nicht unbedingt der zu Hause üblichen Kleidung unangenehm aufzufallen. Daher vier Hinweise:

✳ Wer aus modischen Vorstellungen auf eine zweckmäßige Bekleidung für draußen verzichtet, bringt sich um einen Teil der Erlebnismöglichkeiten auf einer Nordmeerseereise - denn gelegentliches feucht-windiges Wetter gehört nun mal zum Norden, ist aber mit richtiger Kleidung kein Problem. Selbst schuld, wer sich aus Eitelkeit um die Möglichkeit bringt,

auch dann draußen etwas zu entdecken! Übrigens: aus Sicht der Einheimischen fallen Sie eher durch unzweckmäßige Kleidung seltsam auf!

✳ Für eine einzige Seereise bezahlen Sie in den allermeisten Fällen mehrere tausend DM. Da sollten, um das auf einer solchen Reise von den besuchten Regionen Gebotene auch genießen zu können, die Zusatzausgaben für ein paar wenige empfehlenswerte Kleidungsstücke vertretbar sein - zumal diese Ausgaben über viele Jahre und viele weitere Reisen, durchaus aber auch zu Hause, Nutzen bringen.

✳ Die Einheimischen im Norden, die ständig mit ihrem teils kühlen und feuchten Klima leben, haben Sinn fürs Praktische und Sinnvolle in der Kleidung. Auch in gesetzterem Alter fällt man dort keineswegs seltsam auf, wenn man sich z.B. in einem Anorak in Bergsteigerfarben (leuchtendes Rot, Gelb oder ähnliches) auch in der Stadt auf die Straße begibt - dies wird eher als sportlich positiv wahrgenommen. Gerade die Norweger sind ein wanderbegeistertes Volk und entsprechende Kleidung gehört zum Straßenbild. Ursprünglich reine Wanderausrüster erzielen heute auch in Deutschland einen großen Teil ihres Umsatzes mit Kunden, die sich kaum jemals auf größere Touren begeben, aber trotzdem eine sportlich-praktische Kleidung schätzen.

✳ Auch an Bord fallen Sie mit professioneller Kleidung für den Landgang und an Deck positiv auf, spätestens nach dem ersten Landgang bei kälterem Wetter oder wenn Sie sich problemlos an Deck wagen, die Aussicht genießen und sich die frische Meeresluft um die Nase pusten lassen können, während andere mit unzweckmäßiger Kleidung rasch wieder ins Schiffsinnere verschwinden müssen.

Kleidung soll **mehrere Funktionen** erfüllen: **Schutz vor äußerer Nässe**, **Schutz vor kaltem Wind**, **Verhinderung von Wärmeverlusten** und **Durchlassen von Körperfeuchte**. Letzterer Punkt ist vor allem bei stärkerer körperlicher Belastung mit entsprechendem Schweißanfall von Bedeutung, aber auch bei geringerer Aktivität verdunstet der Körper Flüssigkeit, die die Kleidung mit der Zeit klamm werden läßt, wenn sie diese Feuchtigkeit nicht nach außen weiterleiten kann.

Hier liegt die Bedeutung **atmungsaktiver** (also wasserdampfdurchlässiger), aber andererseits **möglichst wasserdichter Materialien als äußerster Kleidungsschicht**: traditionell etwa Loden, Filz, Ölzeug, wachs- oder sonstwie imprägnierte Textilien oder als neuere Entwicklungen synthetische Materialien mit so feinen Poren, daß nur Dampfmoleküle, jedoch kein flüssiges Wasser hindurchpassen: Gore-tex, Sympatex, texapor etc.

Allerdings spielt auch die **Unterkleidung** eine gewisse Rolle, denn sie sollte die Feuchtigkeit des Körpers nicht nur gut aufsaugen, sondern auch nach außen hin möglichst leicht weitergeben. Wer will, kann sich hierzu sogar Funktionsunterwäsche mit speziell hierfür entwickelten Fasern und Textilien kaufen (Outdoorläden).

Wärmeverluste werden durch eine ausreichend dicke, möglichst unbewegte Luftschicht um den Körper vermindert: nicht so sehr die Kleidung selbst isoliert, sondern vor allem die in ihr befindliche Luftschicht - deshalb isolieren auch füllige Materialien (extrem: Daune) besser als dünne oder schwere, die weniger Luft in sich binden.

Der Schluß, daß dann wohl ein dick gefütterter Daunenanorak oder zumindest ein möglichst warm gefütterter Parka das Beste für eine Nordlandfahrt sein muß, ist allerdings voreilig: Ein solches superwar-

mes Kleidungsstück können Sie nur anhaben oder ausziehen - in vielen Fällen wird das eine zu warm (Schwitzen, Unwohlsein), das andere hingegen zu kalt sein, mit wenig Möglichkeiten für Zwischenstufen. Oder das warme Stück ist zwar hervorragend für bewegungsarmes Stehen und Schauen, aber sowie Sie damit ein größeres Stück laufen oder gar steigen, wird Ihnen zu warm: Sie ziehen es aus, benötigen dann wahrscheinlich statt dessen ein etwas weniger warmes zusätzliches Bekleidungsstück und müssen zusätzlich das dicke Teil mittragen.

Wesentlich flexibler sind Sie, wenn Sie statt eines superwarmen Bekleidungsstückes mehrere dünnere haben, die Sie je nach Bedarf übereinander tragen können. Sie erreichen damit erforderlichenfalls dieselbe Isolation, können aber variieren und kommen so mit weniger Wetterkleidung aus, als wenn Sie für verschiedene Aktivitäten und Wetterverhältnisse je ein eigenes Kleidungsstück mitführen würden.

Damit sind wir beim **Schichten- oder Zwiebelschalenprinzip** angelangt, bei dem die oben genannten Funktionen der Kleidung nicht von einem einzigen dicken und unflexiblen Kleidungsstück erfüllt werden, sondern auf mehrere Schichten verteilt sind, die sich ergänzen und gegebenenfalls auch einzeln weggelassen werden können.

Aufgabe der äußersten Schicht ist der Schutz vor eindringender Nässe und vor kaltem Wind, der die darunterliegende isolierende Luftschicht stören würde, zweckmäßigerweise außerdem Durchlassen von Dampf (Abgabe von Körperfeuchte nach außen), aber keine Isolation (also kein wärmendes Futter) - denn Sie wollen sich eventuell z.B. bei ca. 15 °C für einen Spaziergang vor Wind schützen können, aber ein gefüttertes Kleidungsstück wäre dann wahrscheinlich zu warm. Außerdem ist z.B. ein ungefütterter **Anorak** relativ leicht und klein zusammenlegbar, kann also unterwegs ausgezogen und einfacher mitgetragen werden (auch in einer Tasche oder einem Tagesrucksack) als eine dann hinderliche voluminöse Jacke.

Das gleiche gilt übrigens auch für die Beine: Statt eine warme lange Unterhose unterzuziehen, macht es eventuell mehr Sinn, eine ganz leichte wind- und regendichte **Überhose** (☞ unten) dabei zu haben, die sich sogar in einer größeren Anoraktasche verstauen läßt: Im Gegensatz zur warmen Unterhose verhindert eine solche Überhose regennasse Beine und kann, wenn es Ihnen unterwegs an Land zu warm werden sollte, im Gegensatz zur Unterhose überall sofort aus- und später eventuell wieder angezogen werden. Trotz ihres geringen Gewichtes ist sie außerdem für den Wärmehaushalt effektiver, weil sie im Gegensatz zu Hose und Unterhose den Wind abhält und so die isolierende Luftschicht in der Kleidung um die Beine schützt.

Für die nötige **Isolation** sind die unter der äußeren Schicht liegenden Schichten zuständig, und weil dort Nässe- und Windschutz kein Thema mehr sind, können hier gut wärmende, atmungsaktive Materialien genommen werden. Besonders warm sind **Wolle** sowie **synthetischer Faserpelz** (Fleece), wobei letzterer außerdem sehr rasch trocknet; noch wärmer sind Westen oder ähnliches mit Synthetik- oder Daunenfüllung. Auch hier ist es wiederum empfehlenswert, besser mehrere Kleidungsstücke je nach Bedarf übereinander zu ziehen, als sich von einem einzigen besonders warmen Teil abhängig zu machen. Hier gilt wieder: eines von mehreren etwas dünneren Teilen können Sie, wenn Ihnen an Land zu warm wird, eher dort ausziehen, zusammenlegen und mittragen als ein einziges dickes Kleidungs-stück, ohne das Sie eventuell frieren und das unpraktisch zu tragen ist.

Ein **Beispiel** für eine solche Bekleidung in Schichten ist: Unterwäsche, zusätzliches T-Shirt, leichtes Sweat-Shirt, Faserpelz oder warmer Pullover, Anorak. Bei Trockenheit und Windstille können Sie dann je nach Bedarf nur den Anorak oder auch den Anorak und Faserpelz/Pullover ausziehen, oder bei naß-windigem Wetter, nachdem Sie sich warm gelaufen haben, unter dem Anorak die zusätzliche Wärmeschicht ablegen.

Insgesamt benötigen Sie bei der Befolgung des Schichtenprinzips für Ihre Nordmeerseereise ungefähr nur drei bis vier **Oberbekleidungsteile** für draußen, um für nahezu alles gerüstet zu sein: einen guten **Anorak** (☞ unten), ein bis zwei (möglichst auch übereinander tragbare) warme Teile **(Pullover, Fleece)** und eventuell eine **Überhose**. Hinzu kommen Kleinteile wie **Mütze**, **Schal**, **Handschuhe** und warme **Strümpfe/Socken** für besonders kühles Wetter.

Übrigens: Bis zu einem Drittel der Körperwärme geht über den Kopf verloren. Eine warme **Mütze** bis über die Ohren hinab ist damit eine der wirksamsten Maßnahmen gegen Frieren! Für das Wohlbefinden ebenso wichtig sind warme Finger und warme Füße, da die äußersten und relativ dünnen Extremitäten leichter als die zentraleren Körperteile auskühlen.

Benötige ich nun für eine Nordmeerseereise eine komplett neue, teure Expeditionsausrüstung, um an Deck oder an Land etwas erleben zu können? Keineswegs!

Zunächst einmal muß das Wetter nicht unfreundlich sein, aber man sollte dafür gerüstet sein. Mit unserem Schichtenprinzip ist dies relativ einfach und auch preisgünstig möglich, denn die meisten dafür verwendeten Kleidungsstücke hat fast jeder bereits zu Hause: Warme Pullover, Sweat-Shirts oder dünne Pullover, eine Mütze, Handschuhe und dicke Socken sind nichts Ungewöhnliches, und in vielen Fällen wird auch eine wärmere Hose vorhanden sein.

Großer Wert sollte auf die äußerste Schicht gelegt werden. Hier ist im Zweifelsfall der Kauf eines guten, zweckmäßigen Anoraks, eventuell auch einer Überhose anzuraten, die dann für mehrere Reisen und auch zu Hause weiter nutzbar sind.

Nachfolgend ein paar Hinweise zu einigen Kleidungsstücken fürs Nordmeergepäck:

Anorak: Das sicherlich sinnvollste Wetterschutz-Kleidungsstück - allerdings nur ein zweckentsprechendes Modell. Wenig wirksam sind blousonartige kurze Windjacken mit keiner oder nur einer schamvoll im Kragen verborgenen Mini-Kapuze. Anknöpfbare Kapuzen sind um den Kragen herum weniger winddicht und damit zuganfälliger als angeschnittene.

Ein als Teil des Schichtenprinzips sinnvoller Anorak ist ungefüttert, hat einen robusten wasserdichten, aber atmungsaktiven und winddichten Außenstoff, eine möglichst angeschnittene und große Kapuze und reicht bis über den Schritt hinab.

Wichtig sind **Abdichtmöglichkeiten** an allen Öffnungen (unten, Ärmel, Kapuze), denn nur wenn der Anorak ringsum wirklich dicht ist, macht er als Windschutz Sinn und ist dann einem Mantel gegenüber erheblich überlegen. Eine wirklich geräumige Kapuze, die trotzdem rund ums Gesicht mit einem Schnürzug winddicht anliegt, zerdrückt übrigens auch kunstvolle Frisuren weniger als eine Mütze. Ein rund ums Gesicht nach vorn hinausragender Kapuzenrand schützt etwas vor kaltem seitlichen Zug in die Augen und vor ins Gesicht wehendem Regen.

Gegenüber Schlupfanoraks bietet ein durchgehender **Frontreißverschluß** mehr Regulierungsmöglichkeiten, der Reißverschluß sollte bis über den Mund hochziehbar und mit einer zusätzlichen Patte (am dichtesten: Klettverschluß) abdeckbar sein. Indem der Anorak bis auf die Oberschenkel hinabreicht und dort mit einem Schnürzug abdichtbar ist, wird die empfindliche Nierenpartie gut geschützt (sinnvoll: zusätzlicher Gummi- oder Schnürzug um die Taille) und bei Regen können nur die unteren Hosenbeine naß werden. Der Anorak sollte so groß gewählt werden, daß darunter dicke Zusatzkleidung getragen werden kann. Ein alle diese Kriterien erfüllender Anorak ist ab ca. DM 400 erhältlich.

Überhose: Vor allem wenn Sie möglichst viel und auch bei nassem Wetter etwas an Land unternehmen wollen, ist die Ergänzung des Anoraks durch eine leichte Überhose sinnvoll. Aus nicht atmungsaktiven Synthetika gibt es sie ab ca. DM 70, aus atmungsaktiven Materialien (Gore-tex etc.) ab ca. DM 200. Die Überhose schützt die Beine zum einen vor direkter Regennässe und vom Anorak herunterlaufendem Wasser und zum anderen vor Auskühlung durch Wind - in dieser Funktion ist sie eventuell auch für längeres Stehen an Deck nützlich.

Modelle mit fast oder ganz durchgehenden seitlichen **Reißverschlüssen** lassen sich auch ohne Ausziehen der Schuhe schnell an- und ablegen, bei nicht atmendem Material erlauben die seitlichen Reißverschlüsse (und zusätzlich eventuell ein Netzstoffstreifen um den oberen Hosenabschluß) außerdem eine einstellbare Ventilation zur Verminderung der bei diesen Materialien fast unvermeidlich auftretenden Kondenswasserbildung.

Anzuraten ist außerdem gegen Rutschen entweder ein knotbarer Schnürzug im Bund (einfacher für An- und Ablegen ohne Ausziehen des Anoraks) oder angeschnittene Hosenträger (besserer und bequemerer Sitz, Ausziehen des Anoraks erforderlich); ein bloßer Gummizug im Bund ist oft unzureichend.

Bei expeditionsartigen Unternehmungen mit Ein- und Ausbooten per Schlauchboot zwischen Schiff und Strand schützt die Überhose auch gegen Spritzwasser und am Strand gegen Schwapper und Gischt sich brechender Wellen.

Regenschirme haben nur bei geringem Wind Sinn - im Norden ist Regen aber oft mit Wind gepaart, der die Nässe dann zumindest an die unteren Körperpartien bläst oder gar den Landgang in einen Kampf mit dem Schirm verwandelt. Mit wasserdichter, atmungsaktiver Überkleidung (Anorak, eventuell Überhose) bewegen Sie sich weitaus freier und bleiben meist trotzdem trockener!

Schuhe: An Deck sind Schuhe mit einer profilierten **Gummisohle** am zweckmäßigsten gegen Rutschen bei Nässe. Die Sohle sollte etwas dicker sein, damit Wasser aus eventuell flachen Pfützen an Deck nicht in den Schuh sickert. Generell sollten Schuhe für draußen etwas robuster und vor allem möglichst wasserdicht sein. Hinzu kommt ein gutes Profil. Sofern ausgedehnte Landgänge geplant sind, ist ein über den Knöchel reichender Wanderschuh (wieder möglichst wasserdicht) anzuraten.

Gummistiefel sind manchmal als zweites Paar Schuhe für Landgänge ein sinnvoller Teil des Reisegepäcks. Je nach Wetter und geplantem Landprogramm können Sie dann Ihre Schuhe wechseln. In Nordskandinavien wird mit Gummistiefeln wegen des teils nassen Geländes viel gewandert, woran sich viele Mitteleuropäer erst gedanklich gewöhnen müssen.

Auf alle Fälle sollten Sie Gummistiefel dabeihaben, wenn Ihre Reise eine oder gar mehrere Ausbootungen mit kleinen Schlauchbooten zu natürlichen Ufern und dort Exkursionen in weglose Wildnis vorsieht (einige Studien-Seereisen, Eisbrechereisen und Küstenschiffahrten in Spitzbergen, Franz-Joseph-Land und ähnlich abgelegenen Regionen) - hier sollten es dann knapp kniehohe spezielle Wandergummistiefel mit einer möglichst dicken und gut profilierten Sohle sein. Denn auf solchen Exkursionen sind eventuell über größere Strecken Sumpf, Morast, tiefer Schneematsch oder Bäche zu durchwaten, und auch beim Verlassen oder Besteigen des Schlauchbootes in den Uferwellen holt man sich ohne Gummistiefel bereits leicht nasse Füße.

Auf klassischen Nordlandkreuzfahrten gehören derartige Geländeabenteuer normalerweise nicht zum Programm - dort wird fast immer in Orten gelandet, und für die wenigen traditionellen Landeplätze in der freien Wildnis (z.B. Magdalenefjord, Krossfjord oder Tempelfjord in Spitzbergen) werden auf diesen Fahrten Hilfsmittel am Ufer von der Schiffsbesatzung aufgebaut, die ein sicheres Verlassen und Besteigen der Beiboote auch ohne Gummistiefel erlauben. Jedoch möchte vielleicht auch der eine oder andere Teilnehmer einer Nordlandkreuzfahrt irgendwo auch ein paar Schritte in nasses Gelände wagen können - hierfür sind Gummistiefel das zuverlässigste Schuhwerk.

☺ In jedem Falle wichtig: Die Schuhe und Stiefel sollten Ihnen auch mit einem zusätzlichen Paar dicker warmer Strümpfe oder Socken passen.

Tagesrucksack: Sich rasch änderndes Wetter und entsprechend mitzuführende (oder auszuziehende) Zusatzkleidung, Kamera, Einkäufe, Knabbereien etc. lassen sich bei einem Landgang oft am bequemsten in einem kleinen Rucksack befördern, der die Hände frei läßt. Kein Rucksack ist wasserdicht, er schützt aber immer noch besser als ein offener Einkaufsbeutel oder offenes Tragen in der Hand gegen Regen.

Nützlicher Kleinkram

☐ aufblasbares **Sitzkissen** oder kleines Stück Schaumstoffmatte (geschlossenzellig, d.h. auch bei Verletzung der Oberfläche kein Wasser aufsaugend) gegen Kälte beim Hinsetzen zwischendurch (bei längeren Wildnisexkursionen)

☐ **Sonnenbrille** mit seitlichem Schutz gegen Zugluft

☐ **Lippen- und Hautschutzcreme** gegen Austrocknen

☐ **Teleskopstock** (vor allem wenn Sie auch abseits guter Wege unterwegs sind)

Sonstige wichtige persönliche Dinge

☐ **Reisepapiere** (🖐 bitte erkundigen Sie sich, ob Sie einen **Reisepaß** oder gar ein **Visum** benötigen - sowohl für die während der Seereise angelaufenen Länder als auch für die bei An- und Abreise eventuell berührten Länder -, dies ist auch von Ihrer Staatsangehörigkeit abhängig)

☐ **Reiseunterlagen des Veranstalters** (insbesondere Anmeldebestätigung, eventuelle Flugtickets, Vouchers etc.)

☐ **Zahlungsmittel** für unterwegs (Bargeld, Schecks, Kreditkarten, Rufnummern von der Bank und für Kartensperrung - 🖐 bitte vor der Reise erkundigen, was Sie wo benutzen können und welche Wechselmöglichkeiten bestehen)

☐ **Reiseversicherungen** (einschließlich Notfallnummern)

☐ von Ihnen regelmäßig oder manchmal benötigte **Medikamente** oder andere **medizinische Hilfsmittel** (und bei Ihren Papieren ein **Hinweisblatt mit wichtigen medizinischen Daten für Notfälle** (Krankheiten (Diabetes, Bluter, Herzkrankheiten etc.), Unverträglichkeiten, benötigte Medikamente etc.)

☐ **Adreß- und Telefonbuch** für Ihre Post

☐ **Reiseliteratur**

An- und Rückreise

Eine der angenehmen Seiten der meisten Nordlandseereisen ist, daß uns unser schwimmendes Hotel in die Zielgebiete trägt und dabei folglich der Reiseaufwand wesentlich vermindert wird. Selbst wer ungern fliegt, kann heute abgelegenste Küstenregionen bis in den höchsten Norden bequem erreichen, da die meisten Fahrten in deutschen Häfen beginnen und enden. **Kiel**, **Bremerhaven**, **Hamburg**, **Lübeck/ Travemünde** und **Cuxhaven** sind die üblichen Ausgangs- und Endhäfen und werden in diesem ReiseHandbuch mit Anregungen für Aktivitäten an einem zusätzlichen Tag in diesen Häfen und ihrer Umgebung vorgestellt (☞ Unterwegs auf Nordmeerseereise, Deutschland: Ausgangs- und Endhäfen). Selbst wenn einzelne Reisen gelegentlich auch z.B. in Amsterdam oder Kopenhagen starten oder enden, so ist dies im eng zusammengewachsenen Mitteleuropa kaum ein Unterschied.

🚌 Es empfiehlt sich in den meisten Fällen die Benutzung der Bahn, selbst wenn Sie aus Süddeutschland, Österreich oder der Schweiz anreisen: das moderne ICE-Netz hat die Reisezeiten erheblich verkürzt und in allen genannten deutschen Hafenstädten ist Ihr Schiffsanleger vom Bahnhof aus erheblich bequemer und schneller zu erreichen, als vom nächsten Flughafen.

📷 Für das bei Seereisen oft etwas umfangreichere Gepäck ist das Angebot der Deutschen Bahn überlegenswert, deren **Haus-zu-Haus-Gepäckservice** in Anspruch zu nehmen. Einen entsprechenden Gutschein erwerben Sie zusammen mit Ihren Fahrkarten am Bahnhof oder im Reisebüro und können dann telefonisch vereinbaren, wann Ihr Gepäck bei Ihnen zu Hause abgeholt werden soll. Im Prinzip genügt dies am Vortag Ihrer eigenen Abreise, aber sicherheitshalber sollten Sie der Bahn zwei bis drei Tage Zeit geben.

☺ Bevor Sie diesen Service in Anspruch nehmen: Sehen Sie im Prospekt nach oder erkundigen Sie sich beim Reisebüro/Veranstalter, ob für Ihr Schiff in Ihrem Hafen eine Gepäckentgegennahme vorgesehen ist. In diesem Falle liefert der Haus-zu-Haus-Service das Gepäck in der Regel an einem mit dem Veranstalter vereinbarten Lagergebäude ab, von wo aus das Gepäck dann gesammelt zum Schiff gebracht wird.

Nehmen Sie selbst nur leichtes Gepäck mit in den Zug und lassen Sie sich von Bekannten oder einem Taxi in Ruhe zum Bahnhof bringen. Im Hafenort empfiehlt sich meist wegen des Gepäcks ebenfalls ein Taxi bis zum Schiff, in einigen Häfen kommen Sie aber auch mit öffentlichen Verkehrsmitteln fast bis zum Anleger.

🚗 Bei der Anreise im eigenen Pkw taucht das **Parkplatzproblem** auf: wohin in der Hafenstadt mit dem Wagen für die ein bis vier Wochen der Abwesenheit? Nur selten findet sich direkt am Anleger ein Langzeitparkplatz, so daß häufig dann doch noch zusätzlich ein anderes Verkehrsmittel zwischen Abstellplatz und Anleger benötigt wird. Einige Veranstalter haben daher in ihre Kataloge einen zusätzlich buchbaren Parkservice aufgenommen.

☺ Sehr bestechend ist übrigens das vom Fremdenverkehrsamt der Stadt **Bremerhaven** entwickelte **Komplettpaket** für mit dem Pkw anreisende Kreuzfahrer: eine Hotelübernachtung, Parkplatz für den Pkw für die Dauer der Kreuzfahrt und Transfer der Reisenden vom Hotel zum Schiffsanleger zusammen für DM 159 (1996) - auch für andere Hafenstädte eventuell eine Anregung.

Komplizierter wird es, wenn die Schiffsreise in unterschiedlichen Hafenstädten beginnt und endet. Hier bieten einige Veranstalter eine zusätzlich buchbare Überführung des Wagens von einem Hafenort zum anderen an, so daß Sie nach Verlassen des Schiffes Ihren Wagen trotzdem wieder zur Verfügung haben - dieser Service schlägt allerdings mit mehreren hundert DM zu Buche und eventuell ist nicht jedem bei dem Gedanken wohl, seinen Wagen trotz Absicherung durch eine entsprechende Versicherung in fremde Fahrerhände zu geben. Bei der An- und Abreise per Bahn erübrigen sich, wie gesagt, diese Probleme.

✈ Die An- und Abreise per **Flugzeug** macht in erster Linie dann Sinn, wenn die zu erreichenden Hafenstädte per Bahn nur schwierig oder gar nicht zu erreichen sind - dies trifft vor allem auf Seereisen zu, auf denen ein Schiff im fernen Zielgebiet (z.B. Island, Spitzbergen, Nordnorwegen) Passagiere austauscht. Oft bietet der Veranstalter einen speziellen Charterflug von/nach einem deutschen Flughafen

144

(oft Frankfurt) an, der gegenüber Linien-
verbindungen in den meisten Fällen einiges
Umsteigen erspart und zeitlich auf die
Schiffstermine abgestimmt ist. Vielfach
werden diese Reisen vom Veranstalter
bereits als kombinierte Schiffs- und Flug-
reise ("Kreuzflug", "Cruise & Fly") angeboten.

Bei diesen Charterflügen können die
Freigepäckmengen manchmal auch groß-
zügiger festgelegt sein. Gerade wenn Sie
umfangreicheres Gepäck auf Ihre Seereise
mitnehmen möchten, wird bei Flügen das
Gepäckgewicht rasch zu einem kosten-
trächtigen Faktor. Erkundigen Sie sich
hiernach genau vor der Buchung von Flügen!

Aber auch bei einigen anderen Städten,
z.B. Bergen in Norwegen oder britischen
Häfen, die ohne Flugzeug nur recht zeitaufwendig erreichbar sind, wird das Flugzeug zur überlegenswerten Alternative.

Sofern Sie einen Linienflug nutzen, ist
Ihr **freies Reisegepäck** bei den günstigen
Tarifen auf meist **20 kg pro Person** be-
grenzt, in der Business oder gar First Class

meist auf 30 kg pro Person, jeweils plus
etwas Handgepäck.

Hinsichtlich des Komforts beim Reisen
mit größerem Gepäck sind die **Flughäfen**
recht unterschiedlich: Düsseldorf und
Frankfurt haben z.B. eigene Bahnstationen
für DB-Fernzüge, so daß Sie dort aus der
Bahn über Rolltreppen sehr einfach ins
Flughafengebäude gelangen können, während es in Hamburg noch nicht einmal eine
S- oder U-Bahn zum Flughafen Fuhlsbüttel
gibt, so daß Sie am Hamburger Hauptbahnhof mit Ihren Koffern erst einmal
nach der Busverbindung fahnden oder eine
längere Taxifahrt bezahlen müssen.

☺ Ein weiterer Tip für entspanntes Reisen: Planen Sie am Anfang und Ende der
Seereise im jeweiligen Hafen eine Übernachtung ein, kommen Sie dort also bereits
einen Tag früher an, schauen Sie sich ein
wenig um und schnuppern Sie schon etwas
Seeluft, bevor es an Bord geht, und gönnen
Sie sich auch nach der Rückkehr einen
solchen Zwischentag, bevor Sie in den
Alltag nach Hause zurückkehren!

Jetzt geht es an Bord ...

Endlich ist der große Augenblick gekommen und nach mehr oder weniger langer
Anreise betritt man erwartungsvoll das
neue zeitweilige Zuhause auf "seinem
Schiff". Der gestandene Kreuzfahrer wird
schnell zurechtkommen mit den Örtlichkei-
ten und dem anfänglichen Wirrwarr von
Gängen.

In der Regel hat man Anspruch auf
einen festen Tischplatz im Restaurant oder
in der Gästemesse. Raucher oder Nicht-
raucherseite und eventuell Tischzeiten
wären noch zu klären. Dies macht ein
Obersteward schnell perfekt. Wer früher

speist, der ist auch eher zum Showbeginn
der Unterhaltungskünstler anwesend, denn
hier gibt es verständlicherweise keine Sitz-
platzreservierungen.

Der Augenblick des Abschiednehmens
vom Landalltag ist entweder mit einem
"großen Bahnhof" an der Pier verbunden
oder erfolgt fast anonym ohne Trubel. Auf
jeden Fall löst sich die erwartete Spannung
und das Erlebnis der Seereise hat jetzt
richtig begonnen.

Der erste gesellschaftliche Höhepunkt
ist eine zünftige Begrüßung an Bord. Auf

dem Kreuzfahrtschiff ist dies in der Regel das "Kapitäns-Willkommens-Dinner". Diesem geht der Kapitäns-Cocktail-Empfang voraus und jeder, der es wünscht, hat jetzt die Gelegenheit, dem ersten Mann und Herrn über das Schiff persönlich die Hand zu schütteln. Anschließend stellt der Kapitän seine leitenden Offiziere und der Kreuzfahrtdirektor sein Mitarbeiterteam vor. Auch auf anderen Arten von Seereisen wird es eine - eventuell weniger aufwendige - Form der Begrüßung geben, die Ihnen in jedem Falle einen Überblick und hilfreiche Informationen vermittelt.

Für Ihr Wohl an Bord: die Besatzung

Rund um die Uhr für das Wohlergehen und die Sicherheit der Gäste an Bord zuständig ist die **Crew**. Gemeint sind unter diesem Begriff eine Vielzahl "sichtbarer" und "unsichtbarer Geister", unentwegt dafür da, ihren Gästen den Aufenthalt an Bord so angenehm wie möglich zu gestalten. Dies ist unterschiedlich je nach Art des Schiffes. Da sind zum einen die Kabinenstewards und -stewardessen, das Restaurantpersonal und all jene anderen, die direkt für die Betreuung der Gäste zuständig sind und für Fragen ein offenes Ohr haben. Aber da gibt es noch viele, viele mehr, die hinter den Kulissen in den einzelnen Bereichen tätig sind.

Auch in Momenten, wenn sich die See einmal stürmisch zeigt oder das Schiff von undurchdringlichem Nebel umgeben ist, wenn dicht befahrene Meerengen passiert oder in sicherem Abstand Eisfelder umfahren werden, steht die Crew ihren "Mann". Der Gast kann sich in seine behagliche "Koje" zurückziehen mit dem sicheren Gefühl des Umsorgtseins durch diejenigen, die auf der Brücke oder im Maschinenbereich ihren verantwortungsvollen Dienst tun.

Die **Kommandobrücke** ist auf jedem Schiff für Besichtigungen mindestens einmal während der Reise für die Gäste zugänig. Es gibt auch Schiffe, bei denen die Brücke für den Gast ständig offen ist. Hier ist der Dienstbereich der **nautischen Offiziere** mit ihren Rudergängern, die im Wachdienst rund um die Uhr das Schiff navigieren. Aber auch im Hafen hat der diensthabende Wachoffizier immer den Überblick und das Sagen über das Geschehen an Bord.

Während auf der Brücke die vielfältigsten Instrumente und Systeme für Antriebsanlagen, für die Navigation und für die Sicherheitskommunikation zu überwachen sind (man spricht deshalb gern vom "Hirn des Schiffes"), sind die **technischen Offiziere** im untersten Bereich des Schiffes anzutreffen. Als wachhabender Ingenieur zusammen mit den Ingenieur-Assistenten ist man hier tätig, wo leistungsstarke Antriebsanlagen für die Fortbewegung sorgen, wo die Energie erzeugt wird und vieles mehr an Hilfsaggregaten untergebracht ist. Chef dieses großen Bereiches (das "Herz des Schiffes", wie diese Leute gern behaupten) ist der Chefingenieur, genannt der "Chief."

In früheren Zeiten gab es an Bord von Passagierschiffen noch die rund um die Uhr besetzte **Funkstation**. Der Funkoffizier sorgte von hier für den ständigen Kontakt zur Außenwelt. Ein weltweit funktionierendes Not- und Sicherheitsfunksystem auf der Brücke wird heute vom nautischen Wachoffizier bedient und macht jetzt die ehemals gesetzlich vorgeschriebene Funkwache eines Funkoffiziers überflüssig. Eine leicht bedienbare, weltweite **Satellitenkommunikation** ermöglicht die direkte Verbindung zum Teilnehmer an Land oder auch zu einem anderen Schiff. Faxsendungen und Hochgeschwindigkeits-Datenübertragung sind heute an Bord kein Thema mehr.

Natürlich ist für bestimmte Dienstleistungen **qualifiziertes Personal** präsent, ob dies im Elektronikservice, in einem TV-Studio ist, ob bei der Pflege und Wartung der Navigations- und Nachrichtenelektronik oder am Kopierer.

Überall sind fachkompetente Leute vor Ort. Nur die Morsezeichen muß nun niemand mehr benutzen, allenfalls sendet der Nautiker auf Brücke ein paar Lichtmorsezeichen, sollte es die Situation einmal erfordern.

Seekrankheit

Es geht um den medizinischen Begriff "Kinetose", Normalbürgern unter dem unerfreulichen Begriff "**Seekrankheit**" besser bekannt. Diese Erscheinung wirkt sich auf den einzelnen ganz verschieden aus:

✳ man wird bereits seekrank, wenn man ein Schiff betritt,
✳ man wird regelmäßig seekrank, wenn man mit einem Schiff reist,
✳ man wird nur einmal seekrank in seinem Leben, auf der ersten Reise, dann nie wieder,
✳ man wird absolut nichts spüren, egal was passiert. Man übersteht die extremsten Stürme, nur den anderen geht es schlecht. Kinder bis zu drei Jahren, Greise und Innenohr-Schwerhörige genießen hierbei tatsächlich besondere Immunität.

Doch lassen wir uns durch Pessimismus nicht von vornherein eine schöne Seereise vermiesen. Das Thema "Seekrankheit" sollte kein alles überdeckendes Thema sein. Natürlich wird man auf jedem Schiff die Bewegung des Meeres spüren und sei dies noch so groß. Doch es gibt auf den großen Schiffen **Stabilisatoren**, die zumindest das Rollen, das seitliche Bewegen des Schiffes, erheblich dämpfen. Diese Stabilisatoren befinden sich einige Meter unter der Wasserlinie und werden bei Bedarf seitlich aus dem Schiffsrumpf ausgefahren. In Form von Tragflächen, etwa

2 bis 3 m breit und 4 bis 5 m lang, wirken die kreiselgekoppelten Stabilisatoren einer Schlingerbewegung des Schiffes entgegen und können diese damit bis zu 75 % dämpfen.

Doch wenn man nicht gerade einen der ganz großen Ozeane überquert, sind die einzelnen Reiseabschnitte meist zeitlich überschaubar, bis man wieder im schützenden Hafen angelangt ist, und jeder wird erstaunt sein, wie schnell sich dann die Beschwerden legen - dies als Trost für die ganz Ängstlichen und besonders Empfindlichen.

Die Kinetose kann ebenso in der Luft und auf dem Land jeden Menschen befallen, der über ein intaktes Gleichgewichtsorgan verfügt, welches sich im Innenohr befindet. Die Ursachen sind in allen Fällen die gleichen: Überreizung des Gleichgewichtsorganes durch stärkere, ungewohnte Beschleunigungen, widersprüchliche Sinneseindrücke der Augen und des Gleichgewichtsorgans.

Bei starker Überreizung werden bestimmte Hirnzentren erregt, so das Brechzentrum, das Kreislaufzentrum oder die Eingeweidenerven. Entsprechend vielfältig ist auch das Krankheitsbild. Dies reicht von Kopfschmerzen, Schlafstörungen, Unruhe, kalte Schweißausbrüche bis zur Übelkeit mit Erbrechen. Da unser Körper im Laufe der Evolution sich für ein Leben an Land entwickelt hat, gehören Schlingerbewegungen der Umgebung nicht zu den von unserem Gehirn als "richtig" empfundenen natürlichen Bedingungen. Offenbar "glaubt" daher das Gehirn dann, daß diese seltsamen Meldungen des Gleichgewichtssinnes durch eine Vergiftung des Körpers hervorgerufen wurden und als Abwehr kann - ähnlich wie bei zu starkem Alkoholgenuß - Übelkeit aufkommen.

In der Regel hat sich spätestens nach zwei bis drei Tagen jeder auf See der Schiffsbewegung angepaßt und es ist ganz sicher eine Besserung zu erwarten. Vorbeugend seien folgende Maßnahmen empfohlen:

✳ Ausreichende Mittags- und Nachtruhe.

✳ Vermeidung von Nikotin und Alkohol.

✳ Tragen von lockerer Kleidung.

✳ Leichte, fettarme Kost zu sich nehmen, große Mahlzeiten meiden.

✳ Sicheres und flaches Schuhwerk tragen.

✳ Ablenkung durch Lesen, Radiohören oder Fernsehen.

✳ Sich nicht schon geraume Zeit vorher seelisch "verrückt machen" und darauf warten, wann es endlich passieren wird, seekrank zu werden.

✳ Vorbeugend helfen zwei Dragees Kinetosin oder andere geeignete Seekrankheitsmittel vor den Mahlzeiten. Bewährt haben sich auch die hinter das Ohr zu klebenden Seekrankheitspflaster. Wichtig: die entsprechenden Mittel vorbeugend anwenden, wenn man bereits seekrank ist, bringen sie nicht mehr viel. In hartnäckigen Fällen, falls nichts im Magen bleibt, kann man im Hospital eine Injektion erhalten, diese hilft ganz sicher,

macht allerdings für die nächsten Stunden etwas müde.

✳ Achtung bei den dritten Zähnen! Die berüchtigten Tüten werden so schnell entsorgt, daß ein Wiederfinden darin verlorengegangener Beißwerkzeuge selten möglich ist.

Versuchen Sie dennoch, ihr eventuelles Leiden mit entsprechendem Humor zu tragen und bedenken sie, daß es fast jedem zweiten an Bord ebenso gehen kann, auch dem prominentesten Gast in der teuersten Luxussuite und manchmal selbst langgedienten Besatzungsmitgliedern.

Wenn Sie Anzeichen von Übelkeit bemerken, hilft oft frische Luft an Deck, konzentriertes tiefes Atmen (jedoch sich an Deck gegen Auskühlung schützen) und auch freie Sicht auf den Horizont als Hilfestellung für den beanspruchten Gleichgewichtssinn.Und wer schon bei der Kabinenwahl einem möglichen Anfall von Seekrankheit vorbeugen will, kann damit sogar Geld sparen, denn die Kabinen mit den geringsten seegangsbedingten Bewegungen liegen auf den untersten Passagierdecks in der Mitte des Schiffes - sind also üblicherweise dort, wo sich die günstigste Preiskategorie befindet! Allerdings sind dies nur graduelle Unterschiede - die unteren Innenkabinen gewähren ebensowenig garantierten Schutz vor Seekrankheit wie der Umkehrschluß Unsinn ist, daß jeder in Außenkabinen der obersten Decks unvermeidlich seekrank werden müsse, weil dort die Bewegungen des Schiffes geringfügig stärker zu spüren sind.

Letztendlich gibt es noch das altbewährte **Geheimrezept des Kapitäns: "Vorbeugen, weit vorbeugen!"** (aber bitte die Windrichtung beachten).

Wissenswertes über Seefahrt und Sicherheit

Schiffahrt im Wandel der Zeit

Über die Zeit an Bord der gemütlichen Handelsdampfer, die mit Stückgut beladen über die Weltmeere schipperten und wo sich neben dem meist ruhigen, manchmal auch eintönigen Seealltag immer etwas Zeit für geeignete und durchaus anspruchsvolle Hobbys und auch gesellige Gemütlichkeit bei stimmungsvollem Klönsnack fand, kann man allenfalls noch in maritimen Erinnerungen nachlesen. Gerade diese Epoche war es, die aus den Erlebnissen den Stoff für Geschichten und Anekdoten werden ließen. Wenn diese maritimen Storys gelegentlich mit einem kleinen Quentchen "Seemannsgarn" umwickelt waren, so tat dies der Wirklichkeitsnähe keinen Abbruch.

Vorbei sind die ausgelassenen Landgänge in der Handelsschiffahrt, die ruhigen Nächte im Hafen und der lockere Umgang mit dem Vertreter der Schiffahrtsagentur. In den Gegenden, wo es attraktiv und angenehm war, hatte niemand der Crew etwas dagegen, wenn sich der Lade- oder Löschbetrieb noch etwas zugunsten weiterer Landgänge verzögerte. Größer, schneller und ökonomischer heißt heute die Devise in der Seefahrt.

Klammern wir die Spezialschiffahrt, die Tanker und Massengutflotte aus, so wird der Warenstrom über See fast ausschließlich per **Container** befördert. Ein dichtes Netz an Liniendiensten überzieht längst den gesamten schiffbaren Erdball. Schnelle Containerliner mit 4.200 Stellplätzen sind fast ein normaler Anblick in den klassischen großen Seehäfen, deren Containerterminals meist weit draußen vor der Stadt liegen.

Einer der derzeit größten Schiffsneubauten ist im HDW-Stammwerk in Kiel entstanden und schippert inzwischen über die Weltmeere. Mit fast 5.000 Containerstellplätzen zählt die "APL Thailand" mit 280 m Länge, 40 m Breite und 12,5 m Tiefgang bei 25 Knoten, also ungefähr 45 km/h, zu den größten Containerschiffen der Welt. Dies verkürzt zum Beispiel die Non-stop-Reisedauer von derzeit durchschnittlich 16 Tagen zwischen Hamburg und Hongkong, dem weltgrößten Containerhafen mit jährlicher Umschlagsleistung von mehr als 12 Mio Containern. Eine neue Generation von Schiffen sieht auf dem Reißbrett bereits eine Stellplatzfläche von 6.000 Containern vor. Dies ist nur noch mit ausgefeilter Logistik, mehr EDV und weniger Menschen zu meistern.

Der Umfang der derzeit weltweiten Containerflotte für das vorhandene Ladungsaufkommen ist allerdings bereits mehr als ausreichend. So sind verschiedene Reedereien bereits jetzt gezwungen, nur mit halb ausgelasteten Einheiten die Weltmeere zu befahren. Solche Aktivitäten tragen erheblich dazu bei, die internationale Krise im weltweiten Containerdienst auf See wesentlich zu beschleunigen.

Wie in verschiedenen anderen Gebieten haben die Japaner auch in etlichen Schiffbaubereichen die Nase vorn. Modellschiffe mit 54 Knoten, also fast 100 km/h, überstanden selbst vier Meter hohe Wellen und gingen ab März 1996 in Erprobung, in der Hoffnung, daß die errechneten Daten auch in der Praxis bestehen werden. Wenn sich diese Hoffnung erfüllt, wird der entwickelte Techno-Superliner in Japan jeden Hafen innerhalb eines Tages erreichen.

Dies setzt **neue Formen des Schiffsantriebes** voraus. Während der klassische Schiffsdiesel fast seine optimalen Grenzen erreicht hat, gilt das neue Augenmerk den von Flugzeugantrieben abgeleiteten Turbinen. Hohe Zuverlässigkeit ist ebenso vorhanden wie niedriger und kostengünstiger Verbrauch, wobei neue Treibstoffmöglichkeiten, so auch Wasserstoff erprobt werden.

Die Japaner sind sogar noch einen Schritt weitergegangen. Ein Funktionsmodell von etwa 30 m Länge und 10 m Breite existiert bereits. Kein Schiffsdiesel dröhnt und keine Schiffsschraube dreht sich. Es ist ein supraleitender **Magnetantrieb**, der das Fahrzeug lautlos mit acht Knoten, knapp 15 km/h, durch das Wasser gleiten läßt. Der technische Aufwand ist beträchtlich, wenn nicht gar ungewöhnlich. Prinzipiell funktioniert es jedenfalls, das haben längere Fahrtests hinreichend bewiesen.

Ein gänzlich anderes Antriebssystem als Funktionsmodell hat ein Schweizer Erfinder entwickelt. Völlig weg vom herkömmlichen Propeller hat er eine Form gefunden, bei der mechanische Energie in Strömungsenergie umgewandelt wird.

Auch bei uns an der Ostseeküste tut sich etwas in Sachen Hochgeschwindigkeitsfortbewegung auf dem Wasser. So erfolgen seit geraumer Zeit Testfahrten ab Travemünde mit dem "Mekat", einem Katamaran-Typ von Blohm und Voss, in den achtziger Jahren ursprünglich für die Bundesmarine entwickelt. Mit einem relativ geringen Wasserwiderstand, bedingt durch ein Luftkissen zwischen den beiden Katamaranrümpfen, werden jetzt schon fast 50 Knoten, also mehr als 90 km/h, auf dem Wasser erreicht.

Personalabbau durch Elektronisierung ist das Zauberwort. Hochlohnländer können gegenüber der Billiglohnkonkurrenz nur auf dem gleichen Markt mithalten, wenn sie auf der Technologie-Ebene den Produktivitätsgewinn erzielen. Die Praxis heißt **"Ein-Mann-Brücke"** - eine komplexe Schiffsführungszentrale, wo die Meßdaten von etwa 1.300 Sensoren aus allen Bereichen des Schiffes zusammenfließen wie im Cockpit eines Jumbo-Jets, mit der Möglichkeit des ständigen Handlungszugriffes zu den Systemen.

Neben der eigentlichen Navigationsaufgabe plus der Kommunikation von und zum Schiff sind dies für den Mann auf der Brücke zusätzlich zu bewältigende Aufgaben bei einem enormen psychischen Preis, denn mit dem ständigen Höherschrauben der alleinigen Verantwortung steigt auch der Streß. Dazu kommt die unaufhörlich steigende Schiffahrtsdichte gerade in sogenannten "high-traffic"-Zonen, z.B. im Elbe Revier oder im Englischen Kanal, ein Fakt, der Havarien durch menschliches Versagen nie ausschließt.

Der moderne Seemann an Bord beginnt zu vereinsamen, ist allein mit seinem Job und fährt meist nur der Heuer wegen, die, gemessen an der Verantwortung, so üppig nicht bemessen ist. Das wenige verbliebene Bordpersonal sieht sich kaum noch, dazu kommen zwangsläufig Kontaktschwierigkeiten, die sich aufgrund der internationalen Zusammensetzung der Crew ergeben. All dies ist eine Entwicklung, die auf Dauer für den Fahrensmann wenig erstrebenswert scheint und somit kaum noch den Stoff für maritime Lektüre über das gemütliche und sorgenfreie Leben an Bord hergibt. Die einstige Seefahrt, von der viele ins Schwärmen geraten und die bei maritimen Treffs und Clubabenden alte Erinnerungen wach werden läßt, ist ganz sicher begraben.

Etwas anders mag es noch an Bord von Passagierschiffen sein. Für jemand aus der Crew kann es auf den Reisen immer der Sonne nach, mit Kurs auf die schönsten Fleckchen der Erde durchaus attraktive Momente geben.

Längst kann die deutsche **Passagierschiffahrt** auf eine mehr als 150jährige Tradition zurückblicken. Dabei waren die Anfänge mehr aus einer wirtschaftlichen Notwendigkeit heraus entstanden. Einst machte ein junger Hamburger Mitarbeiter der Hapag-Reederei, der spätere Generaldirektor Albert Ballin, aus der wirtschaftlichen Notwendigkeit eine Tugend und setzte einige Schiffe, die im Winterdienst auf der stürmischen Atlantikroute zwischen Europa und New York schlecht oder überhaupt nicht ausgelastet waren, versuchsweise für "Lustfahrten" in attraktive Regionen ein. Dies funktionierte nicht nur, sondern es entwickelte sich ein florierendes Geschäft, dessen Beispiel andere Reedereien bald folgten. Ein entsprechender Passagepreis sorgte allerdings dafür, daß man in solch gehobenen "Lustfahrerkreisen" unter sich blieb.

Heute sind Seereisen durchaus erschwinglich und es herrscht ein derart spezifiziertes Angebot nicht nur an klassischen Kreuzfahrten, sondern auch an Erlebnisreisen für auserwählte Zielgruppen, daß die Entscheidung schwerfällt. Dies hat auch mit den unglaublich dynamischen Veränderungen zu tun, die diesem Erholungszweig auf See in den letzten Jahren widerfahren ist. Der Trend, mit dem schwimmenden Zuhause als Ort der Entspannung und Unterhaltung nachts bei erstklassiger Hotelkomfort zu reisen, um am nächsten Morgen im neuen Hafen aufzuwachen, ist stark im Kommen. Fast ¼ Million Passagiere zählte man 1995.

Der **Kreuzfahrtschiffbau ist in Hochkonjunktur**, auch vor der eigenen Haustür in den Werften von Kiel über Bremerhaven bis Papenburg an der Ems. Die weltgrößte amerikanische Kreuzfahrtreederei **Carnival Cruise Line** besitzt einige "große Brocken", deren aller Markenzeichen der "Schwanzflossen-Schornstein" ist.

Mit 272 m Länge und 38 m Breite reiht sich die "Carnival Destiny" in die Riege der immer größeren Schiffsgiganten ein. So besitzt das Schiff unter anderem 418 Außenkabinen mit eigener Seeblickterrasse und acht Penthouse Suiten. Das sich über zwei Etagen erstreckende Restaurant ist nicht nur von den Seiten, sondern auch von oben völlig verglast. Diese Riesenschiffe tauchen allerdings in unserem Fahrgebiet noch nicht auf, sondern sind in karibischen Gewässern anzutreffen.

Unbegrenzt nach oben scheint es auch mit dem bisher gigantischsten Schiffbauprojekt im Lande der unbegrenzten Möglichkeiten zu gehen.

Dort soll das **Phoenix Projekt** entstehen, die "Phoenix World", ein schwimmender Gigant von 250.000 BRZ. Elf Werften werden damit beschäftigt sein, das 387 m lange Superding mit drei Hoteltürmen und 2.800 Kabinen für eine Milliarde Dollar zu bauen. Für 5.600 zahlende Gäste sind 2.600 "maritime Dienstleistungsmenschen" präsent. Aber ein wenig wird es wohl noch dauern, nicht nur das Bauen, sondern die vorher notwendige Phase des Geldeinsammelns.

Seezeichen, Leuchttürme und Feuerschiffe

Neben den technischen Navigationshilfen wird auch der "Nicht-Seemann" vor allen größeren Häfen und ihrem vorgelagerten Seegebiet eine verwirrende Zahl von **Seezeichen** in Form von **Tonnen** und **Baken** sowie **Leuchtfeuer** in Form von festen und schwimmenden Leuchttürmen vorfinden. Besonders beim Auslaufen im Elbe- und Weserrevier trifft man auf eine enorme Vielfalt solcher Navigationshilfen.

Während im mitteleuropäischen Bereich die verschiedensten schwimmenden Leuchttürme als **Feuerschiffe** auf in der Seekarte genau definierten Positionen verankert sind, findet man meist dort, wo eine steile Küste und größere Wassertiefen vorherrschen, die eigentlichen **Leuchttürme**. Sie haben eine **international festgelegte Kennung** zeitlich genau abgestimmter und periodisch wiederkehrender Lichtsignale. Angaben darüber findet man in nautischen Dienstbehelfen, zum Beispiel im **Leuchtfeuerverzeichnis**.

Während Feuerschiffe nicht ohne zwei Besatzungen auskommen (eine im Dienst und eine in Freizeit), ist der einsame Leuchtturmwärter längst Legende. Auch hier heißt das Zauberwort "Automatisierung". Da Feuerschiffe einen beträchtlichen Personalaufwand erfordern, hat man längst neue Formen gefunden. Amerikaner und Engländer haben hier mit Einsatz von **Großleuchttonnen** die Nase vorn.

Wer einmal das nächtliche Lichterwirrwarr auf solch international dicht befahrenen Revieren wie Elbe- und Wesermündung oder auch vor der Schelde bei Rotterdam erlebt hat, der kann in etwa ermessen, was es bedeutet, hier den Überblick nicht zu verlieren und was hier den Navigatoren oft auch in Extremsituationen mit Sturm und Nebel abverlangt wird.

Die Seezeichen definieren den Verlauf von sogenannten **Seeverkehrswegen** auch optisch nach einem international festgelegten System. Die Verantwortung über die **Betonnung** obliegt entsprechenden staatlichen Behörden.

In Deutschland ist es das **Bundesamt für Seeschiffahrt und Hydrographie** und die dazugehörenden **Wasser- und Schiffahrtsämter** entlang der ganzen deutschen

Küste. So erfolgt die Fahrwasserbetonnung in nationalen Gewässern entsprechend den nationalen Festlegungen.

Es würde zu weit führen, hier ins Detail einzudringen, wo sich wirklich nur der Fachmann auskennen muß. Nur soviel sei bemerkt: Es gibt sogenannte **Lateralzeichen** für die Seitenkennzeichnung der verschiedensten Fahrwasser und **Kardinalzeichen** für die Richtungsbezeichnung. Grundforderung für diese internationale Übereinkunft ist, daß alle Arten von Zeichen sowohl am Tage als auch in der Nacht einwandfrei unterschieden werden können.

Kommt ein Schiff von See, findet es als **seitliche Begrenzung eines Fahrwassers** an **Steuerbord**, also rechts, eine **grüne Betonnung** mit fortlaufenden ungeraden Ziffern vor, während sich an **Backbord**, auf der linken Seite, **rote Tonnen** mit geraden fortlaufenden Ziffern befinden. Man spricht hier von den sogenannten seitenbegrenzenden Tonnen.

Demgegenüber kennzeichnen die richtungsweisenden Tonnen als kardinale Seezeichen die Seite, an der eine Gefahrenstelle passiert werden soll. Diese Tonnen haben einen gelb-schwarzen Anstrich und immer zwei schwarze Kegel übereinander.

Nun gibt es auch noch **Mitte-Fahrwasser-Zeichen**, **Leitfeuer** und **Richtfeuer**, die im Dunkeln als Navigationshilfe dienen, und vieles andere mehr. Der Fachmann erkennt in der Dunkelheit anhand der **Lichterführung**, um welches Fahrzeug es sich handelt, ob es sich bewegt und wie sein Kurs verläuft. Dies zeigen Positionslaternen an. Hier gibt es viele Besonderheiten und Situationen, die jeweils durch eine bestimmte Laternenanordnung gekennzeichnet sind, hier aber nicht alle aufgeführt werden sollen. Nur soviel sei erwähnt: Die jeweilige Situation eines Schiffes, ob es fährt oder ob es gestoppt hat, wird in der Dunkelheit durch farbige Seitenlaternen und weiße Mittschiffslaternen angezeigt. Dazu hat jedes Schiff noch eine weiße Hecklaterne. Die Seitenlaterne an Steuerbord, also rechts, zeigt ein grünes Licht, während die andere Seite Backbord, also links, ein rotes Licht signalisiert. Während Segelschiffe nur Seitenlampen und die Hecklaterne führen, zeigen Motorschiffe im Mast eine weiße Topplaterne.

Kommunikationselektronik

Kostenorientierte Reedereien haben Einsparungsmöglichkeiten beim Personal erkannt und eine zeitgemäße **Kommunikationselektronik** installiert. Angenehmer Nebeneffekt: Der Passagier kann auf modern ausgestatteten Schiffen zu jeder Zeit selbst aus seiner Kabine per Satellitentelefon-Durchwahl mit jedem Teilnehmer **weltweit telefonieren**. Abgerechnet wird dies alles mit der Kabinennummer und Bordkreditkarte über einen Telefoncomputer (die Gebühren sind allerdings beachtlich!).

Selbstverständlich kann man auch wichtige **Faxsendungen** aufgeben oder an Bord empfangen. Dies wird verständlicherweise von einem zentralen Ort, zum Beispiel über die Rezeption arrangiert.

Ebenso ist das **Bordjournal aus der Heimat**, eine **aktuelle Tageszeitung** in komprimiertem Umfang und das **Satellitenfernsehen** als täglicher Service an Bord vieler Schiffe üblich und erst durch die nahezu verzögerungslose Übermittlung per Satellit möglich geworden.
Nur in den eisigen Regionen im hohen Norden oder im tiefsten Süden wird es für die Satellitenübertragung schwierig. Grund dafür ist die technisch bedingte extreme Neigung der Satelliten-Parabolantenne. Schon geringfügige Erhebungen wie Eisberge oder Bergrücken können störend auf eine sichere Übertragung einwirken.

Das eigene **Mobiltelefon** wird versuchsweise immer öfter ins Seereisegepäck verstaut. Hält sich ein Schiff in dichter Küstennähe auf, kann dies durchaus zum Erfolg führen, sofern das betreffende Land ein eigenes Mobiltelefonnetz betreibt und auch den jeweiligen Küstenbereich abdeckt. Bei weitem am verbreitetsten ist das GSM-System (D-Netz).

Aber selbst hier gibt es im Bereich des Nordmeeres Lücken - sei es, daß ganze Länder kein solches Netz anbieten oder man sich zufällig gerade in einer Netzlücke eines nationalen Netzes befindet (z.B. in Norwegen teilweise örtlich aufgrund des extremen Geländes trotz des eigentlich gut ausgebauten norwegischen Netzes möglich) oder daß ein Staat in sehr abgelegenen Regionen auch großräumig auf ein solches Angebot verzichtet (z.B. ist Mobiltelefonieren in Spitzbergen nur in der unmittelbaren Umgebung von Longyearbyen möglich).

Während die bisherigen Mobiltelefonnetze auf landgestützte Stationen setzen, wird es voraussichtlich in naher Zukunft handy-große Satelliten-Mobiltelefone geben, die derzeit in der Entwicklung sind und dann auch für den Privatkunden auf Reisen, z.B. auf einem Schiff, weltweite Kommunikation ohne die bisherigen Nachteile des Satellitentelefons zugänglicher machen werden.

Schiffssicherheit

Widerfährt einem Schiff, eventuell gar einem Kreuzfahrtschiff, eine Havarie, überschlagen sich die Medien und die abschreckende Wirkung bleibt erwartungsgemäß bei vielen Seetouristen nicht aus. So steht vor Antritt jeder Reise berechtigterweise die Frage: "Wie sicher ist das Schiff?" Statistisch gesehen passiert an Bord sehr viel weniger als vergleichsweise im Straßenverkehr. Folgenschwere Ereignisse treten jedoch immer wieder unerwartet ein durch menschliches Versagen. Die staatliche Aufsichtsbehörde für die Schifffahrt in Deutschland hat zum Beispiel in einer statistischen Erhebung über einen längeren Zeitraum den Beweis erbracht, daß nur 0,1% aller Schiffsunglücke auf technisches Versagen zurückzuführen sind.

In der Seefahrt lassen sich drei große Gefahrenschwerpunkte charakterisieren:

✱ **Feuer an Bord**. Zum großen Teil wird dieser Umstand durch Unachtsamkeit und Fahrlässigkeit herbeigeführt. Wichtig ist das wirksame Handeln im ersten Moment des Entstehens. Nicht die Flammen selbst, sondern die tödlichen Gase während der Rauchentwicklung sind es, die eine der größten Gefahren heraufbeschwören und entsprechend der Sogwirkung durch sämtliche Gänge und Räume des Schiffes ziehen können. So ist es ein unabdingbares Muß, sich hier einer strengsten Disziplin für die Einhaltung der geltenden Sicherheitsvorschriften zu unterwerfen.

✱ **Kollision**. Trotz modernster Funkortungs- und Navigationshilfen bleiben folgenschwere Kollisionen nicht aus, wie die Geschichte der Seefahrt leider immer wieder beweist. Als warnendes Beispiel gilt als eine der größten Schiffskatastrophen der Seefahrt das furchtbare Unglück der "Titanic" vom 14. April 1912. Ein Eisberg war es, der das Schiff auf seiner Jungfernfahrt vor Neufundland aufschlitzte. Dieser Vorfall war deshalb so tragisch, weil trotz spiegelglatter See und ausreichender Zeit der Bergung aller Passagiere und der Crew das Schiff nicht ausreichend Rettungsboote besaß und somit 1.517 Menschen in den eisigen Fluten den Tod fanden.

✱ **Grundberührung**. Auch hier sind die Beispiele solcher Ereignisse recht zahlreich vertreten. Mit etwas Glück kann eine solche Havarie glimpflich ablaufen. So war es auch, als die berühmte "Queen Elizabeth 2" 1993 vor Massachusetts auf einen Felsen lief, der in der Seekarte nicht verzeichnet war. Im Gegensatz dazu brachte ein Felsen dem russischen Kreuzfahrer "Michail Lermontov" am 16. Februar 1986 vor der Südinsel von Neuseeland den Totalverlust, begleitet von zahlreichen Todesopfern.

Die "Titanic"-Katastrophe war Anlaß, auf internationaler Ebene ein paar bedeutende Vorschriften zur Schiffssicherheit zu verabschieden. Im sogenannten "Titanic-Vertrag" wurde der **International Convention for the Safety of Life at Sea** (abgekürzt **SOLAS**) Rechnung getragen. Diese **internationale Übereinkunft zum Schutz des menschlichen Lebens auf See** legte erstmals wesentliche Sicherheitsvorschriften fest.

Dazu gehörte die Ausrüstungspflicht an Bord mit einer festgelegten Anzahl von Rettungsmitteln wie: Motorrettungsboote, Rettungsflöße, Rettungsinseln, ohnmachtssichere Rettungswesten, Signalmittel und vieles andere mehr. Auch die Durchführung von allgemeinen Rettungsübungen innerhalb von 24 Stunden nach dem

Auslaufen war jetzt ebenso festgeschrieben wie die Anwendung international festgelegter Notsignale.

Inzwischen hat die Sicherheit an Bord einen sehr hohen Standard erlangt. So gelten seit 1986 bei Schiffsneubauten neue, strengere Regeln für Tender und Rettungsboote. Der Gesetzgeber fordert jetzt sogar eine Reserve von 25%, zum Beispiel 75% Rettungsboote, 25% Abwurfflöße und 25% aussetzbare Rettungsflöße über die maximal zugelassene Personenzahl an Bord eines Passagierschiffes hinaus, um auch für den Fall noch Reserven zu haben, daß bei einer Katastrophe einige Rettungsmittel unbrauchbar oder unerreichbar sein sollten. Als internationale Aufsichtsbehörde der UNO kontrolliert die **International Maritime Organisation**, genannt **IMO**, die weltweite Einhaltung dieser Vorschriften.

Seit geraumer Zeit befinden sich an Bord **Radaranlagen** im Einsatz, die mit **Anti-Kollisionssystemen** arbeiten.

Ein weltweit umspannendes **Funk-Sicherheitsnetz** ist im satellitengestützten Verbund wirksam. **Seenotfunkbojen**, die ständig die aktuelle Position und andere wichtigen Informationen in sich aufnehmen, lösen sich bei einer Havarie vom Schiff und können selbsttätig ihre Signale per Satellit zur zugeordneten Seenotkoordinierungszentrale aussenden.

Die Schiffsneubauten werden in bestimmte **Sicherheitsklassen** eingestuft, wobei Passagierschiffe die Bedingungen für die höchste dieser Klassen erfüllen müssen.

Diese Klasse auch ständig zu erhalten, verpflichtet den Reeder, seine Schiffe im jährlichen Turnus durchchecken zu lassen: Dies erfolgt günstigsterweise während und mit Ende einer Werftzeit.

Für einen noch **größeren Feuerschutz** im Schiffsinneren wurde im Laufe der Jahre sehr viel getan. Neben verbesserten Rauchmeldern oder Sprinkleranlagen, die selbsttätig unter entsprechenden Temperaturbedingungen Löschwasser zu versprühen beginnen, erfolgt immer mehr der Einsatz von nichtbrennbaren oder äußerst schwer entflammbaren Materialien. So ist heute nur noch der Fachmann in der Lage, die "Echtheit" einer Inneneinrichtung zu erkennen, angefangen von der Tischdecke, dem Fenstervorhang bis zur Polsterung und "Holztäfelung" in der Kabine. So war man schon auf dem amerikanischen Luxusliner "United States" stolz, darauf verweisen zu können, daß nur das Piano und der Hackklotz in der Kombüse noch richtig brennen.

Ständig finden **Manöver** statt, ob im Rettungsboot, an Deck oder während der Brandschutzübung im Schiffsinneren. Ein **Sicherheitsoffizier** sorgt an Bord dafür, daß dies alles in einer straffen und fachkompetenten Hand bleibt. Ihm obliegt ferner die gesamte Sicherheitstechnik und -ausrüstung in ihrer vollständigen Einsatzbereitschaft und er hat darauf zu achten, daß die Bootsmotoren immer anspringen und keine verrosteten Schrauben oder Haken das Zuwasserlassen eines Bootes verhindern.

Für den Passagier ist es notwendig, die Bedeutung der entsprechenden Notsignale und das richtige Verhalten in diesen Situationen zu kennen, vom richtigen Anlegen der Rettungsweste bis zum unverzüglichen Einfinden am vorgeschriebenen Sammelplatz.

Diese Übungen finden im Interesse aller Schiffsgäste statt und jeder Reisende an Bord eines Schiffes sollte durch sein Interesse an den Sicherheitsmaßnahmen und ihre Berücksichtigung zu ihrem Funktionieren beitragen - für den sehr seltenen Fall, daß tatsächlich etwas passieren sollte.

Die Fachleute der Seeberufsgenossenschaft, die durchaus auch einmal "unangemeldet" vor Auslaufen an Bord eintreffen, bewerten solche Manöver und damit den Sicherheitszustand an Bord.

Wenn diesen wichtigen Prämissen der Sicherheitsfragen stetige Aufmerksamkeit geschenkt wird und Besatzung und Gäste gleichsam ein Team bilden, dann kann davon ausgegangen werden, daß Ihre Fahrt zu einem erfreulichen Erlebnishöhepunkt und keine Alptraum-Reise wird.

Blättern Sie durch die Kataloge und Sie werden feststellen, daß Seereisen ins Nordmeer eine Vielzahl von Ländern, Regionen und einzelnen Häfen ansteuern. Allerdings verbringt der Seereisende in den meisten Häfen nur wenige Stunden, ausnahmsweise einmal auch einen Tag. Aus der Sicht des Autorenteams ist es wichtiger, Ihnen als Orientierungshilfe möglichst viele der Hafenorte kurz vorzustellen, damit Sie bereits beim Katalogblättern eine ungefähre Vorstellung bekommen, was Sie dort erwartet, statt nur über die größeren Orte eine lange Abhandlung zu schreiben - und jeden der Orte im Detail vorzustellen, würde dieses Buch zu einem schwergewichtigen Wälzer anwachsen lassen.

Es gibt unterschiedliche Gründe, warum Häfen im Verlauf einer Seereise angelaufen werden. Nicht in jedem Falle muß der Ort selbst oder seine Lage sehenswert oder spektakulär sein. Einige Häfen werden beispielsweise angelaufen, weil sie besonders günstig liegen (z.B. für beliebte Landexkursionen) und speziell bei Linien-schiffsreisen wird öfter auch in Orten angelegt, die für den ganz normalen regionalen Verkehr wichtig sind. Der am Land interessierte Reisende wird sicherlich zwischendurch auch den Besuch solch "ganz normaler" Orte schätzen, um so einen Eindruck vom Alltagsleben der besuchten Gebiete zu bekommen.

In vielen Fällen wird die **Zeit bei Landgängen** nur für einen orientierenden Rundgang durch das Ortszentrum, einen Einkauf oder einen kurzen Besuch eines Museums ausreichen. Wir verweisen jedoch auch auf zeitaufwendigere Exkursionen und Interessantes in der Umgebung vieler Orte, da entsprechende Ausflüge teilweise von der Reiseleitung angeboten werden oder eventuell auch vor Ort buchbar sind. Da teilweise Seereisen per Linienschiff auch unterbrochen werden können oder manche Linienschiffsreisende sogar den eigenen Wagen mitführen, finden sich auch ein paar Hinweise für erheblich längere Exkursionen.

Deutschland: Ausgangs- und Endhäfen

Die große Mehrzahl der in Deutschland angebotenen mehrtägigen Seereisen nach Norden beginnt und endet in deutschen Häfen, wobei es sich fast immer um die folgenden Städte handelt: Kiel, Bremerhaven, Hamburg, Travemünde/Lübeck und Cuxhaven. Kiel und Bremerhaven haben hierbei den größten Anteil.

Während Sie unterwegs auf Ihrer Seereise nur in wenigen Fällen die Aufenthaltsdauer in den Häfen selbst bestimmen können und diese in der Regel nicht mehr als ein paar Stunden beträgt, haben Sie in den Ausgangs- und Endhäfen die Möglichkeit einer Aufenthaltsverlängerung, um so Ihre Reise gemütlich anzugehen und sich einzustimmen oder um den Urlaub langsam ausklingen zu lassen. Deshalb werden diese Häfen hier ausführlicher vorgestellt als manche der Anlegeorte unterwegs.

Bremerhaven   131.000 Ew.

Gute Bahnanschlüsse (auch IC) über Bremen. Kfz: A27. Flugverbindungen über Flughäfen Bremen oder Hamburg.

Kreuzfahrtschiffe legen meistens an der Columbuskaje an. **Kreuzfahrer-Angebot** (Stand: 1997): eine Hotelübernachtung mit Frühstücksbuffet, Parkplatz für die Dauer der Seereise, Hoteltransfer

zur Columbuskaje und zurück, Abendessen in Fischrestaurant am Anreisetag,
zusammen DM 159 pro Person (buchbar
über Verkehrsamt, ☞ **ℹ**).

ℹ Verkehrsamt der Seestadt Bremerhaven,
van-Ronzelen-Str. 2, 27568 Bremerhaven, ☏ 0471/9464610, FAX 0471/414141.

Mit wachsender Schiffsgröße reichte der
Hafen der weiter weseraufwärts gelegenen
alten Hansestadt Bremen nicht mehr aus,
weshalb sie 1827 dem Königreich Hanno-
ver stromabwärts Gelände abkaufte und
dort den neuen Hafen - Bremerhaven -
gründete.

Bremerhaven ist mittlerweile eine eigenständige Stadt im Bundesland Bremen,
nur noch der große Übersehafen ist weiterhin im Besitz der Nachbarstadt Bremen.

Bis in die 70er Jahre ein eher langwei-
liger Transit- und Umschlagplatz, hat Bremerhaven aus seinem typischen nüchternen
Stadtbild in den letzten Jahrzehnten Er-
staunliches gemacht und bietet heute das
Bild einer modernen Seestadt, die sich zu
ihren prägenden Aspekten bekennt und
diese dem Besucher in vielfältiger Weise
interessant vermittelt:
Sie ist maritimes Tor zu den Weltmeeren, betreibt Handel, Fischerei und ist
(in rückläufigem Umfang) Werftstadt,
während der Tourismus an Bedeutung ge-
winnt.

Bremerhaven ist heute wichtiger ein
europäischer Fischereihafen und Export-
und Importhafen der Automobilindustrie,
verfügt über einen hochmodernen Containerhafen und ist mit dem Alfred-Wegener-
Institut Zentrum deutscher Polarforschung
(u.a. ist hier der deutsche Forschungseis-
brecher "Polarstern" beheimatet). Zusammen mit Kiel ist Bremerhaven wichtigster
Nordlandkreuzfahrthafen.

Sehenswertes
Mit Ausnahme des ca. 4 km nördlich gelegenen kleinen **Freilichtmuseums Specken-
büttel** und des **Aussichtsturms über den
Containerhafen** (1 km nördlich der Columbuskaje, geöffnet März bis Oktober)
sind alle Sehenswürdigkeiten in Fußgän-
gerentfernung im und ums Zentrum ange-
ordnet:

⌘ Das **Deutsche Schiffahrtsmuseum ❶**
- u.a. die im Weserschlamm gefundene
Hansekogge von 1368 mit den zugehörigen
Museumsschiffen (beispielsweise die Bark
"Seute Deern", Walfangschiff, Schiff der
deutschen Polarexpedition von 1868,
Schnellboot, U-Boot "Wilhelm Bauer") -
ist das bedeutendste maritime Museum
Deutschlands.

◆ Hans-Scharoun-Platz 1, täglich 🕙 10:00
bis 18:00 außer Mo.

⌘ Über die Stadt selbst informieren das
Historische Museum ❷ und das modern
konzipierte **Morgenstern-Museum ❸**.

◆ An der Geeste, beide täglich 🕙 10:00 bis
18:00 außer Mo.

☺ Ein außergewöhnliches Erlebnis- und
Einkaufszentrum ist das **Schaufenster
Fischereihafen ❹** in alten Gebäuden des
Fischereihafens (Zuschauen bei der Fische-
reiverarbeitung, Restaurants und Läden,
Marktplatz, benachbarter Museumstrawler
"Gera", Atlanticum-Aquarium mit Speise-
fischarten).

☺ Sehenswert ist der **Zoo am Meer ❺**,
der insbesondere nordische Tierarten einschließlich Eisbären zeigt, Aufzucht von
Heulern.

◆ Täglich 🕙 8:00 bis 17:00, im Sommer bis
19:00.

Bremerhaven

0 ——— 500 m

🖐 Kreuzfahrten
Columbuskaje
Streubenstr.
P
P

Weser

Helgoland 🖐

W
S ✦ N
O

Weserfähre

Barkhausenstr.
⑤
P
Lloydstr.
P
⑥
🛈
④
②③
P

Columbusstr.

Rickmersstr.

Georgstr.
An der Mühle
Schillerstr.
Bismarkstr.
P
Elbestr.
Friedrich-Ebert-Str.

© Stein Verlag

❶ Deutsches Schiffahrtsmuseum
❷ Historisches Museum
❸ Morgenstern-Museum
❹ Schaufenster Fischereihafen
❺ Zoo am Meer
❻ Radarturm

🖐 Gute Aussicht vom **Radarturm** ❻ über Stadtzentrum und Weser.

♦ Täglich außer Mo 🕐 10:00 bis 13:00 und 14:00 bis 18:00.

Es lohnen sich ein Spaziergang am Hafen und eine **Hafenrundfahrt** (ab Südkaje, mehrmals täglich im Sommerhalbjahr).

Exkursionen
Fahrt nach **Bremen** mit Bahn oder Bus (Innenstadt mit Dom, Rathaus und Schütting, rekonstruiertes Schnoorviertel, Hafen, Übersee-Museum, Focke-Museum), Tagesfahrt nach **Helgoland** mit Seebäderschiff (Seebäderkaje, 9:30 bis 19:30), **Bad Bederkesa** (Burg, Moorsee, 16 km, Linienbus ab Hauptbahnhof), **Nordseebad Dorum** (hübsches Küstendorf und Niedersächsisches Deichmuseum, 18 km, mit

Bahn/Bus ab Hauptbahnhof), Flüge nach **Helgoland** und zu der ostfriesischen Insel **Wangerooge**.

Cuxhaven   ca. 56.000 Ew.
🚉 🚗 Bahn über Hamburg und Bremen. Kfz: über A27 via Bremen.

🚢 Kreuzfahrtschiffe legen meistens am Fähranleger Steubenhöft an (teilweise gibt es dorthin Sonderzüge, ansonsten Taxi vom Bahnhof), gebührenfreier Parkplatz am Anleger. Bewachte Garage mit Abholservice ab/bis Anleger (ESSO, ☎ 04721/36001, z.B. vier Wochen für DM 120, sonst DM 8/Tag).

🛈 Kurverwaltung Nordseeheilbad Cuxhaven, Postfach 466, 27454 Cuxhaven, ☎ 04721/4040, FAX 04721/49080.

Cuxhaven liegt exponiert direkt an der Elbmündung in die Nordsee und hat zwei maritime Gesichter: schöne Sandstrände

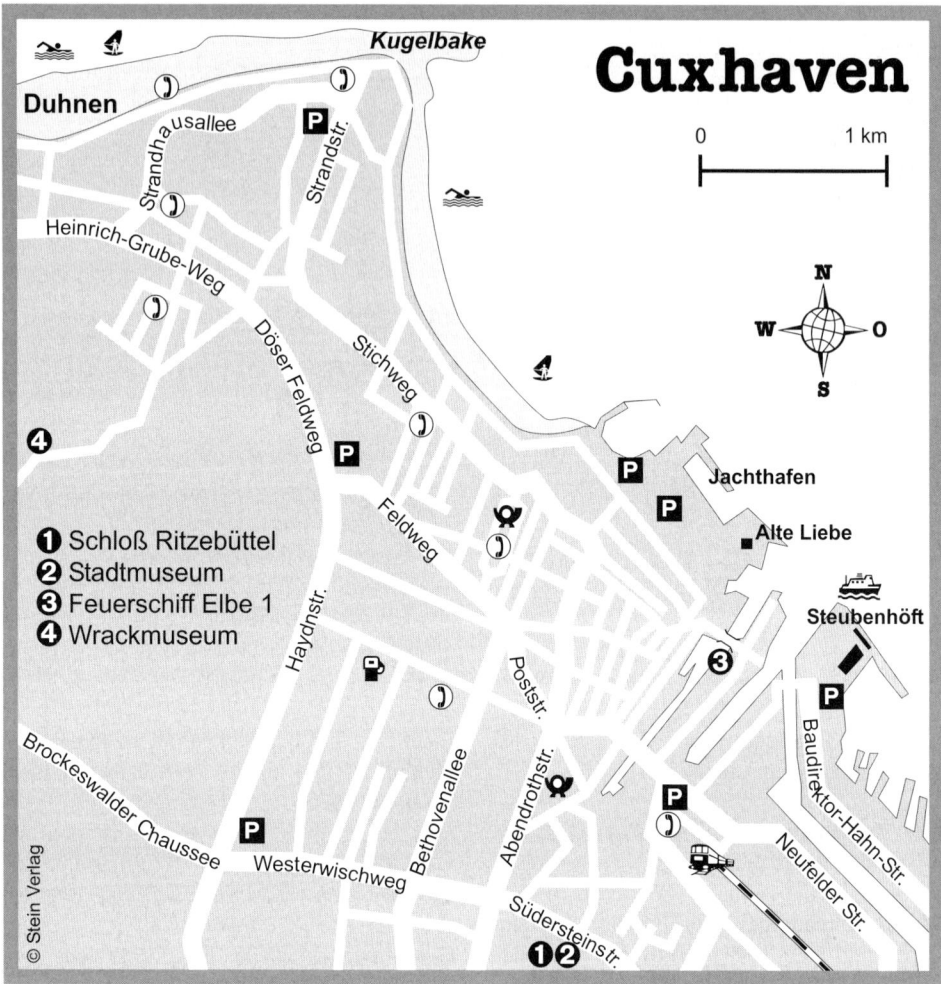

Cuxhaven

Duhnen

Kugelbake

0   1 km

N
W   O
S

Jachthafen

Alte Liebe

Steubenhöft

❶ Schloß Ritzebüttel
❷ Stadtmuseum
❸ Feuerschiff Elbe 1
❹ Wrackmuseum

© Stein Verlag

Strandhausallee
Strandstr.
Heinrich-Grube-Weg
Döser Feldweg
Stichweg
Feldweg
Haydnstr.
Poststr.
Bethovenallee
Abendrothstr.
Baudirektor-Hahn-Str.
Neufelder Str.
Brockeswalder Chaussee
Westerwischweg
Südersteinstr.

(insbesondere an der Nordseeküste) und Hafenanlagen an der Elbmündung. Vorgelagert in der Nordsee sind die zu Hamburg gehörenden Inseln Neuwerk und Scharhörn.

Schon seit der Steinzeit besiedelt und ab dem späten Mittelalter teilweise Hamburger Vorposten, entstand Cuxhaven als Stadt erst ab 1907 durch den Zusammenschluß mehrerer Dörfer. Noch heute sind die Außenbereiche der Stadt dörflich ge-

prägt, was sehr gut zum Status als größtes Heilbad der Bundesrepublik paßt. Neben dem Tourismus ist die Fischerei und Fischverarbeitung ein wichtiger Wirtschaftszweig.

Hafen und Seebad mit entsprechenden Anlagen, Hotels, Pensionen, Villen etc. sind charakteristische Elemente des Ortsbildes, das im übrigen in mehrere, teilweise durch landwirtschaftliche Flächen getrennte Ortsteile zerfällt.

Sehenswertes

Lohnender Bummel durch den **Hafenbereich** mit der Aussichtsplattform Alte Liebe (einschließlich Schiffsmeldedienst mit Infos zu den passierenden Schiffen), Sportboot-Marina, Fischereihafen, Fährhafen (u.a. Schiffe nach England), eventuell weiter bis zur Kugelbake (Seezeichen, daneben altes Fort) ganz außen auf der Landspitze an der Elbmündung und zu den anschließenden Kurstränden des Ortsteils **Duhnen**.

Sehenswert ist **Schloß Ritzebüttel ❶** (14. bis 17. Jh., Stadtzentrum, 1996 fertig restauriert) am Ende der Fußgängerzone Nordersteinstraße.

⌘ Das **Stadtmuseum ❷** ist einen Besuch wert.

♦ Mo bis Sa 🕗 9:30 bis 13:00 und Mo bis Fr 15:00 bis 18:00.

🚢 **Feuerschiff Elbe 1 ❸**, 1988 stillgelegt, voll funktionsfähig, Klappbrücke Zollkaje.

♦ Im Sommerhalbjahr Di bis Sa 🕗 13:00 bis 17:00, So/Feiertage 10:00 bis 17:00.

⌘ Sehr interessant ist das **Wrackmuseum ❹**.

♦ Ortsteil Stickenbüttel, nur im Sommerhalbjahr Di bis Fr 🕗 9:00 bis 13:00 und 15:00 bis 18:00, Sa/So/Feiertage 10:00 bis 13:00 und 15:00 bis 18:00.

✝ Sehenswerte historische Kirchen sind **St. Jacobi** (um 1200, bäuerliche Sakralkunst, bedeutende Orgel, Ortsteil Lüdinworth) und **St. Nicolai** (13. Jh., zwei Türme und ein separater Glockenturm, Orgel, reiche Innenausstattung, Ortsteil Altenbruch).

Exkursionen

Die Insel **Neuwerk** ist per **Wattwanderung** (11 km, Führung im Sommerhalbjahr) und/oder per Boot im Sommer erreichbar, **Helgoland**-Tagesfahrt per Seebäderschiff (ganzjährig), Auto-Exkursionen nach **Bederkesa** (Burg) und **Dorum** (hübsches Küstendorf im Land Wursten, Niedersächsisches Deichmuseum).

Hamburg ca. 1.708.000 Ew.

🚌 🚆 🚃 Hervorragende Anbindung an das Bahnnetz, Flughafen Fuhlsbüttel (leider kein S-Bahn-Anschluß), umfangreiches ÖPNV-Angebot des HVV (S- und U-Bahn, Busse, Boote).

☺ In der Regel lohnt sich eine Tageskarte (ab 18:00 des Vortages des eingetragenen Gültigkeitstages, Einzel DM 12,50, Gruppe DM 24) oder eine Mehrtageskarte (drei Tage, Einzel DM 24,50, Gruppe DM 39). Verzichten Sie im dichten Stadtverkehr auf den Pkw und die Parkplatzsuche.

🚢 Kreuzfahrtschiffe legen in der Regel an den St.-Pauli-Landungsbrücken, eventuell auch an den benachbarten Landungsbrücken von Altona bzw. an der Überseebrücke an.

🛈 Tourismus-Zentrale Hamburg GmbH, Postfach 102249, 20015 Hamburg, Informationstelefon "HAM-Hotline" 8:00 bis 20:00, ☏ 040/30051300, ⒡ᴬˣ 040/30051333, btx *20166#.

♦ Informationsstellen im Hauptbahnhof (Ausgang Kirchenallee, 🕗 7:00 bis 23:00) und zwischen den Landungsbrücken 4 und 5 in St. Pauli (🕗 10:00 bis 19:00). Vielfältiges Infomaterial, u.a. Veranstaltungsübersichten, Quartierangebote und Pauschalpakete. Für Hamburg gibt es verschiedene buchbare Komplettpakete (auch in Reisebüros), die sich eventuell mit einer Kreuzfahrt kombinieren lassen. Für einen mehrtägigen Aufenthalt lohnt sich der Kauf eines guten Stadtplans.

☺ Oft lohnend: die **Hamburg Card** (DM 8, zahlreiche Rabatte, z.B. bei Eintritten).

Die heute zweitgrößte Stadt Deutschlands und deren wichtigster Seehafen geht auf erste Siedlungsspuren des 7. Jh. und die Hammaburg des 9. Jh. zurück, der erste große Aufschwung kam in der Hansezeit (Mitglied seit 1321); die Industrialisierung und damit verbundener Handel nach Übersee und über die Elbe sowie die entstehenden Kanäle ins Binnenland ließen Hamburg

1910 eine Million Einwohner überschreiten. Im Zweiten Weltkrieg gab es massive Zerstörungen durch Luftangriffe und nachfolgende Feuerstürme (55.000 Tote). Die Verbindung mit dem Meer zeigt sich neben dem Hafen auch in mehreren geschichtlichen Flutkatastrophen (zuletzt 1962) und entsprechenden Deich- und Sperrwerken gegen in die Elbmündung drückendes Hochwasser. Übrigens: Bis 1864 war Hamburg Grenzstadt und der heutige Stadtteil Altona mit seiner teils beschaulichen

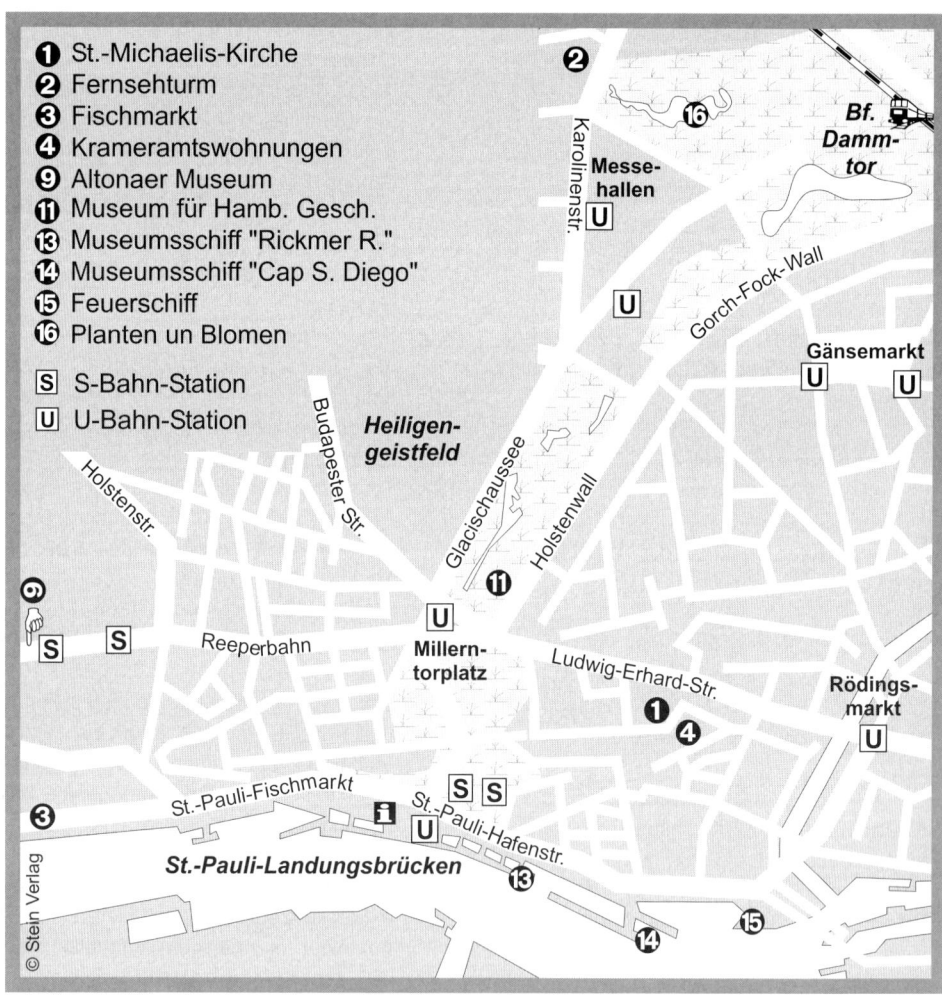

❶ St.-Michaelis-Kirche
❷ Fernsehturm
❸ Fischmarkt
❹ Krameramtswohnungen
❾ Altonaer Museum
⓫ Museum für Hamb. Gesch.
⓭ Museumsschiff "Rickmer R."
⓮ Museumsschiff "Cap S. Diego"
⓯ Feuerschiff
⓰ Planten un Blomen

Ⓢ S-Bahn-Station
Ⓤ U-Bahn-Station

Kleinstadtatmosphäre war die zweitgrößte Stadt Dänemarks.

"Deutschlands Tor zur Welt" hat durch den Fall des Eisernen Vorhangs und die Wiedervereinigung neue Impulse durch den Rückgewinn des wirtschaftlichen Hinterlandes (über die Elbe bis in die Tschechische Republik) bekommen.

Sehenswertes

Bei Hamburg ist es noch viel unmöglicher als bei kleineren Städten, in Kürze die verschiedensten interessanten Aspekte dieser sehenswerten Stadt aufzuführen. Es werden daher nur einige Anregungen gegeben.

☺ Empfehlenswert sind **Stadtrundfahrten per Bus** (ab Hauptbahnhof oder ab St.-Pauli-Landungsbrücken, auch Doppeldecker) und **Stadtführungen** zu verschiedenen Themen.

⊞ Gute Aussicht vom Turm (jeweils mit Aufzug) der **St.-Michaelis-Kirche** ❶

(Hamburgs Wahrzeichen "Michel", 132 m hoch), noch besser vom **Fernsehturm ❷** (mit Restaurant) oder gar beim **Rundflug** per Wasserflugzeug ab City Sporthafen, U-Bahn-Station Baumwall (15 Minuten DM 115).

🏬 **Shopping** und **Innenstadtbummel** in der Mönckebergstraße, am Rathaus und in den eleganten Passagen und Geschäften zwischen Alsterarkaden und Gänsemarkt.

🐟 Für Frühaufsteher ist der sonntägliche **Fischmarkt ❸** (mit allen möglichen Ständen, 5:00 bis 10:00) interessant.

Interessante Architektur bieten die **Krameramtswohnungen ❹** (letzte kleine Altstadthäuser), der Rathausplatz mit dem großen **Neo-Renaissance-Rathaus ❺**, das **Kontorhausviertel ❻** mit seinen denkmalgeschützten Backsteinbauten des 20. Jh. (Chilehaus, Sprinkenhof etc., U-Bahn-Station Meßberg), die alte **Speicherstadt ❼**, Hamburgs große Kirchen, die kühn geschwungene Köhlbrand-Brücke.

⌘ Folgende Museen lohnen einen Besuch: **Hamburger Kunsthalle ❽** (beim Hauptbahnhof), **Altonaer Museum ❾** (Regionalkultur), **Museum der Arbeit ❿** (nahe S-Bahnhof Barmbek), **Museum für Hamburgische Geschichte ⓫**, **Hamburgisches Museum für Völkerkunde ⓬** (reichhaltig durch Hamburgs weltweite Beziehungen - u.a. Dauerausstellung zu Inuit). Am Stadtrand liegt die **KZ-Gedenkstätte Neuengamme** (S-Bahn-Station Bergedorf, Bus 227).

Es gibt folgende **Museumsschiffe** zu besichtigen: **"Rickmer Rickmers" ⓭** (Segler mit Bordrestaurant, St.-Pauli-Landungsbrücken), **"Cap San Diego" ⓮** (letzter klassischer Stückgutfrachter von 1962, Übersee-Landungsbrücken), **Feuerschiff ⓯** (City Sporthafen).

Hamburgs von der Wasserseite: einstündige Hafenrundfahrt ab St.-Pauli-Landungsbrücken sowie reizvoll-beschauliche Fahrten auf der Alster und durch die zahlreichen Fleete und Kanäle Hamburgs vom Hafen bis in die exklusiven Wohnviertel.

☺ **Beschauliches grünes Hamburg**: Bummeln Sie am Stadtrand am **Elbufer**, durch die Villenviertel von **Blankenese**, durch **Övelgönne** (mit Museumshafen), durch die großen Parks wie **Planten un Blomen ⓰** (einschließlich Botanischem Garten und Japanischem Garten) oder die Anlagen um die **Außenalster** mit ihren weißen Ausflugsschiffen und Segelbooten. Auch der **Tierpark Hagenbeck** bietet eine schöne Anlage.

🎭 Neben den bekannten Angeboten von den **Musicals** (Cats, Phantom der Oper, Buddy-Holly-Show - übrigens über den Ticketservice größerer Reisebüros buchbar) über **Ohnsorg-Theater** und **Kabarett** bis zur **Oper** gibt es ein riesiges Veranstaltungsspektrum (Infos über Tourismus-Zentrale Hamburg) und für **Nachtschwärmer** nicht nur die bekannte **Reeperbahn**, die weitaus vielseitiger ist als ihr meist einseitiges Image. Bekannt nicht nur als Schickeria-Treff sind z.B. auch Lokale in **Pöseldorf** an der Außenalster.

Kiel   ca. 220.000 Ew.

🚆 Guter Bahnanschluß von Hamburg (auch ICE und IC) sowie von Lübeck, Flensburg und von der Westküste.

✈ Flughafen Kiel-Holtenau: Frankfurt, Köln/Bonn, Berlin, geplant München.

🚌 Flughafenbus Kielius vom Flughafen Hamburg. Linienbusse ab/bis Hauptbahnhof bzw. benachbartem ZOB.

⛴ Tägliche Fährverbindungen nach Oslo, Göteborg, Langeland (Dänemark).

ℹ Tourist Information Kiel, Sophienblatt 30 (EG des Einkaufszentrums Sophienhof, gegenüber dem Bahnhof), ☎ 0431/67910-0, FAX 0431/675439.

1242 auf einer geschützten Halbinsel im innersten Teil der 11 km ins Land hineinragenden Kieler Förde gegründet, wurde Kiels Zentrum und Werftindustrie wegen des Flottenstützpunktes im Zweiten Weltkrieg nahezu völlig zerstört und anschließend modern aufgebaut.

Die Schokoladenseite der Stadt sind ihre Uferpromenaden entlang der von Moränenhügeln gesäumten Förde mit Hafenpanorama und Segelbooten, aber auch das Stadtzentrum mit Deutschlands erster städtischer Fußgängerzone vom Bahnhof (Einkaufszentrum Sophienhof) bis zum Alten Markt in der früheren Altstadt hat in den letzten Jahren gewonnen. Kiel ist Landeshauptstadt von Schleswig-Holstein und Universitätsstadt, es gibt eine Fachhochschule und Forschungseinrichtungen. Die Kreuzfahrtschiffe legen üblicherweise nur wenige hundert Meter vom Bahnhof entfernt in Sichtweite am Bahnhofskai an.

Sehenswertes
Bummel durch die Fußgängerzone, dann durch den Schloßgarten und ans Fördeufer auf die Promenade Kiellinie mit dem **Aquarium** und **Seehundsbecken** am **Institut für Meereskunde** ❶ (davor liegen eventuell die Forschungsschiffe), **Rundfahrt** mit den regelmäßig fahrenden Fördeschiffen bis nach **Laboe** (begehbares U-Boot, Marine-Ehrenmal, Cafés) und zurück an die Bahnhofsbrücke. **Rathausturm** ❷ mit Blick über Stadt und Umland.

⌘ **Schiffahrtsmuseum** ❸ in ehemaliger Markthalle, **Kieler Stadtmuseum** ❹ im Warleberger Hof, **Zoologisches Museum** und **Völkerkundemuseum** ❺.

Blick von der Holtenauer Hochbrücke (Buslinien Richtung Schilksee/Strande) auf

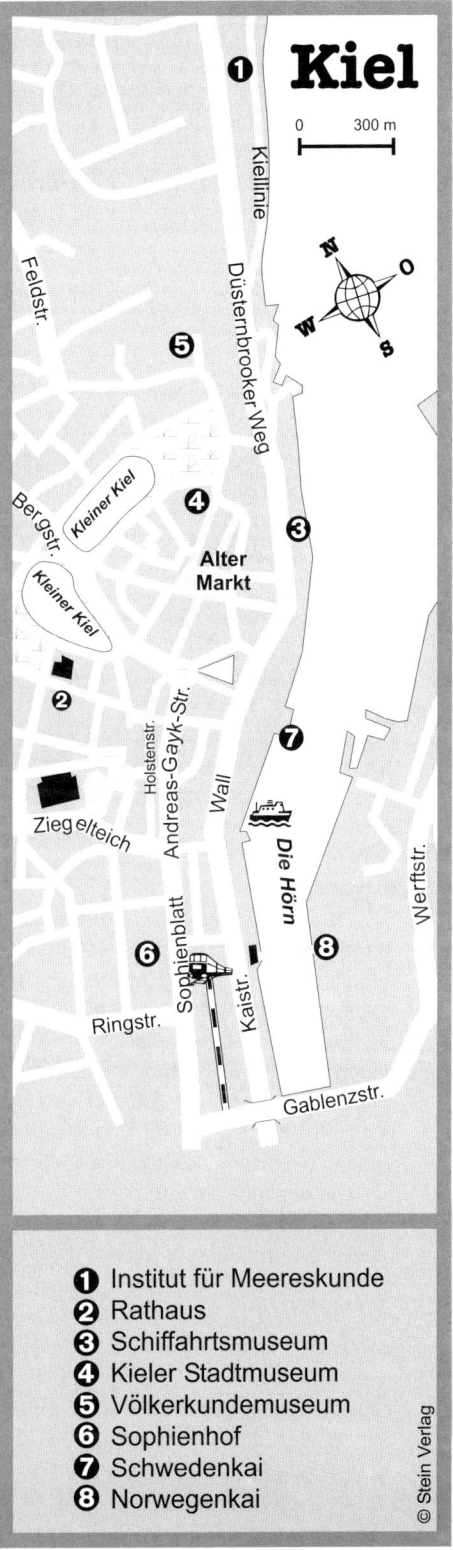

❶ Institut für Meereskunde
❷ Rathaus
❸ Schiffahrtsmuseum
❹ Kieler Stadtmuseum
❺ Völkerkundemuseum
❻ Sophienhof
❼ Schwedenkai
❽ Norwegenkai

© Stein Verlag

den vielbefahrenen **Nord-Ostsee-Kanal** und die **Holtenauer Schleusen.**

⌘ Schleswig-Holsteinisches **Freilichtmuseum Molfsee** (Autokraft-Bus ab Bahnhof Richtung Flintbek).

Attraktion ist das Riesenfest der **Kieler Woche** Ende Juni.

Exkursionen
Herrliche, stark hügelige Seenlandschaft (Fünf-Seen-Fahrt mit flachen Ausflugsschiffen, Wandern) der Holsteinischen Schweiz um **Plön** und **Malente** (Bahn, Bus), **Schleswig** (Altstadt, gotischer Dom, Wikingermuseum Haithabu, Landesmuseum Schloß Gottorf. Mit Bahn/Bus).

Lübeck/Travemünde ca. 216.000 Ew.

🚌 🚢 🚗 🚂 Lübeck ist per Bahn über Rostock, Berlin, Hamburg, Kiel erreichbar. Flughafen Lübeck-Blankensee, A1. Zwischen Lübeck und Travemünde: DB-Züge, Linienbusse, A226/B75.

✋ Die Lübecker Altstadt ist weitgehend für Pkw gesperrt.

☺ Für Besucher bietet sich die **Lübeck + Travemünde Card** (ÖPNV-Verkehrsmittel und etliche sonstige Rabatte, ein Tag DM 9, drei Tage DM 18 pro Person) an.

🚢 Die Kreuzfahrtschiffe legen an verschiedenen Plätzen an - vom Kreuzfahrtterminal unmittelbar nördlich der Altstadt bis zum Skandinavienkai und Ostpreußenkai in Travemünde (bitte auf Veranstalterinformation achten).

P **Parkhäuser** in Lübeck: Parkhaus Rosenpforte/Kanalstraße (pro Woche DM 70, ☎ 0451/72418), Holiday Inn Parkhaus (pro Monat DM 80, ☎ 0451/37060), Parkhaus Skandinavienkai Travemünde (pro Tag DM 6,50, ☎ 04502/3478).

ℹ Lübeck Informations-Zentrum, Breite Straße 62, 23552 Lübeck, ☎ 0451/ 1228106, FAX 0451/1228190.

♦ Außerdem Informationsstellen in der Beckergrube 95, im Hauptbahnhof und in der Holstentorpassage.

♦ Kurverwaltung Travemünde, Strandpromenade 1b, 23570 Travemünde.

Lübeck als glanzvolles Zentrum der Hanse, dessen hervorragend erhaltene bzw. seit dem Krieg wiederaufgebaute Altstadt zum Unesco-Weltkulturerbe erklärt wurde, und sein vorgelagerter Stadtteil Travemünde - Ostseeheilbad mit schönen Stränden und Spielcasino - sind ein reizvoller Ausgangs- und Endpunkt einer Nordlandseereise.

1143 am Ort einer älteren slawischen Siedlung am Oberlauf der Trave gegründet, erwies sich Lübeck als hervorragender Handelsplatz und entwickelte sich zur zentralen Stadt der Hanse. Aus dieser Glanzzeit stammt die Altstadt mit den markanten sieben Türmen ihrer Kirchen und dem beliebten Fotomotiv des Holstentores. Erst als der Ostseehandel gegenüber dem interkontinentalen Seehandel an Bedeutung verlor und die Hanse verfiel, mußte Lübeck seine führende Rolle an Hamburg und Bremen abtreten.

Im Zweiten Weltkrieg nur teilweise zerstört, geriet Lübeck durch seine unmittelbare Nachbarschaft zur innerdeutschen Grenze bis zur Wiedervereinigung in eine ungünstige Randlage, konnte sich aber trotzdem zu einem der wichtigsten Fährhäfen der Ostsee entwickeln (Schiffe nach Schweden, Finnland, Estland, Rußland). Die heutigen Häfen liegen weitgehend nördlich der Altstadt entlang der Trave Richtung Travemünde.

Sehenswertes
Die **Altstadt** mit ihren zahlreichen engen Straßen, alten Häusern aus verschiedensten Jahrhunderten, vielerlei kleinen Läden und der sich malerisch um die Altstadt herumziehenden **Trave** ist auf alle Fälle ein

Lübeck (Altstadt)

0   400 m

❶ Holstentor
❷ Burgtor
❸ Rathaus
❹ Dom
❺ St.-Marien-Kirche
❻ Petri-Kirche
❼ Jakobi-Kirche
❽ Heiligen-Geist-Hospital
❾ Salzspeicher
❿ Buddenbrookhaus
⓫ Museum für Puppentheater
⓬ Naturhistorisches Museum
⓭ Oldtimerhafen

© Stein Verlag

Muß. Sinnvoll ist eine ca. zweistündige Stadtführung.

Sehenswert sind **Holstentor ❶** (Wahrzeichen Lübecks, Stadtmuseum), **Burgtor** mit Stadtmauerresten ❷ (1230), **Rathaus** (1230) ❸, **Dom ❹** (ab 1173, ältester großer Sakralbau an der Ostsee), **St.-Marien-Kirche ❺** (ab ca. 1200, Backsteingotik, imposante Buxtehude-Orgel (größte mechanische Orgel der Welt), astronomische Uhr), **Petri-Kirche ❻** (ab 13. Jh., besteigbarer Turm mit Blick über die Altstadt), **Jakobi-Kirche ❼** (Beginn 13. Jh., drei Orgeln), **Heiligen-Geist-Hospital ❽** (1280, Heim für Arme und Kranke, Wandmalereien) und **Salzspeicher ❾** (1579 bis 1745).

⌘ Interessant anzusehen sind das **Buddenbrookhaus ❿** (1758, Museum über die Lübecker Schriftsteller Heinrich und Thomas Mann), das **Museum für Puppentheater ⓫** und das **Naturhistorische Museum ⓬** (Naturgeschichte und Tierwelt

Schleswig-Holsteins einschließlich der aufsehenerregenden fossilen Walfunde von Pampau).

Der **Oldtimerhafen** ⑬ befindet sich an der Untertrave (Fahrzeuge teils charterbar). Schön sind eine **Bootsfahrt um die Altstadtinsel** und eine **Fahrt auf der Trave** zwischen der Lübecker Innenstadt und Travemünde.

Travemünde
Das 1329 von Lübeck gekaufte Fischerdorf erhielt bereits 1802 den Titel "Seebad" (drittältestes Deutschlands) und ist heute vor allem geprägt von Einrichtungen für Urlauber und vom Hafen mit seinen Fähranlegern und Sportbooten - ein **ansprechendes grünes Ortsbild** mit einigen historischen Gebäuden, einem alten Dorfkern, den eleganten Bauten eines Seebades der Kaiserzeit bis hin zu modernen Hotels.

Bummeln Sie an der **Strandpromenade** oder durch die Fußgängereinkaufszone der **Vorderreihe**, zum Leuchtturm und zum Hafen.

Zu Travemünde gehört auch das Übersetzen zum **Priwall**, wo sich die Natur der Ostseeküste genießen läßt - noch einsamer am **Brodtener Steilufer** nördlich oder am **Dummersdorfer Ufer** südlich von Travemünde - und die Viermastbark **"Passat"** ① als einer der letzten deutschen Handelssegler.

Im Gegensatz dazu steht der Betrieb des **Spielcasinos** ② oder das nasse Vergnügen des modernen **Erlebnisbades Aqua Top** ③.

Die Passagierschiffe legen in der Regel am **Skandinavienkai** ④ oder am **Ostpreußenkai** ⑤ an.

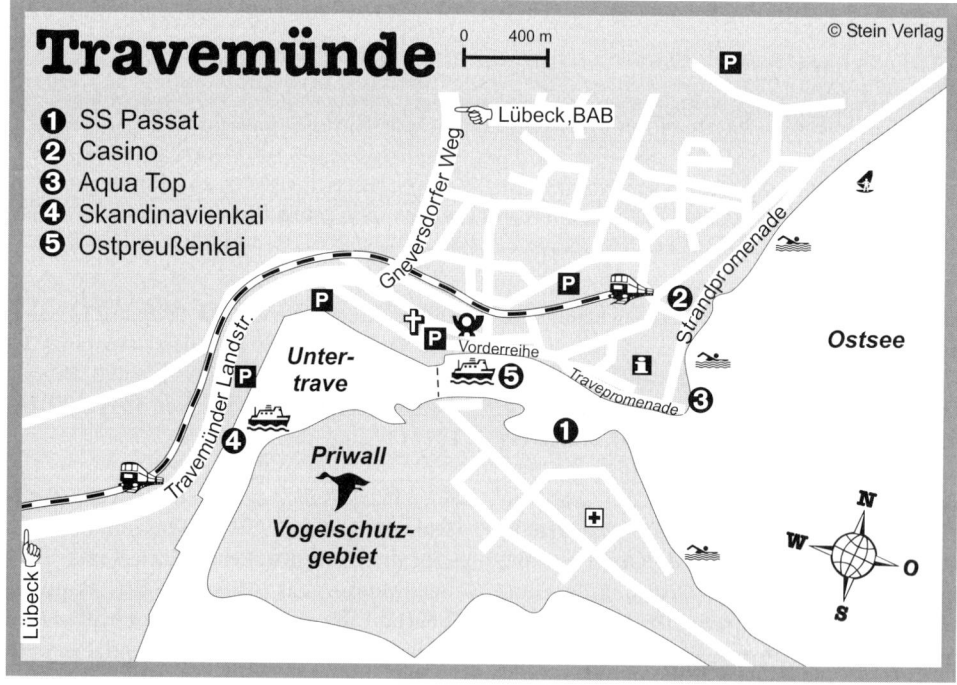

Norwegen: Land und Leute

Fläche: 387.000 km² (mit Svalbard, Jan Mayen sowie den norwegischen subantarktischen Inseln Bouvetøya und Peter-I.-Øya)
Einwohner: 4,3 Mio
Bevölkerungsdichte: 13,3 Ew./km² ohne die nahezu unbesiedelten arktischen Inseln Svalbards und Jan Mayen sowie Bouvetøya, Peter-I.-Øya
Größte Städte: Oslo (457.000 Ew., Hauptstadt), Bergen (210.000 Ew.), Trondheim (140.000 Ew.), Stavanger (101.000 Ew.).
Höchster Berg: Galdhøppigen, 2.469 m (Westnorwegen)
Größter Gletscher außerhalb Spitzbergens: Jostedals-Gletscher, 486 km²
Längster Fjord: Sognefjord, 205 km

Topographie

Vor 400 Mio Jahren wuchs in der Kaledonischen Faltung, die z.B. auch Schottland prägte, ein gigantischer Gebirgszug, die Skanden, auf, dessen bescheidene Reste heute auf 1.700 km Länge Skandinavien nach Westen gegen das Meer - Nordsee, Nordatlantik (Norwegensee) - abgrenzen. Trotz Hunderten von Jahrmillionen unablässiger Erosion ist von diesem Gebirgsrücken immer noch so viel übrig, daß etliche Gipfel über 2.000 m Höhe erreichen und insgesamt sich eine der imposantesten Gebirgslandschaften der Erde dem Besucher darbietet - nicht rekordverdächtig in den absoluten Höhen, aber eindrucksvoll in ihrer Ausformung. Hierfür sind weitestgehend die **Eiszeiten** verantwortlich, deren kilometerdicke Eismassen das alte Gebirge gründlich einkerbten und abschliffen.

Ihre Spuren sind überall in Skandinavien offenbar - abgeschliffene Felshöcker, gewaltige Findlinge und natürlich die Fjorde, von denen wir nur die obere Hälfte der Arbeit des Eises zu sehen bekommen, denn unter der Wasseroberfläche liegen bis zu 1.380 m (Sognefjord) weitere von den Gletschern aus dem massiven Fels herausgefräste Tiefe. Je höher das umliegende Gebirge, desto stärker die Kraft des herabdrückenden Eises, desto tiefer die Fjorde: hierin liegt die Ursache für die besonders spektakuläre Fjordlandschaft Westnorwegens.

Weiter im Inland, dort wo sich die Eismassen aufbauten und weniger in Bewegung waren, finden sich hingegen Hochländer mit weniger extremen Reliefunterschieden, in Norwegen als "Vidda" bezeichnet, von denen die Hardangervidda (um 1.200 m, Gipfel bis über 1.800 m) die bekannteste ist. Nach Norden hin nimmt die Höhe des skandinavischen Gebirges ab und entsprechend tiefer liegen dort auch die Hochflächen, deren größte die Finnmarksvidda ganz oben im Norden Norwegens ist - um 400 bis 500 m über dem Meer, überragt von Höhen bis über 1.100 m.

Eiszeitlich bedingte Hebungen und Senkungen des Landes zusammen mit den Gewalten des Meeres schufen aber auch andere Formen, so etwa die für Norwegen überraschend flache Küstenebene von Jæren bei Stavanger - heute eines der wenigen größeren stark ackerbaulich genutzten Gebiete Norwegens.

Die äußerste Küstenlinie, Wind und Wetter stark ausgesetzt, ist in der Regel sehr karg, doch schon ein paar Kilometer weiter landeinwärts, im Schutz der vorgelagerten Inseln oder Berge, findet sich eine überraschend wuchsfreudige Vegetation: Die golfstrombedingt milden Winter sowie reichliche Niederschläge und der Windschutz schaffen zusammen mit der nach Norden hin zunehmenden Dauer des sommerlichen Tageslichtes günstige Bedingungen - vom Obstanbau mit der berühmten

N
O
S
W
0
100 km
Vardø
Varangerfjord
Båtsfjord
Vadsø
Berlevåg
Kirkenes
Gamvik
Mehamn
Nordkinn
Kjøllefjord
Nordkap
Skarsvåg
Honningsvåg
Knivskjellodden
FIN
Havøysund
Lakselv
Hammerfest
Finnmark
Alta
Øksfjord
Øksfjordjøkulen
Kautokeino
Skjervøy
FIN
Troms
Tromsø
N
Finnsnes
S
Andenes
Narvik
Harstad
Evenes
Vestfjord
Risøyhamn
Vesterålen
Sortland
© Stein Verlag
Stokmarknes
Melbu
Nordland
Svolvær
Skrova
Lofoten
Kabelvåg
Henningsvær

© Stein Verlag
Risøy-
hamn
Harstad
Narvik
Evenes
Sortland
Melbu
Stokmarknes
S
Svolvær
Skrova
Kabelvåg
Borge
Henningsvær
Stamsund
Leknes
Gravdal
Lofoten
Nusfjord
Kjerringøy
Reine
Fauske
Å
Bodø
Værøy
Saltstraumen
Røst
Ørnes
Glomfjord
Saura
Svartisen
Braset
Mo i Rana
Træna
Nesna
Polarkreis
Sandnessjøen
Nordland
Brønnøysund
N
Rørvik
N
O
W
S
0
100 km
Trondheim
Trøndelag
Grip
Kristiansund

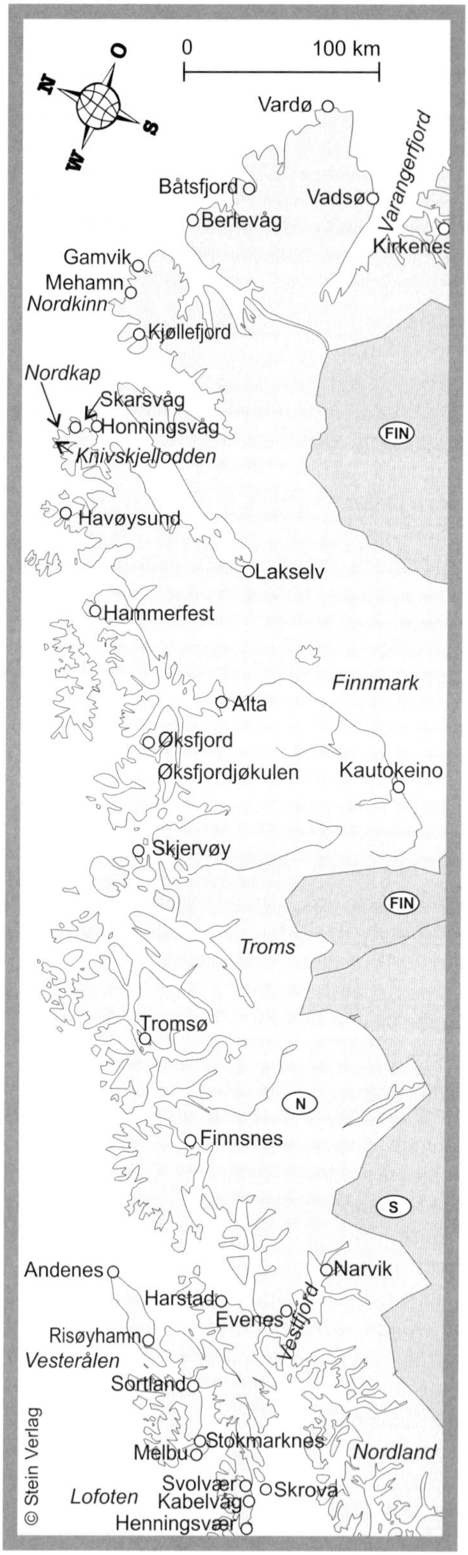

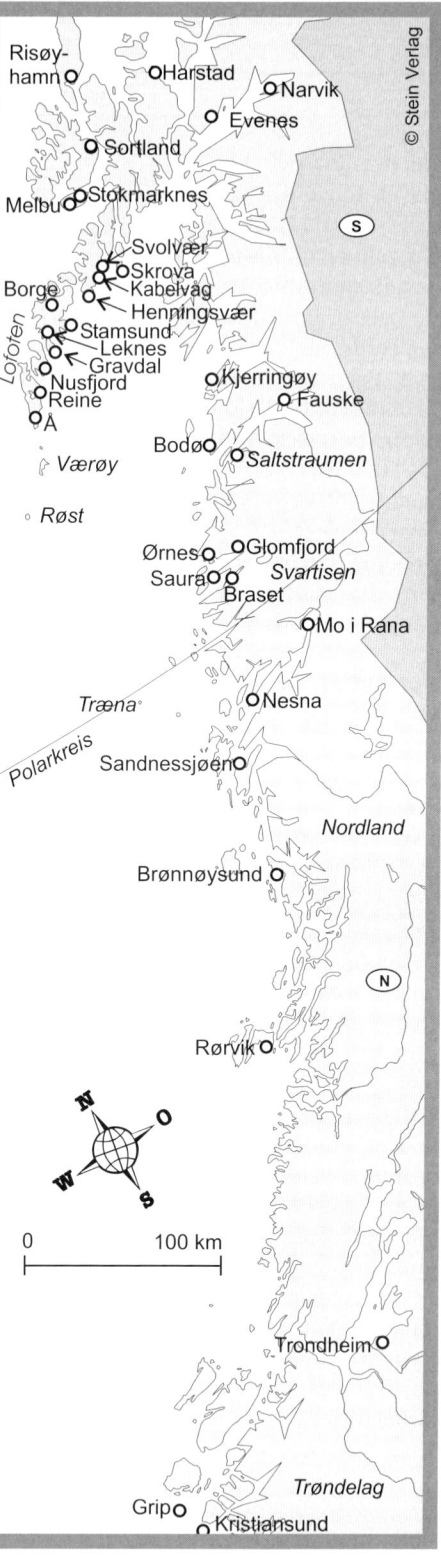

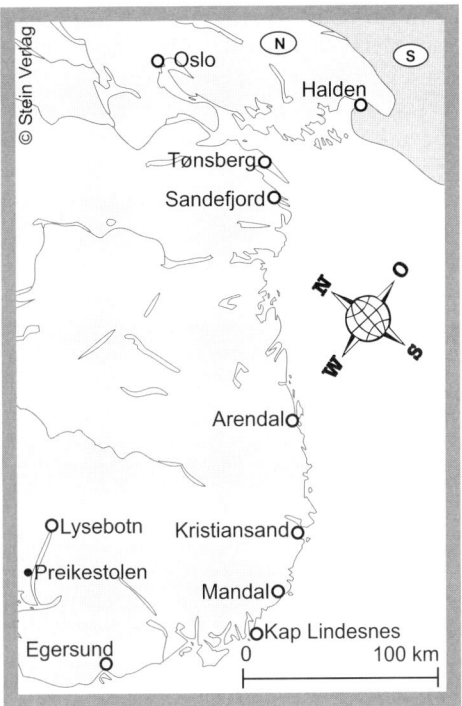

Kirschblüte in den Fjorden Westnorwegens bis hin zu den riesenhaften wilden Blattgewächsen um Tromsø weit im Norden.

Klima

Dank des Golfstromes ist es sehr ausgeglichen (das Meer vor Hammerfest ganz im Norden hat im Winter +5 °C Oberflächentemperatur - mehr als die spätwinterliche Nordsee in der deutschen Bucht!). Im Küstenbereich sind stärkere winterliche Fröste selten. Im Sommer können in Süd- und Westnorwegen gelegentlich Temperaturen über 30 °C auftreten, andererseits ist oben in den Bergen sogar sommerlicher Schneefall möglich. Daß es in Norwegen und in Westnorwegen mit seinen höheren, aus dem Meer aufsteigenden Bergen öfter auch regnen kann bzw. tiefe Wolken oder Nebel auftreten können, ist bekannt, und bei Wind kann es dann recht kühl sein - entsprechende Wetterkleidung mitbringen!

Geschichte

Nach dem Abtauen der Gletscher mußten erst Flora und Fauna die eisfreien Gebiete zurückerobern, bevor der Mensch ihnen folgen konnte. Die Besiedlung des größten Teils Skandinaviens erfolgte schrittweise vor ca. 10.000 Jahren von Süden her insbesondere aus Jütland durch germanische Stämme, unabhängig davon aber auch von Norden (Nordnorwegen war vermutlich wesentlich früher eisfrei) durch die Vorfahren der heutigen Samen.

Ab ca. 500 v.Chr. verbreitete sich die von den Kelten übernommene Entdeckung des Eisens und seine Gewinnung auch nach Skandinavien. Die verstreuten Stammesgruppen formierten sich mit wachsender Bevölkerungsdichte in den wenigen nutzbaren Siedlungsräumen zu regionalen Machtgruppen, die sich untereinander bekriegten (Landmangel), aber auch unter dem Druck des Bevölkerungsüberschusses neuen Lebensraum nach Norden erschlossen oder neue Nahrungs- und Erwerbsquellen (Fischerei, Seefahrt, Handel, Piraterie, Raubüberfälle) entwickelten. Diese Entwicklung mündete in das das übrige Europa erschreckende Wikingertum des 8. bis 11. Jh.

Christianisierung und die fehlende Einheit in einem straff organisierten Staat westeuropäischen Musters (auf Rom zurückgehend) ließen die normannische Expansion der Wikinger ab dem 11. Jh. wieder zusammenbrechen. Das südliche Norwegen geriet - und damit der Hauptteil der Bevölkerung - unter den machtpolitischen Einfluß der deutschen Hanse, die sich bis ins 16. Jh. mit Bergen als Zentrum zahlreiche Privilegien erhielt, die ihr praktisch das Fernhandelsmonopol in Norwegen sicherten und gleichzeitig auch das Entstehen einer bedeutenden einheimischen Führungsschicht verhinderten. Der 1349 durch ein englisches Schiff eingeschleppten Pest fiel über die Hälfte der skandinavischen Bevölkerung zum Opfer.

Währenddessen hatte sich das benachbarte Dänemark zu einem gut organisierten und wohlhabenden Staat entwickelt, der zunehmend insbesondere im Ostseeraum expandierte und von 1319 bis 1523 die Vormacht über Schweden und Norwegen gewann. Zwar zerfiel diese Union wieder, Schweden wurde zur eigenständigen Großmacht, aber das rückständige Norwegen blieb unter dänischer Herrschaft bis in die Napoleonischen Kriege. Diese knapp 500 Jahre von 1319 bis 1814 werden in der norwegischen Geschichtsschreibung als die "finstere Periode" bezeichnet.

Den Umbruch nach den Napoleonischen Kriegen nutzten die weitsichtigen Delegierten der norwegischen Reichsversammlung 1814, indem sie in wenigen Wochen die für die damalige Zeit fortschrittliche norwegische **Verfassung von Eidsvoll** (nahe Oslo, damals noch Christiania) schufen, in der sich wesentliche Elemente der heutigen norwegischen Verfassung finden: erbliche Monarchie, ein demokratisch gewähltes Parlament, Wahlrecht für Männer, allgemeine Wehrpflicht, Meinungs- und Religionsfreiheit.

Während durch den **Kieler Vertrag** von 1814 eine Personalunion zwischen Schweden und Norwegen unter dem zum schwedischen König bestimmten französischen Marschall Bernadotte festgelegt war, wählte die Reichsversammlung einen dänischen Prinzen zum norwegischen König, mußte sich aber einmarschierenden schwedischen Truppen beugen und dem neuen schwedischen König unterwerfen. Doch die Verfassung von Eidsvoll konnte dem neuen König gegenüber durchgesetzt werden; auf sie geht der heute jedes Jahr enthusiastisch gefeierte norwegische Nationaltag (17. Mai) zurück, ebenso das nationale und wirtschaftliche Erwachen Norwegens bis hin zur Auflösung der Union mit Schweden im Jahre 1905.

172

Als neuer norwegischer König wurde der dänische Prinz Carl gewählt, der den alten norwegischen Namen Håkon annahm. Als **Håkon VII.** herrschte er über 50 Jahre über die schwere Zeit beider Weltkriege und begründete den volksnahen Stil der neuen norwegischen Monarchie, den sein Sohn Olav V. und der Enkel Harald als heutiger König fortsetzten. Als selbständiger Staat existiert Norwegen also erst knapp 100 Jahre.

Der Erweckung Norwegens als Nationalstaat stand im 19. und frühen 20. Jh. allerdings auch eine Reihe an Problemen gegenüber: Industrialisierung in einigen Zentren mit entsprechender Verelendung und Radikalisierung, Bevölkerungsexplosion durch medizinischen Fortschritt ohne ausreichende wirtschaftliche Basis für so viele Menschen - von 1850 bis 1920 wuchs die Bevölkerung trotz Auswanderung von 1,5 auf 2,6 Mio Norweger an (heute 4,3 Mio).

Offiziell bemühte sich Norwegen in beiden Weltkriegen um Neutralität, verlor jedoch im Ersten Weltkrieg große Teile seiner Handelsflotte und litt unter der Unterbrechung der Handelswege. Im Zweiten Weltkrieg besetzte die deutsche Wehrmacht ab dem 9. April 1940 überfallartig Norwegen (die Führung und die Königsfamilie konnten nach England fliehen und dort eine Exilregierung und Exiltruppen aufstellen) und kam damit zwar einem ähnlichen britischen Plan zuvor, was jedoch die Unrechtmäßigkeit an sich nicht mildert. Der Name des von Großdeutschland 1942 eingesetzten norwegischen Ministerpräsidenten Quisling wurde zum Synonym für beflissene Landesverräter.

Da Norwegens Bevölkerung besser in die rassische Ideologie des Dritten Reiches paßte, blieb das Land zwar von vielen Exzessen in anderen besetzten Gebieten verschont (und umgekehrt stieß die nationalsozialistische Ideologie auch in einem kleinen Teil der norwegischen Bevölkerung auf Zustimmung - von Quislings kleiner Partei über norwegische Freiwillige in SS-Einheiten bis hin zu Kollaborateuren in der Bevölkerung), doch die große Mehrheit der Norweger lehnte die Eroberer ab und im Laufe der Kriegsjahre wuchs die heimliche Widerstandsbewegung auf 47.000 Mitglieder an. Auch Norweger fielen der rassistischen und politischen Verfolgung in deutschen Lagern zum Opfer, und die Finnmark im höchsten Norden wurde von der gegen Kriegsende vor der Roten Armee zurückweichenden Wehrmacht systematisch nach Vertreibung der Bevölkerung aus ihren Siedlungen zerstört. Insofern ist es nicht überraschend, daß Deutsche für viele Norweger in den Jahrzehnten nach dem Krieg nicht sonderlich populär waren.

Nach der Kapitulation der Wehrmacht in Norwegen am 8. Mai 1945 kehrten die Exilanten zurück, der Aufbau mit Unterstützung des Marschallplanes begann und Norwegen gab nach der Erfahrung des Krieges mit der Unwirksamkeit seiner Neutralität gegenüber großen Nachbarn und dem beginnenden Ost-West-Konflikt seine Neutralität auf und wurde Nato-Mitglied (allerdings ohne ausländische Stützpunkte auf seinem Territorium).

Wirtschaft

Bis in die 60er Jahre war Norwegen ein vergleichsweise armes Land. Dies änderte sich schlagartig mit den ersten Funden von Nordseeöl ab 1962, die das Land innerhalb von zwei Jahrzehnten zu einem der größten Förderer von Öl und Gas und zu einem der reichsten Länder der Erde werden ließen. Die anfängliche Sorglosigkeit angesichts des Geldsegens insbesondere in den frühen 80er Jahren schlug allerdings um, als die daraus entstehenden Probleme sichtbar wurden. Norwegens Wirtschaftsstruktur wurde gefährlich einseitig: dominiert vom Export von Rohstoffen, Wachstum in den ölbezogenen Branchen (Off-shore-Technologie) und im Banken- und Dienstleistungssektor, aber Niedergang in den anderen, "mühsameren" Wirtschaftszweigen, deren Schwächen teilweise mit Subventionen erst ausgeglichen und damit letztlich verstärkt wurden (und teilweise noch werden). Hohen Löhnen in den Boom-Branchen standen weniger attraktive Einkommen in anderen Sektoren gegenüber und die nach oben schießenden Mieten und Wohnungspreise in den Zentren der Ölindustrie (etwa Stavanger) wurden für viele Norweger unbezahlbar.

Statt den unerwarteten Segen der Öleinnahmen vor allem in Infrastrukturmaßnahmen und Vorsorge für die Zeit nach dem Öl zu investieren, wurde ein großer Teil umverteilt und in den staatlichen und privaten Konsum gelenkt. Fallende Ölpreise nach dem Zusammenbruch der Kartellpolitik der OPEC und gleichzeitig steigende Förderkosten durch immer schwierigere Herausforderungen in immer größeren Tiefen der Nordsee trübten dann die Perspektiven, Konkurse und Bankenkrisen rüttelten das Land wach und die Arbeitslosigkeit stieg über die 5%-Marke - ein Traum für andere Länder, aber für den sorglosen Wohlfahrtsstaat Norwegen ein Schock.

Die langsam nach Norden wandernde Exploration und Ausbeutung der Öl- und Gasfelder, die zunehmend in Nordnorwegen für Wirtschaftsimpulse sorgt, wird das Land noch für einige Jahrzehnte mit satten Einnahmen verwöhnen, wenn auch längst nicht mehr so üppig wie in den 70er Jahren. Norwegen kann sich seine Anti-EU-Politik noch einige Zeit problemlos leisten, aber man macht sich zunehmend Gedanken, wie der Übergang in die Zeit nach Öl und Gas möglichst sanft bewerkstelligt werden kann. Aus Ölgeldern wird u.a. ein Kapitalfonds aufgebaut, dessen Erträge dem Land auch nach dem Ende von Öl und Gas weitere Einnahmen bescheren sollen.

Durch das Öl ist Norwegen von einem früher stärker durch Landwirtschaft und Fischerei geprägten Land zu einem vor allem von Dienstleistungen und Industrie geprägten Staat geworden - ein Umschwung, der sich im inneren Selbstverständnis der Norweger noch nicht vollzogen hat. Daher haben Landwirtschaft und Fischerei eine enorm starke Lobby, obwohl sie an der norwegischen Wirtschaft und an den Arbeitsplätzen einen überraschend geringen Anteil haben und in ihrer heutigen Struktur das Land in Krisensituationen in keinster Weise ernähren könnten. Dennoch werden sie vom Staat hoch subventioniert und zu Lasten des Verbrauchers mit hohen Zollschranken geschützt - achten Sie im Supermarkt beispielsweise auf die Preise von Milchprodukten oder Fleisch! Angesichts z.B. der Überfischung der norwegischen Gewässer ist dies eine auch aus ökologischer Sicht nicht immer einleuchtende Politik.

Soziales und Politik

Norwegens Gesellschaft wird in hohem Maße vom Gleichheitsgedanken und solidarischen Idealen geprägt, die teilweise auch schon in der Normannenzeit galten. In kaum einem Land ist die Gleichstellung der Geschlechter weiter fortgeschritten. Standesdünkel aufgrund von Besitz und dessen offenkundiges Zurschaustellen kommen in Norwegen besonders schlecht an, und wer in den Ruf gerät, sich für etwas Besseres zu halten, kann mit Schwierigkeiten rechnen. Hinter dieser äußeren Gleichheit gibt es natürlich trotzdem einflußreiche Kreise und auch Norwegen hat seine Milliardäre, etwa die großen Reeder. Aber man zeigt seinen Reichtum weniger aufdringlich, gibt sich etwas umgänglicher - Vorbild hierfür ist das volksnahe Königshaus.

Im **Schulwesen** wird soziales Lernen stark betont: Gesamtschulen dominieren, das Üben sozialen Verhaltens hat breiteren Raum und die Integration verschieden leistungsstarker Kinder wird im Vergleich zu Deutschland mehr betont, als die nach Leistungsfähigkeit getrennte Vermittlung von Wissen. Allerdings stößt auch der norwegische Sozialstaat zunehmend an seine Grenzen, je mehr gesellschaftliche Solidarität zu Anspruchsdenken des einzelnen entartet und die Produktivität und internationale Konkurrenzfähigkeit als Voraussetzung für einen hohen gesellschaftlichen Lebensstandard aus den Augen verloren wird.

Die Ölmilliarden erlaubten an diesen wirtschaftlichen Grundgesetzen vorbei den Aufbau eines kostspieligen Sozial- und Umverteilungssystems, das nun trotz Öleinnahmen zunehmend unbezahlbar wird und gleichzeitig ungerechte Schwächen zeigt, etwa bei den teilweise sehr bescheidenen Lebensverhältnissen für Rentner, die sich weniger massiv bemerkbar machen können wie etwa die sehr einflußreichen norwegischen Gewerkschaften, die zu den streikfreudigsten der Welt zählen.

Politisch ist Norwegen eine stabile **Demokratie**, in der das sehr populäre Königshaus rein repräsentative Funktionen hat. Die Hauptkammer des nationalen Parlaments in Oslo ist der Storting, die Regierung wird geführt vom Ministerpräsidenten (*statsminister*). In den letzten Jahrzehnten wurde Norwegens Regierung meistens von der **Arbeiderparti** (sozialdemokratisch) gestellt, deren frühere Ministerpräsidentin Gro Harlem Brundtland (bis 1996) auch international viel Anerkennung fand.

Daneben gibt es im zersplitterten bürgerlichen Lager die Konservativen (Høyre), die Bürgerlich-Rechte Fortschrittspartei (Fremskrittsparti), die Christliche Volks-

partei (Kristelig Folkeparti) und die ländliche Zentrumspartei (Senterparti).

Links kann sich im Parlament neben der Arbeiderparti nur die kleinere, deutlich radikalere Sozialistische Linke (Sosialistisk Venstreparti) halten, deren Forderung nach Nato-Austritt, vor allem aber nach Abschaffung der Monarchie für die Masse der Norweger inakzeptabel ist. Die Venstre, eine primär umweltorientierte Partei, spielt nur eine sehr geringe Rolle.

Das Land ist in 19 Bezirke (*Fylke*) aufgeteilt, diese wiederum in Kommunen - auf dem Lande oft aus mehreren Orten bestehend. Hinzu kommen die von Oslo in unterschiedlicher Weise direkt verwalteten überseeischen Landesteile Svalbard (Spitzbergen), Jan Mayen sowie die beiden subantarktischen menschenleeren Inseln Bouvetøya und Peter-I.-Øya.

Außenpolitisch gehört Norwegen zu den überzeugtesten und einsatzfreudigsten UN-Mitgliedern und ist fest in der Nato verankert, auch wenn es keine Stationierung ausländischer Truppen zuläßt. Gegenüber dem so übermächtigen Nachbarn Rußland ist die Politik von einer Kombination aus kritischer Wachsamkeit bei gleichzeitigem Bemühen um Vermeidung von Spannungen und Kooperation im Grenzgebiet von Finnmark und Kola sowie in der Barentssee (Fischereifragen, Rohstoffsuche) geprägt.

Norwegen ist einer der hilfsbereitesten Staaten in den Krisenregionen der Welt, hält jedoch nichts von intensiveren multikulturellen Experimenten im eigenen Land: Die Einwanderung wird sehr restriktiv gehandhabt und die Kriterien für Asylgewährung sind ebenfalls streng, illegale Ausländer werden abgeschoben. Entsprechend gering ist der Anteil von Ausländern an der Bevölkerung, andererseits gibt es kaum freiwillige Selbstisolation von Ausländern in bestimmten Siedlungsteilen und umgekehrt kaum fremdenfeindliche Ausschreitungen.

Norwegen hat im übrigen eigene traditionelle Minderheiten: Die **samische Bevölkerungsgruppe** im Norden, vermutlich mindestens genauso lange im Land wie die germanische Bevölkerungsmehrheit, wurde bis weit ins 20. Jh. in einer Weise diskriminiert, die an die Indianer Nordamerikas erinnert. In den letzten Jahrzehnten gibt sich Norwegen erhebliche Mühe, die andersartige samische Kultur zu respektieren und zu fördern und den Samen mehr Rechte zuzubilligen, wobei mittlerweile schon Klagen von Norwegern in der Finnmark über umgekehrte Diskriminierung aufkommen - hier sind noch einige Probleme im Zusammenleben zu lösen. Eine zweite Minderheit, ebenfalls vor allem in der Finnmark, sind im Laufe der letzten 200 Jahre eingewanderte **Finnen**.

Norwegen: Reise-Infos

Einreise
Für Bürger von Staaten des Europäischen Wirtschaftsraumes genügt ein noch drei Monate gültiger **Personalausweis** oder **Reisepaß**.

Geld
In Norwegen gilt die **norwegische Krone** als Währung, national mit "nkr" oder "kr" und international mit "NOK" abgekürzt. Eine norwegische Krone entsprach im März 1997 ziemlich genau DM 0,25 (nach teilweise günstigeren Kursen bis ca. DM 0,23), so daß norwegische Preise leicht in DM umgerechnet werden können, indem man sie durch vier teilt. Es gibt **Banknoten** zu NOK 1.000, 500, 200, 100 und 50 sowie **Münzen** zu NOK 20, 10, 5 und 1. Die kleinere Einheit sind die **Øre** (100 Øre = 1 NOK), wobei es allerdings im Umlauf nur noch 50-Øre-Münzen gibt - Preise werden bei Barzahlung entsprechend auf- oder abgerundet.

Kreditkarten sind in Norwegen verbreitet, wobei am häufigsten VISA angenommen wird, gefolgt von American Express und Eurocard. Reiseschecks von American Express in DM oder US$ sind eine weitere Möglichkeit zum Mitnehmen von Geldreserven. Euroschecks werden bis maximal NOK 1.300 akzeptiert.

☺ Eine praktische Möglichkeit ist das deutsche **Postsparbuch**, mit dem auf vielen größeren norwegischen Postämtern (nicht allen!) Geld abgehoben werden kann - pro Tag bis DM 1.000 und pro Monat bis DM 2.000.

Information
Für ganz Norwegen zuständig ist das Norwegische Fremdenverkehrsamt (für Österreich, Deutschland und auch die Schweiz zuständig).

Das Norwegische Fremdenverkehrsamt ist auch auf den fünf bis acht größten deutschsprachigen Touristikmessen vertreten .

🖪 Norwegisches Fremdenverkehrsamt, Mundsburger Damm 27, D-22087 Hamburg, ☎ 040/22710810, FAX 040/22710815.

📖 Sofern Sie Ihre Seereise erst in Norwegen beginnen oder dort unterbrechen oder beenden, sind eventuell zwei vom Fremdenverkehrsamt jährlich herausgegebene kostenlose Broschüren von

Interesse: *Verkehrsverbindungen in Norwegen* und *Übernachtungsmöglichkeiten in Norwegen*, außerdem die allgemeine jährliche Broschüre *Norwegen - Der offizielle Norwegenkatalog*.

Für speziellere Fragen zu den einzelnen Regionen oder Orten ist es sinnvoller, sich an die regionalen oder örtlichen Informationsstellen zu wenden (☞ jeweilige Orte).

Medizinische Versorgung

Das norwegische Gesundheitswesen ist gut ausgebaut. Prüfen Sie vor der Reise, ob und inwieweit Ihre Krankenversicherung für Norwegen gilt, welche Dokumente Sie benötigen und ob Sie eventuelle Kosten auslegen müssen oder ob direkt mit Ihrer Krankenkasse abgerechnet wird. Eventuell eine spezielle Reisekrankenversicherung abschließen.

Post und Telekommunikation

Die norwegische Post deckt das große Land gut ab und arbeitet in der Regel recht schnell - mehr als zwei bis drei Tage dauert ein Brief oder eine Postkarte selten nach Deutschland. Porto für Standardbrief und Postkarte sind gleich (Anfang 1997: NOK 5 nach Europa bei A-Post), für zügige Beförderung A-Post wählen und bezahlen und entsprechenden blauen Aufkleber auf die Postsachen kleben (gibt's kostenlos am Postamt). Postkästen sind in Norwegen rot!

◻ Übliche Öffnungszeiten der Postämter: Mo bis Fr 8:00 bis 16:30, Sa 8:00 bis 13:00.

Norwegen verfügt über ein sehr modernes Telekommunikationsnetz und die Norweger sind ausgesprochen technikbegeistert: in kaum einem anderen Land sind z.B. Mobiltelefone so weit verbreitet. Dominierend ist der Staatskonzern Telenor, im Mobiltelefonbereich gibt es auch private Konkurrenz, wobei sich ausschließlich GSM-Netze finden (entspricht in Deutschland den D-Netzen).

Das **GSM-Netz** deckt große Teile des Landes ab, wobei man in sehr bergigen Regionen abseits von Orten häufiger in Funkschatten geraten kann, ebenso z.B. an Bord eines Schiffes zwischen höheren Inseln oder den Felswänden eines Fjordes. In Spitzbergen ist das GSM-Netz auf die Hauptsiedlung Longyearbyen begrenzt, in Jan Mayen ist kein GSM-Netz vorhanden.

Die norwegischen **Telefongebühren** sind günstiger als z.B. in Deutschland und man kann sich in jeder Telefonzelle anrufen lassen (die achtstellige Rufnummer sollte am Telefonapparat zu finden sein, vom Ausland aus muß für Norwegen 0047 davor gewählt werden). Für internationale Gespräche von Münztelefonen empfehlen sich 5-, 10- oder 20-Kronen-Münzen, wobei man bereits mit 5 Kronen eine ausführliche Meldung übermitteln kann. Daneben gibt es zahlreiche **Kartentelefone**.

Innerhalb Norwegens gibt es nur achtstellige Telefonnummern ohne separate Vorwahlen. Für Auslandsgespräche sind die international üblichen Landesvorwahlen erforderlich (danach die 0 der Ortsvorwahl weglassen): Deutschland 0049, Österreich 0043, Schweiz 0041.

Zeit

In Norwegen gilt wie in Deutschland die MEZ bzw. im Sommerhalbjahr die MESZ.

Zoll

Norwegen ist nicht Mitglied der EU, folglich gelten für Reisen von und nach Norwegen geringere Freimengen als z.B. von und nach Dänemark. Beachten Sie die genauen Vorschriften und Begrenzungen!

Cuxhaven

Norwegen: Regionen und Seereisenhafenorte

Insbesondere durch das Nebeneinander von Hurtigruten einerseits und Kreuzfahrten andererseits ergibt sich für Norwegen eine beachtliche Zahl von durch Seereisen häufig angelaufenen Häfen. Entsprechend dem Charakter der meisten Seereisen mit nur begrenzter Zeit in den jeweiligen Orten wird jeder von ihnen knapp vorgestellt.

Für jene unter Ihnen, die eine Seereise unterbrechen (z.B. mit der Hurtigruten), die eine organisierte längere Exkursion erwägen (z.B. per Bus oder Mietwagen von einem Hafen zum nächsten) oder deren Reise in einem der Häfen beginnt oder endet, sind jedoch einige zusätzliche Tips aufgenommen.

Die norwegischen Seereisenhafenorte sind in fünf Regionen untergliedert: Süd-norwegen, Westnorwegen, Trøndelag und südliches Nordnorwegen (Nordland), Lofoten und Vesterålen und nördliches Nordnorwegen. Spitzbergen hat ein eigenes Kapitel, ebenso das norwegische Jan Mayen.

Norwegen: Oslofjord

Oslo ca. 470.000 Ew. ♀ ⟨BANK⟩ ⊞ ♫ ☆ 🏛

🛬 Oslo hat den wichtigsten internationalen Flughafen des Landes - derzeit noch in **Fornebu** im Westen der Stadt (Flughafenbus, Linienbus, Taxis), vermutlich ab 1998 wesentlich größer, aber entfernter im Norden in **Gardermoen** (mit neuer Flughafen-S-Bahn zum Osloer Hauptbahnhof), Flugverbindungen zu allen größeren europäischen Flughäfen (teils über Kopenhagen oder Stockholm) und Direktflüge innerhalb Norwegens u.a. nach Kristiansand, Stavanger, Bergen, Ålesund, Kristiansund, Trondheim, Bodø, Evenes, Tromsø, Alta und Kirkenes.

⛴ International ebenfalls wichtig sind die zahlreichen **Fährlinien** - direkt ab Deutschland die komfortable Color Line täglich Kiel-Oslo, ansonsten regelmäßige Verbindungen mit Fredrikshavn und Kopenhagen, England, Holland, Schweden etc.

🚆 Der Hauptbahnhof in Oslo ist Norwegens **Eisenbahnknotenpunkt**, wobei im internationalen Verkehr vor allem die Linien nach Göteborg und weiter nach Helsingborg und Malmö (Fähranschlüsse, Vogelfluglinie) und nach Stockholm von Interesse sind, für Seereisende vor allem die spektakuläre Bergenbahn (u.a. als Zubringer zu Hurtigruten, lohnender Abstecher Myrdal-Flåm (☞ Flåm), aber auch die Strecke nach Trondheim und Bodø.

🚌 Schließlich hat Oslo Norwegens wichtigsten Busbahnhof (**Busterminalen**), ca. 400 m östlich des Hauptbahnhofes, mit zahlreichen internationalen und nationalen Fernstrecken.

ℹ Norges Informasjonssenter (für Oslo und ganz Norwegen), Vestbaneplassen 1, 0250 Oslo, ☎ 22839100, ⟨FAX⟩ 22837860, im alten Westbahnhof, Filiale am Hauptbahnhof (Trafikanten-Säule).

♦ Außerdem Informationsstelle im Rathaus (Eingang Hafenseite).

Als Landepunkt längerer Seereisen wird die norwegische Hauptstadt am inneren Ende des idyllischen Oslofjordes trotz ihrer zahlreichen Attraktionen eher selten angelaufen, sie ist jedoch für Reisende, deren Tour in Norwegen beginnt oder endet, ein wichtiger Verkehrsknoten und damit naheliegender Zwischenaufenthaltsort.

Norwegen: Oslofjord

Bis 1925 hieß die Stadt noch Kristiania, an die dänische Vorherrschaft erinnernd, dann wurde der alte Name Oslo (seit 1048 Stadt) wieder erneuert. Für eine europäische Hauptstadt relativ klein und vom Stadtbild her wenig spektakulär (Hauptstadt erst seit 1905, daher sind die meisten Repräsentationsbauten neueren Datums), aber eine der grünsten Großstädte Europas mit über 300 Seen und rund 300 km² Natur im Stadtgebiet, wovon das Naherholungsgebiet am Holmenkollen (von dort hervorragende Aussicht) wegen der weithin sichtbaren kühn geformten Sprungschanze am bekanntesten ist.

In Skandinavien ist der Großraum Oslo das wichtigste Ballungsgebiet, das weiter zu Lasten der übrigen Landesteile Norwegens Neubürger anzieht. Wachstumsschübe erlebte die Stadt nach 1814 (Lösung von Dänemark, Residenzstadt neben Stockholm in der Union mit Schweden, Industrialisierung), nach 1905 (Hauptstadt) und nach dem Zweiten Weltkrieg. Die damit verbundenen Verkehrsprobleme löst Oslo zunehmend unterirdisch mit Eisenbahn- und Straßentunnels.

Oslo verfügt über ein **gutes öffentliches Nahverkehrsangebot** mit U- und Straßenbahn, Linienbussen, Fjordfähren sowie Taxis (teuer). Für Individualbesuche mit größerem Programm lohnt sich die **Oslo-Kortet** mit wahlweiser Gültigkeitsdauer ab einem Tag (ca. DM 25) für den gesamten öffentlichen Nahverkehr und die meisten Museen.

Sehenswertes
Die **Karl Johans Gate** vom Schloß zum Bahnhof ist Oslos elegante und lebendige Einkaufs- und Vorzeigestraße mit dem königlichen **Schloß ❶** (nicht zugänglich, Bau 1825 bis 1848, Wachwechsel um 13:30, Schloßpark öffentlich), der **Universität** (Wandmalereien von Edvard Munch), dem **Nationaltheater ❷** (davor die Statuen der Nationaldichter Ibsen und Bjørnson) mit dem beliebten benachbarten **Theatercafeen** (Jugendstil, Live-Musik, teuer) und dem **Storting ❸** (norwegisches Parlament, 1866, stilvolles Interieur, zu besichtigen). Im letzten Teil Richtung Bahnhof liegt die **Fußgängerzone** mit der **Domkirche ❹** (1647).

⌘ In unmittelbarer Nähe der Hauptstraße liegt auch die **Nationalgalerie ❺**, die größte Kunstsammlung des Landes ein-

schließlich des berühmtesten Gemäldes "Der Schrei" von Munch, aber auch mit bedeutenden ausländischen Malern.

♦ Universitetsgate 13, Mo bis Sa 🕐 10:00 bis 16:00, Do bis 20:00, So 11:00 bis 15:00.

⌘ **Historisches Museum ❻**, drei Teilmuseen, u.a. interessant: Wikinger, Mittelalter, Arktis-Sammlung.

♦ Frederiks Gate 2, Mitte Mai bis Mitte September täglich 🕐 11:00 bis 15:00, sonst 12:00 bis 15:00, Mo geschlossen.

☺ Attraktiv sind auch Teile des Hafens in Zentrumsnähe mit der **Festung Akershus ❼** als dem einstigen Machtzentrum, zuletzt im Zweiten Weltkrieg als Wehrmacht-Hauptquartier benutzt, verwinkelt mit weitläufigen unterirdischen Anlagen, hübsche Blicke auf Stadt und Hafen.

♦ Anlagen zugänglich 6:00 bis 21:00, Juni bis August Di bis So Multimediashow "Christiania Bymodell" zur Stadtentwicklung.

In der Festung befindet sich das **alte Schloß** (Renaissance-Stil, Schloßkirche).

♦ Mai bis Mitte September Mo bis Sa 🕐 10:00 bis 16:00, So 12:30 bis 16:00, in den Wintermonaten nur So geöffnet.

⌘ Außerhalb der Festung liegen sowohl das **Norsk Hjemmefrontmuseet ❽** (norwegisches Widerstandsmuseum, Zweiter Weltkrieg) als auch das **Forsvarsmuseet ❾** (Verteidigungsmuseum).

♦ **Hjemmefrontmuseet**: Mo bis Sa 🕐 10:00 bis 16:00, So 11:00 bis 17:00, Oktober bis Mitte April eine Stunde kürzer, im Sommer alle Tage bis 17:00.

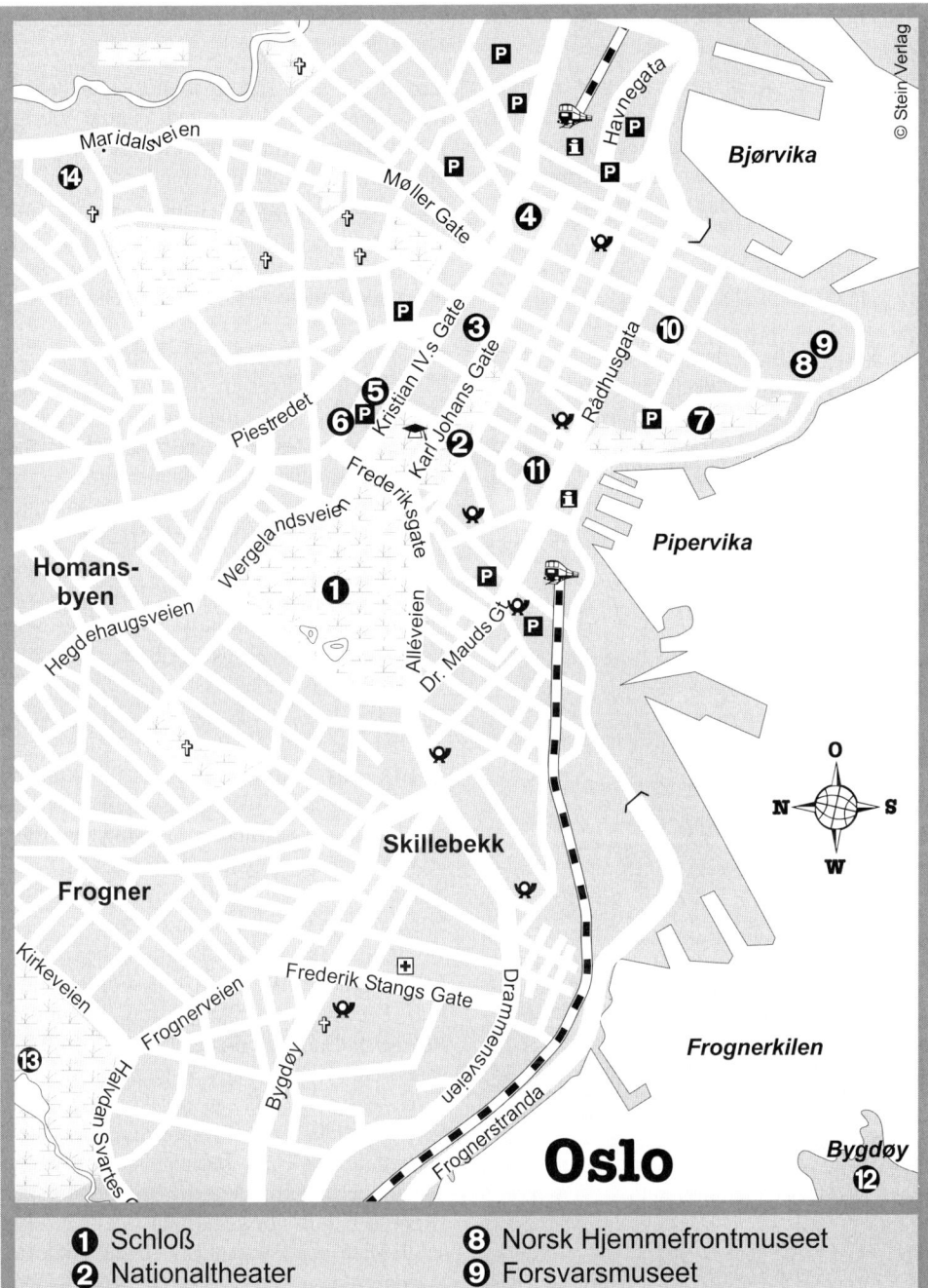

Oslo

1 Schloß
2 Nationaltheater
3 Storting
4 Domkirche
5 Nationalgalerie
6 Historisches Museum
7 Akershus-Festung
8 Norsk Hjemmefrontmuseet
9 Forsvarsmuseet
10 Museet for Samtidskunst
11 Rathaus
12 Kontiki-, Fram- und Norsk Sjøfartsmuseum
13 Vigelands-Anlegget
14 Gamle Aker Kirke

⌘ In der Nachbarschaft der Festung (eigentlich noch Teil von ihr) liegt Oslos frühester erhaltener **Stadtteil Kvadratur** mit dem **Museet for Samtidskunst ⑩**, moderne Kunst, in Jugendstilhaus.

♦ Di bis Fr 🕐 11:00 bis 19:00, Sa bis So 11:00 bis 16:00.

Nordwestlich der Festung am Ufer sieht man die unverwechselbaren nüchtern-eindrucksvollen **Doppeltürme des Rathauses ⑪**, 1950, begehbar mit Fresken zur Nationalgeschichte im 20. Jh.

♦ Plenarsaal. Mo bis Sa 🕐 9:00 bis 15:30, im Sommer auch So 12:00 bis 15:00.

Norwegen: Lindesnes bei Mandal

Sehenswert sind der alte Westbahnhof (heute **Touristikinformation**, nach der Untertunnelung Oslos geht die Bahnlinie nun direkt zum Hauptbahnhof) und dahinter Oslos neues Nobel- und Yuppie-Viertel **Aker Brygge** (interessante Mischung aus alter Bausubstanz und moderner Luxusarchitektur, elegante Läden, Cafés und Restaurants, schöner Hafenblick, in den 80er Jahren als Komplettsanierung des heruntergekommenen Hafenteils entstanden).

Außerhalb des Stadtzentrums liegen:
⌘ Nach Südwesten die **Museumshalbinsel Bygdøy ⑫** (Linienbus 30 ab Hauptbahnhof oder Nationaltheater, sommerliche Bootsverbindung ab Rathausbrücke), wo sich zwischen den Ländereien des königlichen Bauernhofes und Sommersitzes sowie hübschen Villen einige der beliebtesten Museen finden: das **Norsk Folkemuseet**, ältestes Freilichtmuseum der Welt von 1894 und Norwegens größtes (ungefähr 140 historische Gebäude aus Stadt und Land bis hin zur kompletten Stabkirche, wunderschön in einen großen Park integriert), das **Vikingskipshuset**, Wikingerschiff-Museum (drei erstaunlich gut erhaltene ausgegrabene Wikingerschiffe, von denen das elegante Osebergschiff am bekanntesten ist, dazu weitere wertvolle Funde der Wikingerzeit und Infos).

Das **Fram Museet** birgt das begehbare Expeditionsschiff "Fram", das unter Nansen, Sverdrup und Amundsen berühmten Polarexpeditionen diente, **Kon-Tiki-Museet** (Thor Heyerdahls Privatmuseum mit dem Balsaholzfloß Kon-Tiki und dem Schilfboot Ra sowie Exponaten und auch Informationen zu seinen spektakulären Ozeanquerungen), **Norsk Sjøfartsmuseet** (Exponate zur norwegischen Seefahrt einschließlich des Polarschiffs "Gjøa" und des Raddampfers "Moss" bis hin zum Nordsee-Erdöl und Meeresarchäologie).

♦ **Norsk Folkemuseet**: täglich mindestens 🕐 12:00 bis 16:00, in Sommermonaten (15.6. bis 31.8.) max. 10:00 bis 18:00.

dem Zoo angeschlossene Freizeitpark **Kardemommebyen** (liegt ca. 20 km außerhalb Kristiansands Richtung Grimstad, Linienbus, im Sommer geöffnet 9:00 bis 18:00, mit Vergnügungspark und Tiergehegen), jährlich über 600.000 Besucher überwiegend aus Norwegen.

⌘ Neben dem Tier- und Freizeitpark befindet sich das **Monte Carlo Motormuseet** (vom Oldtimer bis moderne Fahrzeuge).

Südlich vorgelagert **Møvik** mit der als Museum erhaltenen Wehrmacht-Geschützstellung.

Norwegen: Balestrand

Mandal ca. 12.000 Ew. ♥ [BANK] ♞ ⚓

🚐🚌 Eisenbahn: Stavanger, Oslo, Linienbusse: Kristiansand, Flekkefjord, Kapp Lindesnes.

🛈 Turistkontoret for Mandalsregionen, A. Tidemandsgate 2, 4500 Mandal, ☎ 38278300, [FAX] 38278301.

Am lachsreichen Mandalselv entstanden, ist Mandal eine der wohlhabendsten und schönsten Städte Norwegens und die südlichste Gemeinde des Landes - zum südlichsten Punkt, Kapp Lindesnes, ist es nicht mehr weit.

🏊 Die Umgebung der Stadt bietet einige der besten Strände Norwegens.

Außergewöhnlich ist das **Skalledyr-Festival** (Schalentier-Festival, Anfang August, 40.000 Besucher, im Stadtzentrum wird eine riesige Festtafel mit Meerestieren aufgebaut).

Sehenswertes
Bummel durch die Altstadt (**Fußgängerzone Store Elvegate**) mit ihren Wohlstand zeigenden Holzhäusern am **Marktplatz** (Tidemands Plass).

✝ Sehenswert ist die **Mandal-Kirche** (Norwegens größte Holzkirche, 1.800 Plätze, Empire-Stil).

⌘ **Mandal Bymuseet** (Stadtmuseum), Store Elvegate 5-6, **Andorsengård** (ältester und größter Kaufmannshof): Fischerei, Schiffsmodelle, Kunsthandwerk, **Kunst- und Gemäldesammlung**.

♦ **Mandal Bymuseet**: im Sommer Mo bis Fr 🕐 11:00 bis 17:00, Sa 14:00 bis 17:00.

🚶‍♂️ Erster **behindertengerechter Wanderweg** Norwegens (1995) auf die Uferklippen (dort auch Reste deutscher Bunker mit Informationstafeln).

Exkursionen
Auto-Exkursion nach **Kapp Lindesnes** mit dem Leuchtturm am südlichsten Punkt Norwegens (mit Galerie, ✗).

Norwegen: Stavanger

Westnorwegen

Westnorwegen - das ist die Region der berühmten Bilderbuchfjorde zwischen Stavanger und Kristiansund: Lysefjord mit der atemberaubenden Felskanzel des Preikestolen, die scharfen Kontraste zwischen steilen Felswänden und vergletscherten Gipfeln und den kleinen Orten in Hardangerfjord und Sognefjord mit ihren verwinkelten Nebenarmen, der Nordfjord mit dem Brikdals-Gletscher, der Storfjord mit dem wohl bekanntesten norwegischen Fotomotiv Geiranger an seinem innersten Ausläufer und schließlich der Romsdalsfjord mit den jähen Felswänden und dem Trollstigen bei Åndalsnes.

Ganz anders die äußere Küste mit ihren windausgesetzten, felsigen Inseln mit ihren Fischerorten und den für Norwegen großen und historisch wichtigen Städten Stavanger, Bergen und Ålesund.

🎫 Regionale Fremdenverkehrsämter:
♦ Stavanger bis Haugesund: **Rogaland Reiseliv**, Øvre Holmegate 24, 4006 Stavanger, ☎ 51895003, FAX 51895001.
♦ Hardangerfjord und Bergen: **Hordaland og Bergen Reiselivsråd**, Slottsgate 1, 5003 Bergen, ☎ 55316600, FAX 55315208.
♦ Sognefjord und Nordfjord: **Sogn og Fjordane Reiselivsråd**, Parkvegen 3, Postboks 299, 5801 Sogndal, ☎ 57672300, FAX 57672806.
♦ Storfjord bis Kristiansund: **Møre og Romsdal Reiselivsråd**, Postboks 467, 6501 Kristiansund, ☎ 71673977, FAX 71670070.

Stavanger ca. 100.000 Ew.
🚄 Internationaler Flughafen Sola (wegen Ölindustrie vor allem nach England, Kopenhagen, Amsterdam) mit nationalen Flügen: Oslo, Bergen, Trondheim, Kristiansand u.a., Flughafenbus.
🚐 Oslo.
🚌 Linienbusse: Dänemark, Hamburg, Oslo, Bergen u.a.
🚢 Newcastle, außerhalb des Sommers auch Hanstholm (Dänemark).
🎫 Stavanger Reiselivslag, Postboks 11, 4001 Stavanger, ☎ 51896600, FAX 51896602.

Im vermutlich ältesten westnorwegischen Siedlungsraum gelegen (Funde bis ca. 4.000 v.Chr.), wird Stavanger ungeachtet seiner ca. 800jährigen Stadtgeschichte und führenden Rolle (1125 Dombaubeginn, 1125 bis 1682 Bischofssitz) sowie vieler erhaltener alter Holzhäuser heute vor allem als das "Dallas Norwegens" bezeichnet. Mit der Öffnung des Ekofisk-Ölfeldes 1969 in der Nordsee erlebte die Stadt als natürlicher Stützpunkt der Ölindustrie einen Boom, der sie angesichts der hohen Erträge und Löhne der Ölindustrie bei gleichzeitigem Wohnungs- und Baulandmangel zur teuersten Stadt Norwegens machte und riesige Industrieanlagen, Werften und moderne Bürokomplexe zwischen alter Bebauung im Stadtkern entstehen ließ. Nirgendwo sonst in Norwegen ist der Ausländeranteil (13%) annähernd ähnlich hoch. Noch immer hält sich der am Öl hängende Wohlstand, wobei allerdings eine schrittweise Verlagerung in nördlichere Städte erwartet werden muß, je weiter die Gewinnung von Öl und Gas in der Nordsee weiter nach Norden wandert. Komplette Infrastruktur einer modernen größeren Stadt vorhanden.

Sehenswertes
Gamle Stavanger (Altstavanger) westlich des alten Hafens Vågen (heute Gästehafen

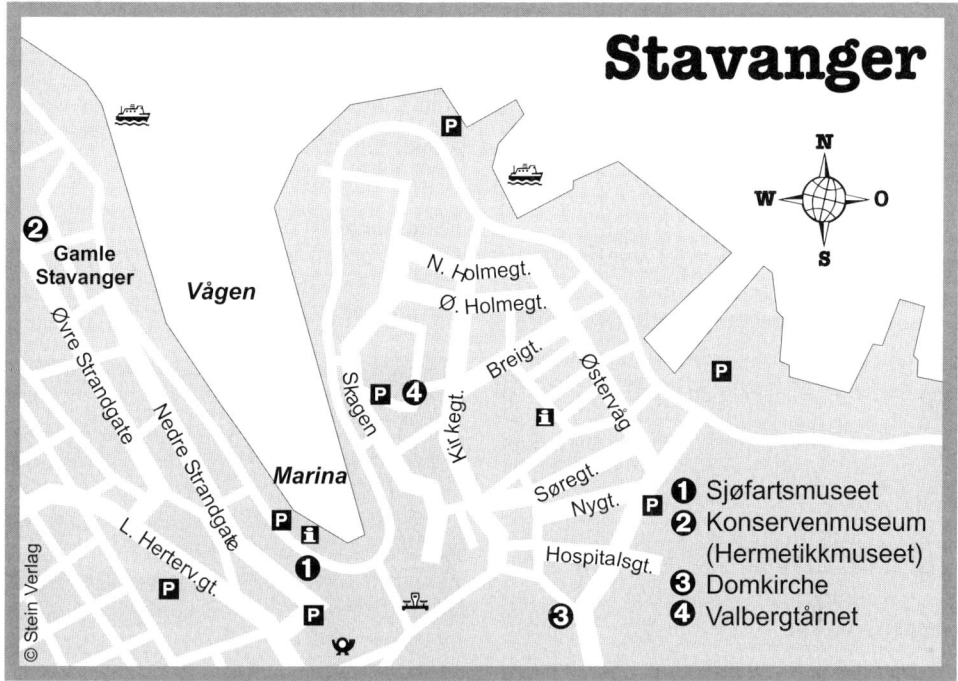

mit Segelbooten und Yachten) hat ca. 150 denkmalgeschützte Holzhäuser ab dem späten 18. Jh. bis heute herübergerettet - Nordeuropas größtes derartiges Ensemble mit gemütlicher Atmosphäre.

⌘ Ebenfalls in der Altstadt: **Sjøfartsmuseet ❶**, Seefahrtsmuseum - Anschauliches zu den letzten 200 Jahren bis zum Nordseeöl.

♦ Nedre Strandgate 17-19. Ganzjährig So 🕐 11:00 bis 16:00, im Sommer täglich 11:00 bis 16:00.

⌘ Das **Konservenmuseum (Hermetikkmuseet) ❷** erinnert an Stavangers Zeit als Zentrum der Fischverarbeitung in der ersten Hälfte des 20. Jh.

✝ Am südlichen Altstadtrand steht die **Domkirche ❸** (ab 1125, neben dem Nida-

ros-Dom Trondheims Norwegens bedeutendste mittelalterliche Steinkirche).

🏢 Sehr guter Überblick vom früheren Brandwachenturm **Valbergtårnet ❹** im heutigen Stadtzentrum mit einem Kunsthandwerkszentrum (Brukskunstsenteret) im Erdgeschoß.

♦ 🕐 10:00 bis 16:00, Do bis 18:00, So bis 14:00.

Exkursionen

5 km südlich liegt **Ullandshaug** mit Gräbern aus der Bronze- und Wikingerzeit, Resten eines steinzeitlichen Anwesens und einem rekonstruierten eisenzeitlichen Bauernhof (ca. 350 bis 550 n.Chr., Vorführungen zum damaligen Leben. Mai bis Mitte September So 🕐 12:00 bis 17:00, Mitte Juni bis Ende August täglich) in der Nachbarschaft des Botanischen Gartens

und eines Aussichtsturmes mit hervorragendem Blick über das flache Jæren nach Süden, das nördliche Stavanger und die Inselwelt sowie das Hinterland.

Auto-Exkursion ins Sirdal und über die spektakulären Serpentinen der Paßstraße hinüber nach ☞ **Lysebotn** im Lysefjord.

Lysebotn (Boknafjord/Lysefjord)

Das Hauptinteresse gilt hier nicht dem winzigen Ort Lysebotn (einige Souvenirläden) am Fjordende, sondern dem schmalen, 42 km langen Fjordarm selbst - bis ca. 400 m tief, die seitlichen Bergwände sich bis 900 m Höhe auftürmend - und dem Norwegens wohl extremsten Felsgebilde **Preikestolen** (die Kanzel): seine völlig ebene Felsplattform ragt senkrecht abstürzend in 600 m Höhe über den Fjord hinaus (in zweistündiger Wanderung oder auf Pferden von der Straße an der Preikesto-

len-Hütte (Zufahrt ab Jøssang) aus ersteigbar, keine Kletter-, aber Bergerfahrung nötig, pro Jahr ca. 60.000 Besucher), auch vom Schiffsdeck von unten mit den winzigen Gestalten auf dem Felsen ein spektakulärer Anblick.

Exkursionen

Von Lysebotn spektakuläre Paßstraße ins Sirdalen (Abstieg in mehreren engen Serpentinen), eventuell weiter nach Stavanger.

Norwegen: Bahnhof in Flåm

Sand (Boknafjord/Nedstrandsfjord/ Sandsfjord) ca. 1.200 Ew.

ℹ Suldal Reiselivslag, 4230 Sand,
☎ 52797284, FAX 52797197.

Wo die inneren Fjordarme Saudafjord und Hylsfjord sich zum Sandsfjord vereinen, hat sich Sand als kleiner Fähr- und Touristikort an der Mündung des durch seinen Lachsreichtum bekannten Flüßchens **Suldalslågen** entwickelt, der neben Anglern auch Wanderer vor allem durch die schöne Umgebung mit recht üppiger Vegetation und das weite Hochland anlockt. Reiche Engländer bauten sich schon vor 100 Jahren oberhalb von Sand ihre Sommersitze für Anglerferien.

Sehenswertes

⌂ Am nur 4 m hohen Wasserfall **Sandfossen** nahe am Anleger wurde ein Beobachtungsstand mit Glasfenstern erbaut.

Norwegen: Lysebotn

Norwegen: Preikestolen

Durch die Fenster kann man die Lachse gegen das stürzende Wasser aufsteigen sehen (im Sommer).

Exkursionen
Auto-Exkursion von Sand nach Sauda am Ufer des **Saudafjordes** entlang und über die spektakuläre Gebirgsstraße am hübschen Bergsee **Røldalsvatnet** vorbei zum **Hardangerfjord**.

Sauda (Boknafjord/Nedstrands-fjord/Sandsfjord/Saudafjord)
ca. 5.000 Ew. ♥ 🏦 ⚓

🅱 Sauda Turistkontor, Postboks 7, 4200 Sauda, ☎ 52783690, FAX 52782101.

Das schön am Fjordende gelegene Industriestädtchen mit stattlichen Holzhäusern lebt vor allem von seinem Schmelzwerk, daneben vom Tourismus.

Sehenswertes
Schauführung durchs **Zinkbergwerk**.

Exkursionen
Auto-Exkursion über die eindrucksvollkurvige Gebirgsstraße Hellandsbygd am hübschen Bergsee **Røldalsvatnet** vorbei zum **Hardangerfjord**.

Rosendal (Kvindherredsfjord (Äußerer Hardangerfjord))
ca. 500 Ew. ♥ 🏦 🧑 ⚓

🚢 Expreßfähre Bergen, Leirvik. Lokalfähre vom nahen Løfallstrand nach Gjermundhavn.

🅱 Kvinnherad Reiselivslag, 5470 Rosendal, ☎ 53481328, FAX 53481950.

1665 von der Bergener Familie Rosenkrantz an diesem vorher unbesiedelten, wunderhübschen Platz mit Fjordpanorama

191

errichtet, ist das schlichte **Baronie-Schlöß-chen Rosendal** (Renaissance) einer der wenigen norwegischen einstigen Adelssitze. Kunstbegeisterte Erben gestalteten ihn ab dem 19. Jh. zu einem Zentrum der Künste (Malerei, Konzerte). Dazu entwickelte sich der heute nahezu ausschließlich vom Tourismus lebende nette kleine Ort.

Sehenswertes
An erster Stelle die **Baronie** selbst, schöne alte Bibliothek, Kunstsammlung u.a. im Weinkeller, Gartenstube für Erfrischungen, hübsche Parkanlage mit Rosengarten.

♦ Mai bis Mitte September 🕐 10:00 bis 17:00.

✟ **Kvinnherad Kyrkje**, romanisch/gotische Steinkirche, 13. Jh., geschmückte Sarkophage der Baronfamilie.

♦ Mitte Juni bis August 🕐 12:00 bis 17:00.

⌘ **Schiffsbaumuseum** in der Werft.

♦ Mai bis August Mo bis Sa 🕐 11:00 bis 17:00, So 13:00 bis 17:00.

Wanderungen in der ruhigen Ortsumgebung. **Rosendal-Musikfestival** (Ende Mai).

Exkursionen
Pferdekutschfahrten oder Ausritte. 25minütiger Rundflug mit Wasserflugzeug, bis vier Passagiere.

Jondal (Hardangerfjord)
ca. 1.300 Ew. 🌱 [BANK]
🛈 Jondal Turistkontor, 5627 Jondal, ☎ 55468531 (nur im Sommer).

In der Umgebung des kleinen, hübsch am Hang aufsteigenden Jondal zeigt sich bereits die typische Landschaft des Har-

dangerfjordes, der weniger durch jäh aufsteigende Felswände, sondern durch die liebliche Komposition von Gebirge bis hinauf zum weiß herableuchtenden Folgefonn-Gletscher, -fjord und üppiger Vegetation in den geschützten Hanglagen zu beiden Seiten geprägt ist - berühmt ist die Kirschblüte (nebst anderen Obstbäumen) im Mai und Juni. Jondal hat sich in den letzten Jahren zum Stützpunkt von Sommerskiläufern oben auf den ewigen Schneefeldern des Folgefonn-Gletschers entwickelt.

Sehenswertes
Neben seiner hübschen Umgebung bietet Jondal den einstigen **Amtmannshof Viketunet** (lebendiger Einblick in einen großen Bauernhof des 19. Jh., Gebäude bis 1611 zurückgehend).

Exkursionen
Auto-Fahrt hinauf zum **Folgefonn-Gletscher** mit Blick über Gebirge und Fjord. Auto-Fahrt am Ufer des Hardangerfjordes entlang, z.B. über **Herand** (85 bronzezeitliche Felsritzungen, 3.500 Jahre alt) und **Utne** (berühmtes klassisches Hotel von 1722, Hardanger Folkemuseet (Freilichtmuseum)) nach Eidfjord oder Ulvik.

Ulvik (Hardangerfjord/Eidfjord/ Osafjord/Ulvikfjord)
ca. 1.500 Ew. 🌱 [BANK] 🏛
🚌 Linienbusse: Voss an der Bergenbahn, Osa, Granvin.
🛈 Ulvik Reiselivslag, 5730 Ulvik, ☎ 56526360, [FAX] 56526623 (nur im Sommer).

Typischer Ort des Hardangerfjords, zwischen Obstgärten gelegen, darüber die erst bewaldeten und dann in Felsen übergehenden Berghänge. Romantisch versteckt am Ende des kleinen Ulvikfjords, der mit dem Geirangerfjord hinsichtlich seiner Reize oft in einem Zuge genannt wird. Der Ort lebt weitgehend vom Tourismus. Markantes Wahrzeichen ist die weiße Kirche (1858).

Exkursionen
Auto-Fahrt hinauf aufs **Osafjellet** (1.250 m), vom kargen Hochland aus weiter Blick, insbesondere auf die nahe große Gletscherkuppe des Hardangerjøkulen.

Fahrt zum benachbarten **Osafjord**, der noch schmaler und von steileren Flanken eingefaßt ist, am Ende der winzige Ort **Osa** (klcine Galerie Hjadlane).

🛩 **Rundflug** ab Ulvik mit Wasserflugzeug (ca. ½ Stunde) über Fjord und Fjell.

Kombinierte Auto- und Eisenbahn-Exkursion nach Voss, von dort mit der Bergenbahn über karges Hochland um den Hardangerjøkulen herum und mit Bus am Vøringsfossen vorbei nach ☞ Eidfjord.

Eidfjord (Hardangerfjord/Eidfjord)
ca. 1.000 Ew. ✆ BANK ⚓

🚌 Linienbusse.

ℹ️ Eidfjord Reiselivslag, 5783 Eidfjord, ☎ 53665177, FAX 53665297.

Mit seinen imposant steil aufsteigenden Ufern ist der Eidfjord eher untypisch für den Hardangerfjord, auf alle Fälle aber lohnend. Die Landschaft ist die größte Attraktion des Ortes am Fjordende, der vor allem wegen des gewaltigen **Vøringfossen** (181 m Fallhöhe mit beachtlichen Wassermassen, sofern diese nicht teilweise für das benachbarte Kraftwerk abgezweigt werden) besucht wird.

Sehenswertes
✝ **Alte Kirche** (1309), **neue Kirche** (1981).

☺ Das neue **Hardangervidda Natursenter** außerhalb des oberen Ortsteils, ver-

mittelt sehr anschaulich Wissenswertes über die Natur des umgebenden Hochlandes der Hardangervidda, den Hardangerfjord und die Kultur Westnorwegens (🕐 Juni bis August).

Der **Vøringfossen** ist wohl der imposanteste von Norwegens Wasserfällen.

Von der Vøringfoss Cafeteria aus: eine Fahrt mit dem **"Trolltoget"** (Trollzug, traktorgezogen langsam auf der alten Straße im Måbødalen durch wilde Berglandschaft).

Führung durch die riesigen unterirdischen Anlagen des **Sima-Wasserkraftwerkes** (🕐 Mitte Juni bis Mitte August).

Exkursionen
Kombinierte Auto- und Eisenbahntour über die Hardangervidda nach ☞ Ulvik. Auto-Exkursion über Utne nach ☞ Jondal.

🛩 **Rundflug** über Fjord, Wasserfall und Fjäll mit Wasserflugzeug.

Bergen ca. 220.000 Ew. ✆ BANK ✚ ♠ 🏛

✈ Bergens Flughafen bietet etliche internationale Verbindungen und im Inland Verbindungen zu fast allen größeren norwegischen Flughäfen.

⛴ Nach Newcastle mit der Color Line, Dänemark, Island und Färöern. Katamaran-Expreßfähren nach Stavanger, Hardangerfjord und Sognefjord. Hurtigruten nach Kirkenes.

🚂 Oslo (spektakuläre Strecke, entsprechend beliebt bei Gästen u.a. der Hurtigruten, die in Bergen derzeit beginnt und endet).

🚌 Linienbusse (Bystasjonen, Strømgate 8): Oslo, Stavanger, Ålesund, Trondheim u.a.

ℹ️ Bergen Reiselivslag, Postboks 4055 Dreggen, 5023 Bergen, ☎ 55313860, FAX 55315682.

Wann die erste Siedlung an dieser günstigen Stelle entstand, ist unklar. Auf alle Fälle lange vor der offiziellen Gründung Bergens 1070, und auch der hiesige Handel mit Trockenfisch ist älter als die Stadt, die durch ihren Handel bedeutend und reich wurde. Bergens Glanzperiode war die Zeit der deutschen Hanse, die sich hier ab 1343 mit eigenen Kontoren für über 300 Jahre etablierte und bald nicht nur die Stadt, sondern auch den Handel weitgehend beherrschte - von Interesse waren aus Nordnorwegen stammender Stockfisch und Holz aus den Wäldern Mittelnorwegens. Daß der Wohlstand der Kaufleute und der Stadt teilweise auf festgeschriebenen Monopolen beruhte, die einheimische Konkurrenz verboten und die Entwicklung des übrigen Landes hemmten, war die Kehrseite, die nicht gerade zur Beliebtheit der deutschen Kaufleute beitrug.

Symbol der hanseatischen Vergangenheit ist die **Brygge** (bis zum Zweiten Weltkrieg: Tyske Brygge (Deutsche Brücke) genannt) mit den Hansehäusern, die nach einem Stadtbrand 1702 zwar neu, jedoch nach den zerstörten Vorgängergebäuden rekonstruiert wurden und so einen Eindruck von der mittelalterlichen Bebauung liefern.

Die Stadt Bergen blieb bis zum Anfang des 20. Jh. auf den relativ engen Raum der Halbinsel Nordnes begrenzt - daher finden sich praktisch alle historisch interessanten Gebäude fußgängerfreundlich nahe beieinander, andererseits ist die Verkehrs- und Parksituation in der Innenstadt um so schwieriger. Erst nach dem Start der Bergenbahn (1909) und mit fortschreitender Industrialisierung wuchs die Stadt dann rasch an, erreichte mit Eingemeindungen die heutige Einwohnerzahl und Fläche, wuchs mit Villenvierteln die umgebenden Berghänge hinauf und mit Vororten und Pendlergemeinden auf die vorgelagerten

Inseln hinaus. An der Wirtschaftsstruktur der Stadt hat die Ölindustrie mittlerweile einen wichtigen Anteil. Das Leben der Stadt wird im übrigen auch von der Universität mitgeprägt (10.000 Studenten). Vollständige Infrastruktur einer modernen Großstadt vorhanden.

Sehenswertes

Die meisten Passagierschiffe legen nahe der **Bergenhus-Festung ❶** an, von wo aus das historische Zentrum leicht erreichbar ist. Zur Festung gehören die nach einer Explosion im Krieg 1961 wiederaufgebaute **Håkonshalle ❶**, norwegisches Nationaldenkmal, Sitz der norwegischen Könige Håkon IV. und Håkon V. im 13. Jh., und der **Rosenkrantz-Turm ❶**, 1560 auf älteren Fundamenten erbaut, schöner Blick auf die Stadt.

♦　**Håkonshalle:** 🗓 12:00 bis 15:00, Mai bis September 10:00 bis 16:00, Do bis 18:00, **Rosenkrantz-Turm:** 🗓 10:00 bis 16:00.

⌘　Das **Bryggen Museet ❷** zeigt die hier gemachten ältesten städtischen Funde aus vorhanseatischer Zeit (12. Jh.).

♦　🗓 10:00 bis 17:00.

✝　**Mariakirken ❷**, 12. Jh., romanisch, später Kirche der Hanseaten, von diesen reich ausgestattet.

Schøtstuene ❷, einziges beheiztes Gebäude der Bryggen in der Hansezeit, Gemeinschaftsküche und Treffpunkt der Hanseaten.

♦　🗓 10:00 bis 16:00.

Bryggen ist Unesco-Weltkulturerbe: geschlossenes Ensemble von 280 Holzgebäuden am Hafen, nach Brand 1702 nach

Vorbild der zerstörten Vorgänger neu errichtet, durch schmale Gäßchen und
Durchfahrten getrennt, ehemals Kombination aus Wohn-, Kontor- und Speicherge-
bäuden, heute Läden, Kunsthandwerk,
Vereinslokale etc. mit entsprechend bun-
tem Leben.

⌘ Das **Hanseatische Museum** ❸ liegt
im vom heutigen Stadtzentrum her ersten
Hansehaus der Bryggen und gibt ein rea-
listisches Bild vom früheren Leben der
Bryggen.

◆ September bis Mai 🕐 11:00 bis 14:00,
sonst 9:00 bis 17:00.

Am Kai hat der größte norwegische
Segler, die **"Statsraad Lehmkuhl"**, ihren
Heimat-Liegeplatz. Landeinwärts folgt hinter Bryggen das heutige Stadtzentrum mit
einer Reihe schöner älterer Gebäude.

🐟 Auf dem Torget (Marktplatz) ist vor-
mittags **Fischmarkt** mit bunten Motiven.

⌘ Originell ist das **Lepramuseum** ❹
(der Bergenser Hansen entdeckte das Bak-
terium 1873), im Museum findet man
Interessantes zum früheren Umgang mit
der Krankheit und den Kranken.

◆ Kong Oscarsgate 59. 🕐 Mitte Mai bis
Mitte August.

🦭 Ganz draußen auf der Landspitze
südlich des Hafenbeckens Vågen liegt - mit
schönem Blick auf Festung und Bryggen -
das **Aquarium** (eines der größten Nordeuropas, davor Gehege und offene Becken
für Robben und Seevögel).

Bergen verfügt außerdem über mehrere beachtliche **Kunstsammlungen**. Zwei
Fußgängerzonen (Strandgate und Marken)

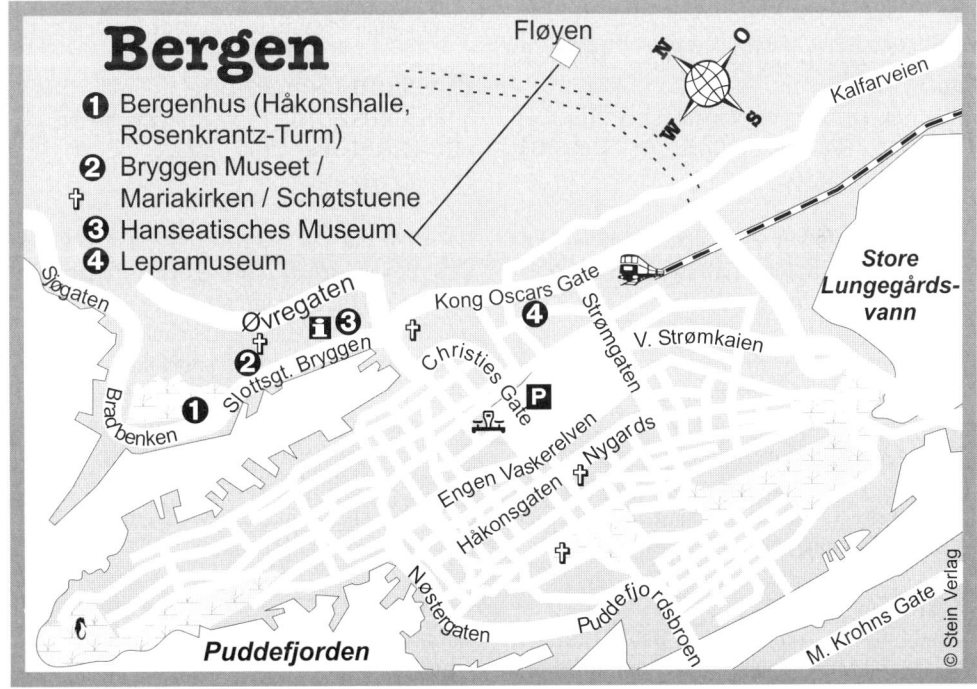

sowie die breite Vielfalt der Geschäfte im Stadtzentrum locken zum Shopping.

Exkursionen

🏠 Sehr lohnend ist bei halbwegs gutem Wetter die Besteigung des nächsten **Hausberges Fløyen** (320 m hoch, schicke Wohnviertel ziehen am steilen Hang bis fast auf die Höhe hinauf) - zu Fuß zwischen den hübschen Häusern im Grünen oder bequem mit der Zahnradbahn (ab Øvregate, 150 m vom Torget) zu erreichen, oben schöner Blick über das zwischen den sieben Bergen eingezwängte Stadtzentrum und den Hafen.

Fahrt mit der **Bergenbahn** erst durchs Fjordland und dann auf die karge Hochebene der Hardangervidda bis 1.222 m Höhe bei Finse - ein imposantes Natur- und Landschaftserlebnis, noch steigerbar durch einen Abstecher von Myrdal mit der Flåmbahn hinab nach ☞ Flåm im Aurlandsfjord des Sognefjordes.

Vik (Sognefjord) ca. 1.500 Ew. ♀ BANK ⚖

🚌 Linienbus.

🏛 Vik og Vangnes Reiselivslag, Postboks 213, 5860 Vik i Sogn, ☎ 57695686, FAX 57695800.

Ehemals wichtiger Holzhandelshafen, heute eher verschlafen. Größte Käserei Norwegens (*gammelost*).

Sehenswertes

Einige alte Bauernkaten, bis 200 Jahre alt.

✝ Alte **Steinkirche** (1180) von Hove (2,5 km vom Stadtzentrum). **Hopperstad Stabkirche** (1130, mit einem der wenigen erhaltenen Renaissance-Altäre).

Exkursion

Kombinierte Auto- und Bahnexkursion durchs Gebirge nach Voss, von dort mit der Bergenbahn und Flåmbahn hinab nach ☞ Flåm.

Balestrand (Sognefjord) ca. 800 Ew.

🚢 🚌 Fähren (Fährort: Dragsvik): Bergen, Flåm, Årdalstangen, Vangsnes, Linienbusse.

🏛 Balestrand og Fjærland Reiselivslag, Postboks 53, 5850 Balestrand, ☎ 57691255, FAX 57691431.

Schöner und traditioneller Fremdenverkehrsort (schon Kaiser Wilhelm II. machte hier Urlaub), dessen Ausgangspunkt das historische Kvikne's Hotel ist. Schöne alte Villen, imitierte Stabkirche von 1897. Besonders hübsch zur Obstbaumblüte im Frühling vor der Berg- und Gletscherkulisse und farbenprächtige Sonnenuntergänge. Beliebter Ort für einige Künstler.

Sehenswertes

⌘ Bummel durch den Ort, **Fremdenverkehrsmuseum** mit Erinnerung an Tourismus anno dazumal, ein paar Galerien.

Fjærland (Sognefjord/ Fjærlandsfjord) ca. 500 Ew. ♀ BANK ⚖

🚌 Linienbusse: Oslo, Førde.

🏛 ☞ Balestrand.

Bis 1986 nur per Schiff erreichbar, hat das Dorf seinen sehr ursprünglichen Charakter bewahrt. Hinzu kommt die Nähe zu den beiden vom Jostedals-Gletscher an den Fjord hinabreichenden, spektakulär steilen Gletscherzungen. Fjærland läßt sich dank der neuen Straßenverbindungen nach Sogndal und Skei (Richtung Førde oder Olden/ Stryn (Nordfjord), Tunnel unter dem Jostedals-Gletscher) nun auch in eine größere Auto-Exkursion einbauen.

Sehenswertes

Bummel durch den wenig verbauten hübschen Ort.

196

⌘ **Bremuseet**, norwegisches Gletschermuseum, veranschaulicht sehr gut Entstehen und Phänomene der Gletscher, ihre Wirkung und Klimazusammenhänge.

◆ April bis Oktober täglich ⏰ 10:00 bis 16:00, Juni bis August 9:00 bis 19:00.

Exkursionen

Auto-Exkursionen (oder längere Wanderungen) zu den steil zum Fjord hinabziehenden Gletscherzungen **Bøya-Gletscher** und **Suphelle-Gletscher**.

Gudvangen (Sognefjord/Aurlandsfjord/Nærøyfjord)

⛴ 🚌 Fähre: Aurland, Revsnes, Kaupanger, Bergen, Linienbus: Eide-Bergen.

Der Nærøyfjord mit teilweise nur 250 m Breite, aber bis zu 1.700 m hohen Seiten ist der engste und extremste Fjord überhaupt. Gudvangen selbst ist hübsch gelegen, ohne spezielle Sehenswürdigkeiten außer dem **Gudvangen Fjordtell** mit seinem vollständig verglasten Restaurant, eignet sich jedoch als Ausgangspunkt für interessante Exkursionen.

Exkursionen

Auto-Exkursion hinauf nach Stalheim (herrlicher Blick aufs Nærøytal, imposanter Stalheimfall (126 m Fallhöhe) in die Stalheimklamm, kleines Freilichtmuseum), Fortsetzung über Vinje nach ☞ Vik möglich. Auto-Exkursion durch zwei große Tunnel (11,4 km (Nordeuropas längster Straßentunnel) und 5 km) mit Abstecher zur winzigen Stabkirche von Undredal und nach ☞ Flåm.

Flåm (Sognefjord/Aurlandsfjord)

[BANK] 🚞

🚞 ⛴ Flåmbahn mit Anschlüssen in Myrdal nach Bergen und Oslo, Fähren: Bergen, Årdalstangen, Aurland, Gudvangen.

🚞 Der winzige Ort ist hübsch, wird aber trotz seiner technischen Attraktion wenig beachtet: Die **Flåmbahn** überwindet auf 20 km Strecke 865 Höhenmeter und ist damit Europas steilste Eisenbahnstrecke mit normalem Gleis (ohne Zahnrad o.ä.), wobei sie den Talschluß sogar in mehreren Tunnelschleifen überwinden muß, um nach 45 Minuten die Station Myrdal an der Bergenbahn zu erreichen - unterwegs spektakuläre Ausblicke zwischen den Tunnel hinab ins Tal oder zwischen zwei Tunnel auf einer Brücke über einen Wasserfall.

Exkursionen

🚞 Fahrt mit der **Flåmbahn** nach Myrdal und zurück (im Sommer: zehnmal täglich).

⛪ Auto-Exkursion zur **Undredal Stabkirche** von 1147, angeblich Skandinaviens kleinste Kirche, interessanter Bau.

Auto-Exkursion durch Nordeuropas längsten Straßentunnel (11,4 km) nach ☞ **Gudvangen** und zur Stalheimsklamm mit dem Stalheimsfall. Auto-Exkursion über Aurland und die kleine imposante Paßstraße nach ☞ **Lærdal**.

Lærdal (Sognefjord/Lærdalsfjord)

ca. 2.300 Ew. 🦪 [BANK] 🏛 ✚ 🚉

🚌 Buslinien nach Oslo, Revsnes (Fähranleger am Sognefjord), Førde, Lillehammer, Bergen, Aurland.

ℹ Turistkontor Lærdalsøyri (⏰ Juni bis August), 5890 Lærdal, ☎ 57666222, [FAX] 57666682.

Der kleine Lærdalsfjord ist nicht sonderlich spektakulär, jedoch kulturhistorisch interessant. Lærdal, dessen historischer Kern Lærdalsøyri durch ca. 160 hervorragend erhaltene, denkmalgeschützte Holzhäuser vorwiegend aus dem 17. Jh. besticht, war einst ein wichtiger regionaler

Handelshafen, ist heute jedoch eher auf Tourismus und die Verarbeitung von Landwirtschaftsprodukten ausgerichtet. Viele Gärten bis ins Zentrum und das milde Klima des Fjordinneren sorgen für viel Grün.

Sehenswertes
Architektonisch lohnender **Bummel durch das alte Ortszentrum** mit seinen Holzhäusern verschiedener Epochen.

Seit 1996: Das **Norwegische Wildlachszentrum** am Ufer des lachsreichen Flusses mit Informationen rund um den Lachs und Restaurant.

Exkursionen
✞ Auto-Exkursion zur **Stabkirche von Borgund**, ca. 1150, bestes Exemplar Norwegens, da baulich nie wesentlich verändert, reich gegliedert, hübsch gelegen. Alte Schnitzereien (Drachenköpfe im Giebel), Kanzel und Altar vom 16. bzw. 17. Jh. Liegt ca. 30 km landeinwärts östlich von Lærdalsøyri (Weiterfahrt möglich über den Tyinsee nach Øvre Årdal).

Sehr reizvolle Auto-Exkursion übers Gebirge auf kleiner Paßstraße nach **Aurland**.

Årdal (Sognefjord/Årdalsfjord)
ca. 3.500 Ew. ♥ BANK ⚑

🚌⛴ Linienbus Richtung Oslo, Fähren nach Kaupanger.

🅸 Årdal Reiselivslag, 5875 Årdalstangen, ☎ 57661177, FAX 57661653.

Nicht wegen des hier ansässigen größten Aluminiumwerkes des Landes wird der Årdalsfjord mit Øvre Årdal als Industrieort und Årdalstangen als Verladehafen angesteuert, sondern wegen zwei sehr reizvollen Exkursionsmöglichkeiten, die im folgenden genannt werden.

Exkursionen
Eine kleine private Mautstraße führt wunderschön durchs **Hurrungane-Gebirge** nordwärts zum Bergörtchen **Turtagø** in Jotunheimen (von dort gegebenenfalls weiter zum Lusterfjord).

Noch beliebter ist die **Kutschfahrt im Utladalen** oberhalb von Øvre Årdal über Hjelle in Richtung des **Vettifossen** (letztes Stück zu Fuß), der gewaltige Wassermassen 275 m tief hinunterdonnern läßt.

Florø
ca. 10.000 Ew. ♥ BANK ✻ ⚑

🚢🚌⛴ Regionalflughafen, Fähre: Bergen-Nordfjord, Bus: Førde, Hurtigruten.

🅸 Vestkysten Reiseliv AS, Strandgata 30, 6900 Florø, ☎ 57747505, FAX 57747716.

Fischverarbeitungsindustrie, Werft, wichtiges Versorgungszentrum der Ölförderung. Einzige Stadt auf der Halbinsel Sogn og Fjordane, von zahlreichen Schären umgeben. Sehr beliebt als Tauchzentrum (Schiffswracks). Lebhaftes Städtchen mit viel Aktivität im Hafen.

Sehenswertes
⌘ **Kystmuseet i Sogn og Fjordane**, Viertelstunde Fußweg vom Stadtzentrum Richtung Flughafen: Freilichtmuseum, zusätzlich Anschauliches zu Fischerei und Seefahrt, alte Schiffe, sehenswerte Dokumentation über die Funktion einer Bohrinsel.

Måløy (Nordfjord)
ca. 2.000 Ew. ♥ BANK ✻ ⚑

🚌⛴ Linienbus: Stryn-Oslo, Schnellfähren nach Bergen und Florø, Hurtigruten.

🅸 Måløy Turist Informasjon, Postboks 77, 6700 Måløy, ☎ 57850850 (im Sommer), restliches Jahr: Kommune ☎ 57855735.

Zentrum der Fischindustrie an der Mündung des Nordfjords auf der bergigen Insel Vågsøy, mit dem Festland über eine

1.220 m lange und 42 m hohe Sundbrücke verbunden. Südlich des Ortes liegt der enge Skatestraumen mit beträchtlicher Gezeitenströmung.

Sehenswertes
⌘ Fischereimuseum, derzeit nicht zugänglich.

Nordfjordeid (Nordfjord/Eidfjord)

Günstig als Ausgangspunkt für Exkursionen wegen Zusammentreffens mehrerer touristisch reizvoller Straßenrouten. Der kleine, hübsch gelegene Ort am Fjordende hat im Zentrum einige Holzhäuser des 19. Jh.

Sehenswertes
⌘ Kleiner Bummel mit Blick auf die hübsche Umgebung. **Fjordane Forsvarsmuseet** (Verteidigungsmuseum).

Exkursionen
Per Auto um benachbarten **Hornindalsvatn** (Norwegens tiefster See (514 m), weiter nach Stryn und Olden (Brikdals-Gletscher) oder über Stryn und Dalsnibba nach **Geiranger**, eventuell von dort über Goldene Route (Trollstigen) bis **Åndalsnes**. Südwärts über Stryn oder Sandane nach **Fjærland** oder **Balestrand**, ☞ jeweilige Ortsbeschreibungen.

Sandane (Nordfjord/Gloppenfjord)

ca. 2.000 Ew. ♀ [BANK] ♨ ⚓

Am Ende des Gloppenfjordes. Teilweise als Ausgangs-/Endpunkt für Bus-Exkursionen genutzt.

Sehenswertes
↪ Das 1866 erbaute **Gloppen Hotel** gilt als eines der architektonisch schönsten Norwegens (Biedermeier-Stil).

⌘ **Nordfjord Folkemuseum**, Freilichtmuseum mit ca. 40 bis knapp 500 Jahre

schönen alten Bauernhäusern, historisches Segelschiff.

♦ Täglich ⎚ 11:00 bis 16:00.

Exkursion
⎙ Auto-Ausflug zum Panoramablick vom **Utsikten** ("Aussicht") direkt oberhalb des Ortes.

Stryn (Nordfjord/Innvikfjord)

ca. 1.200 Ew. ♀ [BANK] ⚓

🚌 Linienbusse: Ålesund, Bergen, Trondheim, Oslo u.a.

ℹ Reisemål Nordfjord AS, Reiselivshuset, 6880 Stryn, ☎ 57872333, [FAX] 57872371.

Hübsch gelegener kleiner Verwaltungs- und Tourismusort, unter Fischern wegen des lachsreichen Strynselv bekannt.

Sehenswertes
◉ Das **Jostedalsbreen Nasjonalparksenter** im oberen Ortsteil, 1994 eröffnet, ist ein hervorragendes naturkundliches Informationszentrum zu den norwegischen Nationalparks und speziell zu Gletscher- und Gebirgslandschaften.

♦ ⎚ nachmittags, mit 🚌.

Exkursion
Auto-Exkursion um das Fjordende nach ☞ Olden, von dort zum Brikdals-Gletscher.

Olden (Nordfjord/Innvikfjord)

ca. 600 Ew. ♀ [BANK] ♨ ⚓

ℹ Reisemål Nordfjord AS, Reiselivshuset, 6880 Stryn, ☎ 57872333, [FAX] 57872371.

Hauptsächlich touristisch geprägter kleiner moderner Ort. Bei einigen Seereisen auch als Anfangs-/Endpunkt von längeren Auto-Exkursionen genutzt (z.B. nach Geiranger oder gar Åndalsnes).

Sehenswertes

✝ Nette kleine **Kirche** (18. Jh.).

Etwas mehr als 20 km entfernt liegt als Hauptattraktion der bekannte **Brikdals-Gletscher**, der als steile, spaltenreiche Eiszunge von der hochgelegenen Eismasse des Jostedals-Gletscher ins Tal herabzieht - außerhalb Spitzbergens eine der einfachsten Möglichkeiten, einen eindrucksvollen Gletscher in Norwegen zu erleben. Annäherung per Auto oder Pferdewagen, die letzten 15 Minuten zu Fuß (oder Pferdewagen) bis an den Gletschersee, auf dem auch im Sommer bizarre Eisstücke treiben und jenseits dessen die Abbruchzone des Gletschers liegt - mit ein bißchen Glück erleben Sie eine Kalbung.

Torvik

Keine besonderen Sehenswürdigkeiten, lediglich Hurtigrutenanleger für die weit verstreute Ansiedlung.

Exkursionen

Teilweise (Hurtigruten) wird von hier ein Busausflug nach Geiranger angeboten. Bootsexkursionsmöglichkeit (Dauer: mehrere Stunden) zur berühmten **Vogelinsel Runde**.

Ålesund   ca. 36.000 Ew. ♥ [BANK] ♫ ✛ ⚓

🚢 ⛴ 🚌 Nationaler Flughafen: Vigra (15 km), mehrere regionale Fährlinien, Hurtigrutenanleger, Linienbusse.

🅸 Ålesund Turistkontor, Rådhuset, 6025 Ålesund, ☎ 70121202, [FAX] 70126606.

Der Stadtkern ist reizvoll über drei Inseln verteilt, die untereinander und mit dem Festland über zahlreiche Brücken verknüpft sind. Nach dem Brand von 1904 wurde er relativ einheitlich im Jugendstil neugebaut - u.a. mit finanzieller Unterstützung von Kaiser Wilhelm II. Allerdings sind etliche der Fassaden durch nachträgliche Eingriffe entstellt. Wohl wichtigster Fischereihafen des Landes (vor allem Hering, Dorsch), Fischverarbeitung.

Sehenswertes

Bei wenig Zeit auf alle Fälle **Bummel durch die Innenstadt** mit ihrer interessanten Mischung aus Meeresarmen und Jugendstilstadt - die Fußgängerzone wird oft als Norwegens schönste Einkaufsstraße bezeichnet.

☺ Apotekertorget (Blick auf Fischereihafen), Apotekergata (u.a. originale Einrichtung der Svaneapoteken (Hausnr. 16) vom Beginn des 19. Jh.), Viertel um Kirkegata und Øvregata mit Stadtkirche und einzelnen Holzhäusern aus der Zeit noch vor dem Brand.

🀣 Ersteigung des kleinen Aussichtsberges **Aksla** (189 m über dem Meer, 418 Stufen oder mit Auto, Ausflugslokal) direkt über dem Ortszentrum mit entsprechend schönem Panoramablick über Stadt und Inselwelt.

⌘ Das **Ålesund-Museum** ❶ (Stadtgeschichte, Seefahrt, arktische Abteilung) hat verschiedene Bezüge zu Spitzbergen (Ny Ålesund) und Grönland.

♦ Rasmus Rønnebergsgate 16, täglich 🕐 12:00 bis 15:00.

℃ **Ålesund Akvarium**, Meeresfauna vor der Westküste.

♦ Nedre Strandgata, täglich 🕐 10:00 bis nachmittags.

⌘ Außerhalb der Stadt gelegener Museumskomplex des **Sunnmøre Museum og Borgundkaupangen**, ein 1,2 km² großes Gelände mit einem Freilichtmuseum (ca. 50 Häuser).

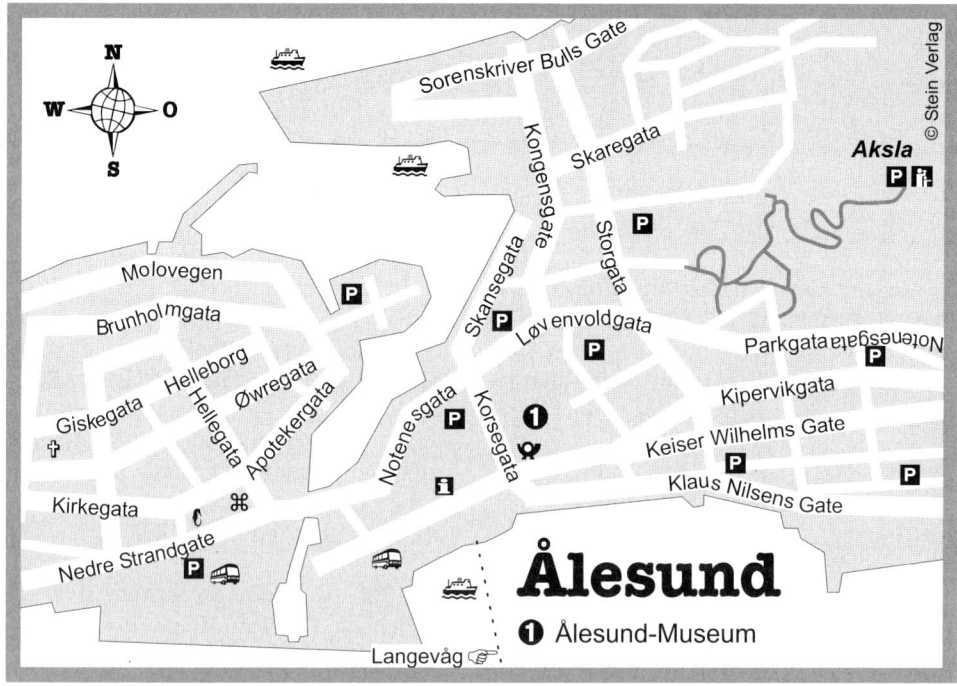

Ålesund

❶ Ålesund-Museum

Dort findet man eine Ausstellung zu Küstenkultur und Seefahrt mit mehreren Booten, ein Mittelaltermuseum und Interessantes zur Wikingerzeit.

♦ Ende Mai bis Mitte September täglich in den mittäglichen Stunden.

Halbtages-Bootsausflug zur **Vogelinsel Runde**.

Hellesylt
(Storfjord/Sunnylvenfjord)

ca. 300 Ew.

Bemerkenswert ist der mitten durch den vorwiegend vom Tourismus lebenden Ort herabstürzende Wasserfall **Hellesyltfossen**.

Der Ort wird ebenfalls wegen der interessanten Möglichkeiten für Bus-Exkursionen gern angelaufen. Wichtiger regionaler Fähranleger.

Sehenswertes

Hellesyltfossen, historisches Grand-Hotel ganz aus Holz.

Exkursionen

Lohnende Bustour übers Hochland oberhalb des Sunnylvenfjordes zum nördlicheren Fährort **Stranda**, über den Fjord nach **Liabygda** und am Ufer des Norddalsfjordes schließlich zur Fähre Linge-Eidsdal und über die Adlerstraße nach ☞ **Geiranger**.

Bustour von Hellesylt südwestwärts durchs Gebirge zum 514 m tiefen Bergsee **Hornindalsvatn** (Europas tiefster See) und hinab nach ☞ Stryn oder Olden am Utfjord bzw. von Stryn aus weiter (ist nur mit kleineren Fahrzeugen möglich) ostwärts ins Gebirge und dann über den Dalsnibba (☞ Geiranger) schließlich nach Geiranger.

Geiranger/Maråk (Storfjord/ Geirangerfjord) ca. 300 Ew. ♥ ᴮᴬᴺᴷ 🜨 ⚓

🚢 🚐 Fähre nach Hellesylt, Linienbusse im Sommer: bis Åndalsnes via Goldene Route (Trollstigen), Ålesund via Ørne-veien.

ℹ️ Geiranger og Stranda Reiselivslag, 6200 Stranda, ☎ 70260044, ᶠᴬˣ 70260714.

Norwegens **berühmtester Fjordblick** und häufigst angelaufenes Kreuzfahrtziel in den inneren Fjorden Westnorwegens - oft liegen hier mehrere Kreuzfahrtschiffe gleichzeitig und über den Sommer wird der Fjord von gut 100 Kreuzfahrten angesteuert. Mehrere schöne, in den Fjord hinabstürzende Wasserfälle, insbesondere kurz vor Geiranger **Syv Søstre** (Sieben Schwestern) und **Brudesløret** (Brautschleier).

Der winzige Ort selbst besteht weitgehend aus Tourismusdienstleistungseinrichtungen und Hotels mit insgesamt rund 3.000 Betten. Geiranger bedeutet oft Massentourismus, aber die phantastische Szenerie entschädigt und sobald man den Ort verläßt, wird dieser rasch winzig gegenüber der gewaltigen Fjordlandschaft.

Exkursionen

🎦 An erster Stelle stehen hier - gerade für Seereisende - Exkursionen, die in die Höhe führen und atemberaubende Blicke hinab in den Geirangerfjord (und eventuell seine Nachbarn) und auf das wilde umliegende Gebirge eröffnen.

Auto-Exkursionen sind bis hinauf zum **Dalsnibba** mit rund 1.490 m Höhe über dem Meer möglich - das Panorama ist phantastisch (bei entsprechendem Wetter sehr empfehlenswert). Auf dem Weg passiert man auch **Flydalsjuvet**, von wo aus eines der bekanntesten Kalendermotive des Fjordes "nachgeschossen" werden kann.

Eine weitere Exkursionsroute führt über die **Adlerstraße** (*ørnevegen*) nordwärts in Serpentinen hinauf (Blick zurück

aus den obersten Serpentinen genießen!) und hinüber auf dieser "Goldene Route" genannten Aussichtsstraße hinab nach Eidsdal am Nordalsfjord, jenseits nach der Fähre wieder hinauf und schließlich über den berühmten **Trollstigen** hinab ins untere Romsdalen und nach Åndalsnes.

🏃 Eine Alternative zu diesen schönen und bequemen, aber stark frequentierten Bus-Exkursionen sind **Wanderungen auf alten Landwirtschaftspfaden** hinauf zu einem der im steilen Hang klebenden Bergbauernhöfe - da ist Ruhe und Ursprünglichkeit ebenso garantiert wie schöne Ausblicke, erforderlich sind aber etwas Wandererfahrung, entsprechendes Schuhwerk und ein paar Stunden Zeit.

🛩️ 🚁 In Geiranger besteht auch die Möglichkeit für **Rundflüge im Wasserflugzeug** bzw. per **Helikopter** über Fjorde, Gebirge und Gletscher - wichtig: vorbuchen!

♦ 🛩️ Firda Fly, ☎ 57865388, ab ca. NOK 250 pro Person, 🚁 Mørefly, ☎ 70183500, fünf Passagiere.

Molde (Romsdalsfjord)
ca. 21.000 Ew. ♥ ᴮᴬᴺᴷ 🜨 ⚓

✈️ 🚐 🚢 Regionalflughafen, Linienbusse: Kristiansund, Ålesund, Fähren: Vikebukt, Ålesund, Hurtigruten.

ℹ️ Atlantic Safari - Molde, Postboks 484, 6401 Molde, ☎ 71219200, ᶠᴬˣ 71254918.

Mildes Klima durch geschützte Lage am Eingang des Romsdalsfjords vor Bergpanorama mit angeblich 87 Gipfeln. Bekannt zu Recht durch das internationale Jazzfestival Ende Juli, die Bezeichnung "Stadt der Rosen" ist hingegen leicht übertrieben, doch gedeihen hier viele Pflanzen überraschend gut.

Sehenswertes

✝ Stadtbummel mit Besuch der modernen Domkirche (1957 erbaut).

🏠 Lohnender Panoramablick über Stadt und Umland vom nahen Aussichtsberg **Varden** (407 m Höhe).

⌘ **Romsdalsmuseet**, großes Freilichtmuseum. Nur per Boot (stündlich, 10 Minuten Fahrt) ist das **Fiskerimuseet** auf der vorgelagerten Hjertøya zu erreichen.

♦ **Romsdalsmuseet**: 1.6. bis 31.8. Mo bis Sa 🕐 10:00 bis 14:00, So 12:00 bis 15:00, 16.6. bis 15.8. täglich bis 18:00.

♦ **Fiskerimuseet**: Mitte Mai bis Mitte August täglich 🕐 nachmittags.

Busausflug auf dem **Atlanterhavsveien** (Atlantikstraße), der über zahllose Brücken, Dämme und Inselchen spektakulär Molde mit Kristiansund verbindet.

Åndalsnes (Romsdalsfjord)

ca. 3.000 Ew. ♥ BANK 🏃 🚂

🚂 🚌 Eisenbahnlinie über Dombås nach Oslo oder Trondheim, Linienbusse: Molde, Ålesund, im Sommer nach Geiranger ("Goldene Route" über Trollstigen).

ℹ Åndalsnes og Romsdal Reiselivslag, 6300 Åndalsnes, ☎ 71221622, FAX 70260714.

Dieses Mekka der Bergsteiger, aber auch der Angler, in der Ebene der Mündung des Romsdalen gelegen, wird von jäh aufsteigenden Bergmassiven umrahmt, zu denen die senkrechten Wände des Romsdalshorns und nahe dem hier in seinen berühmten Serpentinen ins Tal hinabziehenden Trollstigen Norwegens wohl berüchtigtste Kletterwand liegt - die ca. 1.000 m hohe **Trollwand** (ihre Bezwingung - nur hervorragenden Kletterern vorbehalten - erfordert ca. 24 Stunden!).

Der Ort selbst, im Krieg zerstört, hat neben Tourismus auch etwas Industrie (Möbel, Textilien) und ist Zulieferer der Ölförderung.

Exkursionen

🏠 Zu Fuß kann man versuchen, am bewaldeten Hausberg direkt oberhalb des Ortes etwas Höhe und damit **Aussicht** zu gewinnen.

🚂 **Eisenbahnfahrt** auf der imposanten Strecke durchs **Romsdalen** mit seinen steil aufsteigenden Felswänden entlang der hübschen Rauma Richtung Dombås, das im offenen Hochland zwischen den bekannten Bergmassiven Rondane und Dovrefjell liegt.

Und dann natürlich die Auto-Exkursion über den berühmten, serpentinenreichen **Trollstigen** Richtung Norddalsfjord und weiter nach ☞ Geiranger.

Kristiansund

ca. 18.000 Ew. ♥ BANK ✚ 🏃 🚂

✈ 🚌 ⛴ Nationaler Flughafen, Linienbusse: Molde/Ålesund, Trondheim und Oppdal, Fähren, Hurtigruten.

ℹ Kristiansund Turistinformasjon, Postboks 401, 6501 Kristiansund, ☎ 71586380, FAX 71586384.

Bis 1992 nur per Boot erreichbar, spiegelt sich dieser extrem maritime Charakter auch im Stadtzentrum wider, das sich über drei Inseln verteilt. Neben zahlreichen Brücken sind Boote ein wichtiges Verkehrsmittel. Die Fischerei wurde als Haupterwerbszweig der 1742 gegründeten Stadt durch die Werften und mit dem Nordseeöl zusammenhängende Gewerbebetriebe abgelöst.

Die maritime Prägung ist sowohl in der gern fotografierten Statue der Klippfischfrau am Hafen sichtbar als auch in den imponierenden Verkehrsbauten, die die Stadt neuerdings ans Straßennetz anschließen: Norwegens zweitlängster Unterwassertunnel (Freifjordtunnel, 5,2 km) oder die weitgespannte Gjemsundbrücke (die größte Hängebrücke Norwegens, 1.475 m lang) - für Freunde eindrucksvoller Straßenrouten empfiehlt sich der spektakuläre Atlanterhavsvegen per Bus Richtung Molde.

Sehenswertes
Stadtbummel mit maritimem Flair.

⌘ **Mellemværftet**, Museumswerft für historische Schiffe.

◆ Kranaveien 22-24.

⌘ **Milnbrygga**, Klippfischmuseum mit imposantem Lagerhaus von 1749, per Boot vom Ortszentrum erreichbar. **Nordmore Museum**, u.a. gut präsentierte ungefähr

9.000 Jahre alte Steinzeitfunde, historische Gebäude.

◆ **Milnbrygga**: Mitte Juni bis Ende August täglich 🕐 nachmittags.
◆ **Nordmore Museum**: Dalaveien, täglich 🕐 in Mittagsstunden im Sommer.

✗ Reizvoll: Die 200jährige ehemalige Schmiede der Werft in der Fosnagata ist nun ein originelles Fischrestaurant mit regionalen Speisen, Reservierung anzuraten.

◆ ☎ 71671170, 🕐 Mai bis August.

Exkursionen
🚣 Tagesbootsausflug zu den **Gripinseln** (Abfahrt: Vågeveien/Kaibakken), Gruppe von 80 flachen, kargen, der Küste 14 km weit vorgelagerter Inseln, mit einer anrührend schlichten kleinen Stabkirche des 15. Jh.

Trøndelag und südliches Nordnorwegen (Nordland)

Trøndelag und Nordland

🛈 Regionale Fremdenverkehrsämter: Midt-Norge Reiseliv A/S, Postboks 65, 7001 Trondheim, ☎ 73929394, FAX 73520430.
◆ Nordland Reiseliv A/S, Storgate 4 a III, Postboks 434, 8001 Bodø.

Nördlich der extremen Landschaft der Fjorde wird die Natur etwas sanfter und entsprechend ist Mittelnorwegen mit den Bezirken Sør-Trøndelag und Nord-Trøndelag altes Bauern- und Kulturland - weiterhin gebirgig, aber mit mehr Raum für Landwirtschaft und Siedlungen. Hier liegt auch das historische Zentrum Norwegens, die Bischofs- und Königsstadt Trondheim.
　　Der anschließende langgestreckte Bezirk **Nordland**, allgemein bereits zu Nord-

norwegen gerechnet, bildet dann über seine 500 km Länge den Übergang zum hohen Norden: Im Süden noch ähnlich wie Trøndelag relativ sanft bis in die reizvolle Inselwelt des Helgelandes um Sandnessjøen, gibt das Land am Polarkreis mit dem großen Svartisen-Gletscher und dem kargen Hochland des Saltfjellets im Inland einen ersten Vorgeschmack auf den Norden. Die Landschaft wird in Richtung Bodø wieder etwas rauher, hat aber immer noch vegetationsreiche Täler und geschützte Küstenabschnitte. Eine besondere Attraktion nahe Bodø ist der reißende Gezeitenstraum Saltstraumen. Bei Bodø verlassen Seereiseschiffe die Festlandsküste von Nordland und wechseln zu den ☞ Lofoten und Vesterålen hinüber.

Trondheim (Trondheimsfjord)

ca. 130.000 Ew.

Wichtiger nationaler Flughafen, Linienbusse, Hurtigruten.

Trondheim Aktivum AS, Munkegate 19, Postboks 2102, 7001 Trondheim, 73929394, FAX 73515300.

Die der Sage nach 997 unter dem alten Namen Nidaros gegründete 1.000jährige Stadt, die drittgrößte Norwegens, ist das bedeutendste alte Kulturzentrum und der 1070 begonnene **Nidaros-Dom**, die Krönungskirche der norwegischen Könige (heute nur noch deren kirchliche Weihe), ist der bedeutendste sakrale Steinbau des Landes, wobei man allerdings nicht die Dimensionen einer der großen englischen oder französischen Dome oder Kathedralen erwarten sollte. Trondheim ist heute vor allem eine moderne Stadt und das eindeutige Zentrum Mittelnorwegens.

Sie ist auch geprägt durch die Universität, die der ursprünglich stark kirchlichen Prägung einen liberalen Akzent entgegensetzt und für ein buntes Kneipenleben sorgt.

Sehenswertes

Das pittoreske alte Trondheim findet sich vor allem in der Altstadt mit ihren überwiegend kleineren bunten Häusern und natürlich dem **Nidaros-Dom** und alten **Erzbischofssitz** ❶ in ihrem Park oberhalb des Nidelva. Der gotisch geprägte, im Inneren etwas düstere Dom - die ältesten erhaltenen Teile stammen aus dem 12. Jh. - gehört fast zum kulturellen "Muß" einer Norwegenreise und ist eines der historischen Identitätssymbole des Landes.

Hübsch und ein bekanntes Fotomotiv sind außerdem die farbigen alten **Speicherhäuser** ❷ nahe dem Bahnhof und der

hölzernen Klappbrücke Bybrua (errichtet 1861).

Ein Stadtrundgang kann zur **Festung Kristiansten** ❸ (1675 bis 1684 erbaut) jenseits des Nidelva erweitert werden, die heute ein Erholungsgelände mit schönem Blick über den Fluß mit seinen grüngesäumten Ufern auf den Domkomplex ist.

⌘ **Trøndelag Folkemuseum** ❹, größeres regionales Freilichtmuseum bei Ruinen der Burg Sverresborg, u.a. Norwegens älteste Stabkirche, Skimuseum. **Ringve Museum**, alte Musikinstrumente. **Sjøfartsmuseum** ❺, in Hafennähe, ehemaliges Zuchthaus.

◆ **Trøndelag Folkemuseum**: Mitte Mai bis Ende August täglich 🕐 nachmittags.

◆ **Ringve Museum**: Gutshof Ringve, Lade Allé 60, täglich 🕐 Mitte Mai bis Ende September.

◆ **Sjøfartsmuseum**: Fjordgate 6a, täglich 🕐 früher Nachmittag.

✗ Ein historisches Fischrestaurant ist das **Havfruen Restaurant** in einem alten Speicherhaus am Nidelva.

◆ Kjøpmannsgate 7, 🕐 ab spätem Nachmittag.

Rørvik

Am Nærøysund gelegener, kleiner Hafenort auf einer Insel, der vor allem von den Hurtigrutenschiffen angelaufen wird. Der Ort ist der kleine Mittelpunkt der über die benachbarten Viknainseln verstreut lebenden Menschen; über eine Sundbrücke mit dem Festland verbunden. Es gibt ein paar Läden, eine Schule, eine Kirche, Autowerkstätten und eine Tankstelle und am Ortsrand die kleine Reparaturwerft Munkholmen, in der eventuell gerade ein stilvolles kleineres älteres Schiff restauriert wird.

Sehenswertes
Historischer Kaufmannshof **Berggården** aus dem 19. Jh.

Brønnøysund ca. 3.000 Ew. 🌳 🏦 🏛 ⚓

🛥 🚌 �- Regionalflughafen mit guten Anschlüssen über Trondheim bzw. Bodø, Bus, Hurtigruten.

🅸 Torghatten Reiselivslag, Postboks 314, 8901 Brønnøysund, ☎ 75011210, [FAX] 75011219.

Durch die Lage auf vier Halbinseln stark maritim geprägt und ein natürlicher Hafen. Trotz seiner bescheidenen Einwohnerzahl (selbst mit Umland nur ca. 7.000) wichtiges Handels- und Verwaltungszentrum im Fylke Nordland mit einigen überregionalen Einrichtungen vom nationalen Handelsregister bis hin zur Verkehrssünderdatei des ganzen Landes.

Exkursionen
Der 271 m hohe **Torghatten** wird 112 m über dem heutigen Meeresspiegel von einem begehbaren, 160 m langen und mindestens 20 m hohen natürlichen Tunnel durchbohrt, der vor der Hebung des Landes aus dem Meer durch nagende Brandung entstand - bzw. laut Sage durch den gewaltigen Pfeil eines Riesen. Ca. 15 km ab Stadtzentrum per Auto plus ca. 30 Minuten Wanderung.

Sandnessjøen
ca. 5.000 Ew. 🌳 🏦 🏛 ⚓ ✫

🛥 🚢 �- Regionalflughafen, Fähren, Bus, Hurtigrutenanleger.

🅸 Midt-Helgeland Reiselivslag, Postboks 414, 8801 Sandnessjøen, ☎ 75044130, [FAX] 75044045.

Reizvolle Lage. Bereits in Wikingerzeit gegründet, jedoch erst durch Einrichtung des Hurtigrutenanlegers als regionaler Verkehrsknoten aufgeblüht. Die Stadt liegt auf der Insel Alsten und ist über die imposante Helgelands-Brücke (Pfeilerhöhe 138 m!) mit dem Festland verbunden. Etwas Industrie in Zusammenhang mit Schiffahrt und Erdölsuche. Insgesamt ohne nennenswerte Sehenswürdigkeiten. Die Umgebung ist stärker landwirtschaftlich geprägt als viele andere norwegische Küstenregionen.

Sehenswertes
Am bekanntesten sind die nahegelegenen Sieben Schwestern - sieben Berggipfel, die vom Schiff aus sichtbar sind.

Nesna
Der kleine Ort hat keine spektakulären Sehenswürdigkeiten und wird von Hurtigruten als nächstgelegener Hafen zum weit im Fjordinneren gelegenen Mo i Rana angelaufen.

Die unauffällige Normalität macht ihn gerade für Besucher interessant, die das untouristische Norwegen suchen; außerdem guter Aus- und Einschiffungsort für Reisende, die das eigene Auto mitführen, da der Ort günstig für Fahrten in die Umgebung liegt - abseits des Gedränges der Nordkapp-Rallye auf der E6.

Ørnes
ca. 1.700 Ew. ♀ BANK 🏛 🏚
🚢 🚌 Fähre: Sandnessjøen, Bodø, Linienbus, Hurtigruten.
ℹ️ Meløy Reiselivslag, Postboks 65, 8160 Glomfjord, ☎ 75754888, FAX 75754988.

Reizvolle Hafeneinfahrt. Die kleine Siedlung (Zentrum der Gemeinde Meløy) mit ihren wenigen Fischerbooten liegt zu Füßen steil aufragender kahler Felsberge. Einige Kilometer entfernt liegt der Svartisen-Gletscher, die zweitgrößte Eiskuppe des norwegischen Festlandes.

Sehenswertes
Sehr hübsch restaurierter Handelshof von 1794.

Exkursionen
⌘ Das einsam gelegene **Meløy Bygdetun** am engen Meløysund, ca. 4 km von Ørnes, zeigt als Museum das einfache Leben der dörflichen Küstenbevölkerung vor 100 Jahren.

Kombinierte Auto- und Bus-Exkursion bis fast an den **Svartisen-Gletscher**, dessen am weitesten herunterreichende Eiszunge Engen-Gletscher etwas oberhalb des Fjordes endet (dort Svartisen Turistsenter).

Bei einigen Programmen fahren Sie dann per Bus durch den 7,6 km langen Tunnel unter dem Svartisen hindurch und über die Saltstraumenbrücke weiter nach Bodø oder umgekehrt. Möglichkeit für geführte Gletscherwanderungen, Kanupaddeln am Gletscher.

Bodø
ca. 40.000 Ew. ♀ BANK 🏛 ✚ 🏚
🚢 🚁 🚌 🚐 Wichtiger nationaler Flughafen, Eisenbahn: Trondheim-Oslo, Linienbusse: Fauske-Narvik, Trondheim, Fähren: mehrere Verbindungen zu den Lofoten und Vesterålen, Hurtigruten.
ℹ️ Bodø Turistinformasjon, Postboks 514, 8001 Bodø, ☎ 75526000, FAX 75528328.

Wichtiges Verwaltungszentrum und Verkehrsknotenpunkt, Fachhochschulen, wichtiger Nato-Luftwaffenstützpunkt, Sitz des Rettungszentrums für Nordnorwegen bis hinauf nach Spitzbergen. Lage auf einer Landzunge mit großem, von winzigen vorgelagerten Inseln geschützten Hafenbecken.

Die Stadt entstand sehr bescheiden am Anfang des 19. Jh. und erlebte dann einen Boom durch die Heringsfischerei um 1870. Sie wurde im Krieg durch deutsches Bombardement 1940 weitgehend zerstört und modern - angenehm, aber ohne herausragende Höhepunkte - wieder aufgebaut.

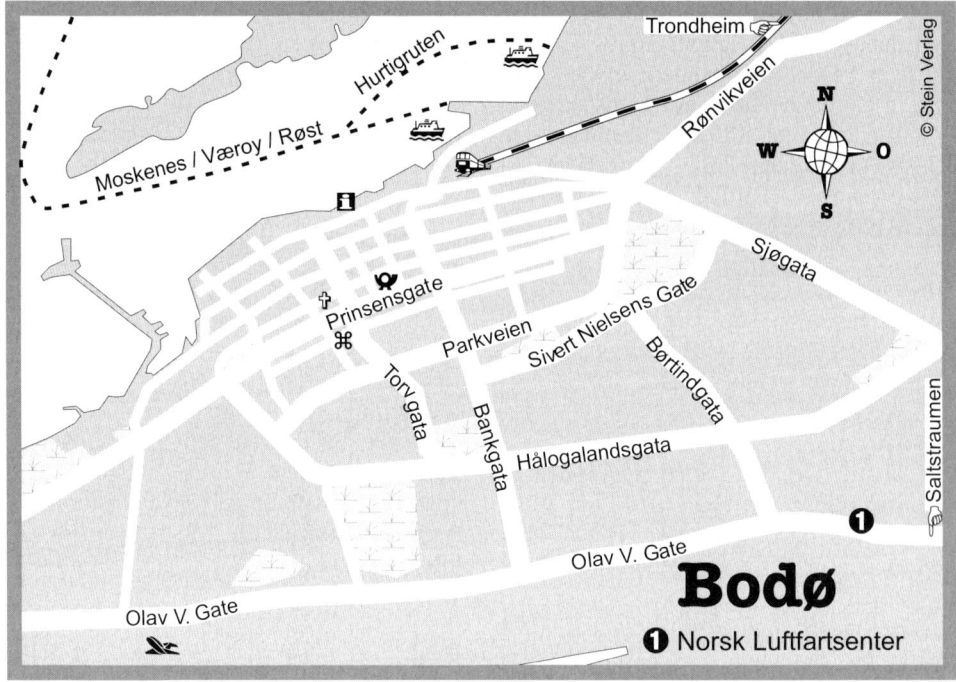

Sehenswertes

Die kleine Fußgängerzone bietet wenig Bemerkenswertes. Ganz interessant ist die moderne Architektur (50er Jahre) der nach dem Krieg neu erbauten Kirche.

⌘ In der Nähe liegt das **Nordland-Museum** (Bezirksmuseum für Regionalkultur, Wirtschaft, Silberschatz).

♦ Prinsensgate 116, ganzjährig Mo bis Fr 🕐 9:00 bis 15:00, Sa, So 12:00 bis 15:00.

⌘ Nicht nur für Luftfahrtinteressierte sehr reizvoll ist das neue **Norsk Luftfartsenter** ❶ am Flughafen, das nationale Museum für Luftfahrt mit zahlreichen ausgestellten Flugzeugen von den Anfängen bis zum Militärjet sowie größeren Ausstellungen zur polaren Luftfahrt seit den Pionieren und auch zum Seenotrettungswesen.

Exkursionen

Gut 30 km südwestlich von Bodø entfernt (Linien- und Ausflugsbusse) liegt der **Saltstraumen**, die Verbindung zwischen dem äußeren Saltfjord und seinem großen, an dieser Stelle jedoch fast abgeriegelten inneren Fjordteil.

Ebbe und Flut drücken hier riesige Wassermassen durch die nur 150 m breite Meerenge und führen dabei zu Fließgeschwindigkeiten bis über 35 km/h und eindrucksvollen Strudeln. Dieser weltweit vermutlich stärkste Gezeitenstrom wird ergänzt durch ein Informationszentrum.

Kjerringøy, gut 40 km nordwestlich von Bodø, besticht durch sein geschlossenes Ensemble aus dem 19. Jh., das deshalb auch gern für historische Filme (Hamsun-Werke) genutzt wird. Auch per Linienbus erreichbar.

208

Auf dem Weg nach Kjerringøy passiert man den bemerkenswerten grasgedeckten gelben **Løp Gamle Gard**, ein für die damaligen Verhältnisse stattlicher Hof aus dem 17. Jh. mit altem Mobiliar und Kaffee-Ausschank im Garten.

Lofoten und Vesterålen

Die beiden Inselgruppen gehören politisch zum Bezirk Nordland, werden hier jedoch wegen ihrer Besonderheiten und Bekanntheit separat behandelt.

Die **Lofoten** (übersetzt: "der Luchsfuß", zusammen 1.227 km²) bilden als Inselkette die scheinbar geschlossen aus dem Fjord emporwachsende **Lofotwand**. Nicht die absolute Höhe der Berge ist eindrucksvoll (typische Gipfelhöhen liegen bei 800 m), sondern ihr atemberaubend jähes Aufsteigen. Selbst bei trübem Wetter schaffen Nebelschwaden, die zwischen und vor den Felsformationen ziehen, flüchtige eindrucksvolle Bilder.

Der südlichste Teil der Lofoten sind isolierte, teils abrupt aus dem Wasser aufsteigende Felseilande und Klippen, darunter die für ihre Vogelkolonien berühmten Eilande von **Røst** (Bootsexkursionen von Bodø und Reine, kleiner Flughafen auf der zentralen Insel **Værøy**). Nördlich des trennenden breiten Sundes Moskenstraumen beginnt dann mit der Insel **Moskenes** die erwähnte Lofotwand aus den dicht aneinandergereihten größeren Inseln **Moskenesøya** (mit Å als südlichstem Ort und Straßenende sowie dem beliebten Reine), **Flakstadøya** (mit dem Unesco-geschützten Fischerdorf Nusfjord), **Vestvågøya** (Gravdal, Stamsund, Borg), **Gimsøya** und **Austvågøya** (Svolvær), wobei sich allerdings vor allem an den Nordseiten und im Inneren eines Teils der größeren Inseln auch ebenere Gebiete finden, die in dem milden Klima sogar eine landwirtschaftliche Nutzung erlauben.

Die Inselgruppe der **Vesterålen** (zusammen 2.368 km²) schließt sich nahtlos nach Norden an die Lofoten an. Näher am Festland und daher nicht so spektakulär aus dem Meer ragend, auch wegen stärkerer Bearbeitung durch eiszeitliche Gletscher insgesamt weniger schroff, lagen diese Inseln bisher im touristischen Windschatten der Lofoten. Doch der zunehmende Andrang auf die Lofoten läßt jene, die mehr die nordische Stille suchen, zunehmend auf die Vesterålen ausweichen. Für den Seereisenden verblassen die Vesterålen etwas neben den spektakuläreren Lofoten, angelaufen werden hier teils Stokmarknes und Sortland als die größten Orte sowie das kleinere, verkehrsgünstige Risøyhamn.

Die nordöstliche Grenze der Vesterålen verläuft über Norwegens (außer Spitzbergen) größte Insel **Hinnøya**, auf der auch der **Møysalen** (1.266 m) sich als höchster Berg der Inselgruppe erhebt. **Harstad**, das größte städtische Zentrum der Region, liegt ebenfalls auf Hinnøya, allerdings nicht auf dem den Vesterålen zugerechneten Inselteil. Lofoten und Vesterålen gehören noch zum Bezirk **Nordland**, Harstad bereits zu **Troms**.

📖 **Lofoten und Vesterålen**, Manfred Knoche, Conrad Stein Verlag, Kronshagen, DM 24,80. Behandelt praktisch alle Orte, Einführung in Natur und Geschichte.

🛈 Destination Lofoten, Postboks 210, N-8301 Svolvær, ☎ 76173000, FAX 76073001.

◆ Vesterålen Reiselivslag, Postboks 243, N-8401 Sortland, ☎ 76121555, FAX 76123666. Dies sind die beiden regionalen Informationsbüros.

Lofoten

Gravdal (Lofoten)
ca. 1.800 Ew. ♥ ⊞ (einziges der Lofoten) ⚓

Der Hafenort auf der Insel Vestvågøy ist als typischer Lofotenort beliebter Anleger für Kreuzfahrten. Insgesamt ist Vestvågøy nicht ganz so schroff wie einige der Nachbarinseln, so daß sich hier auch grüne und bunte Flächen und Landwirtschaft zwischen den steilen Bergen finden.

✝ Auffällige Holzkirche von 1905, die sich stilistisch an den viel älteren Stabkirchen orientiert.

Exkursionen
☞ Stamsund.

Stamsund (Lofoten)
ca. 1.300 Ew. ♥ BANK ⚓

🛬 🚐 🚢 Regionalflughafen Leknes 8 km entfernt, Linienbus: Leknes, Svolvær, Hurtigruten.

🅑 Nur im Sommer geöffnet, ☎ 76089792.

Für die Lofoten größerer Fischereiort mit Fischverarbeitung auf der Lofoteninsel Vestvågøy und neben Svolvær einer der beiden Hurtigrutenanleger, was dem Ort

ganzjährigen Tourismus erleichtert. Nicht zuletzt die vorgelagerten Klippen und Schären sind eindrucksvoll. Zu Beginn des 20. Jh. als Fischereihafen gegründet (Platz wurde teils durch Sprengungen geschaffen) und im Gegensatz zu vielen anderen Lofotenorten in größerem Maße aus Steinen erbaut. In den letzten Jahren zunehmend auch kulturelle Aktivitäten (Puppentheaterwerkstatt, Kinderkunstschule).

🏠 Fast schon Kultstatus hat insbesondere unter Interrailern die sehr reizvolle, auch ehemalige Rorbuer (frühere Fischerhütten) nutzende Jugendherberge.

Sehenswertes
Kleiner Bummel am hübschen Hafen.

⌘ Bus-Exkursion zum Nachbarort **Fygle** mit dem Museum - kleines **Heimat- und Freilichtmuseum** mit Rorbu im Originalzustand, Ausstellung über Lofotfischerei.

◆ Juni bis Mitte August täglich 🕐 früher Nachmittag.

Lofoten: Henningsvær

Exkursionen
3 km östlich von Stamsund liegt **Steine**, einer der ältesten noch bewohnten Fischerorte der Inseln.

⌘ Im **Wikingermuseum Lofotr (Borg)** bei Bøstad auf Vestvågøy wurde der hier ausgegrabene größte Häuptlingshof (Haupt-haus 83 m lang, 9 m hoch) nachgebaut und erlaubt Einblicke in die Wikingerzeit um 900 mit lebensnahen Exponaten, Haustie-ren und Vorführungen einschließlich Ru-dern eines Wikingerschiffes.

♦ 🕐 Mai bis Mitte September.

Norwegen: Svartisen bei Ørnes

Nusfjord (Unesco-Weltkulturerbe, ei-ne sehr gut erhaltene, malerisch gelegene Fischersiedlung, alter Krämerladen, Häu-ser teils um 1800 errichtet) auf Flaksta-døya und **Reine** auf Moskenes (trotz Zerstörung im Krieg reizvoller Fischerort vor eindrucksvoll zerklüfteter Bergkulisse im landschaftlich vielleicht eindrucksvoll-sten Teil der Inselgruppe).

Empfehlenswertes 200jähriges **Gam-melbua Restaurant**. Ganz im Süden liegt der sehr touristische Ort Å, das Ortsschild ist wegen des kürzestmöglichen Ortsna-mens ein beliebtes Fotomotiv.

✠ **Fischerdorfmuseum, Trockenfisch-museum** (etliche Gebäude des 19. Jh. prä-gen das Ortsbild mit) sind weiter entfernt gelegene Exkursionsziele im südlicheren Teil der Lofoten.

♦ **Fischerdorfmuseum**, 🕐 ganzjährig).
♦ **Trockenfischmuseum**, 🕐 Juni bis Mitte August.

Vogelfreunde gelangen per Boot (ab Reine über Værøy) zu den verschiedenen Vogelfelsen der vorgelagerten **Røst**-Insel-chen mit der weltweit größten Dichte an Papageitauchern und Dreizehenmöwen, als Tagesausflug von Stamsund aus jedoch zu aufwendig.

Svolvær (Lofoten)

ca. 4.100 Ew. ♥ 🏦 🅰 ⚖ ☆
🐟 🚢 🚐 Regionalflughafen, Fähranleger am südlichen Stadtrand Richtung Nachbar-ort Kabelvåg: Autofähre ans Festland (Skutvik), Schnellboote nach Narvik, Bo-dø (beide einmal täglich außer Sa) und Stokmarknes (Mo bis Fr abends), Hurtig-rutenanleger im Stadtzentrum, Linien-busse (lokal und nach Sortland und Å) halten nahe dem Hurtigrutenanleger.
ℹ Destination Lofoten AS (am Marktplatz), Postboks 210, 8301 Svolvær, ☏ 76073000, [FAX] 76073001.

Hauptort der Lofoten, am Fuße lofoten-ty-pisch steil aufragende Bergwände (darunter die als Fotomotiv beliebte "Svolværgeita" (Svolværziege) - eine bizarre Felsforma-tion). Svolvær ist Verwaltungssitz der fast 10.000 Ew. zählenden Gemeinde Vågan, hier erscheint die *Lofotposten* und wirt-schaftlich ist die Fischverarbeitung ein wichtiges Standbein (Tran, Filetierung, Fischmehl). Darüber hinaus hat der Ort ein relativ reges kulturelles Leben.

Norwegen: Küste bei Bodø

Sehenswertes

⌘ Neben der Lage des Ortes und einem Bummel (Marktplatz, eventuell gerade Markt, Hafen) das **Nordnorsk Kunstsentrum**, Ausstellungen u.a. des bekanntesten Lofotenmalers Gunnar Berg, und die **Dagfinn Bakkes Galleri**.

♦ **Nordnorsk Kunstsentrum**: täglich außer Mo mindestens ⏰ 10:00 bis 16:00, teilweise auch abends.

♦ **Dagfinn Bakkes Galleri**: Roald Amundsens Gate 7, Mo bis Fr ⏰ 11:00 bis 16:00, Sa 11:00 bis 14:00.

☺ Einkaufsmöglichkeit für Handarbeiten im **Vågan Husflidslag** (Vågan Handarbeitsverein, Roald Amundsens Gate 11).

Exkursionen

Nicht weit von Svolvær liegt südlich **Kabelvåg**, der ehemalige Hauptort der Inseln und ältestes Fischerdorf, noch im Mittelalter der nördlichste Ort Europas überhaupt.

⌘ ☾ Interessant sind hier das **Lofoten-Museum** und das **Aquarium**.

🚢 **Bootsfahrt in den Trollfjord**, berühmter Seitenarm des Raftsunds, wird von Hurtigruten und einigen kleineren Kreuzfahrtschiffen sowieso angesteuert - weniger gewaltig als die Fjorde Westnorwegens, aber beeindruckend durch seinen nur 100 m breiten Eingang, 2 km lang, über das Ende ragt der Higrafstind, mit 1.161 m der höchste Berg der Lofoten.

✈ **Rundflug** über die Inseln mit Wasserflugzeug der Lofotfly AS (Hafen Svolvær).

Die Exkursionen zu den **südlicheren Zielen** der Lofoten (☞ Stamsund) sind von Svolvær aus deutlich weiter.

Risøyhamn (Vesterålen)

ca. 300 Ew. ♥ 🚂

🅱 Andøy Reiseliv AS, Postboks 58, 8480 Andenes, ☎ 76115600.

Der kleine Ort ziemlich im Süden der nördlichsten Vesteråleninsel Andøya ist unspektakulär, aber gemütlich und durch die Brücke zur Nachbarinsel Hinnøya sowie den Hurtigrutenanleger ein örtlicher Verkehrsknoten - der erheblichen Aufschwung bekam, als 1922 das Ausbaggern der Risøyrinne auf 4,5 km Länge abgeschlossen und damit die Passage für größere Schiffe möglich wurde.

Sehenswertes

⌘ Das interessante **Andøya-Museum**.

♦ Juni/Juli ⏰ mittags.

Exkursionen

🐋 ⌘ Interessantestes Ausflugsziel auf der Insel ist **Andenes** ganz am Nordende, zum einen wegen der von dort angebotenen **Walbeobachtungsfahrten** und dem **Walzentrum** (Forschungsstation und Walmuseum), wobei die Chance zur Sichtung von Walen (meist Pott-, Schwert- und Zwergwale) auf den Bootsfahrten (Sommermonate) außerordentlich hoch ist - zum anderen wegen des anschaulichen kleinen **Polar- und Fischereimuseums**, das die Eismeertradition des kleinen Ortes vermittelt (im Herbst/Winter geschlossen).

🛩 Andenes hat außerdem einen wichtigen Regionalflughafen, der gleichzeitig Luftwaffenstützpunkt ist (Fotografierverbot), sowie ein Abschußzentrum für Forschungsraketen.

Stokmarknes (Vesterålen)

ca. 3.700 Ew. ♥ 🏦 ➕ 🚂

🛩 🚢 Regionalflughafen, Fähren nach Melbu und Sortland, Hurtigrutenanleger.

🎫 Markedsbrygga, nur im Sommer geöffnet, ☎ 76152955.

Verwaltungszentrum der Gemeinde Hadsel und über 200jähriger Handelsort. Die in Norwegen bekannteste Person des Ortes ist Richard With (Denkmal), der Initiator der Hurtigruten 1881.

Entsprechend findet sich hier auch das **Hurtigruten-Museum** und die maritime Bedeutung der Stadt wird durch hier stattfindende Lehrgänge für Seeleute unterstrichen.

Sehenswertes

⌘ Besonders interessant ist für Hurtigruten-Freunde das **Hurtigruten-Museum**.

♦ W.-D.-Halsgate 1, Juli bis September 📞 nachmittags.

Sortland (Vesterålen)
ca. 4.000 Ew. ♥ 🏦 ⚓

🚢 🚍 Fähr- und Hurtigrutenanleger (südlich der Sundbrücke), Linienbus.

🎫 Vesterålen Reiselivslag, Kjøpmannsgata 2, Postboks 243, 8401 Sortland, ☎ 76121555, FAX 76123666.

Nicht sehr spannendes Verwaltungszentrum der gleichnamigen Gemeinde, Stützpunkt der Küstenwache (*kystvakt*) mit ihren militärgrauen Schiffen, gutes Einkaufsangebot.

Nördliches Nordnorwegen

Troms
🎫 Regionales Fremdenverkehrsamt: Troms Reiser A/S, Postboks 1077, 9001 Tromsø, ☎ 77610000, FAX 77610010.

Die zweitnördlichste Provinz Troms setzt fort, was auf den Lofoten begann: die großartige Bergszenerie und kleine karge vorgelagerte Inseln mit Fischerdörfern. In geschützten tieferen Lagen findet man überraschend üppige Vegetation und in früheren Zeiten reichte der Anbau von Getreide bis kurz vor Tromsø, der heute florierenden Hauptstadt des Bezirkes und dem Zentrum ganz Nordnorwegens.

Harstad ca. 6.000 Ew. (22.000 mit Umland)
♥ 🏦 🚂 ✚ ⚓

🛩 🚍 🚢 Nationaler Flughafen Evenes mit Direktflügen nach Oslo, Linienbusse, Hurtigrutenanleger.

🎫 Harstad og Omland Arrangement, Postboks 654, 9401 Harstad, ☎ 77063235, FAX 77066303.

Der Ort auf der Insel Hinnøya, erst seit 1904 Stadt, ist mit Tromsø, Bodø und Narvik eines der wichtigen Zentren Nordnorwegens und dürfte mit dem langsamen Vorrücken der Nordsee-Ölförderung nach Norden noch an Bedeutung gewinnen, da der große Hafen sowie die ausgebaute Infrastruktur der Stadt und die Nähe zum Flughafen Evenes günstige Voraussetzungen sind, um als Landstützpunkt zu fungieren. Hinzu kommen der traditionelle Fischfang und die Rolle als Militärstützpunkt. Einiges an kulturellen Attraktionen, u.a. die nordnorwegischen Festspiele mit umfangreichen Aktivitäten Ende Juni unter der Mitternachtssonne (Konzerte, Theater, Ausstellungen, Kleinkunst, Volksfest).

Sehenswertes

✝ Sehr gegensätzlich sind die Kirchen: modern-umstritten ist die protestantische (1958), dagegen steht die **mittelalterliche Steinkirche** auf dem Hügel über dem nördlich vorgelagerten älteren Trondenes (eine Rarität in Nordnorwegen, im 12. Jh. gegründet, der heutige Bau entstand ab 1250 als Wehrkirche mit bis 2,5 m dicken Mauern, bemerkenswert im Inneren vor allem die Altarschreine und das Taufbecken) und schließlich die katholische Kirche Harstads von 1893.

Norwegen: Bodø

Buntes Treiben in der Stadt zur Zeit der **nordnorwegischen Festspiele** Ende Juni. Die riesige **Adolf-Kanone** (Kaliber 406 mm) auf einer von der Wehrmacht zurückgelassenen Küstenartilleriestellung bei Trondenes ist sehenswert.

Finnsnes   ca. 4.500 Ew. ♀ BANK ⚓

🚌 ⛴ Linienbusse, Hurtigruten.

🅸 Senja Tour as, Postboks 326, 9301 Finnsnes, ☎ 77842090.

♦ Finnsnes Turistinformasjon, 9301 Finnsnes, ☎ 77841828.

Für Nordnorwegen größerer, jedoch unspektakulärer Ort - etwas Industrie (Fabrik für Fischereiausrüstung, Werk für Ferrosilicium). Die 1.150 m lange Brücke verbindet hier das Festland über den schmalen Gisund mit der Insel Senja.

Tromsø   ca. 55.000 Ew. ♀ BANK 🅰 ⊞ 🏛

✈ 🚌 ⛴ Nationaler Flughafen, hervorragende Verbindungen, Linienbusse: Narvik, Alta, Kiruna-Oslo, Lyngen, Hurtigruten.

🅸 Tromsø Arrangement A/S, Storgata 61/63, Postboks 311, 9001 Tromsø, ☎ 77610000, FAX 77610010.

Nordnorwegens 200jährige "Metropole", die nördlichste norwegische Universitätsstadt und, da sie permanent Sommerlicht genießt, auch leicht übertrieben als "Paris des Nordens" vermarktet. Die Stadt liegt mit ihrem Zentrum und den meisten Wohngebieten auf einer Insel, die über eine Brücke mit dem Festland und über eine weitere Brücke mit der vorgelagerten Insel Kvaløya verbunden ist. Als eine der wenigen im Zweiten Weltkrieg nicht von der Wehrmacht zerstörten Städte profitiert das Ortsbild von etlichen erhaltenen älteren Gebäuden, wobei man leider im Stadtzentrum ein paar unansehnliche Betonklötze rücksichtslos dazwischengesetzt hat - teilweise in Lücken, die ein großer Stadtbrand 1969 gerissen hatte.

Norwegen: Tromsø

Norwegen: Abend in Tromsø

Andererseits finden sich aber auch ansprechendere moderne Bauwerke - von der berühmten Eismeer-Kathedrale zum neuen Zentrum des Norwegischen Polar-instituts.

Passend für Tromsø ist auf alle Fälle der Beiname "Tor zur Arktis": Hier lande-ten die Trapper vergangener Zeiten ihre in Spitzbergen erbeuteten Eisbärenfelle, Wal-fänger und Robbenschläger ihre Beute an, hier wurden zahlreiche Polarexpeditionen ausgerüstet, hier gehen die Linienflüge nach Spitzbergen ab und hier wird künftig beim Vorrücken der Ölförderung nach Norden der Off-shore-Versorgungsbereich zunehmend wirtschaftliche Bedeutung er-langen.

Außerdem ist die Stadt die wichtigste **Fischereiflottenbasis** in Nordnorwegen und hat seit der Öffnung Rußlands bereits wieder blühende Handelsbeziehungen nach Kola und zum Weißen Meer geknüpft. Entsprechend ist Tromsø in den letzten Jahrzehnten angewachsen.

Die damit verbundenen Verkehrspro-bleme wurden entschärft, indem man etliche Hauptverkehrsadern - bis hin zu Verkehrskreiseln - tief unter die Erde in den Fels der Stadtinsel verlegte.

Besiedelt ist die Gegend übrigens schon lange: auf der Kvaløya "jenseits" von Tromsø finden sich beim Örtchen Skavberg ca. 4.000 Jahre alte Felszeich-nungen, die Wikinger wurden um 1250 seßhaft.

Fast alle Sehenswürdigkeiten, der Hafen und der Flughafen befinden sich auf der Stadtinsel, nur die Eismeer-Kathedrale und die Seilbahn liegen jenseits der Brücke auf dem Festland.

Norwegen: Tromsø

Sehenswertes
Im Hafengebiet zwischen Hurtigrutenanle-ger (TFDS) und Polarmuseum sind etliche, teils liebevoll restaurierte **alte hölzerne Speicher- und Wirtschaftsgebäude**.

⌘ Falls Ihre Reise auch in die Arktis führt, sollten Sie auf alle Fälle das sorgfäl-tig aufgebaute und anschaulich gestaltete

215

Polarmuseum ❶ in einem denkmalgeschützten alten Speichergebäude in der Søn-
dre Tollbodgate 11b (Hafengebiet) besuchen.

◆ Täglich 🗔 11:00 bis 15:00 (im Sommer
auch bis 20:00).

☺ Auf dem Universitätsgelände oben
auf der Höhe der Stadtinsel befindet sich
das **Nordlichtplanetarium**, u.a. Simula-
tion von Nordlicht und Mitternachtssonne,
Weltraumfahrt etc.

◆ Deutsche Vorführung Mo bis Fr 18:00,
Sa bis So 12:00.

🏃 Wandern Sie von hier aus südwärts
durch den Birkenwald und die alten und
neuen Wohngebiete, um etwas von der
üppigen Vegetation zu erleben.

⌘ Nahe dem Südende der Stadtinsel ist
das **Tromsø-Museum ❷**, hervorragende
Ausstellung über die Samen, Meeresbiologie u.a.

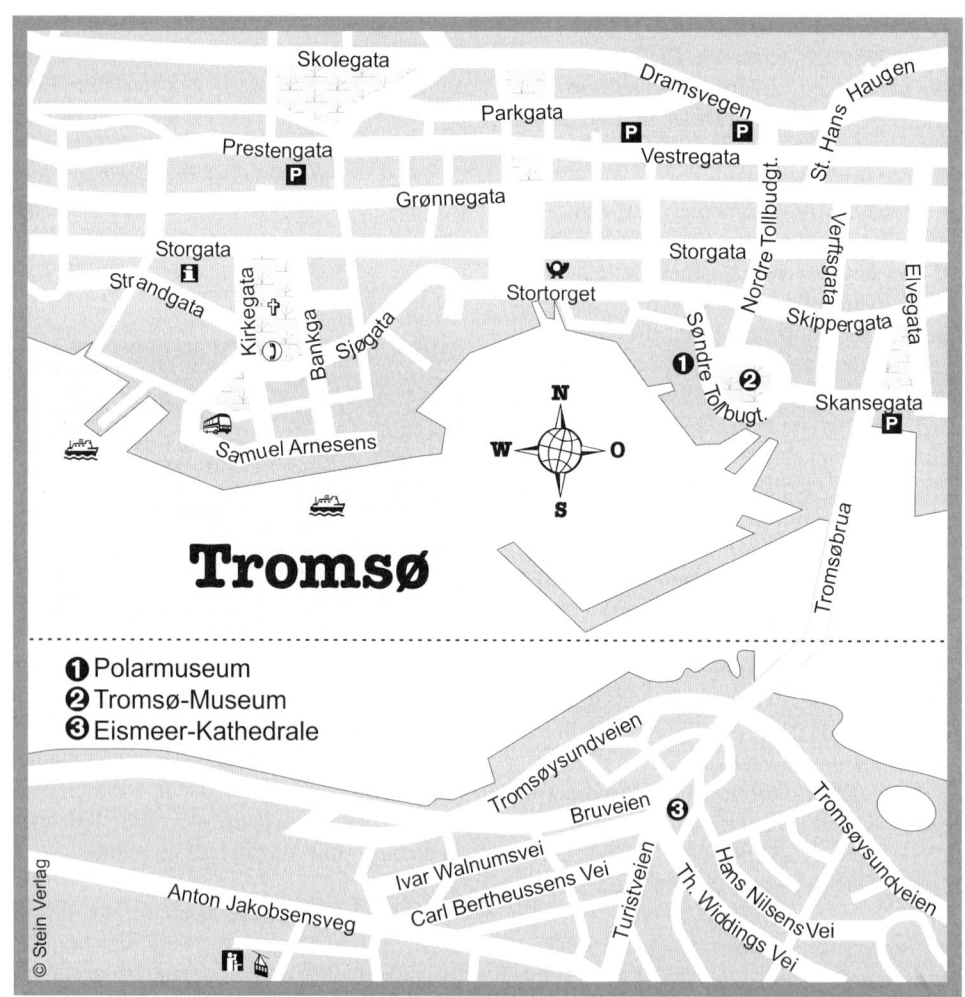

❶ Polarmuseum
❷ Tromsø-Museum
❸ Eismeer-Kathedrale

© Stein Verlag

♦ Im Sommer täglich ▯ 9:00 bis 21:00, ansonsten Mo bis Fr 8:30 bis 15:30, Sa bis So 12:00 bis 15:00.

☾ In der Nähe liegt etwas versteckt das **Aquarium** mit Lebewesen des Nordmeeres.

♱ Westlich der Tromsøbrücke (Überquerung zu Fuß liefert guten Blick auf Stadt und Kathedrale) liegt gut sichtbar die bekannte **Eismeer-Kathedrale** ❸ (gebaut 1965, Mosaikfenster von 1972), die allerdings kleiner ist, als mancher sich angesichts des Namens vorstellen mag. Ihre Architektur erinnert an die Strukturen von Fischtrockengestellen, Eisschollen sowie Gletscherspalten; interessante und schlichte Komposition.

♦ Im Sommer täglich ▯ 10:00 bis 17:00, 🚌 28, 30, 31 und 36, sonntags um 11:00 Gottesdienst.

🚠 Nicht weit von der Eismeer-Kathedrale liegt die Talstation der **Seilbahn auf den Storsteinen,** hervorragender Blick auf die Stadt und die vorgelagerten wild-bergigen Inseln aus 420 m Höhe.

♦ ▯ 10:00 bis 17:00, im Sommer bis 1:30.

Exkursionen
Bei gutem Wetter lohnt sich ein Auto-Ausflug zu den nahen, spektakulären **Lyngen-Alpen.**

Skjervøy ca. 2.500 Ew. ♥ 🏦 ⚒

🚢 🚌 Hurtigruten, Linienbus.

🄸 Skjervøy Turistkontor, 9180 Skjervøy, ☎ 77761071.

Größter Fischereihafen (mit Verarbeitung) im nördlichen Teil des Bezirks Troms vor eindrucksvoller Bergkulisse mit langer Geschichte als günstig gelegener regionaler

Handelsort, Steinzeitfunde. 1896 erreichte hier die "Fram" unter Leitung von Sverdrup erstmalig wieder norwegischen Boden nach mehrjähriger Eisdrift. Die Insel ist mit einer Straßenbrücke mit dem Festland verbunden. Letzte "grüne" Insel (Bäume) nach Norden hin.

Sehenswertes
Reizvoller Fischereihafen, älteste Holzkirche Nordnorwegens (1723, im Sommer Öffnung und Führung auf Anfrage).

Finnmark

🄸 Regionales Fremdenverkehrsamt: Top of Europe AS, Postboks 1223, 9501 Alta, ☎ 78435444, 🄵🄰🄷 78435559.

Die Finnmark ist das nördlichste, kaum besiedelte Ende des norwegischen Festlandes. Hier ändert sich die Landschaft: typisch sind die weiten Hochländer der Finnmarksvidda, von einigen meist abgerundeten Bergen überragt. Das Hochland fällt relativ steil zum Meer hin ab, teilweise zerrissen in vorgelagerte Inseln oder imposante Felsnasen - das Nordkapp ist eine von ihnen. Aus politischen Gründen (Tourismuswerbung bis EU-Subventionen) legen die Skandinavier zwar die Grenze der Arktis gern hinab in die milden Regionen des Polarkreises, aber in der Finnmark, auf der Varanger-Halbinsel ganz im Nordosten, findet sich der einzige Bereich des Festlandes mit wirklich arktischer Tundra-Natur. Dort liegt auch die Bezirkshauptstadt **Vadsø**.

Die Finnmark ist im übrigen das wichtigste Siedlungsgebiet der Samen und der weniger bekannten finnischen Minderheit in Norwegen, der Kvænen. Fischerei, Fischverarbeitung und Rentierzucht sind die wichtigsten Erwerbszweige des Bezirkes, dazu kommen Dienstleistungen, Verwaltung, Bergbau und Tourismus.

Norwegen: Alta

Øksfjord

ca. 800 Ew. Regionalfähren u.a. nach Hasvik (Regionalflughafen), Hurtigrutenanleger, Linienbus: Alta.

Loppa Kommune, 9550 Øksfjord, ☏ 78458206.

Der kleine nüchterne Ort wird von der Fischverarbeitung geprägt. Optisch profitiert er vom gegenüber auf der anderen Fjordseite in über 1.000 m Höhe liegenden Øksfjordjøkulen (46 km²), Norwegens einzigem Gletscher außerhalb Svalbards und Jan Mayens, der derzeit noch ins Meer abbricht (in den Jøkelfjord bei Kvænangen, Kalbefront von Øksfjord aus nicht zu sehen).

Norwegen: Stabkirche Borgund (Lærdal)

Alta

ca. 12.000 Ew. Nationaler Flughafen, Linienbusse.

Destinasjon Alta, Postboks 1327, 9501 Alta, ☏ 78437999, FAX 78435184.

Norwegen: Trondheim

Am Ende einer durch vorgelagerte Inseln gut geschützten Bucht und an der Mündung des Alta-Flusses gelegen, ist Alta der größte Ort der Finnmark und als solcher Handels- und Dienstleistungszentrum sowie wichtiger Schulort bis hin zum Fachhochschulort.

In der Nähe befindet sich der **Alta-Staudamm**, dessen Bau in den 70er Jahren für einige gewalttätige Auseinandersetzungen zwischen den ihre Weiderechte gefährdet sehenden Samen und Unterstützern und einem riesigen aus Südnorwegen hierher verlegten Polizeiaufgebot sorgte. Heute ist Alta ein beliebtes Ziel für Angler. Der Ort an sich bietet wenig Spektakuläres.

Sehenswertes

⌘ Das **Alta Museum**, 1993 als bestes Museum Europas prämiert und Hüter der 2.500 bis 6.200 Jahre alten Felszeichnungen von Alta (Unesco-Weltkulturerbe, größtes Felszeichnungsensemble Nordeuropas, über Wanderpfade zugänglich), präsentiert mehrere Themenausstellungen zur Geschichte der Umgebung von der Steinzeit bis heute, ☞, Sonderausstellungen.

Norwegen: Atlanterveien

Exkursionen

🚁 🏃 ⛴ Helikopter-Rundflüge, Wanderungen, Bootsfahrten im Alta-Canyon, dem größten Canyon Nordeuropas.

Hammerfest ca. 6.800 Ew. ♀ 🏦 🏪 🚉

🚢 🚌 ⛴ Regionalflughafen, Fernbus nach Oslo, Linienbusse, Fähre nach Honningsvåg, Hurtigruten.

ℹ Hammerfest Turist A/S, Postboks 460, 9601 Hammerfest, ☎ 78412185, FAX 78411900.

Die Stadt gehört mit ihrem Ruf als nördlichste Stadt (seit 1789) der Welt (1996 vom nördlicheren Honningsvåg angekratzt) zu den am häufigsten besuchten Häfen von Nordmeerseereisen. Hammerfest gilt als wichtiges norwegisches Tor zur Arktis mit einer 200jährigen Tradition lokaler Spitzbergenfahrten (Robben- und Pelztierjagd, Fischerei) und in andere Regionen der Barentssee und zum Weißen Meer, ein-

schließlich einst schwunghaftem Handel mit Nordrußland.

Norwegen: Hammerfest

Unterstrichen wird dieser Ruf durch den bekannten **Eisbären-Klub** ❶ ("Royal and Ancient Society of Polar Bears") im Rathaus, dessen Beiträge zur Dokumentation der örtlichen Geschichte dienen - jeder kann mit einem einmaligen Betrag beitreten und die begehrte Eisbären-Nadel erwerben, insofern handelt es sich weniger um einen exklusiven Club als vielmehr um ein gutes Werk.

Nach mehrfacher Zerstörung (Brand 1890 mit nachfolgendem Neuaufbau und erster elektrischer Straßenbeleuchtung der Welt, 1944 praktisch komplette Zerstörung durch die abziehende deutsche Wehrmacht) ist das heutige Hammerfest ein moderner Ort, geprägt von Fischfang und Fischverarbeitung (u.a. große Fischstäbchen) sowie Tourismus.

Norwegen: Ålesund

Die nach Norden vorrückende norwegische Erdölförderung weckt auch in Hammerfest mit seinem großen eisfreien Hafen Zukunftserwartungen.

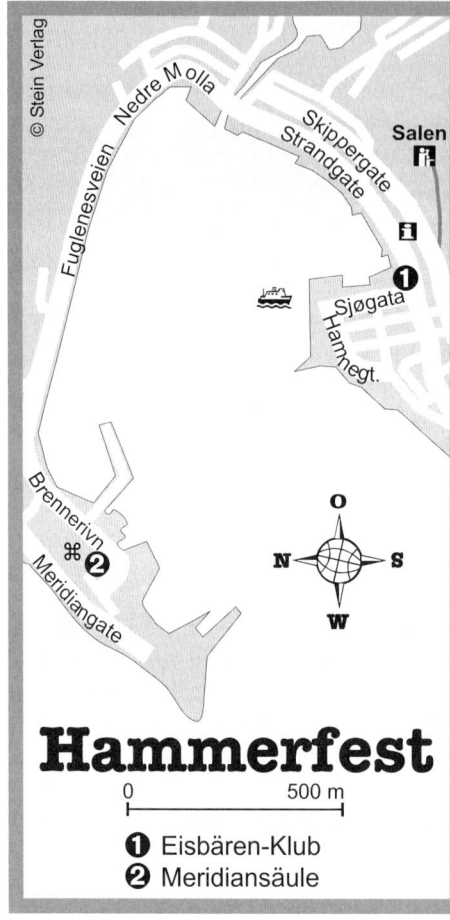

Hammerfest

0 ———— 500 m

❶ Eisbären-Klub
❷ Meridiansäule

Sehenswertes
Maritime Atmosphäre eines modernen **Eismeerhafens**, die **Meridiansäule ❷** (erinnert an die erste Vermessung eines Längengrades 1855), Blick vom **Aussichtsberg Tyvenfjellet** (417 m) oder vom **Salen** (86 m, 20 bis 30 Minuten zu Fuß mit robustem Schuhwerk vom Rathaus aus) über die Stadt, die moderne, an Trockengestelle erinnernde Architektur der evangelischen Kirche (1961) und die Sammlung des Eisbären-Klubs im Rathaus.

Havøysund   ca. 1.400 Ew. ♀ 🏦 ⚓

🚌 ⛴ Linienbus, Fähren nach Hammerfest und Honningsvåg, Hurtigruten.
ℹ️ Finnmark Opplevelser as (Alta), ☎ 78435444, FAX 78435559.
♦ Måsøy Kommune, Kultur og Oppvehst, 9690 Havøysund, Postboks, ☎ 78423135, FAX 78423279.

Der kleine Fischerort ist der Hurtigrutenanleger der Porsanger-Halbinsel. In der Nähe ist Fruholmen, der nördlichste Leuchtturm Norwegens (außer Spitzbergen).

⌘ Neben der Kirche liegt das **Lokalhistorisk Museum** (Öffnung auf Anfrage).

Exkursionen
Per Boot zu einem der größten **Vogelfelsen** Nordeuropas (Hjelmsøystauren) und zum Leuchtturm **Fruholmen** (insgesamt mehrere Stunden Bootsfahrt).

Skarsvåg (Magerøy)   ca. 160 Ew.
🚌 Linienbus.
ℹ️ Nordkapp Reiseliv, Postboks 34, 9751 Honnigsvåg, ☎ 78472894, FAX 78473543.

Der winzige Fischerhafen im Nordosten der Insel Magerøy wird von einigen Kreuzfahrtschiffen als Alternative zu Honningsvåg angelaufen, um den Passagieren Gelegenheit zu einer Nordkapp-Bus-Exkursion zu geben. Vorteil: wesentlich kürzere Busfahrt. Ansonsten Nordkapp-Exkursion bei ☞ Honningsvåg.

Sehenswertes
🚶🚶 Viertelstündige Wanderung zur **Kirkenporten** (Kirchenpforte), einer Felsformation, sehr guter Blick hinüber zum markanten Nordkappfelsen.

Honningsvåg (Magerøy)

ca. 3.800 Ew. ♀ BANK ♫ ⚓

🛬 🚢 🚌 Regionalflughafen, Hurtigrutenanleger, Linienbusse. Ab 1998 soll es eine Tunnelverbindung zum Festland geben.

🅸 Nordkapp Reiseliv, ☎ 78472894, FAX 78473543.

♦ Zusätzlich im Sommer: Nordkapp & Kåfjord Turistinfo, ☎ 78472599.

Der Ort auf der Insel Magerøy, der sich 1996 zur Stadt ernannte (und damit zur nördlichsten Norwegens), wird von den allermeisten Besuchern im Nordkappfieber als Durchgangsstation kaum beachtet. Die Schiffe (insbesondere die meisten Hurtigrutenfahrten) laufen die Stadt von Westen kommend entweder durch den engen Magerøysund an, wobei das weiter nördlich auf der Insel gelegene Nordkapp unsichtbar bleibt, oder umrunden die Insel Magerøy auf ihrer Nordseite um das Nordkapp herum - in diesem Falle hat man es von seiner imposanteren Seeseite aus gesehen und kann sich eventuell den Rummel eines zusätzlichen Landausfluges von Honningsvåg dorthin per Bus ersparen und statt dessen in der Stadt bleiben - einem typisch nordnorwegischen modernen Hafenort ohne spezielle Sensationen.

Die Kirche ist das einzige Gebäude aus der Vorkriegszeit. Ab 1999 soll ein Tunnel Magerøy mit dem Festland verbinden.

Sehenswertes

⌘ **Nordkappmuseet**. Der Name ist etwas unglücklich gewählt, denn dieses Museum informiert über das Leben, die Küstenkultur und Wirtschaft der Umgebung allgemein, nicht nur über das Nordkapp.

♦ Fergeveien 4 nahe der Fähre, 15. Juni bis 15. August täglich 🕐 nachmittags bis 20:00, ansonsten mittags.

Exkursionen

Bus-Exkursionen zum **Nordkapp** (ungefähr 40 km von Honningsvåg) sind in den Sommermonaten wohlorganisiert. Teilweise werden sie auch verlängert (Honningsvåg-Nordkapp-Hammerfest, dort wieder aufs Schiff).

Am Nordkapp selbst gibt es für die Besucherströme (1994: über 250.000 Besucher, 1996 auf unter 200.000 gesunken) große Parkplätze und neben dem ganz normalen Blick (auch dieser ist nicht mehr umsonst) seit 1990 den Komplex der Nordkapphallen mit einer unterirdischen verglasten Aussichtshalle in der Felswand mit entsprechend wettergeschütztem Blick nach Norden und ein Super-Kino mit 225°-Projektion einer Multimedia-Show, die nicht nur bei trübem Wetter (nicht selten) oder einem Besuchstermin außerhalb der Mitternachtssonnenperiode das von der Natur verwehrte Schauspiel makellos aus der Konserve liefert.

Dazu gehören auch eine Champagner-Bar zum Anstoßen auf das Erreichen des magischen Felsens, das Nordkappmuseum (vor allem die prominenten frühen Nordkappbesucher vorstellend), eine Poststelle mit Sonderstempel, ein Restaurant, Souvenirhandel und eine kleine Kapelle.

✋ Übrigens: die Nordkappanlage ist bisher nur von Mai bis Oktober geöffnet, im Winter ist die Straße (bisher) teilweise gesperrt und nicht geräumt. Winterexkursionen zum Nordkapp werden aber z.B. per Motorschlitten angeboten - dann sind zwar die technischen Wunder der Nordkapphallen nicht zugänglich, dafür fehlt aber auch das Gewimmel der Hochsaison.

Wer statt dessen zum **Knivskjellodden** möchte - ca. 3 km nördlicher als das Nordkapp gelegen und wesentlich einsamer -, sollte sich per Taxi an der Abzweigung des Wanderweges absetzen lassen.

Norwegen: Bergen

Von der Straße bis zur Landspitze sind es ca. 2½ Stunden Wanderung.

Kjøllefjord ca. 1.300 Ew. ♥ BANK ⚐
⚐ ⚐ Hurtigruten, Linienbus.
🛈 Lebesby Reiselivslag, ☎ 78448467 (im Sommer), restliches Jahr: ☎ 78498361.
♦ Zusätzlich im Sommer: Kjøllefjord Turistinformasjon, ☎ 78498103.

Das Dorf ist ein wichtiges Zentrum der samischen Rentierhaltung: ca. 15.000 Rentiere - ca. neunmal soviel wie Einwohner.

Fünf Minuten vom Anleger: **Folldalsbruket** (restaurierte frühere Fischverarbeitungsgebäude: Dorschtran, Trockenfisch, Salzfisch etc.).

✝ Die 1951 errichtete, von Dänemark gestiftete Kirche war die erste nach der Zerstörung der Finnmark durch die Wehrmacht wieder neu errichtete Kirche. Beim Anlaufen des Hafens wird die **Finnkjerka** (Finnenkirche), eine bizarres Klippenensemble und heidnischer früherer Opferplatz, passiert.

Norwegen: Taiga/Kirkenes

Mehamn und Gamvik ca. 1.400 Ew.
🛪 ⚓ ⚐ Regionalflughafen, Hurtigrutenanleger, Linienbus.

🏠 Turistinfo Mehamn (nur im Sommer), Galleri Nordkyn, Dampskipskaia, 9970 Mehamn, ☎ 78447679, FAX 78497358.

Der Ort Mehamn auf der Nordkinn-Halbinsel ist mit dem benachbarten Gamvik die nördlichste Ansiedlung des norwegischen Festlandes, dank seines Regionalflughafens aber vergleichsweise gut an das übrige Land angebunden und verfügt sogar über ein Hotel. Ehemals Walfang und Tranfabrik (seit langem aufgegeben).

Norwegen: Festung Vardø

Sehenswertes
⌘ ✚ In Gamvik finden sich das **Gamvik-Museum**, die kleine örtliche Kirche (gleichzeitig traditionelles Seezeichen der Fischer), eine restaurierte Museumsfischfabrik, Ruinen einer deutschen Geschützstellung und Slettnes, der nördlichste Festlandsleuchtturm.

♦ **Gamvik Museum**, Heimatmuseum, 15. Juni bis 15. August täglich ☏ nachmittags.

Norwegen: Vardø

Exkursionen
Von Mehamn Fußwanderung oder Bootsfahrt zum **Nordkinn**, Europas nördlichstem Festlandspunkt, wo man in der Regel die pure Einsamkeit findet, während am benachbarten Nordkapp Touristenmassen für Gedränge bezahlen.

🚁 **Helikopterflüge** ab Mehamn.

Norwegen: Kirkenes

Berlevåg ca. 1.300 Ew. ♀ BANK ⚖
🛬 🚢 🚌 Regionalflughafen, Hurtigrutenanleger, Linienbus.
🏠 Berlevåg Turistinformasjon (im Havnemuseet, nur im Sommer), ☎ 78981541.

Der kleine Fischerort befindet sich am Ende der Eismeerstraße ganz außen auf der

Varanger-Halbinsel sehr ausgesetzt an der Küste, so daß harte Brandung mehrfach Häuser am Ufer zerschlug, bis die heutige imposante Hafenmole für Schutz sorgte und den Hafen bei nahezu jedem Wetter anlaufbar machte. Die Varanger-Halbinsel ist einer der wenigen Teile Festlandsnorwegens mit arktischem Klima.

Sehenswertes
⌘ Neben einem Bummel durch den kleinen Fischerort ist das kleine **Berlevåg Hamnemuseet** informativ (Bau des Hafens, Seefahrt).

Båtsfjord   ca. 2.500 Ew. ⚓ 🏧 🚗

🚢 🚤 🚐 Regionalflughafen, Hurtigrutenanleger, Linienbus.

🅱 Båtsfjord Turistinformasjon (nur im Sommer), Postboks 164, 9991 Båtsfjord, ☎ 78983100.

Der Ort hat keine speziellen Sehenswürdigkeiten, jedoch große Bedeutung als Fischereihafen und Fischverarbeitungsplatz, hinzu kommen entsprechende technische Betriebe (Werft etc.). Er überstand als eine der seltenen Ausnahmen in der Finnmark den Zweiten Weltkrieg und die systematische Zerstörung durch die sich zurückziehende Wehrmacht relativ unbeschadet.

Vardø   ca. 3.100 Ew. ⚓ 🏧 🏛 🚗

🚢 🚐 🚤 Regionalflughafen, Linienbusse, Hurtigruten.

🅱 Vardø Turistinformasjon, ☎ 78988270, FAX 78987477 (nur im Sommer).

Die eigentliche Stadt Vardø liegt auf einer Insel, die mit dem Festland durch einen Tunnel (2,9 km, bis 88 m unter dem Meeresspiegel, der erste unterseeische Tunnel Norwegens) verbunden ist. Größter Wirtschaftsfaktor ist die Fischerei.
    Obwohl Stadt, symbolisiert Vardø in besonderem Maße Abgelegenheit. Die Na-

tur ist hier echt arktisch und hier ist Norwegens östlichste Siedlung erreicht, hinter der bis vor kurzem der Eiserne Vorhang zum Nachbarn Rußland ein Ende setzte, das auch schon die Festung Vardøhus von 1738 (sternförmig, Vorläufer bereits im 14. Jh.) betonte. Nicht verwunderlich, daß hier, gewissermaßen am Ende der Welt, der Hexenwahn des 16. und 17. Jh. ca. 80 Frauen das Leben kostete.

    Andererseits war die Stadt aber auch über Jahrhunderte ein wichtiges Zentrum des Pomorenhandels (Pomoren: russische seefahrende Bevölkerung um Weißes Meer) zwischen dem Norden Rußlands und Norwegens - eine Tradition, die nun nach Ende des Kalten Krieges wieder auflebt. In die Weltöffentlichkeit geriet der Ort 1896, als Nansen und sein Begleiter, nach über einem Jahr für verschollen gehalten, hier von ihrem Retter Jackson an Land gesetzt wurden. Hurtigrutenanleger.

Sehenswertes
⌘ Die **Festung Vardøhus** ist von Mitte Juni bis Ende August geöffnet. Sehr lohnend ist das **Vardø Museum** (Pomorenhandel, Nansens fehlgeschlagene Skitour zum Nordpol, Hexenverfolgung, Zweiter Weltkrieg).

Vadsø   ca. 6.000 Ew. ⚓ 🏧 ➕ 🏛

🚢 🚤 🚐 Regionalflughafen, Hurtigrutenanleger, Linienbus.

🅱 Øst-Finnmark Regionsråd, ☎ 78952988.

♦ Zusätzlich im Sommer: Vadsø Turistinformasjon, ☎ 78954490.

Die **Hauptstadt des Bezirks Finnmark** mit entsprechender Verwaltung und ansonsten ebenfalls vor allem vom Fischfang geprägt, wobei hier neben dem Dorsch vor allem die kleine Lodde traditionell wichtig war, bis die Bestände zusammenbrachen und die Loddefischerei 1987 vorläufig sogar verboten wurde, um der Fischart eine Erholungschance zu geben. Umfangreiche Fischverarbeitungsindustrie, auch von Garnelen.

Sehenswertes

⌘ **Vadsø Museum**, Darstellung der Regionalkultur mit ihrem besonderen Gemisch norwegischer, finnischer, samischer und russischer Bevölkerungsgruppen und Kulturen, u.a. finnischer Bauernhof von 1840.

Luftschiffanleger auf der vorgelagerten Vadsøya (1926-28 von den Luftschiffen Amundsens und Nobiles auf dem Weg nach Spitzbergen genutzt).

Der **Vogelfelsen Fuglefjell Ekkerøy** ist per Auto-Exkursion erreichbar (dort bitte an vorgegebene Wanderwege halten).

Kirkenes ca. 5.000 Ew. ♀ BANK ♫ ⊞ ⌖
🛬 🚢 🚌 Nationaler Flughafen mit Direktverbindungen nach Oslo, Hurtigrutenanleger, Linienbusse.

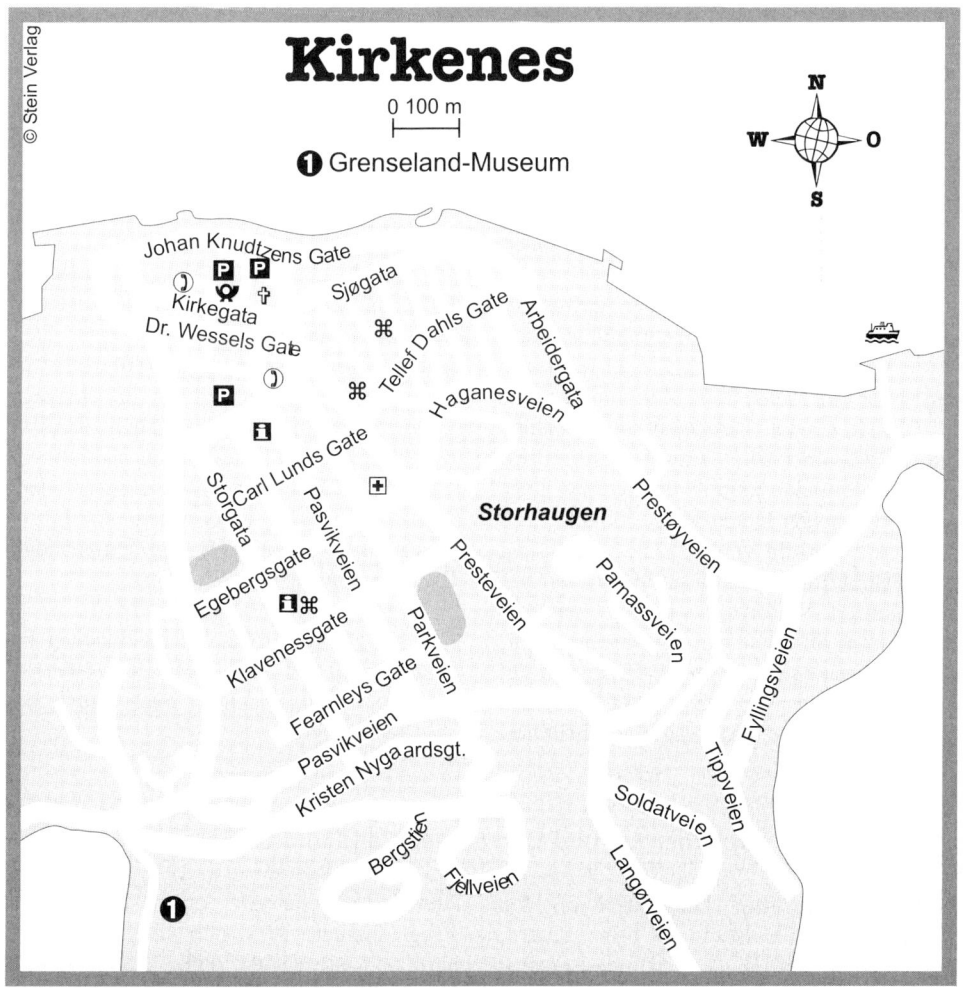

Kirkenes

0 100 m

❶ Grenseland-Museum

© Stein Verlag

🔲 AS Grenseland, Postboks 8, 9900 Kirkenes, ☎ 78992544, FAX 78992525.

Zurückversetzt in einem verwinkelten Seitenarm des Varangerfjordes an der Mündung des Grenzflusses Pasvikelv ist Kirkenes die norwegische Grenzstadt zu Rußland, das nur wenige Kilometer entfernt beginnt. Diese Grenzlage und die örtlichen Erzgruben sorgten dafür, daß Kirkenes im 20. Jh. viermal erheblich unter Kriegen litt. Ursprünglich auch ein Treffpunkt und Handelsort über die Grenze hinweg, zwangen die Jahrzehnte der Sowjetzeit im benachbarten Rußland Kirkenes in eine Randlage und sorgten für militärisches Interesse an dieser Region als (neben der östlichen Türkei) einziger direkter damaliger Grenze zwischen Nato und Sowjetunion. Die Exkursion zur russischen Grenze gehörte, ähnlich wie in Berlin, zum Besuchsprogramm in Kirkenes. Nach Öffnung der Grenze ist Kirkenes' wirtschaftliche Attraktivität wieder gestiegen, auch für russische Straßenhändler, und heute sind Ausflüge über die Grenze per Bus oder per schnellem Katamaran nach Murmansk beliebt. Geblieben ist allerdings die Sorge über die umweltzerstörenden Abgase der gleich jenseits der Grenze gelegenen russischen Industriestadt Nikel.

Das **Stadtbild** von Kirkenes, im Krieg zunächst heftig zerbombt und dann von der abziehenden Wehrmacht gezielt zerstört, ist modern, teilweise mit viel Grünflächen, ohne Spektakuläres. Wirtschaftlich geprägt wurde Kirkenes vor allem vom **Erzbergwerk** Sydvaranger AS, dessen schrittweiser Niedergang der Stadt entsprechende Probleme bereitete.

Sehenswertes
⌘ Das neue **Grenseland-Museum** ❶ im Süden der Stadt vermittelt anschaulich Regionalgeschichte.

Andersgrotta (Tunnel des Bergwerkes, der im Krieg der Zivilbevölkerung während 300 Bombenangriffen als Zuflucht diente, einschließlich Ausstellung und Videovorführung) und **Ehrenmal** für die Befreiung durch die sowjetische Rote Armee.

Exkursionen
Katamaranfahrt nach Murmansk (Dauer: 16 Stunden), **Bus-Exkursionen zur russischen Grenze** (Jakobselv mit der als Grenzmarkierung 1869 errichteten Kong Oscar Kapelle) oder hinüber auf die Halbinsel Kola.

Besuch des **Øvre Pasvik Nationalparks** (63 km², nordwestlichster Ausläufer der sibirischen Taiga, interessante Tierwelt, mindestens ein Tag erforderlich, im Winter auch Hundeschlitten) im norwegischen Grenzlandzipfel zwischen Rußland und Finnland ein gutes Stück südlich von Kirkenes - auf dem Weg dorthin nach 60 km eines von Norwegens allerbesten Feinschmeckerlokalen in der umgebauten **Touristenstation von Skogfoss**.

✕ Langfristige Vorbestellung dringend anzuraten, ☎ 78995444, FAX 78995499, wegen Abgelegenheit auch sieben Gästezimmer.

Spitzbergen und Bäreninsel: Land und Leute

Namensverwirrung: Um ihren eigenen Anspruch auf die Inseln zu untermauern, holte Norwegen in den nationalistischen 20er Jahren den seit der Wikingerzeit in Vergessenheit geratenen Begriff "Svalbard" ("Kalte Küste" oder "Kalter Rand") aus der Versenkung, wobei heute sogar von norwegischen Forschern angezweifelt wird, ob die Wikinger damit Spitzbergen meinten oder vielleicht das Packeis oder Jan Mayen. Im amtlichen Norwegen heißt seitdem das gesamte Gebiet des Spitzbergen-Vertrages, also die eigentliche Inselgruppe Spitzbergen, einige benachbarte Inseln und die südlichere Bäreninsel zusammen "Svalbard". Das führte nun offensichtlich zu Verwirrung, selbst innerhalb Norwegens: Hauptinsel = Vestspitsbergen, größter Teil der Inselgruppe = Spitsbergen, Gesamtheit = Svalbard. Daher wurde, noch weiter von der internationalen (und über Jahrhunderte auch norwegischen) Tradition abweichend, nun die Hauptinsel von Vestspitsbergen in Spitsbergen umgetauft und der traditionelle Name Spitsbergen für die Inselgruppe damit aufgehoben.

Außerhalb Norwegens haben sich diese Umtaufungen allerdings gegen die internationale Tradition kaum durchsetzen können und so ist die Inselgruppe heute weiterhin weltweit als Spitzbergen bekannt.

Geographie und Klima

1596 vom Holländer Willem Barents offiziell auf seiner Suche nach einem nördlichen Seeweg nach Ostasien entdeckt, vorher aber möglicherweise sowohl von den Pomoren Nordrußlands als auch eventuell von den Wikingern des späten 12. Jh. besucht, war Spitzbergen bis 1920 zwar Walfangstützpunkt, Jagdrevier für Trapper, Tummelplatz für Bergbaupioniere und interessantes Ziel für Forscher und Versuche, den Nordpol zu erreichen, aber ansonsten Niemandsland. Der von Barents gewählte Name "Spitsbergen" beschreibt eigentlich nur große Teile der Westküste mit ihren wilden Bergzacken und dazwischen eingeschnittenen Gletschern korrekt, während weite Teile der Inselgruppe eher von Plateaubergen mit steil abfallenden

Rändern, teils bizarr verwittert, geprägt sind, dazwischen gibt es aber auch große, relativ geschützte Täler und natürlich zahlreiche Gletscher und kleinere Inlandeisgebiete. Mit rund 63.000 km² etwa so groß wie Holland und Belgien zusammen, vereinigt Spitzbergen in sich eine eindrucksvolle Vielzahl unterschiedlicher arktischer Landschaften: alpine oder plateauartige Berge (höchster Gipfel: 1.713 m), tief ins Land einschneidende Fjorde, Steilküsten und weite Küstenebenen, ins Meer abstürzende Gletscherfronten oder im stillen Inland auslaufende Eiszungen.

Vulkanismus spielte in Spitzbergens Erdgeschichte im Gegensatz zu Island und Jan Mayen eine sehr bescheidene Rolle, dafür aber ist die übrige Geologie für die Forschung um so interessanter, denn hier liegen die Gesteinsschichten der letzten 1,2 Milliarden Jahre bis heute mit nur wenigen größeren zeitlichen Lücken offen und erlauben Einblicke in ferne Vergangenheiten sowie dem Besucher vielerlei Möglichkeiten zur Fossiliensuche.

Eine Besonderheit Spitzbergens ist das **Klima**: Während die wenigen ähnlich nördlichen anderen Landgebiete der Erde (Nordgrönland und -kanada, einige russische Inseln) ziemlich fest im Griff des Packeises sind, wird Spitzbergens Westküste von einem letzten Golfstromausläufer erreicht, der hier das oberflächliche Meerwasser knapp über dem Gefrierpunkt hält und damit über den größeren Teil des Jahres Schiffahrt ermöglicht. Der Westen der Inselgruppe bietet daher vergleichsweise gemäßigte arktische Verhältnisse, während nur 50 bis 150 km weiter östlich hocharktische Bedingungen den entsprechend kargen Nordosten und Osten der Inselgruppe prägen und für deutlich mehr Meereis sorgen. Die deutliche Bevorzugung der Nordwestküste Spitzbergens bei den meisten Seereisen wird nicht nur durch ihre landschaftlichen Reize begründet, sondern auch durch ihre weitaus günstigeren Eisverhältnisse - wer in den Osten vorstoßen will, sollte ein eisverstärktes oder gar eisbrechendes Schiff suchen.

Während der für Seereisen üblichen Zeiten ist stärkerer Frost (unter -5 °C) die Ausnahme, insbesondere in der Hauptreisezeit von Ende Juni bis Mitte August. Typische Temperaturen liegen eher bei +3 bis 10 °C. Gerade auf See ist allerdings Schutz vor möglichem kalten Wind sehr wichtig, um sich auch bei Fahrtwind oder windigem Wetter an Deck aufhalten zu können. Die jährlichen Niederschlagsmengen Spitzbergens sind zwar steppenhaft gering, doch muß an den Küsten häufiger mit tiefhängender Wolkendecke, eventuell auch Nieselregen oder Nebelnässe gerechnet werden - richtig strömender, anhaltender Regen ist ziemlich selten.

Flora und Fauna

Die Zeit der **Mitternachtssonne** dauert volle vier Monate ca. vom 20. April bis 20. August (Longyearbyen). Dieses reiche Lichtangebot ist die **Basis eines riesigen sommerlichen Nahrungsangebotes im Meer**, was für den Besucher vor allem an den Millionen dort fischenden **Seevögeln** und deren großen Kolonien in den Küstenfelsen sichtbar wird.

Aber auch die **Säugetiere** der Region profitieren direkt oder indirekt von dem marinen Nahrungsangebot: Wale, Robben und Walrosse und Eisbären (ca. 3.000 bis 5.000 um Spitzbergen) in direkter Form, während die beiden einzigen natürlich vorkommenden Landsäugetierarten, die ca. 12.000 Spitzbergen-Rentiere und die Polarüchse, zumindest teilweise und indirekt vom Meer leben (Vogeldung sorgt für stärkeres Pflanzenwachstum, tote Vögel etc. für Fuchs).

Die nahezu gesamte Inselgruppe ist von **Dauerfrostboden** geprägt, der im Gebirge teilweise bis 450 m in die Tiefe hinabreichen kann. Trotz geringer Niederschläge sind daher große Flächen feucht oder gar morastig, denn Schmelz- und Regenwasser können nicht durch die tieferen gefrorenen Schichten versickern und so bleibt den angepaßten Pflanzenarten das knappe Wasser länger verfügbar.

Insgesamt gibt es immerhin über 160 höhere **Pflanzenarten** in Spitzbergen, darunter auch 48 "Blumenarten", die für einen anrührend intensiven, aber kurzen Polarsomer sorgen. Allerdings haben dicht beachene Flächen nur ca. 10% Anteil an Spitzbergen, 60% der Inselgruppe sind von Eis bedeckt und 30% sind kaum bewachsenes Ödland (Schutthänge, Felsen, Flußbetten etc.), wobei die Verteilung höchst ungleich ist: Im geschützten westlichen Inland und zur Westküste hin finden sich eher auch grüne Talböden, während der Nordosten besonders stark vereist ist.

Geschichte und Wirtschaft

Die **menschliche Nutzung der Inseln** begann vor allem mit der Ausbeutung der küstennahen **Walbestände** und der einst riesigen **Walroßherden** ab ca. 1607, wobei es den daran beteiligten Holländern, Engländern, Dänen, Hamburgern, Nordfriesen, Norwegern etc. innerhalb von nur ca. 50 Jahren gelang, die Bestände weitgehend auszurotten, so daß sich diese sommerlichen Fangfahrten nicht mehr lohnten und heute nur noch zahlreiche Gräber und einige Spuren der Walverarbeitungsplätze zu finden sind.

Parallel dazu, vielleicht sogar schon früher, entwickelte sich die zunächst von Russen dominierte **Pelztierjagd**, die Überwinterungen erforderlich machte, da die dichten Winterpelze wesentlich wertvoller sind als Sommerpelze.

Sie fand ihr weitgehendes Ende erst, als ab 1973 auch die Eisbären unter Naturschutz gestellt wurden, aber noch heute gibt es ein paar Aussteiger, die als Trapper in abgelegenen Hütten auf Spitzergen leben. Die **Bodenschätze** der Inselruppe rückten ab dem Ende des 19. Jh. ins Interesse, in erster Linie die Kohle.

Alle heute bestehenden Siedlungen Spitzbergens waren oder sind Kohlebergerksorte und liegen wegen deren besserer Schiffbarkeit alle an der Westküste.

Tourismus gibt es in Spitzbergen zwar schon lange und seit 1891 sogar regelmäßige sommerliche Kreuzfahrten, aber als wichtiger örtlicher Wirtschaftsfaktor wird der Tourismus erst seit ca. 1989 eingestuft und entwickelt, vor allem mit Longyearbyen als Zentrum, wo innerhalb weniger Jahre eine entsprechende Infrastruktur mit u.a. über 400 Gästebetten geschaffen wurde und dank des modernen Linienflughafens der einfachste Zugang besteht. Im Jahre 1996 besuchten über 40.000 Gäste

Spitzbergen, darunter rund die Hälfte per Seereise.

Schließlich ist die Inselgruppe auch traditioneller **Stützpunkt der Forschung** unterschiedlichster Art. Hierbei ist sowohl die Inselgruppe selbst Gegenstand des Interesses, als auch die Nutzung ihrer polnahen Lage als Stützpunkt zur Erforschung der Umgebung und der Atmosphäre. Schon die Pioniere der Versuche, den Nordpol zu erreichen, erkannten Spitzbergen mit seiner extrem nördlichen und dank wenig Eis gut erreichbaren Position als interessante Basis und so sind berühmte Namen wie Nordenskiöld, Andree, Byrd, Amundsen, Ellsworth, Nobile etc. eng mit Spitzbergen verbunden, ihre Startplätze auf der Däneninsel und in Ny Ålesund sind wichtige Attraktionen vieler Spitzbergenreisen. Aber auch heute spielt die Forschung auf Spitzbergen eine wichtige Rolle, mit Ny Ålesund als traditionellem internationalen Forschungsstützpunkt, zu dem in den letzten Jahren einige Großprojekte in Longyearbyen hinzugekommen sind - Forschung wird zunehmend auch als alternativer Arbeitgeber zu den Bergwerken gesehen.

Erst 1920 konnte man sich im **Spitzbergen-Vertrag** einigen, daß die Inselgruppe einschließlich der Bäreninsel und einiger weiterer umliegender Eilande künftig zu Norwegen gehören soll - allerdings ohne Militärstützpunkte, mit gleichberechtigten Nutzungs- und Zugangsmöglichkeiten für Bürger aller Vertragsstaaten und mit Steuern, die nicht höher sein dürfen als zur Verwaltung der Inselgruppe erforderlich. Dieser Vertrag, eine weltweit einmalige Konstruktion, hat mittlerweile eine überraschend lange Überlebensdauer erreicht und ist die Grundlage für das ebenso weltweit einmalige Nebeneinander von **russischen Siedlungen auf norwegischem Territorium.**

Die beiden russischen Bergwerksorte Barentsburg und Pyramiden gehören der russischen Staatsfirma Trust Arktikugol, unterliegen aber wie die gesamte Inselgruppe norwegischem Recht und norwegischer Souveränität. Allerdings hat die russische Bergwerksgesellschaft als Eigentümer Hausrecht. Beliebtestes Zahlungsmittel dort sind norwegische Kronen.

Dieses Nebeneinander der Kulturen, das in Spitzbergen eine jahrhundertelange Tradition hat, gehört auch zu den Besonderheiten und Reizen der Inselgruppe - neben der imposanten Natur.

Spitzbergen - Reise-Infos

Spitzbergen ist teilweise noch immer **Wildnis**, wie man es sich in Mitteleuropa kaum vorstellen kann. Es gibt zwischen den isolierten Siedlungen (zusammen knapp 3.000 Ew.) keinerlei Landwege und nur gelegentlichen Flugverkehr sowie vereinzelt sommerliche Bootsverbindungen. Unmittelbar hinter den letzten Häusern und Bergwerken beginnt pfadlose arktische Wildnis. Es gibt im Gelände für Touristen keine Hütten. Aufgrund dieser unverfälschten und spektakulären Natur ist Spitzbergen einerseits zwar ein reizvolles Ziel, andererseits aber für Individualtourismus wenig geeignet, nicht nur wegen der Eisbären, deretwegen jede Gruppe außerhalb der Orte mindestens einen bewaffneten Schützen dabeihaben sollte. Fast alle Besucher der Inselgruppe schließen sich einem Veranstalter-Programm an, wobei Seereisen die bei weitem längste Tradition haben, während es vor Ort ansässige Firmen mit Landprogrammen erst seit den 80er Jahren gibt.

Spitzbergen gehört zu Norwegen, insofern gelten für den Besucher die meisten praktischen Hinweise, die sich auch unter ☞ Norwegen - Reise-Infos finden. Ein umfangreicheres Angebot zivilisatorischer Einrichtungen findet sich nur in Longyearbyen (Bank, zahlreiche Läden, gut ausgestattetes Krankenhaus). Es folgen einige wichtige Besonderheiten zu Spitzbergen:

An- und Rückreise

Entweder mit dem Schiff oder per Flugzeug unter Nutzung des modernen Linienflughafens in Longyearbyen, wenn das Schiff dort die Passagiergruppen tauscht - letzteres ermöglicht die **Ergänzung der Seereise durch ein vorheriges oder nachfolgendes Landprogramm** in Longyearbyen mit Unterkunft in einem der dortigen Quartiere, um so auch die Landseite der Arktis in Ruhe zu erleben.

Denkmalschutz

In Spitzbergen gilt die einfache Regel: alles, was an menschlichen Hinterlassenschaften von 1945 oder älter ist, steht automatisch unter Denkmalschutz, darf also noch nicht einmal in seiner Lage verändert werden. Da menschliche Spuren dort selten sind, gehören selbst Patronenhülsen, Nägel etc. zu diesen Kulturdenkmälern. Geschützt sind auch einige neuere Geschichtszeugnisse, z.B. Gräber.

Forschung

☝ Halten Sie Abstand von Meßanordnungen, abgesteckten Flächen etc. - ohne genaue Kenntnisse des Projektes kann ein einziger Fußtritt auf Pflanzen in einer Untersuchungsfläche, ein Anfassen oder unbeabsichtigtes Anhauchen von Meßgeräten oder auch nur die Zusammensetzung der Atemluft Meßergebnisse verfälschen oder gar ein komplettes teures Projekt und jah-relange Arbeit zerstören, wenn die dafür erforderlichen ungestörten Langzeitbeobachtungen dadurch unterbrochen oder auch nur geringfügig verändert werden.

Medizinische Versorgung

Am besten in Longyearbyen - das dortige moderne Krankenhaus hat auch eine Zahnstation (nicht immer besetzt) und übernimmt die Funktion einer Apotheke. In Longyearbyen ist außerdem der Rettungsdienst mit seinem hochmodernen Rettungshubschrauber stationiert. In Barentsburg und Pyramiden und finden sich bescheidenere russische Krankenhäuser, in Ny Ålesund eine kleine Ambulanzstation.

Naturschutz und Verhalten

Fast alle **Tierarten Spitzbergens sind geschützt**, Belästigungen verboten. Wer Tiere fotografieren möchte, sollte ein entsprechend starkes Teleobjektiv mitbringen (400 oder mehr mm bei Kleinbild), statt die Tiere zu verfolgen und zu scheuchen, was in der Regel die Tiere Energie kostet, aber zu keinen guten Fotos führt. Außerdem gibt es mehrere **Pflanzenschutzgebiete**, in denen u.a. Longyearbyen und Pyramiden liegen und in denen jegliches Beschädigen von Pflanzen (also auch Pflücken, Herausreißen, Ausgraben) verboten ist. Das gleiche gilt für die Nationalparks (Krossfjord, Magdalenefjord) und Naturreservate.

Hubschrauberlandungen sind in Spitzbergen außerhalb von Siedlungen grundsätzlich verboten, ebenso Tiefflüge oder Lärm in der Nähe von Vogelkolonien.

Kong-Karls-Land im Osten darf als Eisbären-Schutzgebiet ganzjährig nicht betreten werden, **Moffen** als Walroß-Schutzgebiet und ebenfalls eine Reihe kleinerer **Vogelschutzgebiete** (meist kleine Inseln) nicht während der Sommermonate, und für all diese Schutzgebiete ist dann auch nur eine Annäherung auf höchstens 300 m erlaubt.

Abfälle dürfen nicht in der freien Natur zurückgelassen, auch nicht vergraben werden (Frostbewegungen bringen sie wieder an die Oberfläche).

Treibholz aus den Urwäldern Sibiriens scheint an manchen Stränden in Massen angeschwemmt zu werden und verlockt zum Feuermachen - in Wirklichkeit ist es das arktische Klima, das eine Verrottung lange verzögert, und ein Feuer vernichtet, was in über hundert Jahren angeschwemmt wurde und zum natürlichen Landschaftsbild gehört. Also kein Feuer aus dem Treibholz entzünden!

Angriffe von Vögeln sind einfach abzuwehren, indem man einen Stock o.ä. ruhig über den Kopf hält oder mit der Hand über dem Kopf Kreisbewegungen macht - Küstenseeschwalben (und manchmal Raubmöwen) als die typischen Angreifer zielen immer auf den höchsten Punkt (und wenn dieser sich rasch bewegt, irritiert sie dies). Wer hingegen mit einem harten Gegenstand um sich schlägt, riskiert, dem Vogel einen Flügel zu brechen, was für diesen und wahrscheinlich die Jungen den Tod bedeutet. Der Vogel verteidigt mit seinen Angriffen lediglich seinen Nachwuchs irgendwo ganz in der Nähe - respektieren Sie dies!

Zoll und Steuern

Aufgrund des Spitzbergen-Vertrages ist Spitzbergen zollfreies Gebiet und frei von den meisten Steuern, u.a. keine Mehrwertsteuer (und entsprechend ist natürlich auch deren Rückerstattung nicht möglich!). In Spitzbergen eingekaufte Waren müssen eventuell bei Einfuhr ins übrige Norwegen oder in ein anderes Land nachversteuert bzw. verzollt werden. Die fehlenden Steuern machen einige Produkte in Spitzbergen recht preiswert.

Spitzbergen: Landeplätze

Spitzbergen kann mit verschiedensten Seereiseformen besucht werden: auf einer klassischen Kreuzfahrt, auf Studien-Seereisen, mit einem Küstenschiff, Segler oder Eisbrecher. Derzeit sind per Schiff nur sommerliche Besuche möglich (später Mai bis Anfang September).

Die Mehrzahl der Programme ist kurz (ein bis drei Tage an Bord in Spitzbergens Küstengewässern) und konzentriert sich auf die **Nordwestecke** der Hauptinsel mit ihren landschaftlichen Reizen (populärster Landeplatz: die Gräberhalbinsel im spektakulären Magdalenefjord) und ihren historischen Relikten (Walfang und Polarpioniere, wobei vom Walfang des 17. Jh. nur noch bescheidene Spuren sichtbar sind, als Zentrum der Polarforschung wird meist Ny Ålesund angelaufen).

Eventuell Sichtung von Walen und Robben. Walrosse und Eisbären lassen sich auf diesen kürzeren Fahrten nur selten entdecken - wer gute Chancen für ihre Beobachtung haben möchte, sollte eine der **längeren Schiffsreisen in den Osten der Inselgruppe** buchen (mindestens sieben, besser 10 bis 14 Tage Schiffahrt in Spitzbergen einschließlich Landgängen), bei denen meist zumindest eine Anreisestrecke per Flugzeug nach/von Longyearbyen bewältigt wird. Für Umrundungsversuche der Inselgruppe empfehlen sich ebenfalls besonders die reichlicher mit Zeit ausgestatteten Programme ab etwa Mitte Juli - je später in der Saison, desto besser sind statistisch die Chancen für eine erfolgreiche Umrundung, wobei es hierfür eine Garantie in diesen von sehr unterschiedlichen Eisverhältnissen geprägten Gewässern nicht geben kann: Sicherheit (und entsprechend im Zweifelsfall rechtzeitige Umkehr) hat Vorrang.

Im Gegensatz zu vielen anderen Seereise-Zielgebieten, wo überwiegend in den Siedlungen an Land gegangen wird, gehören zu den meisten Schiffstouren in Spitzbergen auch **Landungen** an natürlichen Stränden per Beiboot oder Schlauchboot - je nach Art der Reise an einem provisorisch errichteten Landesteg oder durch einen beherzten Sprung ans Ufer (Gummistiefel!). Hierfür gibt es natürlich eine Reihe von interessanten Plätzen, von denen die beliebtesten nachfolgend aufgeführt sind.

In den Siedlungen gibt es Angebote für organisierte Informationstouren, die eventuell über die Reiseleitung an Bord gebucht werden können.

Isfjord

Der Eisfjord ist der größte Fjord der Westküste, weit verzweigt, und zerschneidet mit seinen Armen die Hauptinsel fast in mehrere Teile. An ihm liegen einerseits die drei größten Orte Spitzbergens, andererseits finden sich hier aber auch weite menschenleere Küstenstriche mit unberührter arktischer Wildnis und etliche imposante Gletscher-Abbruchfronten auf der Nordseite des Fjordes.

Imposant insbesondere von Westen nach Osten: Die Ymerbucht mit dem Esmarch-Gletscher, Borebukta mit Nansen- und Bore-Gletscher und schließlich die Yoldiabukta mit Wahlenberg- und Svea-Gletscher (einer der derzeit am häufigsten kalbenden in Spitzbergen). Bemerkenswert ist, daß der Isfjord durch sein tiefes Eindringen einen Querschnitt durch

wichtige Landschaftsformen Spitzbergens bietet - von der alpin-spitzen Szenerie mit den teils vorgelagerten Küstenebenen der Westküste bis hin zu den majestätischen Felsmauern mit ihren regelmäßig herausgewitterten Vorsprüngen der Plateauberge in den innersten Fjordarmen Tempelfjord (mit der imposanten Front des Tuna-Gletschers) und Billefjord (mit der russischen Grubensiedlung Pyramiden und dem zerklüfteten großen Nordenskiöld-Gletscher vis-à-vis).

Natürliche Landeplätze

Von den größeren Schiffen bieten einzelne eine Landung im **Tempelfjord** an - entweder auf der kleinen Halbinsel **Kapp Schoultz** (schöner Rundblick auf die umliegenden Felsmauern und den Tuna-Gletscher am Fjordende, am Hang die Überreste einer gescheiterten Gipsmine aus den Pioniertagen) oder an der **Moräne des Tuna-Gletschers**, von wo sich ein weiter Blick auf dessen mehrere Kilometer lange imposante Abbruchfront und den südlich unmittelbar anschließenden Von-Post-Gletscher (dessen Eis derzeit unspektakulär flach ins Wasser ausläuft) eröffnet. Kleinere Schiffe, wie etwa bei Studien-Seereisen, landen im Isfjord auch an anderen Plätzen an, insbesondere im westlichen Teil des Nordufers (flache Halbinseln Bohemanflya und Erdmannflya, Trygghamna und Ymerbukta).

Longyearbyen (Isfjord/ Adventfjord) ♥ BANK ⊞ (mit ♠) ⏚

⛴ ⛴ ⛴ Fast täglich Linienflüge von/nach Tromsø, zwei- bis fünfmal wöchentlich Turboprop-Flug nach/von Ny Ålesund, Hubschrauber-Charterflüge zu den anderen Siedlungen, im Sommer unregelmäßige Bootsfahrten.

ℹ Info Svalbard, ☎ 79022303. Speziell deutschsprachig: terra polaris, ☎ 79021068.

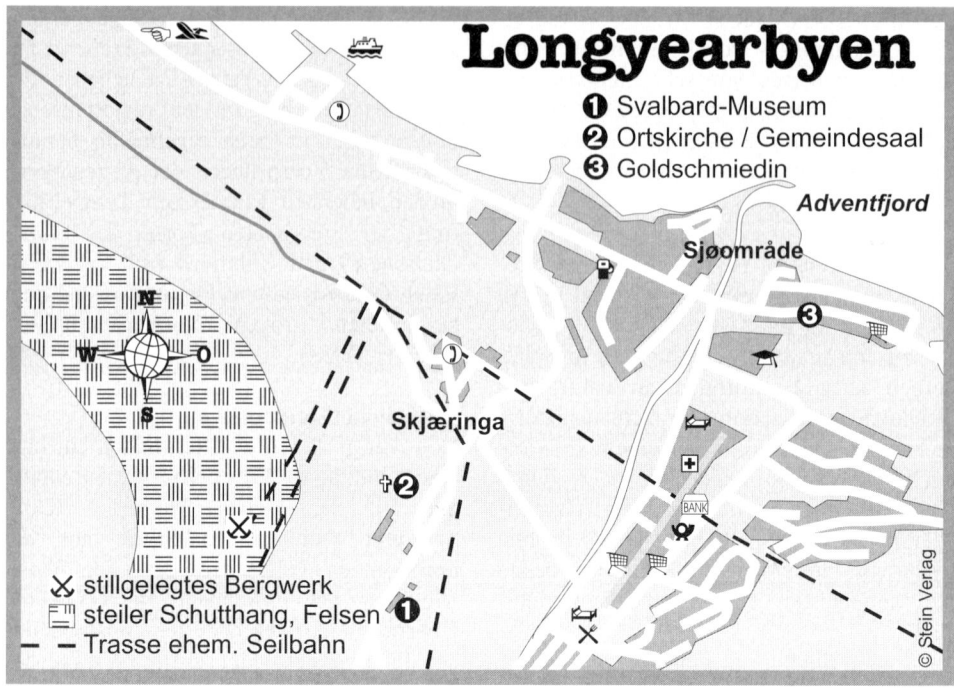

Longyearbyen
❶ Svalbard-Museum
❷ Ortskirche / Gemeindesaal
❸ Goldschmiedin

Adventfjord

Sjøområde

Skjæringa

✕ stillgelegtes Bergwerk
☰ steiler Schutthang, Felsen
— — Trasse ehem. Seilbahn

© Stein Verlag

✕ Gut: **Huset**, **Nansen**, **Kro** - jeweils in ihrem eleganteren Teil.

1906 von dem wohlhabenden amerikanischen Industriellen John M. Longyear als sein Bergwerksort Longyear City gegründet und 1916 an den heutigen Eigentümer, die norwegische Bergwerksgesellschaft SNSK (Store Norske Spitsbergen Kulkompani AS) verkauft, entwickelte sich der geschützt in einem engen Seitental am Fuße von zwei kleinen Gletschern gelegene Ort zur heutigen Hauptsiedlung Spitzbergens mit derzeit ca. 1.250 Einwohnern 1943 von der Wehrmacht weitgehend zerstört, entstand der Ort ab 1946 neu. Hier residiert der norwegische Gouverneur ("Sysselmann") mit seiner für die ganze Inselgruppe zuständigen Polizei- und Verwaltungsmannschaft.

1975 wurde die winterliche Isolation Spitzbergens und speziell Longyearbyens durch die Eröffnung des modernen Linienflughafens etwa 4 km außerhalb des Ortes beendet. Auf ihm können, etwa beim Austausch von Kreuzfahrern, Maschinen mit bis zu 350 Passagieren landen.

Angesichts der zunehmenden wirtschaftlichen Probleme des Kohlebergbaus (die SNSK betreibt etwa 11 km landeinwärts noch ihre Grube 7 und weiter südlich den zweiten Grubenort Sveagruva am Van Mijenfjord) setzt Norwegen in Longyearbyen zur Erhaltung des Ortes mittlerweile auf größere Vielfalt, so daß seit 1989 mehrere Tourismusbetriebe mit mehr als 400 Gästebetten, aber auch moderne Forschungseinrichtungen (z.B. die Atmosphären-Forschungsradaranlage EISCAT, die derzeit im Bau befindliche Bodenstation für Satellitendaten SVALSAT und das Ausbildungszentrum UNIS der vier norwegischen Universitäten für Aufbaustudiengänge in arktisbezogenen Naturwissenschaften sowie das stark gewachsene Forschungszentrum des Norsk Polarinstitutt) entstanden.

Sehenswertes

⌘ Das **Svalbard Museum** ❶ gibt einen guten Überblick über die meisten Aspekte Spitzbergens.

♱ An der kleinen **Ortskirche** ❷ erfreut die meisten Besucher auch der gemütliche Gemeindesaal.

Im Ortszentrum sind etliche **Läden für Souvenirs**. Im ufernahen Ortsbereich am Ende der Adventbucht treffen Sie vielleicht die holländische **Goldschmiedin** ❸ Marina van Dijk in ihrer kleinen grünen Hütte bei der Arbeit an ihren von nordischer Natur und Kultur inspirierten Schmuckstücken an (auch in anderen Läden erhältlich).

Exkursionen

Busrundfahrt oder individuelle Kleingruppen mit Einblicken in arktische Tundranatur oder Gletscherwanderung. Eventuell Grubenbesuch. Buchbar eventuell über die Bord-Reiseleitung oder direkt vor Ort anfragen (auch für Preisvergleich, ☞ 🏠).

Barentsburg (Isfjord)

💐 ⊞ Souvenirs, Besucherkantine, kleine ⚲

Ursprünglich von einer holländischen Grubengesellschaft aufgebaut und 1932 von den Sowjets für ihren Staatsbetrieb Trust Arktikugol gekauft, ist Barentsburg heute die russische Hauptansiedlung in Spitzbergen und mit ihrer typisch russisch-sozialistischen Bauweise ein überraschender Anblick auf norwegischem Territorium. Bis nach dem Ende der Sowjetunion lebten hier bis zu 1.400 Menschen, darunter viele Kinder und Familien, doch aufgrund der wirtschaftlichen Probleme Rußlands mußten Schule und Kindergarten geschlossen,

fast alle Kinder aufs Festland zurückgeschickt und die Belegschaft auf heute ca. 850 Menschen abgebaut werden - überwiegend Ukrainer.

Ähnlich wie bei den Norwegern ist der Bergbau primär politisch motiviert. Da die Versorgung vom Mutterland während der letzten Jahre erheblich schlechter geworden ist, sind die russischen Siedlungen dazu übergegangen, etwa die Hälfte ihrer Produktion nach Westen zu verkaufen, um damit Versorgungsgüter einhandeln zu können - wobei diese Produktionsmengen andererseits natürlich in Nordrußland fehlen, wohin das marode russische Transportsystem nur schwer Ersatz aus den Gruben des russischen Festlandes befördern kann.

Neben dem Bergwerk ist Barentsburg auch Sitz eines russischen Konsulats (!) und verfügt über eine größere Forschungsbasis, die allerdings seit Jahren weitgehend leer steht. Etwas außerhalb, auf Kapp Heer, befindet sich der beachtliche Hubschrauberstützpunkt, der während des Kalten Krieges für Spekulationen Anlaß bot, dessen heute zwei bis drei Hubschrauber aber die einzige ganzjährige Verbindung der russischen Siedlungen untereinander und nach Longyearbyen bilden, dessen Flughafen auch für gelegentliche russische Maschinen genutzt wird.

☹ Viele Besucher benehmen sich wie bei einem Zoobesuch und fallen durch überhebliche Besserwisserei und herablassendes Belächeln der sicherlich nicht mit westlichen Orten vergleichbaren Verhältnisse peinlich auf.

Sehenswertes

Das **Kulturhaus** mit angegliederter Sport- und Schwimmhalle bietet eine überraschende Vielfalt an Aktivitätsmöglichkeiten.

⌘ Spitzbergens umfangreichste geologische und archäologische Sammlung befindet sich im **Barentsburger Museum**.

Die Einkaufsmöglichkeiten sind sehr begrenzt - überwiegend werden die typischen russischen Souvenirs aus Holz, elektrische Samowars, Uniformteile, Messer, Anstecknadeln angeboten, teilweise ziemlich teuer. Örtlich produziert werden z.B. Holzteller mit handgemalten Spitzbergen-Motiven.

Ny Ålesund (Kongsfjord (Königsfjord))

⚑ Souvenirs

🛬 🚁 Gelegenheitsflugverkehr mit Turboprop nach/von Longyearbyen, Helikopter.

🍴 Café "Mellageret" ("Mehllager"). Öffnungszeiten nach Bedarf.

Nach dem Magdalenefjord ist der Königsfjord der beliebteste bei Seereisen, da er ein eindrucksvolles Panorama bietet: Das Motiv der über die Abbruchfront des Kongsvegen-Gletschers aufragenden drei Bergspitzen **"Tre Kroner (Drei Kronen)"** Dana, Nora und Svea (benannt nach den drei nordischen Königreichen, ca. 15 km gletscheraufwärts, ca. 1.200 m hoch) gehört zu den bekanntesten ganz Spitzbergens.

Bemerkenswert ist außerdem die Blomstrand-"Halb"insel auf der Fjord-Nordseite: Benannt nach einem schwedischen Forscher (und nicht, wie auch von Reiseleitern behauptet, nach einem blumenreichen Strand), ist sie seit 1991 eine echte Insel, da der sie früher mit dem Hinterland verbindende Blomstrand-Gletscher zurückgewichen ist.

Auf ihrer Südseite sind die Ruinen der gescheiterten Marmorgrube **New London** aus der Pionierzeit erkennbar (Landgang einiger kleinerer Studien-Seereisen).

Ny Ålesund ist die beliebteste Siedlung Spitzbergens für Landgänge. Ursache hierfür ist die interessante Mischung aus hübscher Lage, Erinnerungen an die Zeit der Nordpolpioniere und die moderne internationale Polarforschung. Es ist in bemerkenswerter Weise gelungen, die alte Bausubstanz der vielen bunten Häuschen aus der Zeit des Kohlebergbaus (1916 von einer Gruppe von Kaufleuten aus Ålesund gegründet, 1963 endgültig nach schwerer Explosion aufgegeben) zu erhalten und mit den Bedürfnissen eines modernen Forschungszentrums zu vereinen.

Im Ort befinden sich ganzjährige Stationen Norwegens (das **Norsk Polarinstitutt ❶**), Deutschlands (das **Alfred-Wegener-Institut ❷**), Großbritanniens, Italiens und Japans. Schwerpunkte sind Atmosphären- und Klimaforschung, daneben auch Biologie und andere Wissenschaften.

✋ Das direkte Nebeneinander von Forschung und Tourismus ist schwierig. **Halten Sie sich an die Wege.** Auch im Ortsbereich finden sich Versuchsanlagen, Meßflächen etc. Ein unbedachter Schritt, neugieriges Hantieren an Geräten können mehrjährige, teure Forschungsarbeit entwerten - und sei es nur, weil eine Veränderung an unscheinbaren Meßflächen oder kaum sichtbaren Apparaturen eine Vergleichbarkeit vorhandener und künftiger Meßwerte unmöglich macht.

Im Ort sind zahlreiche **Brutvögel**, viele Gänse und Enten mausern in unmittelbarer Ortsumgebung. Leider gibt es immer wieder gedanken- oder rücksichtslose Besucher, die für die Jagd nach Tierfotos ohne die entsprechend professionelle Ausrüstung und Zeit die Tiere aufscheuchen oder aus Bequemlichkeit durch ihre Brutgebiete laufen und sich an den Abwehrangriffen der Küstenseeschwalben ergötzen.

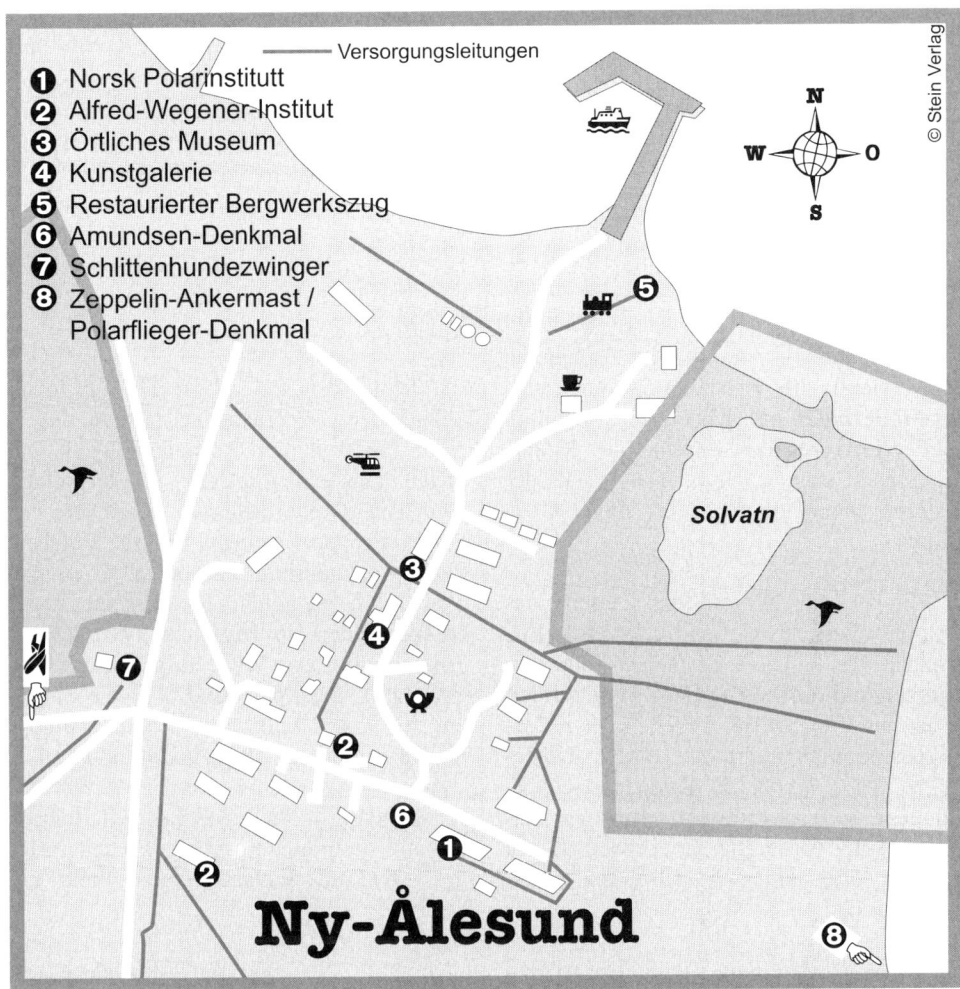

Versorgungsleitungen

① Norsk Polarinstitutt
② Alfred-Wegener-Institut
③ Örtliches Museum
④ Kunstgalerie
⑤ Restaurierter Bergwerkszug
⑥ Amundsen-Denkmal
⑦ Schlittenhundezwinger
⑧ Zeppelin-Ankermast /
   Polarflieger-Denkmal

Solvatn

Ny-Ålesund

© Stein Verlag

Derartiges Fehlverhalten weckt Zweifel an der Vereinbarkeit von Tourismus, Naturschutz und Forschung.

Sehenswertes
Allgemeines Ortsbild, kleines örtliches Museum (Bergbau, Ortsleben, Jagd, Polarforschung) ③, Kunstgalerie ④, restaurierter Bergwerkszug mit einer Dampflok (nördlichste der Welt) ⑤, Amundsen-Denkmal ⑥, Schlittenhundezwinger ⑦. Etwas außerhalb: Noch stehender Anker-mast der Zeppeline "Norge" (Amundsen/ Ellsworth/Nobile-Polüberflug 1926) und "Italia" (Nobile 1928, gescheitert), "Italia"-Denkmal ⑧, Denkmal für den Polflug der "Norge", Denkmal für Grubenunglück 1963. Die örtlich angebotenen Ortsführungen sind meistens gut gemacht und empfehlenswert.

Krossfjord (Kreuzfjord)
Der nördliche Nachbarfjord des Königsfjordes wird ebenfalls von zahlreichen

Seereisen angesteuert, wobei hier primär das Landschaftserlebnis (alpin-spitze Bergwelt, Gletscher, eingeschnittene Fjordarme) im Vordergrund steht.

Im Inneren teilt sich der Kreuzfjord in den westlicheren **Lilliehöökfjord**, der an der Abbruchfront des gleichnamigen Gletschers endet, kurz davor auf der Westseite die geschützte Bucht **Signehamna** mit gut erkennbarer Seevogelkolonie (Felsen weiß vom Vogelmist), und in den östlicheren **Möllerfjord**, im Kreuzfahrerjargon auch als **Möllerhafen** bezeichnet, ganz innen im **Kollerfjord** vor der Eisfront des Koller-Gletschers endend, kurz davor auf der Ostseite außerdem auch der **Mayer-Gletscher**.

Etwas südlicher auf der Ostseite des Krossfjords liegen die eindrucksvollen Eisfronten des **Tinayre-Gletschers** und des **Fjortende Julibreen (14.-Juli-Gletscher)**. In diesem gesamten Fjordgebiet des Krossfjordes gibt es mehrere typische Landeplätze selbst größerer Kreuzfahrtschiffe, Landung je nach Reiseart mit den Beibooten an vorbereitetem provisorischen Anleger oder mit Schlauchbooten direkt am Strand.

✋ Das gesamte Krossfjordgebiet ist Teil des **Nordvestspitsbergen Nasjonalpark**. Entsprechend strenge Schutzbestimmungen gelten hier, u.a. ist das Pflücken von Pflanzenteilen (auch Blumen) verboten.

Gravneset (Gräberhalbinsel), Trinityhafen (Magdalenefjord)

Das Seereiseziel schlechthin in Spitzbergen ist dieser relativ kleine und abgelegene Fjord in der Nordwestecke der Hauptinsel, pro Sommer von über 20.000 Besuchern angelaufen. Landschaftlich gehört er mit seiner spektakulären Kulisse spitzester Bergkämme und dazwischen tief eingeschnittener Gletscher (insbesondere am Ende: Waggonway-Gletscher) in der Tat zum Schönsten, was die Inselgruppe zu bieten hat. Sein zusätzlicher Vorteil: andere ähnlich imposante Szenerien (Hornsund, innerer Liefdefjord u.a.) liegen nicht an der besonders eisarmen Nordwestküste, während der Magdalenefjord gerade für Seereisen mit wenig Zeit in Spitzbergen ein vergleichsweise sicher erreichbares Ziel ist.

Typischerweise ankern die Schiffe im Schutz der Gräberhalbinsel (Gravneset) in einer "Trinityhafen" genannten Bucht und bieten dann eine Landung auf der relativ niedrigen Gräberhalbinsel an. Diese ist einer der ganz wenigen Plätze Spitzbergens, wo intensiver Tourismus zu einigen Trampelpfaden geführt hat. Um die Vegetationsschäden zu begrenzen, wurden ab 1995 vorgegebene Wege ausgewiesen (bitte einhalten), außerdem sind über die Saison ein bis zwei Polizisten in einer eigens hierfür errichteten Diensthütte stationiert.

Landung je nach Reiseart mit Beibooten an vorbereitetem provisorischen Anleger oder mit Schlauchbooten direkt am Strand.

Im 17. Jh. war der Magdalenefjord wichtiger Stützpunkt vor allem englischer Walfänger, die Halbinsel diente als **Begräbnisplatz** unterwegs gestorbener oder umgekommener Seeleute.

✋ Grabreste und andere historische Spuren sind zu respektieren und sind geschützt. An diese Periode erinnert der Gedenkstein auf der Höhe der Halbinsel. Der Magdalenefjord liegt im Nordvestspitsbergen Nasjonalpark mit seinen strengen Schutzbestimmungen. U.a. ist hier das Abpflücken von Blumen und anderen Pflanzenteilen verboten.

Jan Mayen

Geographie und Klima

Die einsame norwegische Insel Jan Mayen (380 km²) nördlich von Island vor der Ostküste Grönlands, beherrscht vom kratergekrönten und gletscherbedeckten **Beerenberg** (2.277 m), ist Norwegens einziger gelegentlich aktiver **Vulkan** auf der Nordhalbkugel. Als Teil des mittelatlantischen Rückens ist sie geologisch mit Island zu vergleichen und relativ jung und ragt erst seit ca. 2 Mio Jahren aus 3.000 m tiefem Meer über die Wasseroberfläche. Auf 71° Nord und damit auf derselben nördlichen Breite wie das Nordkapp gelegen, herrschen auf Jan Mayen ungleich unwirtlichere Bedingungen.

Der wärmste Monat ist der August mit einer Mitteltemperatur von knapp über 5 °C, Jan Mayen zählt also eindeutig zur **Arktis**, obwohl aufgrund der ausgleichenden Wirkung des umgebenden Meeres extreme Tiefsttemperaturen selten sind. Passend zur Arktis ist auch die Vegetation auf den tiefdunklen Felsen und Sandflächen extrem spärlich, woran allerdings neben dem in den porösen Lavafelsen rasch versickernden Wasser die lebensfeindlichen **häufigen Stürme** schuld sind. Die Region gilt als berüchtigte Wetterküche - durchschnittlich 88 Tage im Jahr ist die Insel in **Nebel** gehüllt und nur durchschnittlich drei Tage pro Jahr präsentiert sie sich und den Beerenberg wolkenfrei.

Flora und Fauna

Die höhere **Pflanzenwelt** umfaßt nur 62 Gefäßpflanzenarten, darunter fünf Löwenzahnarten, von denen es vier als botanische Rarität nur auf Jan Mayen gibt.

Nachdem die Eisfüchse praktisch ausgerottet wurden, besteht die **Fauna** der Insel praktisch nur aus - ebenfalls nicht sehr zahlreichen - Vögeln (17 regelmäßig

brütende Arten) und ein paar kümmerlichen Saiblingen. Eisbären tauchen als unregelmäßige Besucher auf und an den Küsten finden sich Robben, insbesondere im Winter, wenn der kalte Ostgrönlandstrom mit seinen Eisbergen und Treibeisfeldern die Insel umschließt. In der Nähe Jan Mayens befinden sich die Treibeisfelder des sogenannten Westeises, das durch das saisonale dortige Robbenschlachten Aufmerksamkeit erregt.

Geschichte

Die Erstentdeckung Jan Mayens ist unklar, erfolgte aber vermutlich schon Jahrhunderte vor dem Anlauf des Holländers Jan Jacobsz May im Jahre 1614, dessen Namen die Insel heute trägt. **Holländischer Walfang** prägte die kurze geschichtliche Blütezeit Jan Mayens von 1614 bis ca. 1645, in der dort mehrere holländische Walverarbeitungsstationen über den Sommer betrieben wurden, bis die Walbestände weitgehend vernichtet waren.

Über 200 Jahre wurde die Insel dann nur selten angelaufen und ihre nähere

Erforschung begann ab ca. 1861. Überwinternde Trapper versuchten ab 1906 sporadisch ihr Glück und seit 1921 betreibt Norwegen auf der Insel eine **Wetterstation**, die zur formellen **Annexion durch Norwegen 1930** führte.

Während des Zweiten Weltkrieges war Jan Mayen das einzige norwegische Territorium, das durchgehend von norwegischen Truppen gehalten wurde und von der Wehrmacht unbesetzt blieb. Ab 1958 entstand auf der Insel eine während des Kalten Krieges geheimnisumwitterte kleine norwegische Nato-Funkstation mit dem damaligen Navigationshilfesystem "Lorana", die heute auch den Wetterdienst betreibt und seit 1960 über eine Landepiste verfügt.

Tourismus

Es gibt auf der Insel keinerlei Infrastruktur (außer der Poststelle mit ihrem bei Sammlern begehrten Stempel) und die Norweger sind mit Landegenehmigungen sehr zurückhaltend, schon um gar nicht erst das Risiko möglicher Rettungseinsätze einzugehen. Die stellvertretende Polizeigewalt hat der Kommandant der kleinen Militärstation. Es gibt keinen Hafen, so daß Schiffe die jeweils ruhigere Inselseite auswählen müssen, um Besucher aus- und einzubooten. Landungen auf Jan Mayen sind nur in sehr wenigen Studien-Seereisen enthalten, die meisten Seereisen in der Region begnügen sich damit, die Insel zu passieren.

Außer per touristischer Seereise oder Privatyacht ist die Insel für normale Besucher ohne spezielle Beziehungen zum norwegischen Militär oder Wetterdienst oder Forschungsprojekten unerreichbar.

Touristische Attraktionen sind neben der vulkanischen **Landschaft** mit ihren harten Kontrasten zwischen fast schwarzem Lavagestein und den vom Beerenberg steil bis teilweise ins Meer hinabziehenden Gletscherzungen sowie der **begrenzten Tier- und Pflanzenwelt** vor allem die stückweise vom Meer freigelegten und weggespülten Reste der **holländischen Walfangstationen** des 17. Jh., die unter vollständigem Denkmalschutz stehen. Hinzu kommen die Reste früherer **Forschungs-, Trapper- und Wetterstationen**.

Hauptsächlich besucht wird der Mittelteil der Insel, wo an den Stränden Landungen einfacher sind - entsprechend haben hier auch die Holländer und die heutigen Militärs ihre Stationen errichtet. Der Nordteil der Insel mit seinen brüchigen Steilküsten am Fuße des Beerenberges ist hingegen sehr unzugänglich.

📖 Ein genaueres Kapitel über Jan Mayen mit Literaturverzeichnis findet sich im *Spitzbergen-Handbuch* von Andreas Umbreit, Conrad Stein Verlag, Kronshagen.

Island: Land und Leute

Fläche: 103.000 km²
Einwohner: ca. 260.000, davon 155.000 im Gebiet um Reykjavík
Bevölkerungsdichte: 2 Ew./km² (Deutschland, alte Länder: ca. 250 Ew./km²)
Größte Stadt: Reykjavík, 101.000 Ew.
Höchster Berg: Hvannadalshnúkur, 2.119 m

Größter See: Þingvallavatn, 84 km²
Längster Fluß: Þjórsá, 230 km

Geographie

Island ist **Europas zweitgrößte Insel**. Die größte Nord-Süd-Ausdehnung beträgt ca. 300 km, die größte Ost-West-Ausdehnung ca. 500 km. Die gesamte Küstenlänge mißt mit allen Fjorden und Buchten rund 6.600 km. Ganz Island ist sehr gebirgig und wird auch heute noch von schroffen Bergen, öden Hochebenen, Gletschern und Vulkanen beherrscht.

Allein im Süden ist ein etwas breiterer Küstenstreifen fruchtbar genug, um Ackerbau zu ermöglichen. Die **kultivierte Fläche** Islands macht aber nur gut 1.000 km² aus; hinzu kommen etwa 20.000 km² Weideland. Der größte Teil des Landes, ca. 80.000 km², ist völlig unfruchtbar und unbewohnt. Er besteht aus 12.000 km² Gletscher, 3.000 km² Seen, 11.000 km² Lava sowie 4.000 km² Sandwüste. Der Rest der Fläche verteilt sich auf verschiedene Ödlandformen.

Es gibt zahlreiche Flüsse, meist **Gletscherflüsse**, die ungeheure Mengen an Sand, Geröll etc. mit sich führen.

Dadurch bildeten sich die für Island typischen **Sander** (*sandur*), großflächige Ablagerungen solcher mitgeschwemmten Materialien. Bestes Beispiel ist der gigantische Skeiðarársandur in Südisland.

Ausgesprochen sehenswert sind die vielen **Wasserfälle** (*foss*, Pl. *fossar*) des Landes. Der bekannteste ist wohl der Dettifoss mit fast 600 m³ Wasser pro Sekunde, der im Sommer der größte Wasserfall Europas ist. Bemerkenswert sind daneben Gullfoss und Goðafoss, die durch ihr schönes Aussehen begeistern.

Typisch für die isländische Landschaftsgestalt sind auch die vielen **Fjorde** (*fjörður*, Pl. *firðir*).

Hervorragendste Merkmale der **isländischen Geologie** sind Vulkane, Geysire, Gletscher und heiße Quellen. Sie werden dadurch ermöglicht, daß Island genau auf der Bruchstelle der beiden auseinanderdriftenden Kontinentalplatten von Europa und

241

Amerika liegt. Bildlich gesprochen reißt dadurch die Erdkruste in Island ständig auf, sie ist erheblich dünner als in anderen Teilen der Erde.

Da Ost- und Westisland auseinanderdriften, wird Islands Fläche immer größer. Die vulkanischen Aktivitäten konzentrieren sich auf diese Rißstelle, den **zentralisländischen Graben**.

Spitzbergen: Tunabreen

Island gehört zu den Gebieten der Erde mit der größten **vulkanischen Aktivität**. Über dreißig der auf der Insel befindlichen Vulkane sind seit der Besiedlung Islands, also in den letzten 1.100 Jahren ausgebrochen, insgesamt soll es über **200 Vulkane** auf der Insel geben. Die Zahl der Ausbrüche in historischer Zeit beläuft sich auf mehr als 150. Island hat fast alle vorkommenden Vulkantypen, der typischste ist der **Spaltenvulkan**. Aber auch **Kegel- und**

Schildvulkane gibt es auf der Insel ebenso wie **Horstvulkane**.

Ferner findet man **Caldera-Landschaften**, Gebiete, in denen die Erdoberfläche aufgrund vulkanischer Aktivität großflächig abgesackt ist. Folge der vulkanischen Vergangenheit sind große **Lavagebiete** und viele **Basaltformationen**.

Nicht umsonst bezeichnet man Island als "**Insel aus Feuer und Eis**", denn etwa ein Zehntel der Oberfläche des Landes ist mit Eis bedeckt.

Eindrucksvollstes Beispiel dafür ist der **Vatnajökull** mit einer Fläche von mehr als 8.000 km²; seine Eisdecke ist an vielen Stellen über 800 m stark: Er ist der bei weitem größte Gletscher Europas. Da an vielen Stellen **unter dem Eis Vulkane begraben** sind, kommt es bei deren Ausbruch zu sogenannten **Gletscherläufen** (*jökullhlaup*) wie zuletzt im Oktober 1996. Dann schmilzt Eis in Sekundenschnelle ab und eine gewaltige Wassermenge strömt mit unvorstellbarer Macht zu Tal und reißt Eisblöcke und sogar Felsen mit sich.

Schließlich ist Island berühmt für seine **Geysire**, die sich außer in Island nur in den USA (Yellowstone-Nationalpark), in Chile und in Neuseeland finden. Ein Geysir ist eine besondere Form der heißen Quelle, die auch **Springquelle** genannt wird, deren Phänomen der deutsche Naturforscher Robert Bunsen (1811 bis 1899) hier erforscht hat.

Spitzbergen: Longyearbyen

Die bekanntesten Geysire Islands sind der (z.Z. untätige) **Stóri Geysir** und der daneben liegende **Strokkur**, der regelmäßig alle 5 bis 10 Minuten ausbricht.

Außerdem gibt es in Island etwa 250 **Thermalgebiete** und etwa 700 heiße Quellen sowie mehrere **Solfatarenfelder**.

Spitzbergen: Barentsburg

Klima

Das Klima Islands ist durch den Golfstrom, der an der Südküste vorbeizieht, geprägt. Der **Winter** ist mild, aber reich an Niederschlägen und sehr stürmisch. Der **Sommer** ist recht kühl, warme Tage mit Temperaturen von über 20 °C sind äußerst selten; nur einige Täler im Hochland und im Norden verzeichnen höhere Temperaturen. Die durchschnittlichen Tageshöchsttemperaturen während der Hauptreisezeit sind ca. 15 °C. Auffallen wird Ihnen der ständig wehende, oft **orkanartige Wind**. Dies um so mehr, da es in Island keine Bäume gibt, die Schutz davor gewähren könnten.

Die **Niederschläge**, die im Winter meist als Schnee fallen, sind vor allem an der Südküste erheblich. Den meisten Niederschlag gibt es in der Gegend um Reykjavík und an der Südküste am Fuß des Vatnajökull. Typisch für das isländische Wetter ist der Nord-Süd-Gegensatz: Regnet es im Süden, dann scheint im Norden die Sonne und umgekehrt! Die **Luft** in Island ist sehr sauber, kristallklar und fast bakterienfrei.

Flora und Fauna

Die **Tierwelt** Islands beschränkt sich, wie die Pflanzenwelt, auf relativ wenige Arten. Es gibt über 200 Vogelarten, man könnte Island auch als einen einzigen Vogelfelsen bezeichnen. Der bekannteste aller Vögel ist der hübsche bunte **Papageitaucher** (*lundi*). Zudem gibt es zahllose Wasservögel und die seltenen **Singschwäne**. Die wenigen Seeadler und Schnee-Eulen sind ebenso streng geschützt wie der **Gerfalke** (*gyr*).

Insekten sind auf Island rar, nur Mücken gibt es im Sommer mancherorts zu Tausenden, z.B. am Mývatn (Mückensee).

Es gibt in Island weder Reptilien noch Amphibien und nur **wenige Fischarten**, diese jedoch in großer Zahl. In den Flüssen und Seen leben Lachs, Forelle, Saibling und Stichling. Auch das Meer um Island ist reich an Schellfisch, Seelachs, Rotbarsch, Dorsch, Scholle und Heilbutt. Der Hering ist nur noch selten anzutreffen.

Auf Riffen oder Sandbänken vor der Küste findet man **Seehunde**, und in den tieferen Gewässern leben einige **Walarten**.

Spitzbergen: Magdalenefjord

Die meisten Landsäugetiere wurden nach Island eingeführt. Es gibt wenige **Polarfüchse, Nerze, Mäuse** und **Ratten** und gegen Ende des 18. Jh. hat man nach Island auch **Rentiere** eingeführt. Sie vermehrten sich stark, und heute lebt eine stattliche Anzahl in den östlichen Hochländern. **Eisbären** waren nie in Island heimisch, nur sehr selten soll ein Tier im Frühjahr auf einer Eisscholle im Norden angetrieben worden sein.

Isländische Haus- und Nutztiere sind vor allem **Schafe** und **Islandpferde**. Die Größe der Pferde liegt zwischen der von Ponys und der unserer Pferde. Sie zeichnen sich durch eine perfekte Anpassung an die landschaftlichen Gegebenheiten aus, sind sehr trittsicher, äußerst ausdauernd, sehr genügsam und zuverlässig. Außerdem beherrschen sie eine besondere Gangart, den Tölt. Hierbei wird das Gewicht jeweils nur von einem Fuß getragen, der es rotierend an den nächsten Fuß weitergibt. Das Pferd vermag sich so erstaunlich schnell und für den Reiter erschütterungsfrei fortzubewegen. Die Vorfahren der Pferde wurden im 10. Jh. eingeführt, haben sich reinrassig erhalten und sind durch gesetzliche Maßnahmen vor allem vor Seuchen aus dem Ausland stark geschützt (absolutes Importverbot für Pferde).

Islands **Pflanzenwelt** hat **subarktischen Charakter**. Der größte Teil der bewachsenen Flächen besteht aus **Wiesen, Sümpfen, Moor- und Heideland**. Insgesamt zählt man in Island nur ca. 500 verschiedene höhere Pflanzen. Nur etwa 25 % der Fläche weisen eine Pflanzendecke auf. Dies liegt am ungünstigen Klima, an der starken vulkanischen Tätigkeit, aber auch an der jahrhundertelang betriebenen rücksichtslosen Weidewirtschaft. Es gibt aber viele **Moose** (knapp 500 Arten) und **Flechten** (über 400 Arten).

Geschichte

Die Geschichte Islands beginnt erst relativ spät, nämlich im 8. Jh., als einige **irische Mönche** sich auf der Insel niederließen. Die irischen Mönche müssen mit der Besiedlung des Landes durch die Wikinger ab 870 das Land verlassen, viele werden auch ermordet.

874 landet der Norweger **Ingólfur Arnarson** an der isländischen Südküste und siedelt sich an der Stelle des heutigen Reykjavík an. Ihm folgen weitere Norweger, aber auch Schotten. Die Zeit von **870 bis 930** bezeichnet man als **Landnahmezeit**, in der alles nutzbare Land verteilt wurde und etwa 40.000 Menschen auf die Insel kamen. **930** wird auf dem Gebiet des heutigen Þingvellir-Nationalparks das **erste Althing** (Parlament) gegründet, das die bis 1263 bestehende Republik ausrief. Island hat damit eines der ältesten Parlamente der Welt. Die Jahre von **930 bis 1030** werden als das **Saga-Zeitalter** bezeichnet. In dieser Zeit entdecken Isländer Grönland und Nordamerika. **1000** übernimmt Island das **Christentum als Staatsreligion**.

Die Zeit von **1030 bis 1120** bezeichnet man als **Friedenszeit** und die folgenden Jahre, in der die Mehrzahl der Sagas aufgeschrieben wurde, als **literarische Zeit**.

1262 unterwirft sich Island Norwegen, für Jahrhunderte hört Island auf, als selbständiger Staat zu bestehen. **1380** gerät Island zusammen mit Norwegen unter **dänische Herrschaft**. Der Einfluß der dänischen Kaufleute, gestützt von zahlreichen durch sie errichteten Handelsposten, wächst. Ausbrüche der Hekla und des Öræfajökull zerstören das Land, Hungersnöte sind die Folge und Seuchen tun ein übriges. In den Jahren **1402 bis 1404** stirbt ein Drittel der Bevölkerung an der Pest, außerdem verschlechtert sich das Klima mehr und mehr. **1540** beginnt sich die **Reformation** auch in Island durchzusetzen.

1602 zwingt der dänische König Island das **dänische Handelsmonopol** auf, das Island den Handel mit anderen Nationen unmöglich macht, **1621** verbietet man den Isländern sogar den Fischfang mit größeren Booten. **1662** muß Island den dänischen König als absoluten Herrscher anerkennen. Von **1707 bis 1709** erliegt ein Drittel der Bevölkerung den schwarzen Blattern, und **1783 bis 1785** kommen viele Menschen durch die verheerenden Folgen des Ausbruchs der Laki-Spalte zu Tode.

1787 endet das dänische Handelsmonopol. Allmählich verbessern sich nun die Lebensbedingungen, und die **Aufklärung**, die sich in ganz Europa nach dem Ende des Absolutismus ausbreitet, macht auch vor Island nicht halt.

Mitte des **19. Jh.** nimmt in Island eine **Selbständigkeitsbewegung** ihren Anfang, **1843** wird das Althing als beratende Versammlung wieder eingesetzt, **1854** kommt es zur völligen Handelsfreigabe. Zur 1.000-Jahrfeier **1874** in Þingvellir erhält Island im Rahmen des Königreiches Dänemark wieder eine **eigene Verfassung**. Seit **1903** wird Island im dänischen Kabinett durch einen eigenen Minister vertreten. Weitere Schritte zur Selbständigkeit sind **1904** die Bildung einer einheimischen **Regierung** und **1911** die Gründung der isländischen **Universität** in Reykjavík. Schließlich wird Island **1918** wieder ein **unabhängiger Staat**. **1940** besetzen britische Streitkräfte ohne Einverständnis der Isländer das Land. **1944** wird in Þingvellir die **Republik Island** ausgerufen. **1949** tritt Island der Nato, **1950** dem Europarat bei. **1952** dehnt Island seine Fischereigrenzen auf vier Meilen aus, sechs Jahre später auf zwölf.

1963 bis 1967 entsteht vor Island die Insel Surtsey. **1970** tritt Island der kleinen Freihandelszone **EFTA** bei und erweitert zwei Jahre später seine Fischereigrenzen auf 50 Seemeilen. **1973** bricht auf den Westmänner-Inseln ein Vulkan aus und verschüttet große Teile des Ortes auf Heimaey. **1974** begeht Island in Þingvellir die 1.100-Jahrfeier, zu deren Anlaß mit internationaler Hilfe endlich die **Ringstraße** um die ganze Insel herum fertiggestellt wurde. **1975** dehnt Island seine Fischereigrenzen auf 200 Meilen aus und verursacht damit einen sogenannten **Kabeljaukrieg**, vor allem mit Großbritannien.

1980 wird mit **Vigdís Finnbogadóttir** weltweit zum ersten Mal eine Frau aufgrund demokratischer Wahlen (Direktwahl durch das Volk) Staatspräsidentin. Sie wird mehrfach im Amt bestätigt. **1986** findet im Haus Höfði bei Reykjavík das historische Treffen der Präsidenten Reagan und Gorbatschow statt, das als Wendepunkt zur weltweiten Entspannung gilt.

Politik und Wirtschaft

Island ist eine demokratische Republik, in der alle Bürger über 20 Jahre das Wahlrecht haben. Derzeitige **Staatspräsidentin ist Vigdís Finnbogadóttir**.

Wahlen finden alle vier Jahre statt, sie bestimmen die Zusammensetzung des **Althings**, das aus 60 Mitgliedern besteht. Es ist gegliedert in ein Unter- und ein Oberhaus mit gleicher gesetzgebender Gewalt. Alle politischen Kräfte sind immer noch bemüht, die starken **wirtschaftlichen Probleme**, in denen sich das Land seit den 70er Jahren befindet, zu lösen. Besonders negativ wirkte sich in den 80er Jahren die **gigantische Inflationsrate** - 1983 über 85 %, 1988 26,4 % - aus. 1990 waren es noch 14,8 %, 1993 nur noch 4,1 %. Nach wie vor ist die **hohe Auslandsverschuldung** (ca. Ikr. 270 Mrd!) ein wirtschaftliches Problem.

Die **Wirtschaft** Islands ist von **Fischfang und Fischverarbeitung** geprägt. Gut 5 % der Bevölkerung sind mit Fischfang beschäftigt, weitere 6% mit der Fisch-verarbeitung. 1993 fing man 1,74 Mio Tonnen. Über 75% des isländischen Exportes bestehen aus Fisch oder Fischprodukten. Mit diesen Exporten muß Island versuchen, jenen Import auszugleichen, den das Land für ein modernes Leben benötigt.

Spitzbergen: Negribreen

Angesichts von nur 1% Kulturland hat die **Landwirtschaft** recht geringe Bedeu-tung. Dennoch finden hier gut 5% der Isländer ihren Arbeitsplatz. Der wichtigste Zweig der Landwirtschaft ist die Viehzucht, vorrangig immer noch Schafe.

Etwa 60% der Isländer sind in **Handels- und Dienstleistungsbetrieben** tätig. **Industrie und Handwerk** beschäftigen 34% der Bevölkerung. Neben der bereits erwähnten Fischindustrie sind es vor allem die Textil-, Lebensmittel- und Bauindustrie, die Arbeitsplätze bieten. Zunehmend erlangt auch der **Tourismus** wirtschaftliche Bedeutung.

Wichtigste **Handelspartner** Islands, das mit aller Welt in Handelsbeziehungen steht, sind die USA, Deutschland, Großbritannien und Dänemark. Wichtiges Exportland ist daneben vor allem Portugal.

Der Isländer hat heute ein statistisches **Pro-Kopf-Einkommen**, das zu den zehn höchsten der Welt gehört.

Island - Reise-Infos

Geld
Die **Währungseinheit** ist die isländische Krone (Ikr.) mit 100 Aurar. Es gibt Noten zu 5.000, 1.000, 500 und 100 Ikr. Es sind Münzen zu 50, 10, 5 und 1 Ikr. in Umlauf. Die Einfuhr ausländischer und isländischer Zahlungsmittel (einerlei, ob in Noten oder Reiseschecks) ist unbegrenzt zulässig.

Geldwechsel ist in Banken möglich, die es überall gibt. Neben Bargeld können Sie auch Euroschecks und Reiseschecks problemlos verwenden. Für den Umtausch werden unterschiedliche, teils erhebliche Gebühren erhoben. **Euroschecks** werden an Bankschaltern bis zu Ikr. 13.000 akzeptiert. Da es in Island noch keine EC-Karten-Automaten gibt, ist diese Art der Geldbeschaffung nicht möglich!

Vom **Postsparbuch** kann man auch in Island zu einem günstigen Kurs Geld abheben.

Kreditkarten sind immer weiter verbreitet und werden schon fast überall akzeptiert.

Jan Mayen: Beerenberg

🏦 Mo bis Fr ☎ 9:15 bis 16:00, Do zum Teil bis 17:00 oder 18:00.

Für Probleme mit der Karte (Verlust etc.) gibt es in Island folgende Büros:

♦ Eurocard: Armuli 28, Reykjavík, ☎ 558-5542.
♦ Visacard: Alfabakki 16, Reykjavík, ☎ 567-1700.

Spitzbergen: Kongsvegen

Verläßliche Angaben über den Wechselkurs lassen sich nicht machen. Dies liegt vor allem an der Abhängigkeit der Ikr. vom US$. Ikr. 100 kosten in Deutschland ca. DM 2, beim Rücktausch bekommt man aber nur ca. DM 1. In Island bezahlt man ca. DM 1,45.

Erkundigen Sie sich am besten direkt vor Ihrer Abfahrt nach dem neuesten Stand.

✋ Tauschen Sie nicht mehr Geld, als Sie benötigen, da beim Rücktausch erhebliche Verluste entstehen.

Für den Rücktausch in Island benötigen Sie den Umtauschbeleg, sonst ist der Rücktausch ausgeschlossen - also gut aufbewahren!

☺ Tauschen Sie unbedingt erst in Island, da der Wechselkurs in Deutschland äußerst ungünstig ist!

Information

♦ Isländisches Fremdenverkehrsamt, City Center, Carl-Ulrich-Str. 11, 63263 Neu-Isenburg, ☎ 06102/254484, FAX 254570 (außer für Deutschland auch für Österreich und die Schweiz zuständig).
♦ Icelandair, Roßmarkt 10, 60311 Frankfurt (Flugverbindungen, Reisen, Mietwagen etc.).
♦ Isländischer Fremdenverkehrsrat, Lækjargata 3, Reykjavík.
♦ Touristeninformation, Bankastræti 2, Reykjavík (Reykjavík und ganz Island).
♦ BSI Travel, Vatnsmýrarvegur 10, Reykjavík (Busverbindungen und Ausflugstouren).
♦ Touristeninformation, Hafnarstræti 81, Akureyri (Akureyri und Nordisland).

Jan Mayen: Kvalrossbukta

Zeit

Island folgt der **Greenwich-Mean-Time** (GMT), die gegenüber unserer Zeit eine

Stunde zurückliegt. Island kennt keine Sommerzeit, daher beträgt die Zeitverschiebung im Sommer gegenüber unserer Zeit zwei Stunden; Sie müssen Ihre Uhr im Sommer bei Ankunft in Island also um zwei Stunden zurückstellen.

Island: Seereisenhafenorte

Akureyri   14.800 Ew. ♥ 🏧 ♨ ⊞ ✿

ℹ️ Hafnarstræti 82, beim Busbahnhof (hier sind auch Parkplätze), Juni bis August Mo bis Sa ⏰ 8:00 bis 19:00, So 8:00 bis 12:00.

♦ Hafnarstræti 102, Mo bis Fr ⏰ 9:00 bis 16:30, Telefonmöglichkeit auch Sa 10:00 bis 15:00.

Akureyri weist alle Einrichtungen auf und liegt im Norden Islands fast am Ende des tief eingeschnittenen Eyjafjörður. Die sogenannte "Hauptstadt des Nordens" kann auf eine für Island sehr lange Geschichte zurückblicken. Im 10. Jh. soll sich hier Helgi der Magere, ein Ire, niedergelassen haben; die Stadt wird urkundlich erstmalig im 15. Jh. erwähnt.

Von ca. 1600 bis zur Mitte des 19. Jh. gab es hier einen kleinen dänischen Handelsplatz, der jedoch nur geringe Bedeutung hatte. 1886 gründeten die Isländer hier die Genossenschaft KEA (die heute übrigens immer noch besteht), um den Dänen, die bis dahin das Handelsmonopol unterhielten, Konkurrenz zu machen. Fortan stieg die Einwohnerzahl stetig an, bis Akureyri allmählich zu einem Zentrum im Norden wurde.

Heute lebt Akureyri, anders als die meisten anderen Küstenstädte Islands, nicht von Fisch allein, sondern auch von der Rolle als Handels- und Versorgungszentrum in Islands Norden.

Sehenswertes

Die Sehenswürdigkeiten Akureyris kann man sich durch eine kleine Besichtigungstour gut erschließen. Beginnen Sie Ihren Rundgang bei der Touristeninformation ℹ️.

⌘ Sie gehen die Hafnarstræti hinauf und gelangen an der Nr. 81 zum **Naturkundemuseum ❶**. Es enthält eine interessante Sammlung zur Tier- und Pflanzenwelt Islands.

♦ 1.7. bis 15.8. täglich ⏰ 10:00 bis 17:00, sonst So bis Fr 13:00 bis 16:00.

✟ Etwas weiter, an der Kreuzung mit der Kaupvangstræti, sehen Sie die vielen Stufen, die zur **Matthías-Jochumsson-Kirche ❷** hinaufführen. Diese Kirche wurde 1939 bis 1940 erbaut. Vom Eingang zur Kirche haben Sie eine schöne Aussicht über die Innenstadt und den Hafen von Akureyri. Der moderne Bau bietet im Innern vor allem schön bemalte Glasfenster, im Chorraum gibt es fünf - das mittlere stammt aus der Kathedrale von Coventry. Es wurde nach Kriegsausbruch von britischen Soldaten hierhergebracht und überlebte so die Bombenangriffe auf Coventry. Beachtenswert sind die ungewöhnlich gestaltete Kanzel und das große Kreuz sowie einige Reliefdarstellungen an der Orgelempore, die von Ásmundur Sveinsson stammen.

♦ Im Sommer täglich ⏰ 10:00 bis 12:00 und 14:00 bis 16:00.

⌘ Von der Treppe aus können Sie über einen kleinen Weg das **Matthías-Jochumsson-Museum ❸** erreichen. Das Museum ist dem Geistlichen und Dichter Matthías Jochumsson (1855 bis 1920) gewidmet. Zu seinen bedeutendsten Werken gehören der Text der isländischen Nationalhymne sowie die Übersetzungen vieler Klassiker ins Isländische.

♦   Im Sommer täglich 🕐 15:00 bis 17:00.

Wieder in der Hafnarstræti, Hauptgeschäftsstraße der Stadt, gehen Sie diese weiter hinauf. Hier gibt es eine Reihe von Geschäften, die auch einige gute Souvenirs anbieten. Vor allem die isländischen Wollwaren und Lavakeramik kann man hier günstiger als in Reykjavík erwerben. Sie erreichen den **Rathausplatz** ❹, wenden sich nach rechts und gelangen hinab zum Hafen. Der Hafen der Stadt ist Heimat einer recht bedeutenden Fischereiflotte.

Von dort sind es nur wenige Schritte zurück zum Ausgangspunkt Ihres kleinen Rundganges, der Touristeninformation, oder Sie gehen vom Ráðhústorg, auf dem sich abends die Jugend der Stadt trifft, die Brekkugata hinauf zu einem kleinen **Aussichtspunkt** ❺ über die modernen Teile Akureyris. Von dort gehen Sie die Helgamagrastræti hinab und biegen links in den Bjarkarstígur ein. Dort steht das **Davíðs-hús** ❻, in dem der Dichter Davíð Stefánsson (1895 bis 1964) lebte. Es enthält Erinnerungsstücke an den Lyriker.

♦   15.6. bis 31.8. täglich 🕐 15:00 bis 17:00.

Sie gehen nun abwärts, erreichen die Oddeyrargata, in die Sie rechts einbiegen und bis zur Þingvallastræti laufen. In diese Straße biegen Sie wieder nach rechts ein, passieren das Schwimmbad, wenden sich an der Kreuzung mit der Þorunnarstræti nach links, gehen vorbei am Zeltplatz und am botanischen Garten, an dessen Ende Sie links zum Krankenhaus abzweigen.

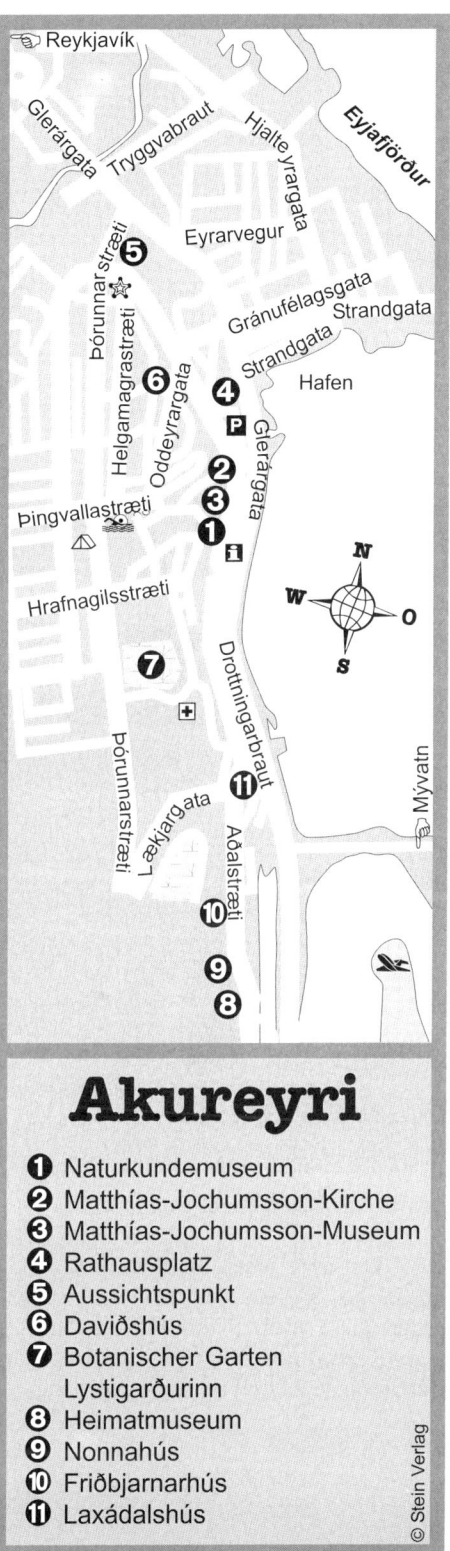

Akureyri

❶ Naturkundemuseum
❷ Matthías-Jochumsson-Kirche
❸ Matthías-Jochumsson-Museum
❹ Rathausplatz
❺ Aussichtspunkt
❻ Davíðshús
❼ Botanischer Garten
    Lystigarðurinn
❽ Heimatmuseum
❾ Nonnahús
❿ Friðbjarnarhús
⓫ Laxádalshús

© Stein Verlag

❦ Gegenüber vom Krankenhaus (Parkplatz) liegt der Eingang zum sehr hübschen und sehenswerten botanischen Garten **Lystigarðurinn** ❼. Dort wachsen praktisch alle Pflanzen, die man in Island wild wachsend finden kann. Der Park vermittelt durch viele Bänke, einige Springbrunnen und seine gepflegten Grünanlagen auch die Atmosphäre eines Erholungsparkes.

◆ Mo bis Fr 🕐 8:00 bis 22:00, Sa und So 9:00 bis 22:00.

Färöer: Sumba, typisches Dorf

⌘ Von dort gehen Sie den Spítalavegur hinab, bis Sie auf die Aðalstræti stoßen, gehen diese nach Süden bis zur Nr. 58, dem **Heimatmuseum** ❽ (Sammlung alter Gegenstände Akureyris und Umgebung).

◆ Im Sommer täglich 🕐 11:00 bis 17:00, sonst So 14:00 bis 16:00.

Färöer: Tórshavn

⌘ Ein kurzes Stück davor liegt das **Nonnahús** ❾, das 1859 errichtete Geburtshaus des Jugendbuchautors Jón Sveinsson, der die auch bei uns bekannten Nonni-Bücher verfaßte. Die ab 1913 geschriebenen Bücher erzählen vom Leben eines isländischen Jungen und wurden bei uns durch die 1988/89 gezeigte Fernsehserie wieder populär.

◆ 15.6. bis 15.9. täglich 🕐 10:00 bis 17:00.

⌘ Ein kleines Stück in Richtung Zentrum und Sie passieren das **Friðbjarnarhús** ❿ aus dem Jahre 1856, das heute ein Museum zur Arbeit der Guttempler in Island ist.

◆ Im Sommer So 🕐 14:00 bis 17:00.

Island: Westmänner-Inseln, Heimaey

Das **Laxádalshús** ⓫ aus dem Jahre 1795 soll das älteste Haus der Stadt sein.

♦ Hafnarstræti 11, 1.6. bis 1.9. täglich ⏹ 11:00 bis 17:00.

Við Pollinn, Strandgata 49, ist ein altes Holzhaus (1873/76), das heute ein Café und einen Pub beherbergt.

Das Wesentliche Akureyris ist aber wohl nicht der Besuch der gerade beschriebenen Sehenswürdigkeiten, sondern vielmehr das Erleben der Atmosphäre der Stadt mit ihrer schönen Lage am Fjord.

Island: Geysir Strokkur

Exkursionen
Flug auf die Insel **Grímsey**, dem nördlichsten Stück Islands. In karger Klippenlandschaft leben ca. 60 Vogelarten und wenige Fischer.

Empfehlenswert ist ein Ausflug am Westufer des Eyjafjörður nach Norden bis **Ólafsfjörður**. Sie passieren dabei unter anderem die historische Stätte Möðruvellir, die Ortschaft Dalvík sowie die großartige Landschaft am **Ólafsfjarðarmúli**.

Schön ist auch die Fahrt an der Ostseite des Eyjafjörður nordwärts nach **Laufás**, 30 km entfernt. Dort befindet sich ein altes Torfgehöft, das heute als **Freilichtmuseum** eingerichtet ist. Lohnender Besuch.

⌘ Täglich außer Mo ⏹ 10:00 bis 18:00, Eintritt ca. DM 3.

Ebenfalls interessant ist ein Ausflug von Akureyri nach Süden ins **Tal der Eyjarfjarðará**, wo Sie neben mehreren historischen Plätzen auch einige Kirchen ansehen können, darunter die **Torfkirche von Saurbær** aus dem Jahre 1858.

Die Insel **Hrísey** erreicht man von Litli Árskógssandur aus mit einer kurzen Fährfahrt. 300 Menschen leben auf dieser von schöner Tier- und Vogelwelt geprägten Insel im Fjord, die mit 11,5 km² die zweitgrößte Islands ist.

Der **Goðafoss**, 56 km auf der Str. 1 nach Osten, ist einer der schönsten Wasserfälle des Landes. Unterwegs kann man den **Vagláskógur** besuchen, einen der wenigen größeren Birkenwälder Islands. Die Bäume des 300 ha großen Gebietes erreichen Höhen von fast 10 m. Es bietet sich hier die seltene Gelegenheit zu einem Waldspaziergang.

Island: Geysir Gullfoss

251

Der **Mývatn** ist mit seinen phantastischen Lavaformationen und seiner reichen Tierwelt (und dem guten und warmen Wetter) eines der großen Touristenziele Islands. Dort liegt auch das Solfatarenfeld von **Námaskarð,** eines der schönsten Islands. Die vielen sogenannten Schlammvulkane (Schlammlöcher, in denen heißer Schlamm brodelt), Heißdampfquellen und Schwefelablagerungen lohnen einen Besuch unbedingt. In der Nähe steht auch das **geothermische Kraftwerk** am Fuße des Vulkans Krafla, der am 17. Mai 1724 ausbrach und dann fünf Jahre lang aktiv war. Große Teile der Lavafelder um den Mývatn herum stammen aus jener Zeit. Ein kurzer Fußweg führt zur **Leirhnjúkur**, einer Vulkanspalte, die 1984 tätig war, und zu einem weiteren Solfatarenfeld. Außerdem kann man den schönen Krater **Víti** besteigen.

☺ Sofern die Zeit es erlaubt, ist eine Exkursion durchs Hochland zur **Askja,** einer gewaltigen Einbruchscaldera, sehr zu empfehlen oder zum **Dettifoss,** dem wasserreichsten Wasserfall Europas.

ℹ Auskünfte über Ausflugsfahrten, Schiffstouren, Rundflüge oder Nordisland allgemein erteilt die Touristeninformation (☞ Infoblock).

♦ Nonni Travel, Brekkugata 3, ☎ 461-1841, veranstaltet diverse Touren.

Höfn
1.750 Ew. ♥ 🏦 🛗 ⊞ ☆

ℹ Am ⚠ am Ortseingang.

Höfn ist eine der jüngsten Städte Islands, die um 1900 entstand, als hier eine Handelsstation eingerichtet wurde. Sie entwickelte sich schnell zu einem kleinen Handelszentrum für das Gebiet östlich von Skaftafell. Heute lebt der Ort vom Fischfang und der Fischverarbeitung sowie der Versorgung des umliegenden Gebietes.

Dies ist nicht zuletzt darauf zurückzuführen, daß er einen hervorragend geschützten Naturhafen hat, der allerdings durch die schmalen Zufahrten und vielen Felsriffe schwer zu erreichen ist. Zusätzlich herrschen starke Strömungen, so daß es hier in der Vergangenheit zu vielen schweren Unglücken kam.

🛗 Am Westende des Hafens führt ein Fahrweg zu einem Seefahrer-Denkmal, von wo aus man einen ausgezeichneten Rundblick auf den Ort, das Vesturhorn und die mächtigen Eiszungen des Vatnajökull hat.

🛗 Auf der Paßhöhe **Almannaskarð** (12 km östlich an der Str. 1) zweigt ein kurzer Weg zu einem Aussichtspunkt ab. Phantastischer Blick auf die Lagune Papós, wo einst irische Einsiedler lebten, die Stadt Höfn und drei Gletscher (von rechts nach links): Fláa-, Heinabergs- und Skálafellsjökull, alle drei Ausläufer des Vatnajökull.

🛗 Westlich der Stadt liegt einer der schönsten Teile der gesamten Ringstraße: grandiose Ausblicke auf die Gletscherzungen des Vatnajökull und mehrere der großen Sander, die durch Ausbrüche einer der subglazialen Vulkane entstanden, als enorme Wassermassen riesige Gesteinsmengen mitschleppten und zerrieben.

🎿 Möglichkeit zu Fahrten mit einem Schneemobil auf dem Gletscher (ca. 40 km westlich und 16 km sehr rauher Fahrweg).

ℹ ☎ 478-1901.

🛗 **Jökulsárlón,** kleine Lagune ungefähr 80 km westlich, in die der Breiðamerkurjökull kalbt. Dieser See ist etwa 130 m tief. Ende des letzten Jahrhunderts existierte er noch nicht, damals reichte der Gletscher noch bis fast an das Meer heran, erst nach dem Rückzug des Eises entstand das Jökulsárlon.

🏃🏃 Es treiben zahllose Eisberge auf dem Wasser des stillen Sees, sie zeigen bizarre Formen und leuchten in Farben von Weiß bis Blau. Ein großartiges Spiel von Licht, Farbe und Form! Man kann zu Fuß von hier bis zum Gletscher laufen, ⇔ ca. 2 Std.

🚤 Des weiteren werden auch Motorbootfahrten auf dem See zwischen den Eisbergen hindurch angeboten. Anleger direkt am 🅿, 🛈 in der kleinen Snack-Bar.

🐦 Danach beginnt der **Breiðamerkursandur**, ein großes Vogelbrutgebiet, in dem neben den weitverbreiteten Küstenseeschwalben auch die dunkelbraunen Raubmöwen nisten.

👁 Etwa 135 km westlich liegt der **Skaftafell-Nationalpark** mit hervorragenden Wandermöglichkeiten, Zugang zum Gletscher und dem schönen **Svartifoss**.

Ísafjörður   3.500 Ew. ♀ 🏦 ✚ 🎋

🚢🚌 Täglich von Reykjavík.

🛈 Aðalstræti 11, täglich 🕐 8:00 bis 14:00 und 16:00 bis 18:00. Hier erhalten Sie alle notwendigen Auskünfte über den Ort (Veranstaltungen, Öffnungszeiten) und über die sehr reizvollen Ausflugsmöglichkeiten.

Ísafjörður liegt im äußersten Nordwesten Islands. Die Stadt besticht vor allem durch ihre Lage am Ende des Skutulsfjörður, einem kleinen Nebenfjord des großen Ísafjarðardjúp. Die Felsen ragen zu beiden Seiten des Fjordes rund 700 m steil auf, nur ein kleiner Landstreifen am Fjordufer ist bebaut bzw. landwirtschaftlich genutzt.

Die Stadt selbst liegt zum großen Teil auf einer in den Fjord hineinragenden, flachen Landzunge, die einen ausgesprochen guten, geschützten Naturhafen bildet. Dieser Hafen beheimatet heute eine ansehnliche Fischereiflotte, und auch viele Versorgungsschiffe legen hier an.

Der Ort, der historisch wenig zu bieten hat, erhielt bereits 1866 die Stadtrechte. Er entwickelte sich von einer kleinen Handelsstation zu einer bedeutsamen Hafenstadt, dem Zentrum der Nordwest-Halbinsel. Aufgrund der Fischerei siedelten sich fischverarbeitende Betriebe an. Daneben gibt es heute Betriebe der Konserven-, Glas-, Farben-, Textil-, Plastik- und Elektronikindustrie.

Sehenswertes
⌘ **Heimatmuseum.**

♦ Nahe der Schwimmhalle, Austurvegur 9, Di bis Sa 🕐 13:00 bis 15:00.

⌘ **Seefahrtsmuseum.**

♦ Neðstikaupstaður, täglich 🕐 13:00 bis 17:00.

Exkursionen
Über eine knapp 10 km lange Stichstraße kann man zum Fischerort **Bolungarvík** (🅰 🏦 ✚ ♀ 🚤) fahren, das nördlich von Ísafjörður liegt. Schöne Umgebung. Sehenswert sind Osvör, die Rekonstruktion einer alten Fischerhütte, und der Jeep-Track von Bolungarvík zur einsamen Bucht Skálavík (12 km).

22 km schöne Fahrt am Fjord entlang sind es bis zur kleinen Fischersiedlung **Súðavík** im Alftafjörður. Der Ort wurde im Winter 1994/95 von einer Lawine praktisch vollständig zerstört.

✈ Es besteht die Möglichkeit, mit dem Postflugzeug einen Rundtrip von Ísafjörður aus über die Westfjorde zu unternehmen. Auch aus der Luft ist die grandiose Landschaft ein Erlebnis. Näheres direkt am Stadtflugplatz. Nicht ganz billig.

Weitere Ausflugsmöglichkeiten von Ísafjörður sind folgende: Fahrt zur Insel **Vigur**, auf der die älteste Windmühle Islands steht, oder zur Insel **Æðey**, die eine der größten Eiderentenkolonien des Landes beherbergt.

ℹ Näheres zu Wanderungen und Spaziergängen in der näheren Umgebung von Ísafjörður in der Touristeninformation.

Schottland: Edinburgh

Schottland: Dudelsackspieler

Ólafsvík   1.100 Ew. 🦐 [BANK] 🏨 ✚ ⚓ ✦
ℹ Im Gamla Pakkhúsið, ☏ 436-1543.

Der heutige Fischerort mit Fischverarbeitung war bis ins letzte Jahrhundert ein bedeutendes Handelszentrum.

Exkursionen
Dritvík, verlassenes Fischerdorf, 33 km westlich.

Krater **Hólahólar** (30 km westlich), in den man sogar mit dem Wagen hineinfahren kann.

Radarstation der USA (12 km westlich) mit einem 420 m hohen Radarmast. Einst das höchste Bauwerk Europas, ist er heute immerhin noch das höchste Islands. Er verlor im Frühwarnsystem der USA wegen der Satellitenaufklärung an Bedeutung.

Der **Snæfellsjökull**, einer der schönsten Berge Islands, liegt südlich auf der Halbinsel Snæfellsnes und gehört wie der Vesuv in Italien zum klassischen Typ des Kegelvulkans. Er ist 1.446 m hoch und mit seiner weißen Eiskappe weithin - sogar bis Reykjavík - sichtbar.

Schottland: Glenfiddich

Vom Eis sind heute noch ca. 10 km² vorhanden. Der Gletscher ist einer der am schnellsten abschmelzenden in Island (vor 100 Jahren waren es noch fast 25 km²!).

📖 Der Snæfellsjökull ist über die Grenzen Islands hinaus durch Jules Vernes Roman *Reise zum Mittelpunkt der Erde* bekannt. Die Teilnehmer der beschriebenen abenteuerlichen Mission wagten an jenem Snæfellsjökull (bei Jules Verne Snöfellsjökull) den Einstieg in die Erde.

Reykjavík   102.000 Ew. ♀ BANK ✿ 🍴

🚌 Busausflüge aller Art bieten unter anderem: Reykjavík Excursions, Bankastræti 2, ☎ 562-4422.

◆ BSI Travel im Busbahnhof, Vatnsmýrarvegur 10, ☎ 552-2300 (☞ Broschüre *Around Reykjavík*, erhältlich im 🅸).

🅸 Bankastræti 2, ☎ 562-3045, Mo bis Fr ⏱ 8:30 bis 18:00, Sa 8:30 bis 14:00, So 10:00 bis 14:00. Vom 1.9. bis 31.5. gelten kürzere Öffnungszeiten.

◆ Im Rathaus, ☎ 563-2005, Mo bis Fr ⏱ 8:30 bis 18:00, Sa und So 12:00 bis 18:00.

Reykjavík zählt zu den kleinen Hauptstädten Europas. Zählt man die Vororte Kópavogur (17.200 Ew.) und Hafnarfjörður (17.000 Ew.), Garðabær (7.500 Ew.),

Mosfellssveit (4.700 Ew.) und Alftanes (1.200 Ew.) und Seltjarnarnes (4.400 Ew.) hinzu, so umfaßt "Groß-Reykjavík" gut 154.000 Ew., das sind rund 58% der isländischen Bevölkerung. Nicht verwunderlich ist es daher, daß die Stadt nicht nur politisch Hauptstadt des Landes ist, sondern auch das tatsächliche Zentrum im Hinblick auf Kultur, Handel, Verwaltung, Kirche und Leben ganz allgemein.

Island: Reykjavík

Das Leben der Menschen in Reykjavík unterscheidet sich enorm von dem in anderen Gebieten Islands.

Dem Reisenden werden, wenn er durch die Straßen der Stadt läuft und Geschäfte und Passanten anschaut, geschäftiges Treiben, modisch bis extravagant gekleidete Leute und viele Geschäfte und Restaurants auffallen, ganz anders als in den übrigen Orten des Landes.

Aber auch das städtebauliche Bild hat sich gewandelt. Im Zentrum bemüht man sich, durch das Anpflanzen von Bäumen und den Umbau vieler Läden ein gewisses Flair zu erzeugen, was auch recht gut gelingt. Reykjavík wirkt heute viel freundlicher als noch vor einigen Jahren. Das Stadtbild wird nicht durch Betonklötze verunstaltet, alles wirkt klein, manches alt, nicht unbedingt schön, aber es hat eine ganz eigene Ausstrahlung.

Viele Vororte sind dagegen von großen Wohnsilos geprägt. Aber auch hier haben neuere Bauten eine erträgliche Architektur, Farbgebung und Anordnung aufzuweisen. Nicht zuletzt die aufgelockerte Bauweise mit viel Platz zwischen den einzelnen Blocks unterscheidet diese von vielen Trabantenstädten Mitteleuropas.

Daneben fallen viele Siedlungen mit schönen, zum Teil riesig und luxuriös wirkenden Einfamilienhäusern auf - Ausdruck des explosionsartig aufgekommenen Wohlstandes der Isländer.

Reykjavík liegt am Südufer der Faxafloi-Bucht auf der Halbinsel Seltjarnarnes. Bei gutem Wetter kann man den Hengill im Osten, 803 m, die Kuppen der vulkanisch sehr aktiven Halbinsel Reykjanes und die im Nordosten über 900 m aufragende Esja sehen. Ist das Wetter sehr klar, sieht man deutlich auf der anderen Seite der Bucht die Stadt Akranes am Fuße des Akranesfell. Manchmal kann man sogar noch weiter im Nordwesten den Snæfellsjökull mit seiner weißen Eiskappe auf der Halbinsel Snæfellsnes erkennen.

Geschichte

Bevor **Ingólfur Arnarson** an der Südküste des Landes bei Ingólfshöfði an Land gegangen war, hatte er Teile seines Hochsitzes ins Meer geworfen. Der Sage nach wollte er sich an jener Stelle niederlassen, wo diese Teile angetrieben werden würden. Vier Jahre später, 874, fand er sie in einer Bucht, die er Reykjavík (Rauchbucht) nannte, weil hier aus der Erde überall Dampf aufstieg. Mit der Errichtung seiner Hütte begann die Besiedlung der Insel und die Geschichte der Stadt Reykjavík.

Doch erst im 17. Jh. entstand langsam ein Dorf. Im 18. Jh. siedelten sich neben Handwerkern Betriebe zur Fischverarbeitung und Textilherstellung an. Reykjavík wurden dann 1786 schließlich die Stadtrechte verliehen, obwohl erst 250 Menschen hier lebten. Doch in der Folgezeit wuchs die Bedeutung Reykjavíks durch die Wahl zum Bischofssitz und zum Standort des neuen Obersten Gerichtes. Wenngleich man schon 1842 mit dem Verbot, Torfhäuser zu bauen, eine gewisse Art von Stadtplanung begann, schien diese zu dieser Zeit noch etwas übertrieben, da nur wenige hundert Menschen hier lebten.

Nach Aufhebung des dänischen Handelsmonopols begann sich der allgemeine wirtschaftliche Aufschwung auch auf Reykjavík stark auszuwirken. Der Hafen der Stadt diente in den folgenden Jahrzehnten einer wachsenden Fischereiflotte, deren Fänge eine entsprechende Verarbeitungsindustrie nach sich zogen. Die Bevölkerung wuchs auf über 11.000 Ew. im Jahr 1910, 22.000 im Jahr 1922 und 45.000 während des Zweiten Weltkrieges. Seit den 50er Jahren befindet sich die Stadt in einer starken wirtschaftlichen Entwicklung.

Reykjavík heute

Dem heutigen Besucher stellt sich Reykjavík als eine moderne, geschäftige Stadt dar, die allerdings schon allein wegen ihrer geringen Einwohnerzahl nicht mit anderen Hauptstädten der Welt konkurrieren kann - und will.

Auffallend ist besonders, daß es im Gegensatz zum Namen eine Stadt ohne Rauch ist. Fast 99% der Häuser und Betriebe werden zentral mit heißem Wasser, das überwiegend aus Quellen nordöstlich der Stadt stammt, beheizt. Das Wasser wird über eine mächtige Pipeline in riesige Tanks auf dem Hügel Öskjuhlíð am Stadtrand geleitet. Dort werden Tausende von Kubikmetern heißen Wassers ständig vorrätig gehalten, das dann jederzeit in den Haushalten verfügbar ist. Kaum der Erwähnung bedarf es, daß ebenfalls alle Schwimmbäder und öffentlichen Gebäude der Stadt mit diesem heißen Wasser beheizt werden. Zur Zeit werden 1.800 Liter heißes Wasser pro Sekunde gefördert.

Neuerdings ist man dazu übergegangen, an Ort und Stelle nach Heißwasser zu bohren, wenn neue Wohnsiedlungen angelegt werden. Auch in bestehenden Stadtteilen, so direkt am Laugavegur, bohrt man meist mit Erfolg nach heißem Wasser. Auch die Trinkwasserversorgung der Stadt ist für eine Großstadt bemerkenswert; frisches Quellwasser wird in großen Tanks gespeichert und ist so sauber, daß es ohne jeden chemischen Zusatz an die Haushalte abgegeben werden kann.

Die Lebensgrundlage der Stadt ist heute neben ihrer Rolle als Zentrum der Landesverwaltung, der Kultur, des Handels, der Wirtschaft und des Verkehrs vor allem der Betrieb einiger Maschinen- und Fischverarbeitungsfabriken sowie der Werftanlagen. Ein Großteil der heimischen Industrie hat hier ihren Sitz, nahezu alle Importeure haben hier ihre Handelsniederlassung, die Im- und Exporte Islands werden meist über den Hafen Reykjavíks abgewickelt.

Sehenswertes

Reykjavík ist keine Stadt der großen Sehenswürdigkeiten, dennoch sollte man der Hauptstadt etwas Zeit widmen, um etwas vom herben Reiz der Stadt zu erhaschen. Der Zeitbedarf für den gesamten Rundgang, ohne Besichtigung der Museen, beträgt etwa vier bis fünf Stunden.

i Beginnen Sie Ihren Rundgang beim isländischen Fremdenverkehrsamt. Hier erhalten Sie Informationen über Reykjavík und Island.

Fragen Sie nach einem Stadtplan, dem Heft *What's on in Reykjavík* (englisch), das monatlich erscheint, sowie nach der Broschüre *Around Reykjavík* (englisch), einer ganz ausgezeichneten Informationsquelle.

Sie gehen zunächst die Bankastræti aufwärts, biegen in die Ingólfstræti ein und laufen durch ein schönes Wohngebiet. Am Ende der Straße wenden Sie sich links in den Spítalastígur, kommen zu einem kleinen Platz, biegen dort schräg links in die Tysgata und gehen die übernächste Straße rechts in den Skólavörðustígur.

✛ Diese Straße laufen Sie leicht bergan und sehen bereits in der Ferne die **Hallgrímskirche ❶**. Der Turm der architektonisch eigenwilligen Kirche ist weithin sichtbar und bereits zu einem Wahrzeichen der Stadt geworden. Die Kirche wurde (und wird noch immer) zum Gedächtnis an den Dichter Hallgrímur Pétursson erbaut, der vor allem Kirchenlieder dichtete. Die Kirche ist seit 1947 im Bau, der Turm und das Kirchenschiff wurden mittlerweile fertiggestellt. An verschiedenen Teilen wird noch gearbeitet, und in den vergangenen Jahren waren am Turm bereits Restaurationsarbeiten notwendig. Der Bau dauert so lange, weil er fast nur mittels Spenden finanziert wird. Schauen Sie sich die eigenwillige Architektur an und betreten Sie die Kirche. Das hohe schlichte, sehr helle Kirchenschiff bietet über 1.000 Menschen Platz. Trotz oder gerade wegen der Schlichtheit, die mit gekonnt konsequenter Betonarchitektur einhergeht, ist die Kirche beeindruckend.

Sehr lohnend ist vor allem aber die Fahrt auf den Turm. Er ist 75 m hoch und mit 39 Glocken bestückt. Von oben hat man einen prächtigen Blick über Reykjavík und das Umland. Es wird dabei klar, weshalb man die Stadt auch als "Stadt der bunten Dächer" bezeichnet.

♦ Fahrt mit dem Aufzug ca. DM 3, Di bis So ☐ 10:00 bis 18:00.

Vor der Kirche steht eine **Statue von Leifur Eiríksson**, der schon im Jahr 1000 Amerika entdeckte. Die von S. Calder geschaffene Statue wurde dem isländischen Volk 1930 zum tausendjährigen Bestehen des Althings von den USA geschenkt.

⌘ Gleich neben der Hallgrímskirche, in der Eiríksgate, steht das **Einar-Jónsson-Museum ❷**, das Werke des gleichnamigen Bildhauers (1874 bis 1954) ausstellt.

♦ Täglich außer Mo ☐ 13:30 bis 16:00, Eintritt ca. DM 3.

⌘ Von der Hallgrims-Kirche aus kann man zum nordöstlich gelegenen **Naturgeschichtsmuseum ❸** am Hlemmur laufen.

♦ So, Di, Do, Sa ☐ 13:30 bis 16:00, kostenlos, 🚌 1, 2, 3, 4, 5 und 17.

Den Stadtrundgang setzen Sie nun durch die hübsche Wohnstraße Frakkastígur fort. Achten Sie auf die netten kleinen Gärten. Sie biegen dann links in den Laugavegur ein. Diese Straße hat sich zu

einer sehr ansprechenden Einkaufsstraße gemausert. Kleine Bäume, Blumen, Auslagen von Geschäften etc. lassen eine angenehme Atmosphäre aufkommen. Sie ist, wie ich finde, weit schöner als die bekannte Austurstræti.

Sie bummeln den Laugavegur hinab bis zur Ingólfstræti, in die Sie nach rechts einbiegen. Dort passieren Sie das **Opernhaus ❹**.

📖 Die nächste Straße rechts, die Hverfisgata, führt Sie zur **Nationalbibliotek ❺**, ein im 19. Jh. im klassizistischen Stil errichtetes Gebäude. Es beherbergt neben dem Staatsarchiv vor allem Werke isländischer Literatur. (Die **neue Nationalbibliothek ❻** entsteht derzeit nördlich des Kreisverkehrs am Nationalmuseum.)

♦ Mo bis Fr ☐ 9:00 bis 19:00, Sa 9:00 bis 12:00.

Daneben ist das **Nationaltheater ❼**, ein mächtiger schwarzer Bau. Die Fertigstellung dieses Theaters hat Jahrzehnte gedauert, man begann 1923 und vollendete es erst 1950.

Sie gehen die Hverfisgata wieder zurück und biegen ab ans Ufer des Stadtteiches **Tjörnin**. Dieser malerische kleine Wasserflecken in der Innenstadt ist von Parkanlagen umgeben und bevölkert von Wasservögeln. Bei Windstille (selten) spiegelt sich das Stadtbild sehr schön im Wasser. Leider hat man das neue Rathaus am Nordufer in den Teich hineingebaut; es harmoniert nicht ganz mit dem eher verträumten Charakter des Sees. Auf einer kleinen Uferpromenade laden Bänke zu einer Pause ein.

⌘ Setzen Sie Ihren Rundgang dann am See entlang fort. Auf der linken Seite liegt

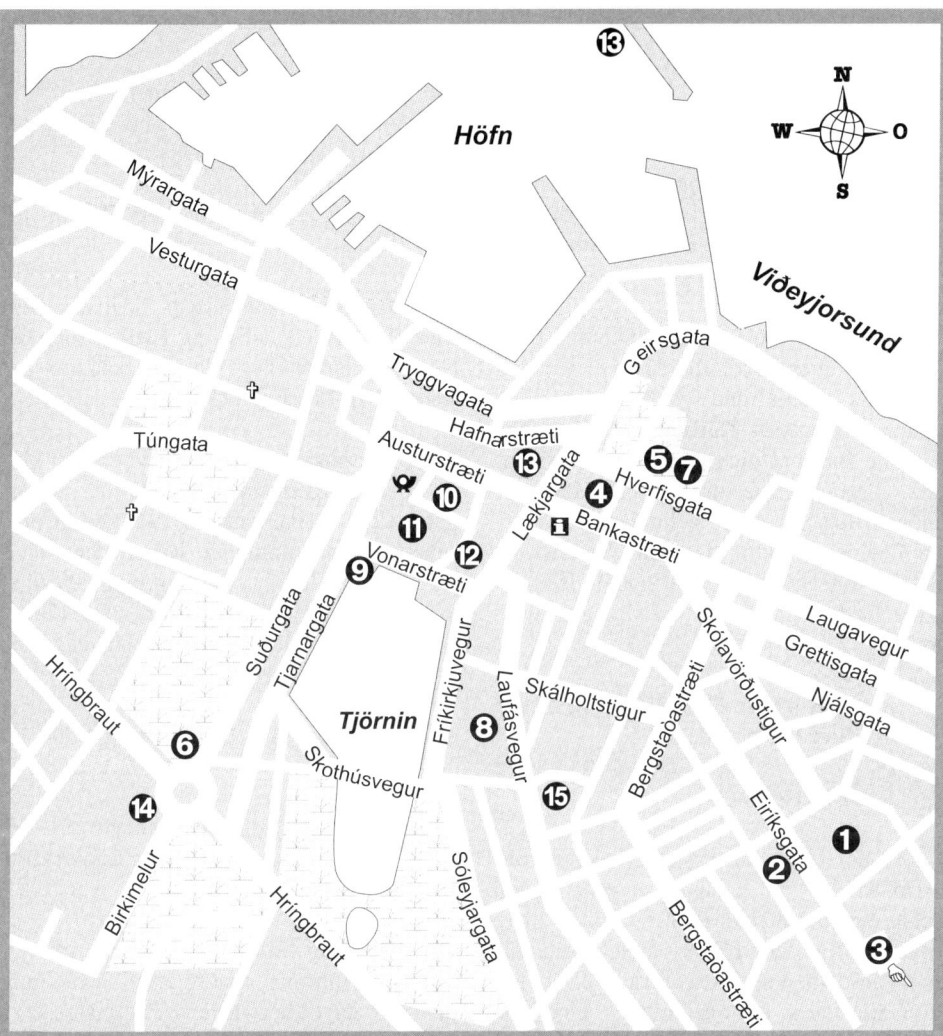

Reykjavik

1. Hallgrímskirche
2. Einar-Jónsson-Museum
3. Naturgeschichtsmuseum
4. Opernhaus
5. Nationalbibliothek
6. Neue Nationalbibliothek
7. Nationaltheater
8. Nationalgalerie
9. Rathaus
10. Austurvöllur
11. Parlamentsgebäude
12. Domkirche
13. Lækjartorg
14. Nationalmuseum
15. Volcano Show

die **Nationalgalerie** ❸ mit vorwiegend isländischer Gegenwartskunst.

♦ Di bis So ▯ 12:00 bis 18:00, kleine ☛. Sonntags um 15:00 kostenlose Führung. Weitere Führungen zu bestimmten Themen nennt Ihnen die ▯.

Sie biegen dann in den Skothúsvegur rechts ein, überqueren die Brücke, wenden sich nach rechts und gelangen am See entlang zum neuen **Rathaus** ❾. Der sehr moderne Bau hat durchaus einen gewissen Reiz. Betreten Sie das Innere, das ein schönes Beispiel einer gelungenen modernen Betonarchitektur darstellt. Sehenswert dort ist ein riesiges Reliefmodell Islands. In der Rathaushalle befindet sich eine weitere ▯.

♦ Rathaus: Mo bis Fr ▯ 8:20 bis 22:00, Sa und So 10:00 bis 18:00.
♦ ▯: Mo bis Fr ▯ 8:20 bis 18:00, Sa und So 12:00 bis 18:00.

An der Ecke Austurstræti/Posthússtræti finden Sie die Hauptpost. Sie biegen rechts ein und erreichen den großen Platz **Austurvöllur** ❿. Dieser bietet sich für eine Pause in einem der Straßencafés an. Im Café Paris ist nachmittags eine Art Treff jüngerer Leute. In der Mitte dieses Platzes steht ein Denkmal für Jón Sigurðsson (auch von Einar Jónsson), das an den Führer der isländischen Unabhängigkeitsbewegung (1811 bis 1879) erinnert.

Im Westen dieses Platzes sehen Sie das Telefon- und Telegrafenamt, und im Süden liegt das aus dunklen Steinen gebaute zweistöckige, recht unscheinbare **Parlamentsgebäude** ⓫. Hier tagen seit 1871 beide Kammern des Althings.

✝ Gleich neben dem Parlamentsgebäude liegt die lutherische **Domkirche** ⓬, ein

weißgestrichener interessanter Bau mit kleinem Turm. Die Kirche wurde Ende des 18. Jh. errichtet.

♦ Täglich außer Mi und Sa ▯ 9:00 bis 17:00.

Jenseits der Lækjargata liegt der zentrale Platz Reykjavíks, der **Lækjartorg** ⓭. Nördlich davon liegt der Busbahnhof der städtischen Busse (SVG).

⌘ Das Nationalmuseum ⓮ befindet sich in einem modernen Gebäude an der Suðurgata, Ecke Hringbraut. Es beherbergt eine sehenswerte Sammlung isländischer Kultur, von Funden aus der Wikingerzeit über Werke des Mittelalters (vor allem Holzschnitzereien und Altäre) bis hin zu Werken neuerer Zeit.

♦ 15.5. bis 15.9. Di bis So ▯ 11:00 bis 17:00, Eintritt ca. DM 3, 🚌 L: 5, 6, 13, 14; H: 5.
📖 Am Eingang zum Museum gibt es einen kleinen Führer, der Ihnen interessante Informationen gibt.

☺ **Volcano Show** ⓯. Die sehr interessante Vorführung dauert etwa zwei Stunden und zeigt überwiegend Filmmaterial zu den Vulkanausbrüchen der vergangenen 25 Jahre in Island, darunter die Ausbrüche auf Heimaey, am Mývatn, der Hekla und am Vatnajökull sowie die Entstehung der Insel Surtsey.

Sie erreichen den Vorführraum vom Tjörnin aus über den Skothúsvegur, den Sie in östliche Richtung hinaufgehen, kreuzen den Laufásvegur. Gegenüber der Abzweigung des Grundarstígur (an der Ecke findet sich ein kleiner Parkplatz) liegt der Eingang zum Vorführraum.

♦ Vorführungen täglich um 10:00, 15:00 und 20:00 in englischer, um 17:30 in deutscher Sprache. Kopfhörer mit deutscher Übersetzung bei den englischen Vorführungen erhältlich. Rechtzeitig erscheinen, da die Show oft ausverkauft ist. Eintritt ca. DM 15.

Exkursionen

Das Haus **Höföi** , Sætún, liegt sehr hübsch am Wasser, ist nicht übermäßig auffällig, schrieb jedoch Weltgeschichte. Hier trafen sich im Oktober 1986 die Präsidenten der USA und der ehemaligen UdSSR, Ronald Reagan und Michael Gorbatschow. Dieses Treffen sehen viele als den Wendepunkt in der Weltpolitik an.

⌘ Das **Freilichtmuseum Árbær** sollte sich jeder Besucher Reykjavíks ansehen. Das Museum liegt im Ostteil der Stadt und wurde um den alten Hof Árbær angelegt, der bereits 1464 erstmals erwähnt wurde. Die heutigen Häuser stammen aus der Zeit um 1900 und waren bis 1936 eine wichtige Raststation für Reisende. Das Museum wird ständig erweitert und enthält neben Árbær auch städtische Bauten aus dem alten Reykjavík um 1900.

Gleich neben den Hofgebäuden steht eine kleine, typische Kirche des ländlichen Islands. Sie stammt aus Silfrastaðir in Nordisland und wurde 1842 erbaut.

♦ Von Juni bis August täglich außer Mo 10:00 bis 18:00, Eintritt ca. DM 5.

Am Eingang des Museums kann man eine kleine Broschüre erwerben, die genaue Erklärungen zu den Bauwerken gibt.

Vom Lækjartorg aus mit den Linien 1, 2, 3, 4, 5, 17 nach Hlemmur und von dort weiter mit der Linie 10, oder direkt mit der Linie 110.

Empfehlenswert sind Ausflüge zum berühmten Geysir, zum Gullfoss und nach Þingvellir, die alle auf einer Tagestour zu besichtigen sind.

Der **Große Geysir** (Stóri Geysir) liegt am Eingang zum Haukadalur etwa 100 km östlich von Reykjavík. Die Fahrt von Reykjavík dauert ca. zwei bis drei Stunden. Der Große Geysir liegt inmitten eines Feldes heißer Quellen. Er ist neben dem Old Faithful im Yellowstone National Park in den USA der wohl bekannteste Geysir auf der Welt und gab allen Springquellen auf der Erde den Namen.

Das Wasserbecken, aus dem er früher seine Wassersäule emporschleuderte, soll bereits viele tausend Jahre alt sein. Der Rand des Beckens wird von Kieselsäureablagerungen gebildet, die wie eine schöne, künstlich geschaffene Dekoration ausschauen.

Man glaubt, daß der Geysir erstmals um 1294 ausgebrochen ist. Über Jahrhunderte hindurch hat er dann vermutlich ohne Unterbrechung gearbeitet. Dabei schleuderte er etwa alle halbe Stunde eine bis zu 60 m hohe Wassersäule in die Luft, gegen Ende letzten Jahrhunderts vergrößerten sich die Zeitabstände, es vergingen Stunden, später dann auch Wochen zwischen den einzelnen Ausbrüchen.

Von 1916 bis 1935 war er untätig, ehe der Wasserstand durch ein Erdbeben gesenkt wurde, wodurch der Geysir zu neuem Leben erwachte. Doch war dies von kurzer Dauer; mehr und mehr nahm seine Aktivität ab, und auch die viele Schmierseife, die man hineinschüttete, half nur kurzfristig. Die Wirkung der Schmierseife auf den Geysir ist wissenschaftlich nicht geklärt, es zeigte sich nur, daß man auf diese Weise einen Ausbruch herbeiführen konnte. Viele glauben allerdings, dies habe zum endgültigen "Tod" des Stóri Geysir geführt.

Erforscht wurde der Geysir, und damit die Springquellen allgemein, vornehmlich von Robert Bunsen, der beim Stóri Geysir eine Tiefe von etwa 22 m und eine Wassertemperatur von knapp 130 °C dort unten feststellte. Der Stóri Geysir hat heute nur noch dampfendes, blaugrün leuchtendes Wasser zu bieten, Ausbrüche gibt es nicht mehr. Allerdings soll die Wassertemperatur in den letzten Jahren wieder gestiegen sein ...

🖐 Das Hineinwerfen von Gegenständen aller Art (auch kleine Steinchen!) ist streng untersagt! Bei Zuwiderhandlungen drohen harte Strafen. Dies gilt nicht nur für den Stóri Geysir, sondern auch für den nahen Strokkur und die anderen heißen Quellen dieses Gebietes.

Auch wenn der Stóri Geysir untätig ist, braucht der Besucher nicht auf das eindrucksvolle Schauspiel einer Springquelle zu verzichten. Wenige Meter entfernt vom Stóri Geysir liegt der **Strokkur** (Butterfaß), der mit schöner Regelmäßigkeit alle fünf bis zehn Minuten eine meist 10 bis 20 m hohe Wassersäule in die Luft schleudert.

Zwar ist dieser Geysir nicht so mächtig und gewaltig wie der Stóri Geysir, vermittelt jedoch ebenfalls einen prachtvollen Eindruck eines solchen Ausbruches. Es kommt dabei meist zu mehreren Eruptionen, deren erste die heftigste ist, die letzte besteht oft nur noch aus heißem Dampf.

🖐 Wenn Sie vom Weg zum Strokkur abweichen, müssen Sie auf diese kleinen Erdlöcher achten, es besteht Verbrennungsgefahr!

Am Strokkur die Windrichtung beachten, damit Sie wissen, auf welcher Seite das in die Luft geschleuderte heiße Wasser herabfällt!

Oberhalb des Strokkur liegen weitere Geysire, die aber auch untätig sind. Auf dem eingezäunten Gelände in der Nähe der Tankstelle befinden sich außerdem noch zahlreiche kleine Wasserlöcher, die mit kochendem Wasser gefüllt sind.

◆ Im Sommer 🕐 8:00 bis 22:00.

Der **Gullfoss** liegt ca. 10 km nördlich des Großen Geysir. Er gilt wohl zu Recht als der schönste Wasserfall Islands. Er wird durch drei insgesamt 32 m hohe Stufen im Gletscherfluß Hvítá gebildet, über die er in sehr malerischer Weise schräg zur Flußrichtung zuerst einige kleinere, dann eine gewaltige Stufe in einen Canyon, der bis zu 70 m tief und 2,5 km lang ist, hinabstürzt.

Besonders in der Abendsonne kann man hier ein herrliches Spiel von Licht und Farben erleben, wenn sich über dem Wasserfall immer wieder neue Regenbögen bilden. Das Wasser des Gullfoss kommt überwiegend von Gletschern des Lang- und Hofsjökull.

Man kann direkt bis an die Fälle herangehen. Sehr schön und empfehlenswert ist auch ein Spaziergang am Rande der Schlucht der Hvítá mit ihren brodelnden Fluten. Achten Sie dabei jedoch auf die Absperrungen zum Schutz der empfindlichen Vegetation.

🏠 Man sollte aber auch hinauf auf das Felsplateau steigen, von wo aus man einen sehr guten Überblick hat. Im Hintergrund sieht man bereits die Gletscher des Langjökull und die Bergwelt des Hochlandes. Von hier oben hat man ein prächtiges Panorama!

Die Insel **Viðey** liegt vor dem Hafen der Stadt, einst war sie Standort eines Klosters, heute ist sie Ausflugsziel mit einer restaurierten alten Villa. Über Zugangsmöglichkeiten informiert die 🅸.

Bessastaðir, der Sitz der Staatspräsidentin, ist nur von außen zu besichtigen.

🏨 An der Spitze der Halbinsel **Seltjarnarnes** hat man vom Leuchtturm der Insel Grotta (Aussichtspunkt) einen sehr schönen Blick. Unterwegs passiert man das Pfarrhaus Nes von 1763, wo die erste Apotheke Islands eingerichtet wurde und der oberste Medizinalbeamte residierte.

〰 Ein besonderes Erlebnis ist das Bad in der **Blauen Lagune** bei **Grindavík Blaue Lagune** (Bláa Lónið). Dies ist ein intensiv blau schimmernder, künstlicher warmer See. An dem mineralhaltigen Wasser, das aus dem danebenliegenden geothermischen Svartsengi-Kraftwerk stammt, ist eine Badeanstalt eingerichtet worden. Angeblich soll die spezielle Zusammensetzung des Wassers bei Schuppenflechte und Rheuma heilende Wirkung entfalten.

♦ Eintritt ca. DM 3, 🚾.

🛈 Hinweise auf Tourangebote ☞ *BSI-Travel-Broschüre*, die es im Touristenbüro gibt. Dieses gibt einem auch Auskünfte über Flüge auf die Westmänner-Inseln oder nach Grönland und Sightseeingflüge in verschiedene Ecken der Insel.

Þingvellir Nationalpark

🚌 Regelmäßig verkehrende Busse sowie zahlreiche Ausflugsfahrten von Reykjavík aus. Informationen darüber erteilt die 🛈 in Reykjavík.

🛈 An der Abzweigung der Str. 52 von der Str. 36.

Þingvellir, 27 km² groß, wurde bereits 1928 zum Nationalpark erklärt und liegt knapp 50 km westlich von Reykjavík.

Geologie und Landschaft des Parks

Die geologische Bedeutung des NP liegt darin, daß die berühmte **Almannagjá** (All-

männerschlucht) genau die **Nahtstelle der nordamerikanischen mit der europäischen Kontinentalplatte** darstellt. Beide Platten driften (geologisch gesehen) atemberaubend schnell auseinander, wodurch östlich der Almannagjá ein sogenannter Grabenbruch entstand, der sich wegen der Bewegung der Platten ständig vergrößert. Durchschnittlich driften die Platten 6 bis 8 mm jährlich auseinander, und in gleichem Maße senkt sich der Graben ab. Daher dehnt sich der Þingvallavatn, der teils den Graben füllt, auch stetig aus. Äußerlich ist das Auseinanderdriften der Kontinentalplatten durch die vielen Spalten und Schluchten in der Senke auf eine einzigartige Weise sichtbar.

Die größte ist die ganz im Westen gelegene Almannagjá, die durch den Abbruch des Grabens entstanden ist. Die westliche Felswand der Schlucht ist mit bis zu 40 m Höhe viel höher als die östliche. Die Almannagjá bildet auch die westliche Grenze des Parks.

Der Abbruchgraben setzt sich noch kilometerlang nördlich und südlich der Almannagjá fort. Steht man auf deren Klippen im Westen, sieht man diesen Grabenbruch ebenso wie die Absenkung des Grabens über den See bis hin zu den jenseitigen Höhen ganz ausgezeichnet.

Viele der anderen Bruchspalten haben sich mit klarem Wasser gefüllt, andere blieben trocken, wucherten jedoch mit einer für Island geradezu üppigen Vegetation zu. Im Süden des Parks beginnt der schöne Þingvallavatn. Die ganze Gegend wird von Bergen gesäumt, von denen einige vulkanischen Ursprungs sind.

Geschichte

Die geschichtliche Bedeutung Þingvellirs beginnt 930, als hier das erste Mal das **Althing**, das Parlament Islands, zusammentrat. In der Folgezeit bis 1798 trafen sich hier jedes Jahr im Juni die Männer des

Landes. Vor allem wurden Gesetze erlassen (solange Island ein unabhängiger Staat war und Gesetzgebungsgewalt hatte), es wurde Gericht gehalten, Hinrichtungen durchgeführt, aber auch ganz allgemein Neuigkeiten ausgetauscht und vor allem viel gefeiert! Schon in der allerersten Zeit von Þingvellir wurden hier wichtige Entscheidungen getroffen, so im Jahr 1000 die Annahme des Christentums.

Wichtigstes Organ im Althing war die **Lögrétta**, die gesetzgebende Versammlung. Sie hatte einen Vorsitzenden, den Gesetzessprecher (Lögsögumaður). Da es bis Anfang des 12. Jh. in Island kein geschriebenes Recht gab, mußte jener Mann die bestehenden Rechtsnormen auswendig lernen und sie dann verkünden. Während der übrigen Zeit des Jahres stand er außerdem für Nachfragen zur Verfügung. Die gesetzgebende Versammlung bestand nicht etwa aus allen Isländern, sondern nur aus den Führern bestimmter Bezirke, die man Goden nannte.

Auch das **Oberste Gericht** hatte eine große Bedeutung. Dieses wurde ebenfalls von der Lögrétta gewählt und entschied während der Versammlung alle anstehenden Rechtsfragen.

Unter norwegischer und dänischer Herrschaft verlor das Althing mehr und mehr an Bedeutung und wurde auf Druck Dänemarks 1798 aufgelöst. Es behielt fortan nur noch kulturelle Bedeutung, denn alle wesentlichen Feiern in der Folgezeit, die den Staat Island betrafen, fanden hier statt. So feierte man hier 1874 die tausendjährige Besiedlung der Insel, 1930 das Zusammentreten des Althings vor rund 1.000 Jahren, 1944 die Ausrufung der Republik Island, 1974 die 1.100-Jahrfeier und 1994 das 50jährige Bestehen der Republik Island.

Besichtigung
Für eine Besichtigung sollte man die Almannagja mit ihren historischen Plätzen durchlaufen und am südlichen Ende der Schlucht ein paar Schritte zum Aussichtspunkt an den steilen Klippen gehen. Sie stehen hier - geologisch gesehen - am Rand des amerikanischen Kontinents; im Osten jenseits der Senke des Þingvallavatn sieht man die europäische Kontinentalplatte. Blickt man nach Norden oder Süden, sieht man deutlich die aufgerissene Spalte, die den Übergang zu der Absenkung bildet, die die beiden Kontinentalplatten verbindet.

Markante Orte in der Schlucht waren die **Hinrichtungsstätten**, u.a. Drekkingarhylur (Ertränkungstümpel), Galgarklettar (Galgenfelsen) und Brennugjá (Verbrennungsschlucht) sowie der **Lögberg** (Gesetzeshügel) bei der Fahnenstange. Dort kann man noch Reste einer steinernen Plattform sehen. Von diesem Hügel aus verkündete einst der Gesetzessprecher die von der Versammlung beschlossenen Normen, damit jeder der Anwesenden erfahren konnte, was Recht und Gesetz war. Am östlichen Hang des Lögbergs findet man **Gebäudereste**; einige davon sind beschildert.

✟ Außerhalb der Almannagjá ist noch die kleine **Kirche** aus dem Jahr 1860 und der große, kreisrunde Friedhof, der Ehrenfriedhof der Nation, auf dem bedeutende Persönlichkeiten begraben sind, sehenswert.

Hübsch anzusehen ist weiterhin die **Peningagjá**, die auch Nikalasárgjá genannt wird, eine schöne, mit klarem Wasser gefüllte Felsspalte, auf deren Grund Münzen aus aller Welt liegen. Man sagt, daß derjenige, der hier ein Geldstück hineinwirft und es bis zum Grund hinabsinken sieht, einen Wunsch frei haben soll.

Seyðisfjörður

880 Ew. ♥ 🏦 🏪 ⊞ ⚓ ✦

🛈 Austfar, Fjarðargata 8, ☎ 472-1111.

Seyðisfjörður liegt am Ende des gleichnamigen Fjordes, in dem die Felsen rechts und links bis in 1.000 m Höhe aufragen und eine großartige landschaftliche Kulisse bieten.

Der Ort lebt neben Fischerei und Fischverarbeitung heute vornehmlich vom Tourismus in den Sommermonaten, da hier jeden Donnerstag die Fähre "aus Europa" ankommt - dann herrscht geschäftiges Treiben im Ort, das meist schon am Abend vorher beginnt, wenn Zeltler und Wohnmobilisten den Ort überfluten. Die übrige Zeit herrscht ziemliche Stille, wie in den anderen Monaten des Jahres.

Der Hafen gilt wegen seiner geschützten Lage als einer der besten an der Ostküste. Entwickelt wurde er einst durch Norweger, die, nachdem der Hering vor Norwegen verschwunden war, hierher übersiedelten.

Unmittelbar westlich des Ortes erhebt sich der **Bjólfur**, 1.075 m, von dem 1895 ein Erdrutsch niederging, der 24 Menschen tötete. Im August 1950 kostete ein Erdrutsch erneut fünf Menschen das Leben.

Sehenswertes bietet der Ort nicht - ein Spaziergang vermag aber einen Eindruck von einem typischen modernen Fischerstädtchen Islands zu vermitteln.

Exkursionen

Fahrt über typisches isländisches Hochland, das oft bis tief in den Sommer schnee- und eisbedeckt ist, nach **Egilsstadir**.

Von Egilsstadir lockt eine Rundfahrt um den langen See **Lögurinn**: schöne Berge und am Wege liegen der größte Wald Islands in Hallormsstaður und der schöne Hengifoss.

Westmänner-Inseln

Die Inselgruppe liegt westlich des 20. Längengrades südlich der isländischen Küste und umfaßt 15 Inseln sowie zahlreiche Klippen. Nur die Hauptinsel **Heimaey** (6 km lang und etwa 3 km breit) ist bewohnt. Sie ist vulkanischen Ursprungs und die vulkanische Aktivität blieb bis in die jüngste Vergangenheit erhalten. Letztmalig kam es 1973 zu einem verheerenden Ausbruch.

Erstmals erwähnt werden die Westmänner-Inseln um 850. Der Sage nach kam es damals zur Besiedlung der Inseln, weil Leifur Hroðmarsson, ein Blutsbruder von Ingólfur Arnarson, dem Gründer von Reykjavík, an der nahen Südküste Islands an Land gegangen war. Mit ihm waren zahlreiche keltische Sklaven von Norwegen aus nach Westen aufgebrochen.

Die Wikinger bezeichneten damals die Kelten allgemein als Westmänner. Diese Sklaven sollen nun Leifur ermordet haben und aus Angst vor der Rache durch Ingólfur auf die Inseln geflohen sein. Ingólfur erfuhr von den Vorgängen, spürte die Sklaven auf und tötete sie. Was blieb, war die Bezeichnung der Inseln. Ende des 9. Jh. soll dann Herjólfur Barðarson als erster Isländer hier ständig gewohnt haben.

1627 tauchten vor der Inselgruppe fremde Schiffe auf, arabische Piraten. Diese überfielen die Inseln, raubten alles Hab und Gut der Bewohner und töteten 36 Einwohner. Weitere 242 Bewohner verschleppten sie und verkauften sie auf den Sklavenmärkten Afrikas. Etwa 10 Jahre später gelang es dem König von Dänemark, 37 jener Sklaven freizukaufen, von denen schließlich 13 den Weg zurück in ihre Heimat fanden. In der Zeit des dänischen Handelsmonopols ging es auch den Leuten von Heimaey recht schlecht. Erst ab Mitte des 19. Jh. begann ein allmählicher Aufschwung auf den Inseln, der insbesondere in diesem Jahrhundert stetig anhielt. Seit der Jahrhundertwende war die Stadt Vestmannaeyjar die bedeutendste Fischereisiedlung Islands. Heute beträgt der Anteil der Westmänner-Inseln am Gesamtfang Islands sogar rund 20%!

Heimaey   4.900 Ew. [BANK] ♫ ⊞ ☆

🛳 Es gibt eine Verbindung von Þorlákshöfn mit dem Fährschiff *Herjólfur*. Auf der Fähre kann man auch seinen Wagen mitnehmen. Die Fähre fährt aber meist nur einmal täglich, daher ist stets eine Übernachtung auf den Inseln nötig. Wer also wenig Zeit hat und nicht übernachten kann oder möchte, wird daher das Flugzeug wählen müssen.

✈ Linienbetrieb (Icelandair) meist dreimal täglich ab Reykjavík, dennoch ist vor allem für den Frühflug eine Platzreservierung unbedingt anzuraten, da die Flüge recht beliebt sind. Außerdem werden im Charterverkehr organisierte Ausflugstouren angeboten. Man sollte versuchen, mit der ersten Maschine ein- und der letzten auszufliegen, da es wirklich genug zu sehen und zu erkunden gibt. Infos dazu in der 🄸 und in jedem Reisebüro - nach Sonderangeboten fragen!

🄸 Vestmannabraut 38, ☎ 481-2922, [FAX] 481-2007.

🚌 Für denjenigen, der nur kurz auf der Insel verweilt, ist es wohl empfehlenswert, die **organisierte Rundfahrt** mitzumachen. Diese beginnt unmittelbar nach Ankunft der Linienflugzeuge am Flughafen und dauert gut zwei Stunden. Sie führt den Reisenden zu allen interessanten Plätzen der Insel.

Der Inselführer erklärt die wesentlichen Vorgänge des Vulkanausbruches des Jahres 1973, berichtet über Geschichte und ein wenig über Leute und Leben auf den Inseln. Man bekommt so einen brauchbaren Überblick - eine gute Grundlage für eigene Erkundungen. Die Rundfahrt geht zunächst in das Gebiet des Vulkans **Eldfell**, der die Lava des Jahres 1973 ausspie. Man kann die Lava bestaunen, kommt zu den Stellen, wo die Lava ins Meer floß und in bizarren Formen erstarrte. Anschließend fährt man durch den Ort, wo man Teile der Verwüstungen sieht, und in die Umgebung, wo es auch interessante Dinge zu sehen gibt, zum Beispiel eine Papageitaucherkolonie.

🛳 Nach dieser Rundfahrt sollten Sie eine Bootsfahrt um die **Vogelfelsen** herum in eine der Grotten, deren schönste die **Kafhellir** ist, unternehmen. Dabei können Sie an der Hafenausfahrt den Platz sehen, an der einst die oben genannte Festung errichtet wurde, von der aber kaum mehr etwas zu sehen ist.

Sehenswertes

✞ Zu erwähnen ist die Kirche, eine der seltenen **Steinkirchen** Islands, die 1774 bis 1778 gebaut wurde. Der gesamte Friedhof lag nach dem Vulkanausbruch unter einer mehrere Meter hohen Ascheschicht.

Anschauen sollten Sie auch einige **Häuser am Rande des Lavafeldes**, an denen man noch gut erkennen kann, mit welch ungeheurer Gewalt die Lava die Häuser zusammendrückte.

⌘ Letztlich kann man noch dem **Aquarium** einen Besuch abstatten, ebenso dem kleinen **Naturkundemuseum**.

♦ Heiðarvegur 12, 1.5. bis 1.9. täglich 🕘 11:00 bis 17:00.

⌘ Kleines **Heimatmuseum**.

♦ Täglich 🕘 13:00 bis 16:00.

Vielleicht entdecken Sie auch die **Eiersammler**, die sich in traditioneller Weise mit langen Tauen an den Klippen hinablassen und Eier aus den Nestern holen. Sie lassen sich dazu an mit Knoten versehenen Seilen an den Klippen hinab und schwingen dort so lange hin und her, bis sie die Nester erreichen können.

Typisch für die Westmänner-Inseln ist der Vogelfang, dem vor allem die hübschen **Papageitaucher** zum Opfer fallen. Einst war der Vogelfang eine wichtige Nahrungsquelle, heute sind die Papageitaucher eine begehrte Spezialität. Aber es steht keinem Fremden und nur wenigen

Einheimischen das Recht zu, Papageitaucher zu fangen, so daß ihr Bestand nicht als gefährdet gilt.

Wanderungen aller Art, zum Beispiel auf den **Heimaklettur**. Schön ist auch ein Spaziergang in das Herjólfsdalur, wo auch der Zeltplatz liegt. Hier finden alljährlich die Feiern zum Nationalfeiertag statt - ein großes Volksfest.

Ausflug zur **Insel Surtsey**, die Ende 1963 durch einen Vulkanausbruch aus dem Meer entstand. Sie darf nicht betreten werden, es werden aber Bootstouren dorthin organisiert. Näheres in der **⚹**.

Färöer-Inseln: Land und Leute

Geographie und Klima

Die Färöer bestehen aus insgesamt 18 Inseln mit einer Fläche von 1.399 km². Die Inseln sind vermutlich vulkanischen Ursprungs, und die Landschaft ist von schroffen Felsen, tiefen schmalen Fjorden und langgestreckten, tief eingeschnittenen Tälern geprägt.

Das Klima ist durch den **Golfstrom** beeinflußt und daher relativ mild. Die Temperaturen im Sommer sind recht kühl, meist deutlich unter 20 °C, im Winter ist es aber auch selten wirklich kalt. Schnee fällt nur selten. Das Wasser ist stets eisfrei. Das Wetter ändert sich ungewöhnlich schnell, Nebel, Regen, Sturm und Sonne wechseln einander ab.

Flora und Fauna

Man kann die Färöer als einen riesigen Vogelfelsen ansehen. Man findet zahlreiche, auch seltene Arten, darunter **Trottellummen** und **Eissturmvögel**. Daneben gibt es auch hier in großer Zahl die hübschen **Papageitaucher**. Das Meer ist fischreich,

in den Seen gibt es **Forellen** und **Saiblinge** und auf einigen Riffen vor der Küste leben **Seehunde**.

267

Im Meer rings um die Färöer lebten einst sehr viele **Wale**, aber wegen des lange praktizierten Walfangs ist der Walbestand stark gesunken. Ein besonders fragwürdiges "Schauspiel" ist das traditionelle **Abschlachten der Grindwale** auf den Färöern. Die Färinger betonen aber, daß das Walfleisch auch heute noch verwertet wird, und daß die sonst nicht gejagten Grindwale in ihrem Bestand nicht gefährdet seien. An Landsäugetieren gibt es vor allem **Schafe**.

Es gibt keine wild wachsenden Bäume, sondern höchstens **Gras**, **Moos** und viele **Wildblumen**.

Geschichte

Die Geschichte der Färöer beginnt etwa im **8. Jh.** Zu dieser Zeit siedelten sich **irische Mönche** auf den Inseln an. Sie wurden aber ab dem 9. Jh. von norwegischen Einwanderern vertrieben. Anfang des 10. Jh. waren die Inseln bereits vollständig besiedelt und der nutzbare Boden war verteilt.

Um 1000 kam das **Christentum** auf die Inseln, 1035 fielen die Färöer unter norwegische Herrschaft. Bis dahin hatte es hier aber schon ein Parlament, das Thing, gegeben, das regelmäßig auf der Halbinsel Tinganes, heute ein Teil von Tórshavn, getagt hatte. Dieses Parlament zählt damit neben dem isländischen Althing zu den ältesten Europas.

1380 wurde Norwegen mit **Dänemark** vereinigt, die Färöer wurden fortan von Kopenhagen aus verwaltet. **1529** wurde der **Monopolhandel** eingeführt, der bis Mitte des 19. Jh. weitgehend bestehen blieb. Ende des **16. Jh.** setzte sich auch auf den Färöern die **Reformation** durch.

Im **18. Jh.** bekam der sonst noch recht unbedeutende Hafen von Tórshavn eine zweifelhafte Rolle als zentraler **Umschlagplatz für Schmuggelware** nach England, vor allem für Alkohol. Im 18. und 19. Jh.

begann schließlich ein systematischer und im größeren Stil betriebener Fischfang auf den Inseln, gleichzeitig entstanden erste kleine Handwerksbetriebe. Mitte des 19. Jh. entwickelte sich der Fischfang und eine verarbeitende Industrie. Der Export von Wolle und Wollprodukten trat zunehmend in den Hintergrund, und bereits Ende des 19. Jh. entfielen 90% des Exportes auf Fischprodukte. Bedeutende politische Ereignisse waren die Erlaubnis zur Entsendung eines Vertreters ins Parlament nach Kopenhagen und die Aufhebung des Handelsmonopols 1856.

Im April **1940** besetzte **Großbritannien** die Inseln. Für die folgenden fünf Jahre wurden die Färöer von dort aus beherrscht und versorgt. Erst nach Ende des Krieges wurden sie wieder von Kopenhagen aus regiert. **1946** kam es bei einer Volksabstimmung zu einer hauchdünnen Mehrheit für eine **Unabhängigkeit** der Inseln von Dänemark. Der dänische König löste daraufhin das Parlament auf. Bei den anschließenden Neuwahlen setzten sich dann aber die Parteien durch, die für einen Verbleib im Königreich Dänemark waren. Die folgenden Beratungen führten **1947/48** dazu, daß die Färöer zwar formal zu Dänemark gehören, aber weitgehend **innere Selbstverwaltung** ausüben können.

Politik und Wirtschaft

Die Färöer gehören zwar politisch zu **Dänemark**, sind jedoch in vielerlei Hinsicht **autonom**. So haben sie neben ihrer eigene Sprache eine eigene Flagge, eigenes Geld, eigenes Nationalitätskennzeichen am Auto (FR) und eigene Briefmarken. Das Parlament (Lagtinget) ist die Legislative und die Landesregierung (Landsstyret) die Exekutive. Diese entscheiden über alle Fragen der inneren Selbstverwaltung, und selbst der Wunsch der Färöer, nicht vom Beitritt Dänemarks in die EU erfaßt zu werden, wurde respektiert.

Der Lebensstandard, die Löhne und das Pro-Kopf-Einkommen auf den Färöern zählen zu den höchsten der Welt. Staatsverschuldung und Außenhandelsdefizit sind gigantisch. Die hohe Verschuldung und die abnehmenden Fischfangerträge haben zu einer katastrophalen Wirtschaftskrise geführt. Die Arbeitslosenquote schnellte in schwindelnde Höhe (22%), die Preise stiegen durch die Einführung einer Umsatzsteuer von 23% gewaltig an.

Wichtigster Faktor der Wirtschaft sind die **Fischerei** und **Fischverarbeitungsindustrie**. Über 25% aller Färinger arbeiten in diesem Erwerbszweig. Ca. 98% des Exports entfallen auf Fisch und Fischprodukte, meist tiefgefrorene Ware. Der Fischfang wird durch eine 200-Meilen-Zone gesichert. Vergleichsweise geringe Bedeutung hat auf den Färöern die **Landwirtschaft**. Hier sind nur etwa 2% der Bevölkerung tätig. Auf den Weiden werden ca. 70.000 Schafe gehalten.

Zahlreiche Färinger sind in **Handels- und Dienstleistungsbetrieben** beschäftigt, neuerdings spielt auch der **Tourismus** eine zunehmende Rolle. Ansonsten gibt es etwas Schiffbau, Textilindustrie, Herstellung von Fischfanggeräten und ein wenig Lebensmittelindustrie.

Färöer-Inseln: Reise-Infos

Geld

Die Färöer haben eine eigene Währung, die **färöische Krone** (Fkr.). Diese hat den gleichen Wert wie die Dänenkrone. Es gibt auch eigene Geldscheine in der gleichen Staffelung wie in Dänemark, die Münzen sind allerdings mit den dänischen identisch. Dänisches Geld wird überall auf den Färöern angenommen, färöisches aber nicht in Dänemark.

In allen Orten mit einer Bank können Sie Ihr Geld einwechseln. **Euro-** und **Reiseschecks** werden überall angenommen, aber zum Teil werden erhebliche Bearbeitungsgebühren berechnet - vorher fragen!

BANK Mo bis Fr 🕐 8:30 bis 16:00 und Do bis 18:00, die Banken sind allerdings teilweise über die Mittagszeit manchmal geschlossen.

Information

🛈 Dänisches Fremdenverkehrsamt, Glockengießerwall 2, 20095 Hamburg, ☎ 040/337803, FAX 040/337083, vertritt auch die Färöer. In Österreich und in der Schweiz besteht derzeit keine offizielle Vertretung Dänemarks für Reisefragen. Auf den Färöern selbst wenden Sie sich am besten an eine der drei Touristeninformationen in ☞ Tórshavn.

Zeit

Es gilt die westeuropäische Zeit, die Färöer liegen eine Stunde hinter der in Deutschland gültigen Zeit zurück. Im Sommer gilt Sommerzeit.

Färöer: Seereisenhafenort

Tórshavn

17.000 Ew. (mit Vororten) 💟 🦌 ⛴ 🛒 ⭐
🚌 Zentrale Bushaltestelle: Hovnovgøta.

🛈 Kunningarstovan, Vaglið-Platz, ☎ 15788, Mo bis Fr 🕐 9:00 bis 17:00, Sa 9:00 bis 14:00, So 9:00 bis 11:00.

269

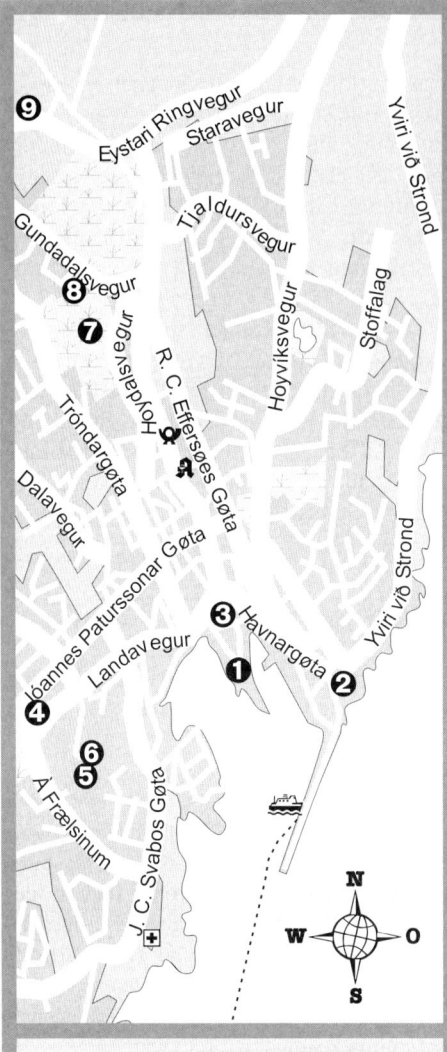

Tórshavn

0   500 m

❶ Regierungsgebäude /
   Tinganes-Halbinsel
❷ Festung Skansin
❸ Stadtkirche
❹ Westkirche
❺ Altertumssammlung
❻ Naturgeschichtliches Museum
❼ Stadtwald Viðarlund
❽ Kunstmuseum
❾ Nordisches Haus

© Stein Verlag

◆ Aldan Informationsbüro, Gongin, auf der
  Halbinsel Tinganes, ☎ 19391, Mo bis Fr
  🕘 9:00 bis 17:00, So 14:00 bis 16:00.
◆ Viele Infos auch bei Tora Tourist Traffic,
  Niels Finsens Gøta 21, ☎ 15505.

Tórshavn liegt am Fuße schöner Berge auf
der Insel **Streymoy**, der größten Insel der
Färöer. Hier leben etwa ein Drittel aller
Einwohner, die Regierung der Färöer hat
hier ihren Sitz und die Stadt ist Mittelpunkt
des Handels, der Kultur, der Wirtschaft
und das wichtigste Schulzentrum.

Ursprünglich war die Halbinsel **Tinganes** ein Platz, um Thing zu halten. Auch
heute befindet sich der Sitz des Lagting,
des färöischen Parlaments noch hier. Erst
in den letzten Jahrhunderten bildete sich
eine kleine Siedlung, die von Beginn an
Tórshavn hieß.

Schon **1580** errichtete man zum Schutz
der Lagerhäuser vor Überfällen durch
Piraten die Festung Skansin. Allmählich
weitete sich der Handel aus, und mit Beginn planmäßiger Fischereiwirtschaft begann auch der Aufschwung von Tórshavn.
Um 1900 lebten 1.000 Einwohner hier,
1950 ca. 5.000. Die Stadt verfügt heute
über einen großen Hafen, der Flugplatz
liegt dagegen weit entfernt auf der Insel
Vágar.

Sehenswertes
Tinganes-Halbinsel ❶ mit alten Gebäuden, viele mehr als 200 Jahre alt.
Lohnender Spaziergang durch die engen
Gassen mit den schwarzen Holzhäusern,
deren Dächer grasbewachsen sind. Hier
stehen auch die derzeitigen **Regierungsgebäude** ❶. Die Hauptstraße des alten
Tórshavn war die Gasse *Gongin*.

Skansin ❷, die Festung im Osten des
Hafens, wurde 1580 angelegt, um die
kleine Siedlung und den Hafen vor Piraten
zu schützen, und bis 1780 mehrfach umgebaut und verstärkt. Von der Festung aus

hat man einen hübschen Blick auf die Stadt und den Hafen.

✝ **Stadtkirche** ❸ (1788) ist heute in ihrer Gestalt aus dem Jahr 1865 zu sehen. Sie ist recht groß, hat 600 Plätze, ein Taufbecken (1601), eine Kanzel (1788).

Eigenwillig und ausgefallen präsentiert sich die **Westkirche** ❹, die 1975 fertiggestellt wurde. Ihr außergewöhnliches Äußeres ist weithin sichtbar. Sehenswert für Freunde moderner Architektur.

⌘ **Altertumssammlung** ❺ der Färöer mit Sehenswertem zur Geschichte und Vorgeschichte der Färöer, zur Wikingerzeit und zum Mittelalter.

◆ Mo bis Fr ⏰ 11:00 bis 16:00, Sa und So 15:00 bis 17:00, Eintritt frei.

📖 Gute Infobroschüre (englisch) erhältlich.

⌘ **Naturgeschichtliches Museum** ❻ Es bietet einen guten Überblick über die färöische Tier- und Pflanzenwelt. Eine kleine Abteilung ist auch den Grindwalen gewidmet, die immer noch häufig in der Nähe der Färöer anzutreffen sind.

Angeschlossen ist ein kleines **Seefahrtsmuseum** mit mehreren typischen färöischen Booten und Gegenständen aus Schiffahrt und Fischerei.

◆ Mo bis Fr ⏰ 10:00 bis 16:00, Sa und So 15:00 bis 17:00, Eintritt frei.

In Tórshavn sollte man vielleicht ein wenig durch die Fußgängerzone bummeln und die dortigen Geschäfte ansehen. Oder man geht in den Stadtwald **Viðarlund** ❼, den größten Wald der Färöer, ein hübsches kleines Erholungsgebiet.

⌘ Dort liegt das **Kunstmuseum** ❽, in dem man einen guten Überblick über die bescheidene färöische Kunst erhalten kann.

◆ Di bis Do ⏰ 14:00 bis 17:00, Fr bis So 14:00 bis 18:00.

⌘ Wechselnde Ausstellungen/Veranstaltungen finden im **Nordischen Haus** ❾, dem nordischen Kulturzentrum auf den Färöern statt.

◆ Norðari Ringvegur, Mo bis Sa ⏰ 10:00 bis 18:00, So 14:00 bis 18:00, ☎ 17900. Aktuelles Veranstaltungsprogramm in der ℹ.

Exkursionen

Ansonsten kann Tórshavn Ausgangspunkt für zahlreiche Ausflüge sein, so vor allem mit Fähren oder Hubschrauber auf die anderen Inseln, lohnend insbesondere ein Trip nach **Mykines**, **Suðuroy** oder **Eysturoy**.

ℹ Näheres zu den Ausflugsmöglichkeiten, Flug- und Fährverbindungen sowie zu aktuellen Preisen in der ℹ.

Lohnend ist auch eine **Walbeobachtungstour**.

ℹ Sirius Adventures, Tórshavn, ☎ 87777.

Schottland mit Orkneys und Shetlands: Land und Leute

Von Schottland werden auf Nordmeerseereisen gelegentlich einige Häfen im Nordosten (Leith/Edinburgh und Aberdeen, Inverness und Invergordon), häufiger die Hauptorte der Orkneys und Shetlands - Kirkwall und Lerwick - angelaufen.

Fläche: 78.783 km² (etwas größer als Bayern und etwas kleiner als Österreich, aber nur halb so dicht besiedelt)
Einwohner: 5 Mio
Bevölkerungsdichte: ca. 65 Ew/km² (80 % der Bevölkerung konzentrieren sich auf den Central Belt um Glasgow und Edinburgh, während die Highlands mit 8 Ew./km² nahezu menschenleer sind)
Größte Städte: Glasgow (ca. 900.000 Ew.), Edinburgh (ca. 450.000 Ew.)

Geographie

Schottlands Landschaften und die sie mitbedingenden geologischen Verhältnisse sind sehr vielfältig. Es fehlen junge Hochgebirge vom Typ der Alpen. Üblich ist eine grobe Einteilung zumindest des Festlandes in drei große Landschaften: Ganz im Süden, ab der schottischen Südgrenze (Fluß Tweed und die Cheviot Hills), liegen die hügeligen **Southern Uplands** mit teils kargen Hochflächen, dazwischen Weiden und große intensiv landwirtschaftlich genutzte Flächen.

Die **Central Lowlands** sind relativ flach, überwiegend intensive Landwirtschaft bis hin zu den beiden größten Städten Glasgow und Edinburgh. Hier lebt der größte Teil der schottischen Bevölkerung und hier ist die meiste Industrie.

Der nördlich davon liegende Landesteil, die **Highlands**, ist der größte und gleichzeitig der menschenärmste. Er wird durch den fast auf Meeresniveau hinabreichenden Kaledonischen Graben zwischen Inverness und Fort William geteilt - nordwestlich davon finden sich überwiegend harte Gneise, südöstlich vor allem Granit und Glimmerschiefer und ganz im Osten Sandstein, der sich bis zu den Orkneys fortsetzt. Zu den Highlands gehören die höchsten Gebirge Schottlands (Cairngorms, Grampians, Ben Nevis) mit bis zu 1.347 m Höhe - verglichen mit den Alpen

oder Norwegen wenig, allerdings liegt die natürliche Baumgrenze bei nur ca. 500 m Höhe, so daß die höheren Gebirgsmassive wie Hochgebirge wirken. Die Eiszeiten formten ganz Schottland erheblich mit - abgerundete Bergformen, ausgeschürfte U-Täler bis hin zu den langgestreckten Lochs (wassergefüllte ehemalige Gletscherbetten).

Die Kargheit des Landes wird noch gesteigert durch den **Raubbau an den einst dichten Wäldern** Schottlands, die dem Schiffbau, der Gewinnung von Weideflächen und der Industrie als Energiequelle (Holzkohle) geopfert wurden.

Ähnlich wie in vielen Mittelmeergebieten oder der Lüneburger Heide ist die so bewunderte Vegetationsarmut nicht natürlich, sondern Folge der Zerstörung der Wälder und anschließender Erosion. In den letzten 30 Jahren ist Schottland durch riesige Aufforstungsprogramme in den sonst kaum nutzbaren Gebirgslagen wieder deutlich grüner und waldreicher geworden, leider vielfach mit eintönigen Nadelbaum-Monokulturen in Reih und Glied.

Klima

Das **Klima** wird vor allem vom Meer bestimmt, das einen ausgleichenden Einfluß hat: Frost ist im Winter selten, vor allem in niedrigeren, küstennahen Lagen (und kein Punkt Schottlands ist mehr als 64 km von der See entfernt), umgekehrt sind aber auch Sommertemperaturen deutlich über 20 °C ungewöhnlich.

Interessanter ist vielleicht das Thema **Regen**: Aufgrund der vorherrschenden Westwinde ist die Westküste (typisch: um 1.800 mm Niederschläge im Jahr, besonders feucht ist das schöne Skye) relativ naß, mehr noch das höhere Gebirge (bis 4.000 mm/Jahr), während an der Ostküste in einigen Regionen unter 800 mm/Jahr fallen.

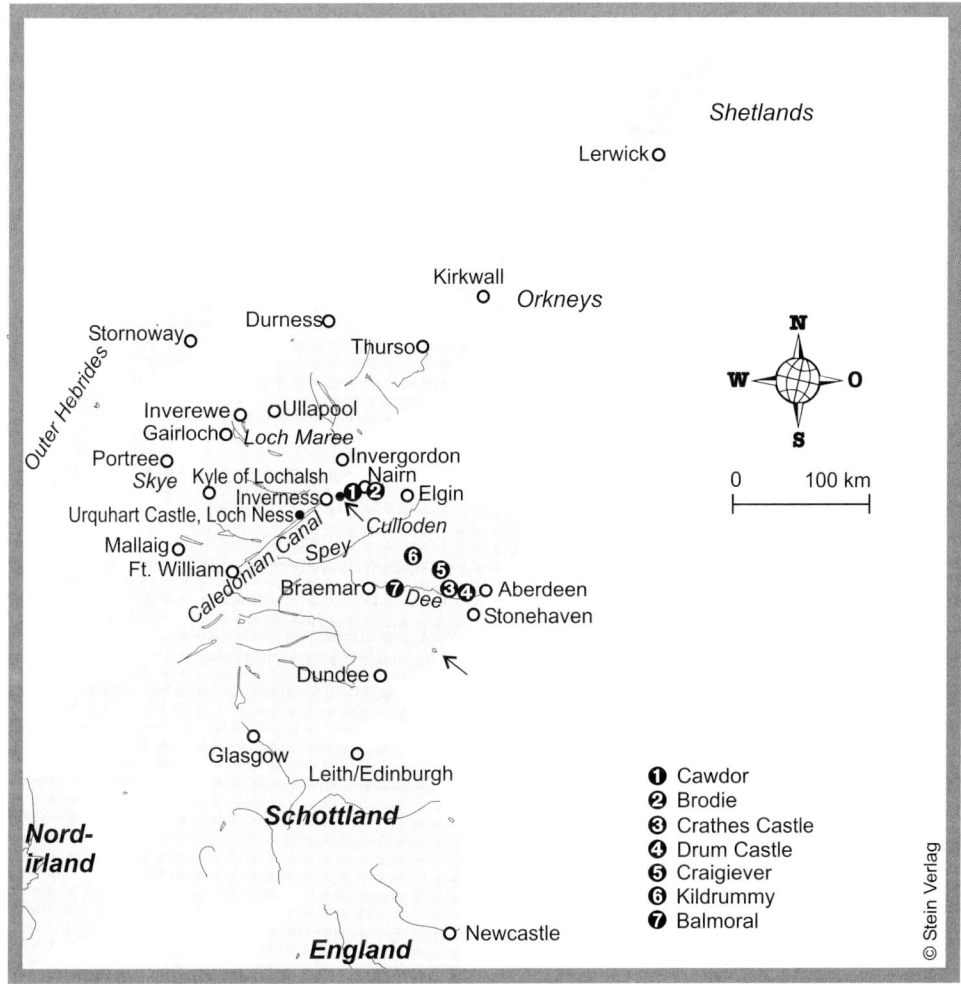

Geschichte

Entsprechend der Hauptwindrichtung sind der Westen und Norden besonders dem **Wind** ausgesetzt, der dort sogar über die Jahrtausende erheblich an der Landschaftsgestaltung mitwirkte und vielerorts hochwachsende Vegetation ausschließt.

In geschützteren Lagen ist hingegen selbst im Nordwesten dank der reichlichen Niederschläge eine erstaunlich üppige Pflanzenwelt möglich (etwa die berühmten Inverewe Gardens).

In vorgeschichtlicher Zeit, am Ende der Jungsteinzeit, als das Klima wärmer war als heute, muß Schottland ein fruchtbares, angenehmes Land gewesen sein, das das Entstehen bemerkenswerter Steinzeitkulturen erlaubte, deren Schöpfungen ausgerechnet hier, am heutigen Rand Europas, die Jahrtausende überdauert haben. Die Ruinen von Skara Brae (Orkneys) zeigen einen baulich hohen Entwicklungsstand, wie er vor 5.000 Jahren kaum anderswo in

273

Nord- und Mitteleuropa zu finden war. Am Ende dieser eigenständigen Entwicklung, bevor die Kultur des Mittelmeerraumes über die Römer und ihre Erben auch den Norden überformte, standen kurz vor der Zeitenwende die nur in Schottland zu findenden Brochs - ohne Mörtel meisterhaft aus losen Steinen aufgeschichtet, ragen diese doppelwandigen (dazwischen Kammern) turmartigen Rundburgen noch heute bis zu 15 m Höhe auf und in vielen Fällen wurden sie nicht vom Zahn der Zeit zerstört, sondern durch die Nutzung als Steinbruch.

Schriftliche genauere Zeugnisse liegen im Prinzip erst seit den Römern vor, die Schottland nie völlig eroberten, sondern statt dessen sich durch Grenzbefestigungen (Antoniuswall, Hadrianswall) ähnlich wie in Germanien (Limes) gegen die räuberischen keltischen Urschotten zu schützen versuchten.

Überformt wurde das keltisch besiedelte Schottland dann von zwei Seiten: Durch die christliche Mission und das damit verbundene andere Weltbild zunächst vom römischen Süden her (ab 400), nach Untergang des Römerreiches von der in Irland überlebenden christlichen Kirche (Columba ab 563 von der westschottischen Insel Iona aus) und ab ca. 800 durch die Wikinger (erst durch Überfälle, später durch normannische Eroberung und Besiedelung des Ostens und der Orkneys und Shetlands), die allerdings das unzugänglichere Inland und den Westen nie unter ihre Kontrolle brachten. Später vermischten sich keltische Urbevölkerung und skandinavische Einwanderer.

Nach Anfängen ab dem 9. Jh. in den Lowlands entstand ab dem 11. Jh. ein gefestigtes schottisches Königtum und gleichzeitig der Konflikt mit der englischen Monarchie um die Herrschaft über Schottland, der bis zum Untergang des schottischen Königshauses Stuart und der von ihrem letzten Kronprinzen Bonnie Prince Charlie 1746 verlorenen Schlacht von Culloden anhält. Trotz ihrer geringen Bevölkerung spielten die Highlands eine entscheidende Rolle, da ihre relativ isolierten Clans und deren Häuptlinge sich einerseits nur unwillig einer Zentralmacht unterordneten, andererseits mit den damaligen Mitteln in der menschenleeren Weite und Weglosigkeit kaum wirksam zu kontrollieren waren und so zwar immer wieder Partner für Aufstände gegen eine ferne Zentralmacht in London waren, aber auch um so brutaleren Unterwerfungs- oder gar Ausrottungsversuchen ausgesetzt waren.

Da England in der Regel auch mit Frankreich im Streit lag, waren Schottland und Frankreich natürliche Verbündete. Zu den Geburtswehen Schottlands gehört aber auch die Auseinandersetzung zwischen dem norwegischen Machtbereich und dem aus einstigen aus Skandinavien kommenden Wikingern und den keltischen Bewohnern entstehenden Schottland: 1263 wurden die Hebriden nach einer von den Norwegern verlorenen Schlacht schottisch, die Orkneys und Shetlands erst 1463 durch eine "Heiratsmitgift".

Entscheidend zur Schwächung Schottlands trug die **Reformation** bei, die zwar angesichts unübersehbarer Mißstände in der katholischen Kirche wirksame Argumente und Anliegen hatte, sich aber in Schottland im Gegensatz zu England nicht in so großer Breite durchsetzen konnte, da das schottische Königshaus Stuart katholisch blieb - nicht zuletzt aufgrund der Allianz mit Frankreich gegen England, welches wiederum die Reformation als Entmachtung des päpstlich-kirchlichen Einflusses nutzte. Die Spaltung der Bevölkerung in eine protestantische Mehrheit, aber auch eine wichtige katholische Minderheit mit daraus entstehenden religiös verbrämten Machtkonflikten (bis hin zu Elisabeth I.

von England gegen Maria Stuart von Schottland) erleichterte England die Gewinnung der Macht über Schottland.

Nach dem 1746 niedergeschlagenen Aufstand folgte eine Unterdrückung schottischer Kultur (Verbot von Kilts, Dudelsack etc.), viele Clan-Chefs wurden entmachtet und ihre Besitzungen englandtreuen Herren zugesprochen. Zudem sorgte auch der Geist des Absolutismus für eine zunehmende Entfremdung zwischen adeliger Oberschicht und untergebener Landbevölkerung.

Trauriger Höhepunkt dieser Entwicklung waren die berüchtigten **Highland Clearances**, als die Landherren zur Einführung der profitableren Schafzucht ihren untergebenen Pächtern das Land entzogen und damit eine Elendswelle auslösten, die Tausende in die Auswanderung trieb und das Land wirkungsvoller entvölkerte als frühere Unterdrückungsversuche der Engländer.

Gleichzeitig war das 19. Jh. mit der Industrialisierung aber eine wirtschaftliche und kulturelle Blütezeit für die von den Clearances nicht betroffenen Lowlands, die in der Union mit England vor allem Vorteile sahen. Dem aufstrebenden Bürgertum Schottlands entsprossen bedeutende Persönlichkeiten: Adam Smith, James Watt. Wirtschaftlicher Wohlstand des Bürgertums erlaubte auch wieder eine romantisch verklärte Rückbesinnung auf schottische Werte, gefördert durch die Nationaldichter **Robert Burns** und **Walter Scott**, die selbst Königin Victoria begeisterten. Diese Rückbesinnung rettete vermutlich unter anderem auch die gälische Sprache (1872 als Unterrichtssprache verboten).

Die Lowlands wurden zu einer der wichtigsten Industrieregionen Großbritanniens - ein Magnet für eine arme Landbevölkerung ohne Zukunft, entsprechend rasch wuchsen die Elendsviertel der Städte. Erst die Ausbeutung der Kolonien und die Aufträge des großen Militärapparats, dann die Anstrengungen des Ersten Weltkrieges sorgten zumindest für Arbeit, vor allem in der wichtigen Werftindustrie um Glasgow. Nach Kriegsende brach die Industrie in Schottland ein und hohe Arbeitslosigkeit prägte das Land bis zum Aufkeimen neuer Industriezweige in den letzten Jahrzehnten - erst das Geschenk des Nordseeöls, dann Hochtechnologie (scherzhafterweise wird vom Silicone Glen gesprochen).

Der wirtschaftliche Zusammenbruch, dann der neue Reichtum durch "schottische" Erdöllagerstätten in der Nordsee förderten wieder **Separationsbewegungen**, die vor allem von der Scottish National Party (SNP) vertreten werden, die bis zu einem Drittel der Stimmen in Schottland erhält und auch im britischen Parlament vertreten ist. Um ihr den Wind aus den Segeln zu nehmen, wurden 1979 Schottland weitere Autonomierechte zugestanden.

Daß Schottland nicht zu England gehört (nennen Sie einen Schotten möglichst nicht Engländer, höchstens Brite), sondern mit England, Wales und Nordirland Teil des Vereinigten Königreiches ist, zeigt sich auch im Alltag, insbesondere an den eigenen Banknoten und Münzen der Bank of Scotland, die gleichberechtigt mit den englischen im Umlauf sind (in England aber eventuell trotzdem nicht akzeptiert werden), und in teilweiser schottischer Autonomie etwa im Erziehungswesen.

Politik

Schottland hat kein eigenes Parlament, jedoch eine eigenständige Verwaltung, geführt von einem zur britischen Regierung gehörenden Minister für schottische Angelegenheiten. Das von den Schotten mitgewählte britische Parlament ist als zentralistische Instanz auch für Schottland zuständig. Seit einer Reform 1975 ist das Land verwaltungsmäßig in 12 Regionen statt früher 33 Grafschaften aufgeteilt. In der Parteienlandschaft Schottlands führt die **Labour Party**, gefolgt von der SNP, Konservativen und Liberaldemokraten.

Schottland mit Orkneys und Shetlands: Reise-Infos

Einreise

Für EU-Bürger und Bürger des Europäischen Wirtschaftsraumes genügt ein noch drei Monate gültiger **Personalausweis** oder **Reisepaß**.

Geld

Währung ist das britische **Pfund Sterling** (£) - in Umlauf gebracht sowohl von der Bank of England als auch der Bank of Scotland, unterteilt in 100 Pence in den Werten 1 Penny, 2, 5, 10, 20 und 50 Pence sowie 1 Pfund. Banknoten gibt es zu 1, 5, 20 und 50 £.

Reiseschecks (ausgestellt in £) sind ein sicherer Ersatz für größere Bargeldmengen, auf großen Postämtern kann man auch vom deutschen **Postsparbuch** Geld abheben.

Kreditkarten und **Euro-Schecks** sind weit verbreitet.

Information

Für ganz Schottland zuständig ist das **Scottish Tourist Board**.

♦ 23 Ravelston Terrace, Edinburgh EH4 3EU, ☎ 0131/3322433.

Örtliche Informationsstellen ☞ jeweilige Ortsbeschreibungen.

Medizinische Versorgung

Großbritannien verfügt über ein gut ausgebautes Gesundheitssystem. Prüfen Sie, ob Ihre Krankenkasse für Leistungen in Großbritannien gegebenenfalls bezahlt und ob Sie den Betrag vorschießen müssen und dann erstattet bekommen, oder ob die Kasse direkt mit dem betroffenen Leistungsträger abrechnet. Erforderlichenfalls Reisekrankenversicherung abschließen.

Post und Telekommunikation

☏ Mo bis Fr 🕘 9:00 bis 17:30, Sa 9:00 bis 12:30.

Was in Deutschland als revolutionäre Neuerung gilt, gibt's in Großbritannien schon lange: In kleinen Orten betreibt oft ein privater Laden auch den Postdienst. Porto für Postkarte und kleinen Brief bis 20 g in EU-Länder: 25 Pence (1997).

In Großbritannien gibt es neben der **British Telecom** auch private Telefongesellschaften und mehrere Anbieter von **Mobiltelefon** (GSM, wie D1 und D2). Für Kartentelefone gibt es Karten in Postämtern und Zeitschriftenläden. Von Großbritannien ins Ausland wählt man vor der Landesvorwahl wie in den meisten Ländern "00", für Deutschland also 0049, Österreich 0043, Schweiz 0041, danach im Falle einer mit 0 beginnenden Ortsvorwahl die 0 weglassen. Falls Sie z.B. eines der hier im Buch genannten britischen Fremdenverkehrsämter in Großbritannien anwählen möchten, so ist die nationale Vorwahl für Großbritannien 0044, danach die 0 der Ortsvorwahl weglassen. Notfallnummer: 999.

Zeit

In Großbritannien gilt die GMT (Greenwich Mean Time), die der MEZ um eine

Stunde hinterherhinkt, durch die britische Sommerzeit auch im Sommer, wobei es im März und Oktober um die Umstellungstage herum eventuell zu Zeitgleichheit kommen kann, wenn man sich nicht auf denselben Umstellungstag einigen konnte.

Schottland: Seereisenhafenorte im Nordosten

Leith

♀✕ Pubs: "King's Wark" und "Shore" (beide auch mit gutem Restaurantteil).

🅱 Informationen, Verbindungen etc.
☞ Edinburgh.

Hinter diesem auf Landkarten kaum zu findenden Ortsnamen verbirgt sich der Hafenstadtteil von Edinburgh und gelandet wird hier primär, um gleich auf Exkursion in die schottische Hauptstadt zu gehen.

Das einst schmuddelige und heruntergekommene Leith wandelte sich allerdings in den letzten Jahren, der nüchterne Reiz der alten Hafenanlagen wird, ähnlich wie in den Londoner Docklands, wiederentdeckt, restauriert oder mit Neubauten ergänzt und mit eleganten und originellen Lokalen und Geschäften wieder gesellschaftsfähig.

Exkursionen
☞ Edinburgh.

Edinburgh

ca. 450.000 Ew. ♀ [BANK] ⊞ 🜨 ☆ 🎋

🛬 Edinburghs Flughafen Ingliston ist an das internationale Flugnetz angeschlossen, außerdem Flughafenbusse zum wichtigeren Flughafen von Glasgow.

🚄 Hochgeschwindigkeitszüge (u.a. Flying Scotsman) nach London, Westen (Glasgow, Ft. William), Norden (Aberdeen, Inverness, Kyle of Lochalsh, Thurso; imposant: Die **Stahlkonstruktion der nahen Firth of Forth Bridge**).

🚌 Linienbusse ins ganze Land (ZOB: St. Andrew's Square).

🅱 Tourist Information, Waverley Market, 3 Princes Street, ☎ 0131/5571700, [FAX] 0131/5575118.

Daß die Hauptstadt Schottlands auf eine lange Geschichte zurückblicken kann, zeigt sich schon in der Bezeichnung **"Neustadt"** für die seit 1776 - immerhin über 200 Jahre alte - entstandene elegante Hauptgeschäftsstraße **Princes Street** und das sie umgebende heutige Innenstadtviertel.

Der Ursprung der Stadt lag vermutlich auf dem Burgberg, wo es mindestens seit dem 7. Jh. eine Befestigung gegeben haben soll und um die ab Ende des 11. Jh. der Ort, seit 1125 Stadt, entstand. Diese **Altstadt** erstreckt sich als sogenannte **Royal Mile** über den unteren Teil des langgestreckten Burgberges zwischen der eigentlichen Burg und der 1128 gegründeten Augustinerabtei Holy Rood, in deren Nachbarschaft ab dem 16. Jh. **Holyrood Palace**, der neue Sitz der schottischen Könige, entstand.

Parallel dazu entwickelte sich die Stadt neben ihrer Funktion als Residenzstadt und Kirchenzentrum (auch der Reformation, etwa John Knox) zum geistigen Zentrum des Landes (Universitätsgründung 1582), auch über 1603 hinaus, als London zum Herrschersitz auch des schottischen Königtums wurde. So wurde im 18. Jh. die bisherige langgestreckte Stadt mit ihren winkligen, engen Straßen zu klein - aus Platzmangel baute man hier bereits im 16. Jh. die ersten Hochhäuser (bis acht Stockwerke - ohne Aufzug).

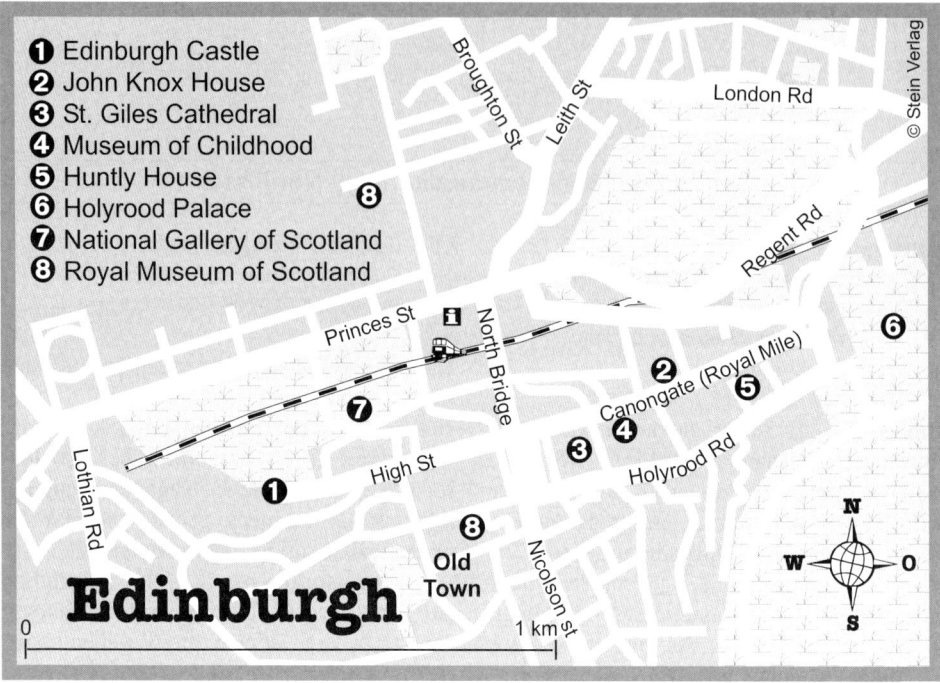

① Edinburgh Castle
② John Knox House
③ St. Giles Cathedral
④ Museum of Childhood
⑤ Huntly House
⑥ Holyrood Palace
⑦ National Gallery of Scotland
⑧ Royal Museum of Scotland

© Stein Verlag

Broughton St
Leith St
London Rd
Regent Rd
Princes St
North Bridge
Canongate (Royal Mile)
Lothian Rd
High St
Holyrood Rd
Nicolson St
Old Town
Edinburgh
0   1 km

N W O S

Die Neustadt wurde mit ihren klassizistischen klaren Linien planmäßig parallel zum Burgberg auf dessen Nordseite erbaut.

Die aufstrebende Stadt zog zahlreiche bedeutende Persönlichkeiten aus Wissenschaft und Kunst an und die elegante Neustadt zwischen Princes Street und Queen Street ist bis heute als noble städtische Adresse beliebt. Erst seit 1830 trat Edinburgh gegenüber der aufstrebenden Industrieregion um Glasgow etwas in den Hintergrund und zog sich ein wenig auf seinen Ruf als altehrwürdige Hauptstadt zurück.

Sehenswertes
Die Innenstadt läßt sich in einem dreistündigen Rundgang (dann allerdings ohne lange Besichtigungszeiten) in historischer Reihenfolge grob erkunden: Schloß -Altstadt - Neustadt.

Hauptattraktion hinsichtlich der Besucherzahlen ist das sehenswerte **Edinburgh Castle ❶** auf dem höchsten Teil des Burgberges, auch für nationalbewußte Schotten, deren heutige Bausubstanz vom 11. bis 16. Jh. entstand. Berühmt sind die hier stattfindenden Vorführungen des Military Tattoo während des Festivals im August, zu dem ansonsten zahlreiche Darbietungen aus dem Bereich Musik und Theater gehören.

Die schlichte St. Margaret's Chapel ist der älteste Gebäudeteil (1093). Im Palast sieht man die schottischen Kronjuwelen und Maria Stuarts Geburtszimmer. Ein Teil der Burg ist mit dem Scottish War Memorial und schottischen Militärmuseen zu einem patriotischen Nationalheiligtum ausgebaut worden. Schöner Blick über die Stadt einschließlich der Hafenregion Leith und die tief ins Land schneidende Meeresbucht des Firth of Forth.

Die **Altstadt Royal Mile** mit ihren winkligen engen Gassen und kleinen Läden lädt zu einem Bummel ein, bei dem man u.a. am **John Knox House** ➋ als besonders gutem Beispiel für die städtische Bauweise des 16. Jh. mit vorstehenden oberen Stockwerken zur Gewinnung von mehr Wohnraum vorbeikommt.

✝ Ebenfalls bedeutend als Nationalheiligtum ist die gotische schlichte **St. Giles Cathedral** ➌ (mehrfach um- und verbaut) mit ihrem charakteristischen kronenartigen Mittelturmabschluß.

⌘ Sehenswert ist das ungewöhnliche **Museum of Childhood** ➍ (Kindheit und Kinderträume von einst und heute).

Im **Huntley House** ➎ findet sich u.a. **The People's Story Museum** (zeigt sehr anschaulich Aspekte des Lebens des "normalen" Volkes in verschiedenen Epochen, insbesondere in neuerer Zeit).

⌘ Erweitert man den Rundgang, so läßt sich auch das Königsschloß **Holyrood Palace** ➏ (17. Jh., schön ausgestattete Räume) einschließen, ansonsten geht es in die elegant-großzügigere klassizistische **Neustadt**, die neben dem Stadtbild und schönen Geschäften (Hauptgeschäftsstraße: Princes Street) sowie dem geruhsamen Park der West Princes Street Gardens unterhalb der Burg eine Reihe interessanter Museen bietet, z.B.:

National Gallery of Scotland ➐ (zahlreiche Gemälde schottischer und ausländischer, teils berühmter Künstler des 14. bis 19. Jh.), **Royal Museum of Scotland** ➑ (hervorragende archäologische Sammlungen und Informationen zur Geschichte des Landes) oder die **Scottish Gallery of Modern Art** (zweitwichtigste Großbritanniens nach London).

Aberdeen

ca. 210.000 Ew. ♥ BANK ✛ 𝕽 ☆ 🏛

✈ Internationaler Flughafen Dyce: Skandinavien, Amsterdam, Inlandflüge, auch zu den Orkneys und Shetlands.

🚂 Wichtiger Eisenbahnknoten.

🚌 Linienbusse: ZOB in der Guild Street.

⛴ Shetlands, Färöer, im Sommer einmal wöchentlich zu den Orkneys.

ℹ Aberdeen Tourist Board, St. Nicholas House, Broad Street, Aberdeen AB9 1DE, ☎ 01224/522943, FAX 01224/644822.

Aberdeen, entstanden an den nahe beieinanderliegenden Mündungen der Flüsse Don und Dee, drittgrößte und nördlichste der schottischen Großstädte, ist in den letzten 20 Jahren zur britischen Erdöl-Boomtown geworden. Bereits 1179 Stadt, zerfiel die Stadt nach ihrer Zerstörung in Old Aberdeen (am Don) und New Aberdeen (am Dee) - eine Teilung, die noch heute im Geiste und im Gepräge der Stadt fortbesteht, obwohl beide Teile längst wieder zusammengewachsen sind, seitdem Aberdeen ab dem 19. Jh. als Handelshafen (Fisch, Granit aus der Umgebung) einen rapiden Aufschwung erlebte.

Reichtum und das mit dem Aufschwung verbundene Wachstum erlaubten und erforderten einen Ausbau der Stadt, der ihr ab 1801 ein neues klares klassizistisches Gepräge als "The Silver City of the Sea" gab, womit auf das Glänzen des Granits in der Sonne (die Stadt hat mit die meisten Sonnenstunden der niederschlagsärmeren Ostküste) angespielt wird. Als Kontrast zum grauen Granit bemüht man sich um Grün und Blumen im Stadtbild. Das Nordseeöl gab der lebhaften und verkehrsreichen Stadt neue Wirtschaftsimpulse.

Neben Zulieferbetrieben und Dienstleistungen für das Nordseeöl lebt die Universitätsstadt von einer breiten sonstigen industriellen Basis und ist wichtige Hafen- sowie Einkaufsstadt für das Hinterland, das sich auch dem Seereisenden von Aberdeen aus gut erschließt.

Sehenswertes

Union Street und **King's Street** als die beiden geschäftigen Hauptstraßen New Aberdeens mit ihren stadttypischen Granit- fassaden laden zum Einkaufsbummel ein, vorbei am Rathaus ganz im Zentrum (Uhr- turm von 1615, Hauptbau um die Jahr- hundertwende 19./20. Jh., davor auf dem Castlegate Place das reich verzierte Mercat Cross von 1686).

Drei große moderne **Einkaufszen- tren** liegen an oder in unmittelbarer Nähe der Union Street: **Trinity Center**, **St. Nicholas Center** und **Bon Accord Center** (beiderseits der ineinanderübergehenden Straßen School Hill und Upper Kirkgate).

In der Nähe befindet sich das zu besichtigende **Provost Skene's House ❶** (1545, ältestes Haus der Stadt) und auch die weitläufige Anlage des **Marischal Col- lege ❷** (1593, neugotische Fassaden) so- wie das **Schiffahrtsmuseum (Maritime Museum) ❸** (Zeit der großen Segelschiffe bis zum Nordseeöl, im **Provost Ross's House** von 1593).

Etliche blumengeschmückte Grünanla- gen und die elegante Esplanade am Strand entlang ermöglichen als Kontrast auch ruhigere Spaziergänge.

Wer weiter nach Norden vordringt, entdeckt (knapp außerhalb des Stadtplans, auf der Westseite der King's Street) den Kontrast zwischen moderner Vorstadt und der stillen Oase von **Old Aberdeen** mit kleinen alten Häusern an schmalen Gassen, den schönen Anlagen der **alten Universi- täts-Colleges** (**King's College ❹**: 1495) und der **St. Machar's Cathedral ❺**

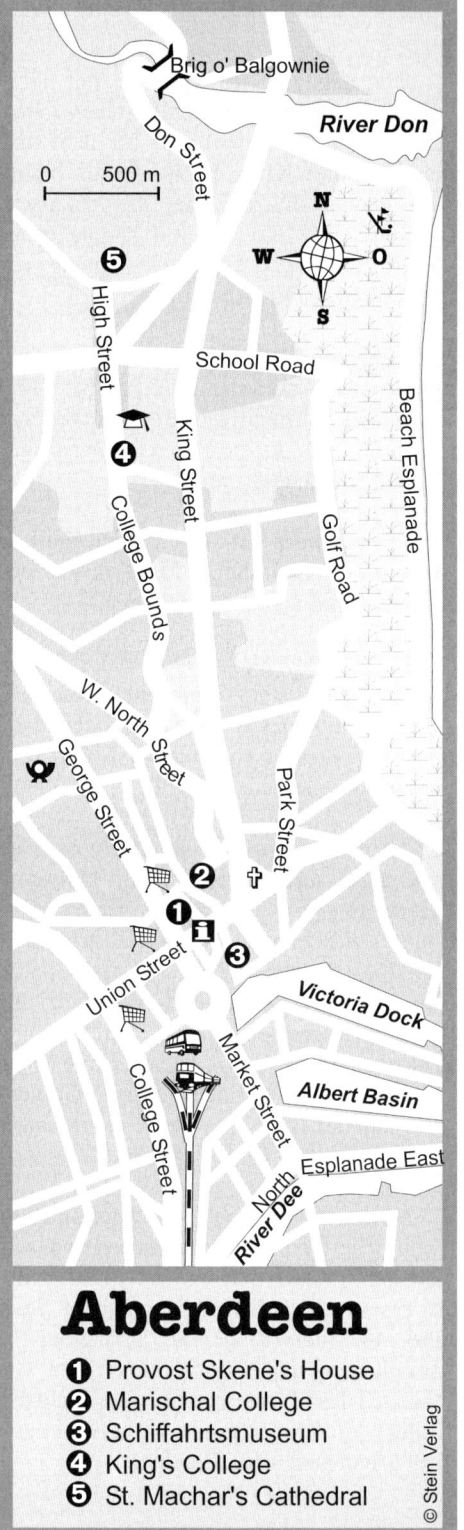

Aberdeen

❶ Provost Skene's House
❷ Marischal College
❸ Schiffahrtsmuseum
❹ King's College
❺ St. Machar's Cathedral

© Stein Verlag

(15. Jh.) mit ihrer wertvoll gestalteten Eichendecke bis hin zur mittelalterlichen Brücke **Brig o'Balgownie** über den Don mit seinen üppig bewachsenen Ufern vor hübschen alten Häusern.

Exkursionen

♛ Das Hinterland Aberdeens bietet neben guten Studienmöglichkeiten der hier besonders vielfältigen schottischen Flora und der unterschiedlichen Vegetationstypen viel Historisches, insbesondere eine Reihe sehr unterschiedlicher **Burgen** und **Schlösser** vor allem im und um das Tal des Dee: **Drum Castle** (Renaissance-Stil, Hauptturm von 1286, Rosengarten), **Crathes** (1600, schöne Gartenanlage), **Craigievar** (turmartig hochstrebender Baronial-Stil, 1610, Park), die romantisch gelegenen Ruinen von **Kildrummy Castle** (13. Jh.) und schließlich der Sommersitz **Balmoral** (19. Jh., Ballsaal, Park ♛ Mai bis Juli) der königlichen Familie.

Am ersten Samstag im September lohnt sich die Fahrt noch weiter Richtung Cairngorm Mountains besonders: Dann sind die **Highland-Festspiele** in **Braemar** (Baumstammwerfen etc.).

♛ Südlich von Aberdeen bei Stonehaven steht eine der spektakulärsten Ruinen: **Dunnottar Castle** (erbaut 14. bis 16. Jh., 1718 geschleift), nahezu uneinnehmbar auf einer aus der Küstenlinie vorspringenden Klippe.

Inverness ca. 41.000 Ew. ♛
Die günstige Lage des geschützten Hafens am tief ins Land hineinziehenden Moray Firth und das Great Glen als natürliche Verbindung zur Westküste (mit dem heute wirtschaftlich unwichtigen Caledonian Canal, beliebt bei Freizeitskippern) machten Inverness zum wichtigsten Zentrum und zur Einkaufsstadt der nördlichen High-

lands. Neue Impulse brachte das Nordseeöl, außerdem ist die Stadt ein günstiges touristisches Standquartier.

Sehenswertes
Bummel am grünen Ufer des River Ness unterhalb des Schlosses (19. Jh., ersetzte frühere Burg). Eventuell **Inverness Museum and Art Gallery**.

Exkursionen
Beliebtes Ausflugsziel und schottisches Nationalheiligtum ist das **Culloden Battlefield** (Informationszentrum, Gedenksteine, Informationstafeln im Gelände), wo der letzte Aufstand der Highlander 1746 gegen die Engländer blutig niedergeschlagen wurde.

In der Nähe liegt das hübsche Tal des River Nairn mit hohem Eisenbahnviadukt und den beachtlichen bronzezeitlichen **Clava Cairns** (Grabhügel mit begehbaren Grabgängen, ca. 3.500 bis 4.000 Jahre alt). Weitere Exkursionen ☞ Invergordon.

Invergordon ♛
Eisenbahn nordwärts: Wick/Thurso, westwärts: Kyle of Lochalsh, südwärts: Inverness, Edinburgh, Aberdeen, London, Linienbusse. Nationaler Flughafen nahe Inverness.

Wie Leith wird auch Invergordon primär als günstiger Hafen für Exkursionen angesteuert, nicht wegen der Industriestadt selbst, die ganz vom Nordseeöl geprägt ist: Die weite geschützte Bucht des Cromarty Firth war mit ihrer ausreichenden Tiefe ein idealer Naturhafen für die Montage der riesigen Bohr- und Förderplattformen (früher auch Marinebasis). Von Invergordon aus sind viele Attraktionen der Highlands relativ rasch per Auto zu erreichen. Die Stadt verfügt über alle wichtigen Einrichtungen.

Exkursionen

☞ **Inverness** und die benachbarten historischen Plätze, eventuell weiter nach Südosten in die kargen **Cairngorm Mountains** und ins **Spey Valley** mit den berühmten **Whisky-Distilleries**, dann **Elgin** mit seiner sehenswerten Kathedralen-Ruine, zurück Richtung Inverness über die sehenswerten Schlösser von **Brodie** (wohnliches nettes Interieur, Park, schöner Piktenstein) und **Cawdor** (das zu besichtigende und voll eingerichtete elegante Schloß stammt aus dem 14. bis 17. Jh., hübscher Schloßgarten am Fluß).

Durchquerung Schottlands von ☞ Inverness durchs Great Glen entlang des romantischen **Caledonian Canal** zum **Loch Ness** mit den Ruinen des **Urquhart Castle**, eventuell weiter nach **Fort William** unterhalb des **Ben Nevis** (1.343 m).

Durchquerung Schottlands durch einsames Hochland am **Loch Broom** entlang zum romantischen Hafenort **Ullapool** (Fischerei, Fähren, Uferpromenade), eventuell weiter zu den überraschend üppigen Parkanlagen **Inverewe Gardens**, den idyllischen Westküstendörfern **Poolewe** und **Gairloch** und dem hübschen **Loch Maree**.

Eventuell nordwärts über das hübsche **Dornoch** (gotische Kathedrale) zum **Dunrobin Castle** (neugotisches, prunkvolles Schloß, großer Park, Piktensteinsammlung).

Orkneys

10 km nördlich der Nordküste Schottlands beginnt die Inselgruppe der Orkneys, 67 Inseln (davon 20 von insgesamt ca. 19.000 Orkadiern bewohnt), die geologisch fast alle aus 350 bis 400 Mio Jahre altem **Sandstein** (grau oder rötlich) bestehen. Mit Ausnahme der südlichsten Insel Hoy mit ihren steilen Klippen (markant: die Felsnadel des Old Man of Hoy (137 m hoch) und Großbritanniens höchste Klippe (knapp 350 m) bei St. John's Head) bieten die Orkneys kein besonders spektakuläres Relief, sondern sind eher flach bzw. hügelig. Nacheiszeitlich vorhandene Wälder wurden bis auf wenige Reste vernichtet, so daß die Inseloberflächen heute überwiegend aus Weideland und oft moorigem Ödland bestehen.

Fauna

Unter den natürlich vorkommenden Wirbeltieren dominieren die **Vögel**, eindrucksvoll sind vor allem die Seevögelkolonien. Vorsicht gegenüber Raubmöwen ("Skuas"), die die Umgebung ihrer Gelege mit Sturzattacken verteidigen.

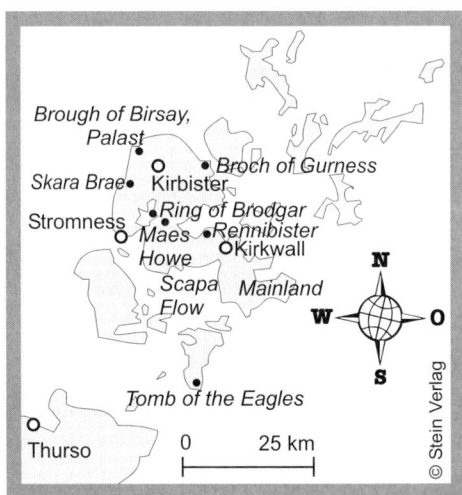

Wildlebende Säugetiere sind weniger auffallend, am ehesten noch Kaninchen und Seehunde - hingegen gibt es Tausende von Schafen und Rinder auf den Weiden.

Geschichte und Wirtschaft

Hauptattraktion der Orkneys sind neben einem Eindruck von der Landschaft und den kleinen Siedlungen die bemerkenswerten **vor- und frühgeschichtlichen Funde**, die auf weitaus bessere natürliche Bedingungen früherer Jahrtausende hinweisen. Die jungsteinzeitliche Siedlung **Skara Brae**, Hügelgräber und Steinkreise sind bis über 5.000 Jahre alt. Wesentlich jünger - ca. 2.500 Jahre alt - sind die **Brochs**, turmartige mehrstöckige Rundburgen aus ohne Mörtel trocken aufgeschichteten Steinblöcken, die sich teilweise bemerkenswert gut erhalten haben.

Die heutige Bevölkerung hat zu einem großen Teil **skandinavische Vorfahren**, da die ursprünglich keltisch besiedelten Inseln von Wikingern erobert wurden, die dann hier seßhaft wurden. Viele Ortsnamen, aber auch im örtlichen Dialekt verwendete Worte haben daher - mehr noch als in Schottland - skandinavischen Ursprung und man fühlt sich Norwegen verbunden. Erst 1468 kamen die Orkneys und Shetlands als Mitgift der dänischen Gemahlin des schottischen Königs James I. wieder in schottischen Besitz.

Wirtschaftlich dominierten bis vor wenigen Jahrzehnten Landwirtschaft und Fischerei, hinzu kam die Royal Navy als Arbeitgeber. Erst das Nordseeöl veränderte die Wirtschaftsstruktur erheblich und bescherte den früher armen Inseln heute bessere Durchschnittseinkommen als im restlichen Schottland.

Politisch gehören die Orkneys zu Schottland und damit zu Großbritannien (☞ Schottland mit Orkneys und Shetlands- Land und Leute, Politik).

Seereisende besuchen in der Regel die Hauptstadt der Orkneys, Kirkwall, von wo aus meist Exkursionen - in der Regel auf der Hauptinsel Mainland - angeboten werden. Stromness, obwohl größter Hafen und zweitgrößter Ort (2.200 Ew.) wird kaum von längeren Seereisen besucht. **Mainland** ist mit 480 km² die weitaus größte Insel und mit 14.000 Bewohnern auch der eindeutige Bevölkerungsschwerpunkt.

Kirkwall   ca. 7.000 Ew. ♥ 🏦 ✚ 🛋 ⛴

🛩 Flughafen Kirkwall: Linienverbindung mit Aberdeen, Edinburgh und anderen britischen Städten, Propellermaschinen steuern die sieben weiteren Pisten der Inselgruppe sowie die Shetlands von Kirkwall aus an.

⛴ Von Stromness nach Scrabster und Aberdeen, Lokalfähren zu den Nachbarinseln.

🚌 Linienbusse innerhalb der Inselgruppe.

ℹ Orkney Tourist Board, 6 Broad Street, Kirkwall, Orkney KW 15 1NX, ☎ 01856/ 872856.

Der nordische Ursprung des Stadtnamens (*kirkjuvagr* = Kirchenbucht) deutet auf die normannischen Gründer und die vermutlich schon im 8. Jh. gegründete Mission hin. Die heutige, für die bescheidene Stadtgröße beeindruckende romanisch-gotische St. Magnus Cathedral wurde 1137 gegründet, ebenso der Bishop's Palace - heute eine Ruine. Bereits vorher gab es eine weitere Steinkirche, St. Olav, von der nur noch ein Mauerrest mit dem Tor steht.

Sehenswertes

Von der Hauptstraße Albert Street zweigen enge Gäßchen ab, die zu einer Erkundung einladen.

✝ Reizvoll: die rötliche **St. Magnus Cathedral ❶** inmitten des grünen Friedhofes mit schönen alten Grabsteinen.

In der Nachbarschaft stehen der verfallene **Bishop's Palace ❷** (1137 begonnen, 1541 bis 1558 erneuert und erweitert, sehr guter Blick vom Turm) sowie auch der

Renaissancebau des nie vollendeten **Earl's Palace** ❸ (Grafenpalast, archäologische Sammlung) des 17. Jh.

⌘ In einem der vornehmeren Häuser, **Tankerness House** ❹, ist das historische Museum untergebracht (vielfältige Einblicke in das Leben auf den Orkneys seit der Steinzeit über die Wikinger bis heute).

☺ Eine örtliche Besonderheit sind die von vor- und frühgeschichtlichen Funden inspirierten **Silberschmuckstücke**, sonsti-

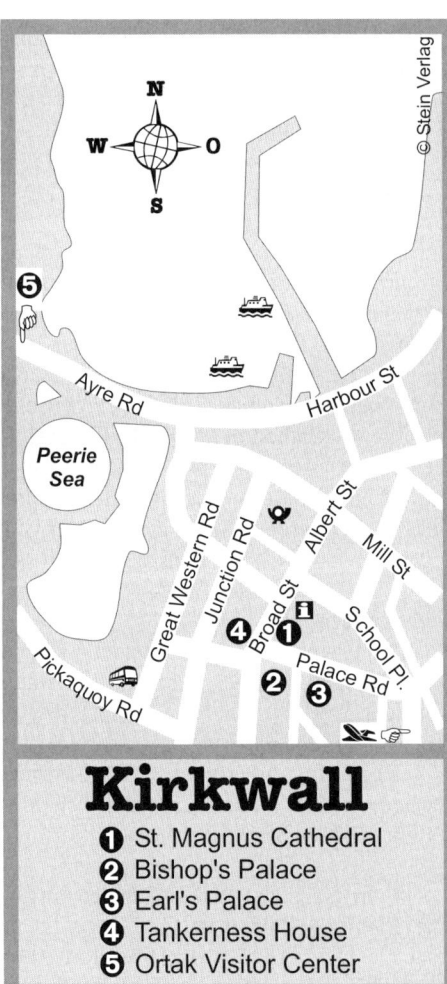

Kirkwall

❶ St. Magnus Cathedral
❷ Bishop's Palace
❸ Earl's Palace
❹ Tankerness House
❺ Ortak Visitor Center

ges **Kunsthandwerk**, **Wollwaren** (sowohl kleine Läden im Stadtkern als auch im **Ortak Visitor Center** ❺ knapp außerhalb (Verkaufsausstellung Schmuck, Silber)).

Exkursionen

Die meisten Sehenswürdigkeiten liegen im größeren Westteil von Mainland. Herausragende vorgeschichtliche Monumente sind der **Ring of Brodgar** (Kreis - 110 m Durchmesser, einer der größten der Welt - stehender Steinplatten (21 von einst 60) im Inselinneren) und das nach zufälliger Freiwehung ausgegrabene jungsteinzeitliche Dorf **Skara Brae** (mehrere aus Steinen geschichtete Häuser, sogar "Möblierung" aus Stein, Kanalisation) an der Westküste, beide ca. 5.000 Jahre alt.

Ca. 4.500 Jahre alt ist im Inselinneren **Maes Howe**, einer der größten Megalithgrabhügel überhaupt (11 m langer Grabgang aus beeindruckend genau passenden riesigen Steinplatten, zentrale Grabkammer mit Seitennischen, "Wandschmierereien" von hier über 3.000 Jahre später überwinternden Wikingern).

Vor ca. 2.500 Jahren wurden die unterirdischen Gewölbe von **Rennibister** zu einem unbekannten Zweck erbaut. "Neuer" ist der über 2.000 Jahre alte **Broch of Gurness** (einst mehrstöckige rundturmartige Befestigung, ausgegrabene Reste eines eisenzeitlichen Dorfes mit Wall- und Grabenanlagen, rekonstruiertes Haus, kleines Museum) im Norden.

Der Vorläufer von Kirkwall als Hauptsiedlung war vom 8. bis 12. Jh. die Wikingersiedlung von **Brough of Birsay** (Nordwesten, bei Flut eine Insel, vorher siedelten hier bereits Pikten (Piktenstein)). In der Nähe befinden sich außerdem die zerfallenen Ruinen eines gräflichen Renaissance-Palastes (17. Jh.).

In **Kirbister** (Inselinneres) ist das älteste erhaltene Firehouse (traditioneller Farmhaustyp, Rauch des offenen Feuers zieht durchs Dach, teils steinernes Mobiliar, bis 1962 noch bewohnt) zu besichtigen (ebenso: Corrigal Farm Museum).

Stromness (Fährhafen zum schottischen Scrabster, größter Hafen, zweitgrößter Ort) im Südwesten ist bis auf den Durchgangsverkehr heute eher verschlafen.

Der Südosten von Mainland wird vor allem wegen **Scapa Flow** besucht, obwohl von den dortigen Kriegsereignissen (Selbstversenkung der deutschen Flotte 1919,

Versenkung des britischen Schlachtschiffs "Royal Oak" 1939 (833 Tote) durch ein deutsches U-Boot) nicht mehr viel zu sehen ist (anrührend: die in einer Nissenhütte von italienischen Kriegsgefangenen gestaltete "Italian Chapel").

Immerhin ermöglicht der als Schutz gegen weitere U-Boot-Angriffe aufgeschüttete Damm heute die Fahrt zur früheren Insel **South Ronaldsay**, wo am südlichsten Punkt der Orkneys die **Isbister Farm** mit der **Tomb of the Eagles** genannten Grabhöhle (ca. 5.200 Jahre alt) liegt.

Shetlands

Geologisch, und damit zusammenhängend landschaftlich, unterscheiden sich die Shetlands stark von den Orkneys, denn sie unterlagen der gewaltigen kaledonischen Faltung vor 400 Mio Jahren, die für eine Vielfalt an Gesteinsarten - überwiegend härteren Metamorphiten - an der Oberfläche sorgte. Der sogenannte Lewis Gneis an der Nordspitze der Hauptinsel ist mit ca. drei Milliarden Jahren eines der ältesten Gesteine auf der Erde. Die Faltung und die vielfältigen Gesteine machen die Shetlands ausgesprochen bergig und sind die Grundlage für eine teils spektakuläre Landschaft, insbesondere an den Küsten. Das Innere der Inseln ist überwiegend Grasland, es gibt keine natürlichen Wälder mehr.

So wie die bergigere Landschaft sich Norwegen schon etwas annähert (und auch entfernungsmäßig liegt Bergen näher als Aberdeen, Edinburgh oder gar London), ist auch die Bevölkerung noch mehr von Norwegen geprägt (Sprache, teils bunte Holzhäuser etc.) als auf den Orkneys. Auf den ca. 100 Inseln (davon 18 bewohnt) wohnen 23.000 Shetländer, von ihnen -

ähnlich wie auf den Orkneys - der überwiegende Teil (ca. 18.000) auf der ebenfalls einfach **Mainland** heißenden größten Insel, auf der auch die Hauptstadt Lerwick liegt.

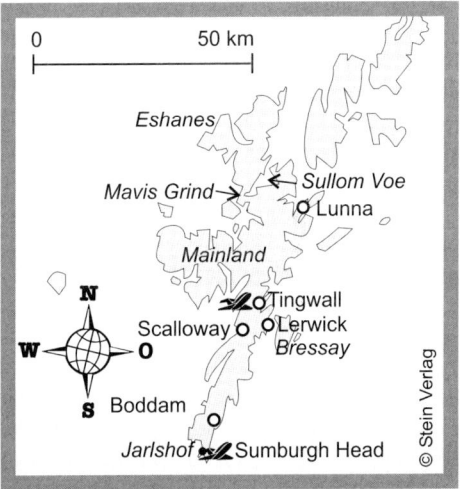

Ansonsten bestehen so große Parallelen in der geschichtlichen Entwicklung und Wirtschaft zwischen beiden Inselgruppen, daß die vorher gemachten Angaben zu den

Orkneys auch für die Shetlands übernommen werden können. Das Nordseeöl hat die Shetlands fast noch mehr verändert - sowohl hinsichtlich des Wohlstandes als auch durch die damit verbundenen Bauten (große Nord-Süd-Straße auf Mainland vom Flughafen ganz im Süden zum Ölterminal im Norden), und 1993 dann auch durch die Braer-Ölkatastrophe.

Lerwick   ca. 7.500 Ew. 𝈀 ⃞ 𝈀 ⊞ ⚓

⚓ Flughafen Sumburgh mit Verbindungen vor allem nach Aberdeen und anderen britischen Städten und ab Sommer 1997 auch nach Bergen (Wideroe), lokale Flugverbindungen vom Flughafen Tingwall (bei Lerwick) zu sieben Kleinflughäfen auf den anderen Shetlandinseln.

🚢 Von Lerwick nach Aberdeen (teils über Orkneys) und Bergen, Lokalfähren zu den anderen Inseln.

🚌 Örtliche Linienbusse.

ℹ Tourist Information, Market Cross, Lerwick, Shetland, ZE1 0LU, ☎ 01595/ 693434.

Überragt von dem gegen drohende holländische Angriffe im 17. Jh. erbauten Fort Charlotte, wirkt das überwiegend graue Lerwick (abgeleitet von "Schlammbucht" in Altnorwegisch) mit Kaufmanns- und Speicherhäusern am Hafen und dem hochgelegenen sehr repräsentativen Rathaus (19. Jh.) städtischer als das kaum kleinere Kirkwall auf den Orkneys und hat auf seiner kleinen Halbinsel eine exponierte Lage, wobei die beiden Häfen durch die vorgelagerte Insel Bressay gut geschützt sind. Der heutige Yachthafen ist der ältere, direkt vor dem alten Stadtkern gelegen, während die größeren Schiffe im neueren Hafen im Norden der Stadt anlegen.

Die erste bekannte Besiedlung an dieser Stelle geht auf das 7. Jh. v.Chr. zurück (Broch von Clickimin), doch bis zum Bau der Festung im 17. Jh. spielte Lerwick keine bedeutende Rolle und blühte erst durch den Handel mit Fisch auf. Entsprechend gehen die meisten älteren Häuser der Altstadt auf das 18. und 19. Jh. zurück. Im Zweiten Weltkrieg war Lerwick wichtige Basis der norwegischen Exiltruppen, die den Widerstand gegen die deutsche Besatzungsmacht ihres Mutterlandes unterstützten.

Sehenswertes

Vom kleinen **Fort Charlotte** ❶ und vom **Rathausturm** ❷ bieten sich die besten Blicke auf die Stadt. Hübsch: die Häusergruppe von **Market Cross**, der **alte Hafen** und die gepflasterte **Fußgängerzone** mit kleinen Läden (abends allerdings ausgestorben). Lerwick zieht sich mit kleinen Gassen relativ steil vom Hafen den Hang bis zum Rathaus hinauf.

⌘   Informativ zur Inselgruppengeschichte: das **Shetland Museum** in der Stadtbibliothek.

Auf einer Halbinsel im Clickimin Loch liegt am Stadtrand der trotz Zweckentfremdung eines Teils seiner Steine immer noch ca. 5 m hohe **Broch von Clickimin** ❸ (2.700 Jahre alte rundturmartige Befestigung, Reste einer eisenzeitlichen Siedlung) - nach dem auf der Shetlandinsel Mousa einer der besterhaltensten Schottlands.

☺   **Strickwaren aus Schafwolle** sind das bekannteste traditionelle Erzeugnis der Shetlands.

Exkursionen

Zunächst wird vorwiegend der Süden von Mainland angesteuert, denn im Süden liegt direkt neben dem Flughafen Sumburgh mit seinen ständigen Versorgungsflügen für die Ölplattformen die berühmteste Attraktion: der sogenannte **Jarlshof**.

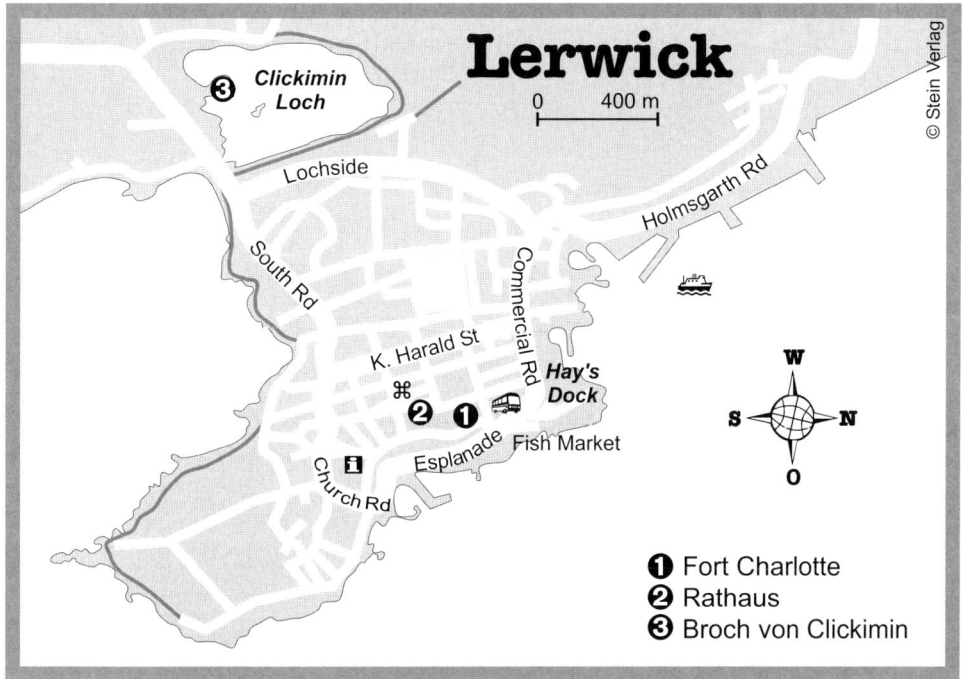

Der älteste Teil des Siedlungsplatzes sind die von Sand bis 1933 verschütteten, jedoch "lediglich" 4.000 Jahre alten bronzezeitlichen Steinhäuser sowie die eindrucksvollen runden und wie ein Rad mit Speichen aufgeteilten eisenzeitlichen Gebäude (ca. 2.200 Jahre alt), daneben Langhaus-Grundmauern der Wikinger sowie eine Burgruine des 17. Jh. - insgesamt war der Platz also ca. 3.700 Jahre lang besiedelt, der Name "Jarlshof" wurde ihm durch Sir Walter Scott "verliehen".

Etwas nordwestlich strandete 1993 die "Braer" mit darauffolgender Ölkatastrophe. Südlich von Jarlsberg liegt die eisenzeitliche Hügelfestung des **Ness of Burgi**.

Einige Kilometer nach Südosten ist der südlichste Punkt der Insel, **Sumburgh Kapp** (weißer Leuchtturm von 1821) erreicht.

⌘ Das **Boddam Croft Museum**, ein altes Bauernhaus, verdeutlicht die extrem bescheidenen Lebensbedingungen der ärmeren Landbevölkerung noch bis vor wenigen Jahrzehnten.

Scalloway (eine Burgruine aus dem 17. Jh., Fischerei- und Seglerhafen, Fischverarbeitung, Heimatmuseum) ist die ehemalige Hauptstadt.

Im Norden ist **Sullom Voe**, eine tiefe fjordartige Bucht, durch das größte Verladeterminal Europas für Erdöl zu einer modernen Attraktion geworden, während jenseits der nur 150 m breiten Landenge von Mavis Grind die wilde **Felsküste von Eshanes** (Basalt) am dortigen Leuchtturm ein besonderes Erlebnis ist.

✟ Romantisch: Die weiße Kirche von **Lunna** (18. Jh., die älteste noch benutzte

Kirche der Insel) zwischen Ruinen in der Nachbarschaft des hochgelegenen Herrensitzes Lunna House (und Zentrum des norwegischen Widerstandes im Zweiten Weltkrieg).

Im Nordosten und im Westen kann man bei Easter Skeld die **Herstellung von Räucherlachs** im Shetland Smokehouse erleben.

Die Fischereiforschungsschiffe erkunden neue Fischgründe und erproben neue Fangtechnologien und -techniken.

✳ **Kabelleger-Spezialschiff** zum Auslegen und Reparieren von Seekabeln. Erste Versuche dieser Art wurden 1842 von Samuel Morse unternommen. Mit den ersten Kabelleger-Schiffen wurde ein neues Zeitalter der drahtgebundenen Kommunikation zwischen Festland und Inseln und später zwischen den Kontinenten eröffnet. Eines der ersten Schiffe war die "Monarch", ein hölzerner Raddampfer mit 512 BRT, der 1853 ein Seekabel zwischen Großbritannien und den Niederlanden verlegte. Entscheidend für ein solches Schiff ist seine Größe, um einen entsprechenden Kabelvorrat aufzunehmen, zum Beispiel, um ein Transatlantikkabel zu verlegen.

✳ **Luftkissenfahrzeuge** trifft man zum Beispiel im Englischen Kanal an. Die sogenannten "Hovercrafts" wurden in Großbritannien entwickelt und kompensieren die Unannehmlichkeiten des Seegangs, indem sie über einem durch starke vertikale Motoren erzeugten Luftkissen schweben und durch Luftschrauben vorwärts getrieben werden. Diese Amphibienfahrzeuge verkehren ständig im Fährdienst und können dabei mehr als 250 Passagiere und über 35 Pkw befördern.

✳ **Massengutschiffe** dienen dem Transport unverpackter Güter, wie Getreide, Erz, Kohle, entweder als Schüttgutladung oder auch in Standardabpackungen von Säcken, Fässern und Containern. Es gibt reine Erzfrachter oder kombinierte Erz-Schüttgut-Container-Schiffe (OBC Frachter). Sie gehören mit zu den größten Einheiten von teilweise über 100.000 BRZ.

✳ **Reaktorschiff** (NS - Nuclear Ship). Erster Versuch, ein Handelsschiff mit Kernenergie zu betreiben, war die amerikanische "Savannah" 1962.

Den Unterbringungsmöglichkeiten eher einem Forschungsschiff gleichend mit 110köpfiger Crew und bis zu 60 Fahrgästen, war dieses etwa 13.500 BRT große Schiff mit seinen 20.000 PS bis 24 Knoten schnell. Während der Nuklearantrieb im militärischen Bereich und bei verschiedenen Großeisbrechern noch genutzt wird, hat er sich in der Handelsschiffahrt nicht bewährt. Erstes deutsches Nuklearschiff war die "Otto Hahn", 1966 bei den Howaldtswerken Deutsche Werft AG (HDW) in Kiel vom Stapel gelaufen. Das Schiff machte etwa 120 Reisen ohne Störungen, bis es Ende der 70er Jahre aus Rentabilitätsgründen aus dem Verkehr gezogen wurde.

✳ **Ro-Ro-Schiff.** Abkürzung von Roll-on-roll-off-Schiff, bei dem die Ladung auf Rädern über Schiffsöffnungen am Bug, Heck oder an den Seiten vom und zum Schiff gelangt.

✳ **Tanker.** Handelsschiff zum Transport flüssiger, halbflüssiger oder gasförmiger Ladung. Besondere Formen sind z.B. Flüssiggastanker. Am bekanntesten sind die Öltanker, nicht zuletzt aufgrund spektakulärer Katastrophen. Aufgrund verheerender Umweltschäden und entsprechend verschärfter Bestimmungen etlicher angelaufener Häfen werden Tanker fast nur noch in Doppelhüllenkonstruktion gebaut. Ohne diese Bauart dürfen zum Beispiel amerikanische Häfen nicht mehr angelaufen werden.

Seemeile
Längenmaß in der Seefahrt, welches aus dem Äquatorumfang abgeleitet wurde. Wie das Geschwindigkeitsmaß Knoten entspricht eine Seemeile 1.852,01 m und damit der Länge einer Bogenminute.

Sextant

Klassisches Winkelmeßgerat für Aufgaben der terrestrischen und astronomischen Navigation. Es darf als traditionelles nautisches Hilfsmittel und sehr dekoratives Anschauungsobjekt bei keiner Brückenführung fehlen, ist aber seit langem durch Satellitennavigation in seiner einst dominierenden Rolle verdrängt worden.

Stabilisierungsflossen

Auch kurz Stabilisatoren genannt. Tragflächenartige, in den Schiffskörper unter der Wasserlinie ausschwenkbare Konstruktion. Diese ist mit der Kreiselanlage gekoppelt und wirkt aufgrund ihrer Steuerung im Wasser im ausgefahrenen Zustand den seitlichen Rollbewegungen des Schiffes entgegen, um damit auf Fähren und Passagierschiffen das Wohlbefinden der Gäste zu verbessern.

Steuerbord

Gegenstück von "Backbord" und rechte Seite des Schiffes. Positionslampe: Grün, englisch: *starboard*.

Tender

Bordeigene, überdachte Motorboote, welche die Passagiere an Land bringen, wenn das Schiff auf Reede liegt.

Tragflächenboot

auch **Tragflügelboot**, kleinere Fahrzeuge, die zum Fährverkehr über geringere Distanzen dienen. Sie zeichnen sich durch eine hohe Geschwindigkeit aus, bedingt durch die Auftriebskraft von Tragflügeln. Bei zunehmender Geschwindigkeit wird durch diese Tragflügel der Schiffsrumpf aus dem Wasser gehoben und somit wesentlich weniger Antriebsleistung benötigt.

Wache

Gemeint ist Seewache als Einteilung der Schiffsbesatzung für den Bordbetrieb. In der Hochseeschiffahrt ist das Drei-Wachen-System vorgeschrieben, wobei die Wachzeit auf See vier Stunden mit anschließender achtstündiger Freiwache als dienstfreie Zeit beträgt. In der Küstenschiffahrt ist das Zwei-Wachen-System noch üblich. So sollten nach sechs Stunden Dienst sechs Stunden Freizeit erfolgen. Aufgrund des hohen Automatisierungsgrades im Maschinenbereich ist es heute möglich, die Maschinen von der Brücke aus fernzubedienen und somit den Maschinenraum 16 oder 24 Stunden unbesetzt zu lassen. Bei diesem wachfreien Maschinenbetrieb ist der Bereich für mögliche Wartungsarbeiten nur am Tage besetzt.

Wulstbug

Spezielle Form des vorderen Schiffsrumpfes, durch Spantform und Vorstevenkontur bestimmt. Die Wulstform des Bugs bewirkt durch das tropfenförmig verdickte Unterwasserteil eine Verlagerung der Bugwelle und damit durch Verringerung des Schiffswiderstands günstigere Fahreigenschaften.

Zahlmeister

An Bord ein im Offiziersrang tätiger Verwaltungsmitarbeiter. Auf Passagierschiffen ist der Oberzahlmeister der leitende Offizier des gesamten Hotelbereiches und erfüllt somit die Funktion als Hotelmanager an Bord.

Index

Å	211	Båtsfjord	224	Dickschnabellummen	70
Aberdeen	279	Beerenberg	239, *246*	Dienstrang-Abzeichen	292
Achterschiff	291	Beluga	60	Diffusion	51
Adlerstraße	202	Benthos	55	Dinoflagellaten	49
Admiral Tegetthoff	100	Bergen	117, 193, 222	Dornoch	282
Agassiz-See	41	Bergenbahn	196	Dorsch	58, 74
Akershus, Festung	180	Beringsee	13	Dreizehenmöwen	69
Aksla	200	Beringstraße	33	Dritvík	254
Akureyri	248	Berlevåg	223	Dryaszeit	41
Ålesund	200, *219*	Bessastaðir	263	Dunnottar Castle	281
Alkenvögel	68, 70	Blas	61	Dünung	292
Almannagjá	263	Blaue Lagune	263		
Almannaskarð	252	Bodenfließen (Solifluktion)	21	Echolot-System	61
Alta, Alta-Staudamm	*218*	Bodø	207, *211*, 214	Edinburgh	*254*, 277
Amundsen	99	Bohrinseln	291	Egilsstadir	265
Ancylus-See	42	Braemar	281	Eidfjord	193
Åndalsnes	199, 203	Breiðamerkursandur	253	Eisberge	24, 53
Andenes	212	Breitengrad	11	Eisbrecher	296
Andersgrotta	226	Bremerhaven	157	Eisgrenze	292
Anker	291	Brikdals-Gletscher	200	Eiskeilnetze	20
Antarktis	13, 23	Broch of Gurness	284	Eisklasse	293
Årdal	198	Broch von Clickimin	286	Eislinsen	20
Arendal	185	Brodie	282	Eismöwe	68
Arktis	50	Brønnøysund	206	Eissturmvogel	68, 69. 70
Arktisches Bodenwasser	46	Brough of Birsay	284	Eldfell	266
Askja	252	Brücke	291	Elgin	282
Atlanterhavsveien	203	Bryggen	194	Ellsworth	99
Atlanterveien	*219*	BRZ	292	Eiszeit	36, 37, 55
Atlantik	31, 291	Bug	298, 291	Entenvögel	68
Aurland	198	Bugstrahlruder	291	Erdbeben	31
Ausgeflaggte Schiffe	291	Bullauge	292	Erdmagnetfeld	15
Austvågøya	209	Burns, Robert	275	Esbjerg	117
		Byrd	99	Eshanes, Felsküste von	287
				Europäische Nordmeer	32
Backbord	152, 291			Eysturoy	271
Baffin	98	C-Deck	292		
Baken	151	Cetacea	59		
Balestrand	*187*, 196, 199	Chief	292	Finnmark	217
Balmoral	281	Cook, Frederick	99	Finnsnes	214
Bäreninsel	127	Cuxhaven	159, *178*	Fische	58, 59, 74
Barentsburg	235, *243*			Fjærland	196, 199
Barents-Expeditionen	98	Dalsnibba	202	Fjorde	26, 27
Barentssee	32	Dauerfrostboden	18	Fjortende Julibreen	238
Bartenwale	60, 61, 62	Davis	98	Flaggen	293
Bartrobbe	64	Delphine	59, 60	Flakstadøya	209
Baßtölpel	70	Dettifoss	252	Flåm, Flåmbahn	*190*, 197

Florø	198	Heimaklettur	267	Kirbister	285

Florø 198
Flutwelle 24
Flydalsjuvet 202
Folgefonn-Gletscher 192
Fornebu 179
Fort William 282
Fram 99
Framstraße 33
Franz-Joseph-Land 100, 127
Frobisher 98
Funkstation 146
Furchenwale 60, 63
Fygle 210

Gairloch 282
Gardermoen 179
Geiranger 199, 201, 202
Gezeitenzone 56
Gimsøya 209
Glattwale 60, 62
Glenfiddich 255
Gletscher 22
Goðafoss 251
Golfstrom 33
Gravdal 210
Gravneset 238
Greenwich Mean Time 10
Grímsey 251
Grindavík 263
Grindwal 63
Grönland 23, 25, 36
Growler 24
Gryllteisten 69
GSM-Netz 177
Gudvangen 197
Gullfoss 251, 262

Haithabu 92
Hamburg 161
Hammerfest 219, 219
Hardangerfjord 183, 191
Hardangervidda 193
Harstad 209, 213
Havøysund 220
Heck 293
Heimaey 250, 265, 266

Heimaklettur 267
Helgoland 159
Hellesylt 201
Hellesyltfossen 201
Henningsvær 210
Herand 192
Highland Clearances 275
Hinnøya 209
Höfn 252
Holozän 36
Honningsvåg 221
Hornindalsvatn 199, 201
Hospital 293
Hudson 98
Hundsrobben 64
Hurrungane-Gebirge 198

IMO 155
Inlandeis 23
International Convention for
the Safety of Life at Sea 154
Interstadiale 37
Invergordon 281
Inverness 281
Ísafjörður 253
Isfjord 233

Jan Mayen 127, 239
Jarlshof 286
John Ross 100
Jøkelfjord 27
Jondal 192

Kabeljau 58
Kabelvåg 212
Kaiser-Franz-Josef-Fjord 27
Kalbungsfront 24
Kältewüste 28
Kapp Schoultz 233
Kardinalzeichen 152
Kegelrobbe 64
Kiel 164
Kieler Vertrag 172
Kielschwein 294
Kieselalgen 49
Kinetose 147

Kirbister 285
Kirkenes 222, 223, 225
Kirkwall 283
Kjerringøy 208
Kjøllefjord 222
Klabautermann 293
Klappmütze 64
Klassifizierung 293
Knivskjellodden 221
Knoten 294
Kollerfjord 238
Kommandobrücke 291
Kommunikationselektronik 153
Kompaß 294
Kong-Karls-Land 231
Kongsvegen 247
Kontinentalhang 56
Kontinentalschelf 56
Kormoran 70
Krafla 252
Krähenscharbe 69, 70
Kristiansand 185
Kristiansund 203
Krossfjord 237
Kvalrossbukta 247

Lachs 58
Längengrade 10
Lærdal 197, 218
Lateralzeichen 152
Lee 294
Leitfeuer 152
Leith 277
Lerwick 286
Leuchtfeuer 151, 294
Liabygda 201
Lilliehöökfjord 238
Lindesnes 182
Lithosphäre 30
Littorina-Meer 42
Lloyds 294
Loch Broom 282
Loch Maree 282
Loch Ness 282
Lodde 58, 74
Lofoten 209, 210

Longyearbyen	233, *242*	Nekton	47, 58	Papageitaucher	69, 70, 72, 243
Lotse	294	Nesna	207	Papanin	99
Lübeck/Travemünde	166	Ness of Burgi	287	Parry	99
Lunna	287	Nobile	99	Peary, Robert Edwin	99
Luv	294	Nordamerika	36	Peningagjá	264
Lyngen-Alpen	217	Nordatlantik	13	Permafrost	19, 29
Lysebotn	190, *190*	Nordatlantikdrift	33	Photosynthese	44
		Nordatlantische		Phytoplankton	47
Maes Howe	284	Tiefenwasser	46	Pingos	20
Magdalenefjord	80, *243*	Nordenskiöld	98, 99	Plankton	47
Magnetfeld	14	Nordfjordeid	199	Pleistozän	36
magnetischen Nordpol	15	Nordischer Krill	50	Polarbirke	29
Mainland	283, 285	Nordkinn	223	Polarer Wirbel	17
Måløy	198	Nordland	204	Polarfront	46
Mandal	187	Nördliches Eismeer	13	Polarkreis	13, 295
Mantelmöwe	69	Nordlicht	14, 16	Polarlichter	16
Mayer-Gletscher	238	Nordostpassage	98, 130	Polarmöwe	68
McClure	98	Nordpol	99	Polarnacht	13, 14
Meereis	53, 54	Nordpolargebiet	13, 28	Polartag	12, 14
Meeresenten	70	Nordpolarmeer	32	Polartaufe	295
Mehamn und Gamvik	222	Nordsee	32	Polarweiden	29
Meløy Bygdetun	207	Nordwestpassage	98, 130	Poolewe	282
Merdø	185	Norwegen	91	Pottwal	60
Messe	295	Nowaja Semlja	100	Preikestolen	*191*
Milankowitsch-Zyklen	38	Nullmeridian	10	Propeller	295
Mißweisung	15	Nusfjord	211		
mittelatlantische Rücken	30	Ny Ålesund	236	Quartär	35
Moräne	26				
Mitternachtssonne	9, 11	Oberflächenwasser	47	Radar	296
Mobiltelefon	153	Obersteward	295	Reine	211
Moffen	231	Ohrenrobben	64	Reling	296
Molde	202	Øksfjord	218	Rennibister	284
Möllerfjord	238	Øksfjordjøkulen	27	Reykjavík	*255*, 255
Moskenes	209	Ólafsfjörður	251	Richtfeuer	152
Moskenesøya	209	Ólafsvík	254	Ring of Brodgar	284
Möwen	68	Olden	199	Ringelrobbe	64
Multebeere	29	Orkneys	282	Risøyhamn	212
Mykines	271	Ørnes	207	Romsdalen	203
Myoglobin	61	Osa	193	Rørvik	206
Mývatn	252	Osafjord	193	Rosendal	191
		Oslo	179	Røst	209, 211
Nansen	99, 100	Oslofjord	*178, 179,*	Ruderfußkrebse	50
Narwal	60	Ost-Grönlandstrom	33	Runde	200
nautischen Offiziere	146	Ostsee	42		
Navigation	295	Ozeanbildung	30	Salen	220
Negribreen	*246*	Ozon	16, 18	Saltstraumen	208

Sand	190	Steuerbord	152, 298	Trottellummen		69
Sandane	199	Stokmarknes	212	Tunabreen/-gletscher	233,	*242*
Sander	241	Stóri Geysir	243	Tundra		29
Sandnessjøen	206	Stranda	201	Turtagø		198
Satellitenkommunikation	146	Stratosphäre	16	Tyvenfjellet		220
Sattelrobbe	64	Streymoy	270			
Sauda	191	Strokkur	243, *251*	Ullapool		282
Saudafjord	191	Stromness	285	Ulvik		192
Scalloway	287	Stryn	199	Undredal Stabkirche		197
Scapa Flow	285	Subduktionszonen	31	Urquhart Castle		282
Schiffspost	295	Súðavík	253	U-Tal		26
Schiffstypen	296	Südpolargebiet	13	Utladalen		198
Schmarotzerraubmöwen	68	Suðuroy	271	Utne		192
Schnabelwale	60	Suldalslågen	190			
Schweinswale	59	Sullom Voe	287	Vadsø	217, 224	
Schwertwale	60	Sumba	*250*	Varden		203
Scoresbysund	27	Sumburgh Kapp	287	Vardø	*223*, 224	
Scott, Walter	275	Suphelle-Gletscher	197	Vatnajökull		242
Seehund	64	Surtsey	267	Vesterålen		209
Seekrankheit	147	Süßwassereis	24, 53	Vettifossen		198
Seemeile	297	Svartifoss	253	Vigur		254
Seeschwalbe	68, 70	Svartisen	*211*, 207	Vik		196
Seeverkehrswege	152	Svolvær	211	Víti		252
Sextant	298	Syv Søstre	202	Vøringfossen		193
Seyðisfjörður	117, 265					
Shetlands	285	Taiga	29, 222	Wache		298
Signehamna	238	Tempelfjord	233	Wale		59
Skaftafell-Nationalpark	253	Thorshavn	117	Walroß	64, 228	
Skara Brae	283, 284	Tiefsee	57	Weißwal		60
Skarsvåg	220	Tinayre-Gletschers	238	Westmänner-Inseln		265
Skjervøy	217	Tinganes	270			
Skua	68	Tomb of the Eagles	285	Yoldia-Meer		42
Snæfellsjökull	254	Tonnen	151			
Sognefjord	27	Tønsberg	183	Zahlmeister		298
SOLAS	154	Tórshavn	*250*, 269	Zahnwale	60, 61, 62	
Solifluktion	21	Torvik	200	Zeitzonen		10
Sortland	213	Transpolardrift	33	Zwergwal		63
Spey Valley	282	Travemünde	168			
Spitzbergen	25, 99	Tre Kroner (Drei Kronen)	236	Þingvellir Nationalpark		263
Sprungschicht	49	Trinityhafen	238			
Stabilisatoren	147, 298	Trogtal	26			
Stadiale	37	Trollstigen	202, 203			
Stamsund	210	Troms	213			
Stavanger	*187*, 188	Tromsø	*214*, 215			
Steine	210	Trøndelag	204			
Steinkreise	20	Trondheim	205, *218*			

Alaska / Richter	DM 29,80	Malawi / Hülsböhmer	DM 24,80
Argentinien-Handbuch / Jungh.	DM 34,80	Mauritius / Ellis	DM 26,80
Auf nach Down Under / Sackstedt	DM 14,80	Mexikos Süden, Belize & Guatemala	DM 36,80
Australien-Handbuch / Stein	DM 36,80	Namibia & Botswana / Lamping	DM 29,80
Bangladesch / Steinke	DM 29,80	Neuseeland-Handbuch / Stein	DM 36,80
Bulgarien / Müller	DM 24,80	Nicaragua / Schmidt (IV/97)	DM 24,80
Chile-Handbuch / Junghans	DM 26,80	Ontario mit Montréal und Québ. / St.	DM 29,80
Dänemarks Norden / Treß & Walter	DM 29,80	Osterinsel / Hellmich	DM 22,00
Dänische Westküste / Treß	DM 24,80	Phuket & Ko Samui / Bolik	DM 29,80
El Salvador & Honduras / Steinke	DM 29,80	Polen / K. & A. Micklitza	DM 26,80
Eritrea / Christmann	DM 24,80	Reisen mit dem Hund / Treß	DM 22,00
Florida / Stein	DM 24,80	Rocky Mountains Nationalp. / Patton	DM 39,80
Fuerteventura / Reifenberger	DM 26,80	Rumänien / Müller	DM 26,80
Gomera / Reifenberger - Cabildo Ins.	DM 29,80	Schottland / Ferner	DM 29,80
Gotland / Bohn	DM 24,80	Schweiz / Kürschner	DM 36,80
Die Kirchen Gotlands	DM 24,80	Senegal / Mang)	DM 14,80
Gran Canaria / Reifenberger	DM 29,80	Sibirien / Zöllner	DM 36,80
Grönland / Köppchen & Hartwig	DM 26,80	Slowakei / K. & A. Micklitza	DM 26,80
Holland / Wetters	DM 29,80	Spitzbergen-Handbuch / Umbreit	DM 39,80
Iran / Berger	DM 36,80	Sri Lanka / Müller-Wöbcke	DM 26,80
Irland / Elvert	DM 26,80	Sudan / Benjak & Enders	DM 16,80
Island-Handbuch / Richter	DM 34,80	Südafrika / G. Lamping (II/97)	DM 29,80
Islands Geologie / Hug-Fleck	DM 14,80	Südschweden mit Öland / Boll	DM 29,80
Israel / Kautz & Winter	DM 26,80	Syrien / Schönmann	DM 36,80
Jemen / Kabasci (III/97)	DM 26,80	Tansania & Sansibar / Dippelreither	DM 36,80
Jordanien / Kleuser & Röhl	DM 24,80	Tausend Tips für Trotter...	DM 22,00
Kaliningrader Gebiet / Jung. & Mül.	DM 26,80	Teneriffa / Reifenberger	DM 29,80
Kanada - Alaska Highways / Richter	DM 29,80	Thailand / Bolik & Jantawat-Bolik	DM 29,80
Kanadas Westen / Stein	DM 36,80	Touren in Schlesien / Micklitza	DM 24,80
Kanalinseln / Ferner	DM 29,80	Tschechien / K. & A. Micklitza	DM 29,80
Kanarische Inseln / Fründt & Muxf.	DM 26,80	Uganda / Lübbert	DM 29,80
Komoren / Westenberger	DM 24,80	USA - Nordwesten / Richter	DM 29,80
Kurs Nord / Umbreit & Spaeth (II/97)	DM 49,80	USA - Südwesten / Richter	DM 39,80
Lanzarote / Reifenberger	DM 26,80	Venezuela a. e. Faust / Travelot	DM 26,80
Libanon / Röhl & Rosebrock	DM 24,80	Vereinigte Arabische Emirate / Röhl	DM 22,00
Libyen / Steinke	DM 34,80	Zentralasien / Schönmann (II/98)	DM 36,80
Lofoten und Vesterålen / Knoche	DM 24,80	Zimbabwe / Zuchan	DM 26,80
Madeira & Azoren / Jes. & v. Brem.	DM 34,80	Zw. Sydney und Melbourne	DM 26,80

OUTDOOR ☞ HANDBÜCHER

Basiswissen für Draußen

Band		DM	Band		DM
1	Rafting	12,80	16	Sex Vorbereitung · Technik · Varianten	12,80
2	Mountainbiking	12,80	20	Wüsten-Survival	14,80
3	Knoten	12,80	21	Angeln	14,80
4	Karte & Kompaß	12,80	22	Leben in der Wildnis	14,80
5	Eßbare Wildpflanzen	12,80	24	Ratgeber rund ums Wohnmobil	14,80
6	Skiwandern	12,80	25	Wale beobachten	14,80
7	Wildniswandern	12,80	30	Spuren & Fährten	14,80
8	Kochen	12,80	31	Canyoning	14,80
9	Bergwandern	12,80	34	Radwandern	14,80
10	Solo im Kanu	12,80	35	Mushing - Hundeschlittenfahren	14,80
11	Kanuwandern	14,80	36	Gesund unterwegs	12,80
12	Fotografieren	12,80	39	Erste Hilfe	14,80
13	Wetter	12,80	45	Solotrekking	14,80
14	Allein im Wald - Survival für Kinder	12,80	48	Für Frauen (IV/97)	14,80
15	Wandern mit Kind zu Fuß · per Rad · mit Kanu	12,80	58	Fahrtensegeln (III/97)	14,80

Der Weg ist das Ziel

17	Sarek (Schweden)	19,80	49	USA: Grand Canyon Trails (III/97)	22,00
18	Kungsleden (Schweden)	19,80	50	Kanada: Banff & Yoho Nationalpark	22,00
19	Kanada: Yukon	22,00		Tageswanderungen	
23	Jakobsweg (Spanien)	24,80	51	Tasmanien: Overland Track (IV/ 97)	22,00
26	West Highland Way (Schottland)	22,00	52	Neuseeland: Fiordland (IV/97)	22,00
27	John Muir Trail (USA)	22,00	53	Irland: Shannon-Erne (II/98)	22,00
28	Landmannalaugar (Island)	22,00	54	Südafrika: Drakensberge (III/97)	22,00
29	West Coast Trail (Kanada)	22,00	55	Spanien:	22,00
32	Radtouren in Masuren (Polen)	24,80		Trans-Pyrenäen GR11 (I/98)	
33	Trans-Alatau (GUS)	22,00	56	Polen: Drawa (II/98)	22,00
37	Kanada: Bowron Lakes	22,00	57	Kanada: Great Divide Trails (II/98)	22,00
38	Polen: Kanutouren in Masuren	24,80	59	Kanada: Wood Buffalo NP (II/98)	22,00
40	Trans-Korsika - GR 20	22,00	60	Kanada: Chilkoot Trail (II/98)	22,00
43	Schottland: Whisky Trail - Speyside Way	14,80	61	Kanada: Rocky Mountains - Radtouren (II/98)	22,00
44	Tansania: Kilimanjaro (IV/97)	22,00	62	Irland: Kerry Way	22,00

Fernwehschmöker

46	Blockhüttentagebuch (III/97)	24,80	47	Floßfahrt nach Alaska (III/97)	24,80

☺ *Weitere Bände in Vorbereitung. Fordern Sie unseren aktuellen Verlagsprospekt an.*

... überall im Buchhandel